UM SÉCULO EM NOVA YORK

A marca FSC é a garantia de que a madeira utilizada na fabricação do papel deste livro provém de florestas de origem controlada e que foram gerenciadas de maneira ambientalmente correta, socialmente justa e economicamente viável.

MARSHALL BERMAN

Um século em Nova York

Espetáculos em Times Square

Tradução
Rosaura Eichenberg

Copyright © 2006 by Marshall Berman

Grafia atualizada segundo o Acordo Ortográfico da Língua Portuguesa de 1990, que entrou em vigor no Brasil em 2009.

Título original
On the town: one hundred years of spectacle in Times Square

Capa
Flávia Castanheira

Foto de capa
Macduff Everton/ Corbis/ LatinStock

Preparação
Carlos Alberto Bárbaro

Índice remissivo
Luciano Marchiori

Revisão
Marise Leal
Carmen S. da Costa

Dados Internacionais de Catalogação na Publicação (CIP)
(Câmara Brasileira do Livro, SP, Brasil)

Barman, Marshall, 1940-
    Um século em Nova York : espetáculos em Times Square / Marshall Berman ; tradução Rosaura Eichenberg. — São Paulo : Companhia das Letras, 2009.

    Título original: On the town : one hundred years of spectacle in Times Square.
    ISBN 978-85-359-1472-6

    1. Artes — Nova York (Estado) — Nova York — História 2. Artes cênicas — Nova York — (Estado) — Nova York — História 3. Nova York — (N.Y.) — História 4. Nova York — (N. Y.) — Vida intelectual 5. Nova York — (N. Y.) na arte 6. Nova York (N. Y.) na literatura 7. Times Square (Nova York, N. Y.) — História 8. Times Square (Nova York, N. Y.) — Vida intelectual 9. Times Square (Nova York, N. Y.) na arte 10. Times Square (Nova York, N. Y.) na literatura I. Título.

09-04408   CDD-974.71

Índice para catálogo sistemático:
1. Times Square : Nova York : História 974.71

[2009]
Todos os direitos desta edição reservados à
EDITORA SCHWARCZ LTDA.
Rua Bandeira Paulista, 702, cj. 32
04532-002 — São Paulo — SP
Telefone (11) 3707-3500
Fax (11) 3707-3501
www.companhiadasletras.com.br

Para Shellie, meu amor
Dance, menina, dance

Era como se Times Square fosse uma espécie de concha, com as cores e os barulhos quebrando em grandes ondas no seu interior.

George Seiden, *The cricket in Times Square*

De repente eu me vi em Times Square. Tinha viajado 12 mil quilômetros pelo continente americano e estava de volta a Times Square; e bem no meio da hora do pique, além do mais, vendo com meus inocentes olhos de estrada a absoluta loucura e a fantástica confusão de Nova York com seus milhões e milhões sempre abrindo caminho aos empurrões para pegar uma moeda, o sonho louco — agarrando, tomando, dando, suspirando, morrendo, para que pudessem ser enterrados naquelas terríveis cidades cemitérios além da cidade de Long Island. As altas torres da terra — a outra extremidade da terra, onde nasce a América de papel.

Jack Kerouac, *On the road* [*Pé na estrada*]

E toda noite você pode ver Times Square
Trêmula com seus ônibus carregados
De turistas que veem tudo isso
Pela primeira e última vez
Antes de serem levados pelo ar
De volta à República do Azerbaijão
Sobre a praia do Cáspio
Onde por semanas sonharão com nossos rostos
Banhados numa luz incrível.
Thomas Disch, "In praise of New York"

Não importa o que você vista
Desde que esteja lá.
Martha and the Vandellas, "Dancing in the street"

Sumário

Nota — *Nova garota na cidade*, 11
Prefácio — *Cem anos de espetáculo*, 15

1. Luzes sempre acesas: os anúncios de Times Square, 39
2. Broadway, amor e roubo: *O cantor de jazz* de Al Jolson, 60
3. Um olho humano: marinheiros na Square, 87
4. A Garota do Times e suas filhas, 171
5. A rua se divide e se desfigura, 237
6. O novo milênio: vivendo conforme o acordado, 292

Epílogo — *A Reuters e eu*, 324

Notas, 331
Agradecimentos, 351
Créditos das ilustrações, 355
Índice remissivo, 357

Nota

Nova garota na cidade

Na década de 1990, quando comecei a pensar sobre Times Square, encontrei essa garota nas coleções de imagens do Museu da Cidade de Nova York. Ela estava num cartão-postal de suvenir impresso em 1903,[1] quando a Square ainda era conhecida como Longacre Square. A grandiosa fachada em estilo Alta Renascença da Times Tower já existia, na convergência da rua 42, Sétima Avenida e Broadway, mas ainda havia trabalho subterrâneo, não só nas prensas de alta tecnologia do jornal, mas no túnel do metrô IRT* que passava perigosamente próximo às prensas. Tanto o prédio como o metrô foram inaugurados no inverno de 1904-5, quando a Times Square ganhou o seu nome e tornou-se parecida com o lugar que é hoje em dia.

Esse cartão-postal é uma montagem de uma fotografia do prédio e um cartum da garota. Ela está vestida com o traje provocante de uma corista de *négligé*, irradiando tanto a sexualidade

---

* Interborough Rapid Transit Subway, a primeira empresa de metrôs subterrâneos em Nova York. (N. E.)

de uma mulher adulta como a doçura comum da garota da casa ao lado. No mundo imaginativo dessa montagem ela é quase do tamanho da torre. Sorri travessa enquanto se senta sobre a torre, enrosca-se ao seu redor, chuta as pernas para a frente como uma menina num balanço. Observem que tanto a torre como a garota estão espetacularmente fora de escala. Na realidade, as duas ajudaram a estabelecer Times Square como um lugar com uma nova escala. No final da década de 1900, tanto o prédio como a garota tinham muita companhia.

Fãs de Degas, Manet e Lautrec reconhecerão essa garota na Paris do final do século XIX. Mas é difícil encontrar a sua imagem na iconografia da Era Dourada da América. Não quero dizer que

não havia garotas como ela naquela época; tenho certeza de que havia muitas. Mas elas viviam e se moviam nas sombras. Apareciam em clubes privados e em festas privadas, por trás de portas fechadas. Não se exibiam nas ruas e não enviavam suas imagens pelo correio. Parte da sedução dessa garota é o modo como ela parece tão à vontade em público. No alvorecer do século XX ela acaba de surgir no horizonte, um sinal de seu tempo. Vou chamá-la de "Garota do Times". A fusão dessa jovem e desse prédio novo em folha marca a primeira "Nova Times Square". Olhem para esta garota! Vejam como os braços, os ombros e as pernas são visíveis sob a saia curta soprando ao vento. Ela curva o quadril direito na direção da torre fálica do Times Building, e acaricia-a com a mão direita enquanto chuta a perna esquerda pela imensidão da Broadway. Fico surpreso que uma agência do correio pudica a tenha deixado passar pelas malas postais. (O correio estava provavelmente atolado de cartas e jamais a viu.) O caráter sexy da Garota do Times é franco e natural, casual e desalinhado, sem vergonha ou culpa aparente, mas também sem pompa ou pretensão; ela parece mais gentil que *fatale*. O seu estilo prefigura a fórmula que Florenz Ziegfeld criaria para as suas Follies, no mesmo quarteirão, no New Amsterdam Theater: a sexualidade plenamente desenvolvida combina com a doçura natural da garota da casa ao lado. Notem que ela está só meio vestida, descabelada, parece conversar fluentemente sem estar nem de longe muito arrumada. O seu criador anônimo deve ter acreditado que seu vestir descompromissado significava autenticidade, e que a autenticidade era importante. Sugere também seriedade, uma ética de trabalho, uma forma de profissionalismo. A Garota do Times não parece uma mulher que rejeitaria admiradores; ela poderia até convidá-los para o camarim, vestida como está. Mas ela está dizendo ao mundo que não quer ser resgatada do que está fazendo. Tanto quanto qualquer pessoa no *Times*, ela está à vontade no seu trabalho.

Eu me apaixonei por essa garota no minuto em que a vi. Assim que lhe dei um nome, percebi que tinha de escrever um livro para ela. Este livro abrangerá cem anos, e a Garota do Times, transbordante de energia nova, fitando nossos olhos e esperando nosso olhar de volta, desejando entrar em contato e brilhar, seguirá conosco ao longo de todo o caminho. Ela sabe que é de algum modo especial: mesmo quando está nos bastidores, ela está *aproveitando* a cidade. No linguajar da minha juventude, ela "cria a cena": a sua presença na Square torna o local uma cena humana.

Na sua juventude, a Garota do Times vai cantar canções como "Gabey's comin'. [...] He's on the town". [Gabey está vindo. (...) Ele está na cidade.] Depois de alguns anos na Square, ela deixará de ser uma "garota". Perto demais das luzes brilhantes, ou longe demais das luzes, ela vai crescer rápido demais. Vai ser jogada de um lado para o outro, e até eliminada da cena. Mas voltará sempre. E continuará a cantar canções como "I'm still here",[2] de Stephen Sondheim. Em homenagem a todas essas garotas, e não apenas às garotas, que *ainda estão aqui,* quero explorar e explicar o que significa estar aqui.

Prefácio

Cem anos de espetáculo

Tome um banho de multidão...
Baudelaire, "Multidões", por volta de 1860

Ruas que [...] *te atraem a uma angustiante questão...*
T. S. Eliot, "A canção de amor de J. Alfred Prufrock", 1917

Vamos tomar um banho de luz.
Betty Berman em Times Square, por volta de 1960

ENTRETENIMENTO E IDENTIDADE

Desde a abertura da Times Tower e do metrô IRT há um século, no inverno de 1904-5, a Times Square tem sido um ambiente notável. Com suas imensas multidões, múltiplas massas de luz, camadas de enormes letreiros, esse lugar é excepcional, talvez até único, na sua densidade física. Ao mesmo tempo, qualquer um que tente ler os letreiros, ou compreender de onde estão vindo e para onde estão indo todas as pessoas, perceberá que ela é ainda mais especial na sua densidade cultural. Há um século, esse bairro urbano vibrante deu uma espécie de salto quântico e tornou-se um bairro hiperurbano. No seu século de vida, passou por uma das primeiras experiências urbanas — estar no meio de um transbordamento físico e semiótico, sentir o fluxo por cima de você — e concentrou-a, focalizou-a, acelerou-a, inflou-a. A experiência característica de estar ali é estar rodeado por gente demais no meio de coisas demais. Rem Koolhaas a chama "manhattanismo" ou "A cultura da congestão".[1] A Times Square é amada em todo o mundo. Provoca nas pessoas uma emoção, uma agitação, uma onda de poder por estar ali. Quero oferecer às pessoas ainda mais que uma emoção, retratando, junto com o excesso de densidade espacial da Square, a sua densidade igualmente excessiva *no tempo*: uma contínua, até crescente produção, reflexão e inspiração em todo estilo, meio e gênero imaginável, elevado e baixo. Quero com este livro mergulhar na cultura de congestão da Square: congestão não só de pessoas, edifícios, carros, letreiros, mas, o que é o mais fascinante de tudo, congestão de significado. É um lugar em que podemos nos afogar ou lutar para nos manter à tona numa superabundância de significados.

Grande parte da cultura moderna nos prepara para esse tipo de emoção. Vou citar apenas três escritores: o filósofo do Iluminismo, Montesquieu, no início do século XVIII; o poeta romântico William Blake, no meio da Revolução Francesa; e o poeta modernista arquetípico Charles Baudelaire, na década de 1860. *Cartas persas*, o romance de Montesquieu de 1721, talvez seja a maior celebração já feita da cidade moderna. (Balzac disse que esse livro lhe ensinara tudo.) Os seus heróis são sultões expatriados que ficam emocionados por estarem numa rua em que todo mundo anda sem véu. "Aqui tudo se manifesta; tudo pode ser visto; tudo pode ser escutado; o coração é tão aberto quanto a face." É impossível que Paris arrecade os impostos, diz um sultão, porque o principal capital das pessoas está na cabeça delas: é a "sua inteligência e disposição; cada um tem a sua, que procura valorizar o mais que pode". Todas essas pessoas "vivem ou tentam viver numa cidade que é mãe da invenção". Mas muitas das invenções mais notáveis de Paris são cotoveladas e algazarra: pessoas que "usam a inteligência de sua arte para reparar o estrago do tempo"; mulheres que "fazem da virgindade uma flor que floresce e renasce todo dia, uma flor que é colhida mais dolorosamente na centésima vez que na primeira"; "mestres de línguas, artes e ciências [que] ensinam o que ignoram" — não requer grande criatividade ensinar o que se sabe, mas requer muita ensinar o que não se sabe. Em Paris, na rua, "reinam a liberdade e a igualdade". Todo mundo na rua está preso num interminável engarrafamento de trânsito, mas todo mundo fica preso junto.[2]

No final do século, no meio da Revolução Francesa, o poeta radical William Blake tenta elevar o seu público a um plano de visão em que possam se sentir à vontade com o paradoxo e a contradição. O poema de Blake que melhor realiza essa tarefa é chamado "O matrimônio do céu e do inferno". Foi escrito e gravado em 1793, no ponto mais radical da Revolução Francesa. "Basta! ou é demais", diz o narrador de Blake. A parte mais chocante do poema é chamada "Provérbios do inferno". Ali a voz do poeta diz que "nenhuma virtude pode existir sem quebrar estes mandamentos [bíblicos]", que "não se sabe o que é suficiente até se saber o que é mais do que suficiente", e muitas outras coisas chocantes.[3]

Muitos dos grandes escritores do século XIX transferem o fascínio romântico pelo paradoxo e pela contradição numa visão da cidade moderna. O mais acessível desses escritores é Baudelaire, especialmente nos seus "poemas em prosa" da década de 1860, que ele publicou como artigos opinativos em jornais parisienses.

Em "Multidões" (1861), ele compara a alegria de viver numa multidão a participar em "uma orgia de vitalidade", a escrever poesia, a "uma comunhão universal" e a estar embriagado. A cidade moderna torna um indivíduo capaz de "ser ele mesmo e um outro". Nem todo mundo pode se expandir além de si mesmo. Mas se conseguimos fazê-lo, se temos a capacidade de *épouser la foule*, "casar com a multidão", e de "tomar um banho de multidão", essa experiência pode nos trazer "prazeres febris" que as pessoas que são "trancadas em si mesmas" jamais imaginariam. "O que as pessoas chamam de amor é pouco [...] comparado com essa orgia, essa santa prostituição da alma que se doa totalmente, em toda a sua poesia e caridade, ao inesperado que aparece, ao desconhecido que passa ao lado."[4]

Todos esses escritores escrevem tanto dentro como a respeito da cultura do "individualismo". Alexis de Tocqueville cunhou essa palavra na década de 1830 na sua obra seminal, *Democracia na América*.[5] Tocqueville via o individualismo como uma das forças primárias na vida moderna. Ele se preocupava com o fato de que a cultura do individualismo isolaria os homens e as mulheres em mundos privados próprios, e apagaria ou encolheria radicalmente a esfera da comunidade partilhada. Essas são preocupações legítimas e importantes tanto em nosso século quanto no de Tocqueville. Mas a sua perspectiva encobre algumas das novas formas de comunidade que a democracia moderna cria. Algumas dessas formas só aparecem no século XX, quando os sonhos dos imigrantes, as tecnologias da luz elétrica, a fotografia, o transporte de massa, o entretenimento público, a propaganda e a publicidade, a liberdade de imprensa e o poder bruto de milhares de individualismos são lançados juntos na rua. Então temos espaços como Times Square: grandes espetáculos que são espetáculos *individualistas*, onde banhos de luz e "prazer febril" são também modos do Iluminismo, onde orgias de vitalidade nos levam a "perguntas irresistíveis", onde simultaneamente podemos nos divertir muito, aprender quem somos e explorar o que podemos ser; onde a grande esperança perene, dramatizada tão bem em *A chorus line*, de Michael Bennett e Marvin Hamlisch, é conseguir um emprego, ganhar dinheiro, receber prêmios, encontrar almas gêmeas e ser "uma atração singular" sendo nós mesmos.[6] Times Square tem vivido e crescido como um lugar que entrelaça entretenimento e identidade.

VAMOS PARA A CIDADE: MEU ROMANCE DE FAMÍLIA

Entretenimento e identidade: Times Square e eu já percorremos um longo caminho, e as minhas lembranças mais fortes e mais doces são também as que mais machucam. Eu era uma criança no Bronx, mas nos meus anos de escola secundária, na metade da década de 1950, comecei a tomar o metrô, saindo do Bronx sozinho, aprendendo a geografia do centro da cidade e a grande arte de passar o tempo. Naqueles dias, meu pai trabalhava na rua 42 Oeste, 130, a meio quarteirão da Square. Eu o encontrava no seu escritório ou no Lindy's, ora com meus amigos, ora com seus clientes (de Betmar Tag & Label Co., a pequena empresa condenada de meus pais, em que a mãe e o pai eram o único ativo), e nós passávamos o tempo juntos ou caminhávamos por ali. No outono de 1955 ele teve um ataque do coração, foi para o hospital e em uma semana estava morto. Ele ainda não fizera 48 anos, eu mal chegara aos quinze. A sua morte me derrubou; senti num só golpe que a minha adolescência terminara, exatamente quando eu esperava que fosse começar. Nos anos que se seguiram, meus amigos encenaram variações de *Juventude transviada*, mas fiquei perto da minha família, um bom menino triste, de luto. Havia então uma canção de sucesso, cantada por Frankie Lymon no seu falsete elevado:

Now come on, baby, let's go downtown [...]
I love you, baby, and I want you to be my girl... [7]

[Ora vamos, meu bem, vamos ao centro da cidade, (...)
Eu a amo, meu bem, e quero que você seja minha...]

O que "Vamos, meu bem, vamos ao centro da cidade" significava para mim era um convite para viver, participar de uma vida ao mesmo tempo fácil — podia-se chegar lá de metrô — e transbordante. Quando a escutei, estava sozinho, com o meu rádio, no Bronx. Lembro que eu sabia que "o centro da cidade" estava ali, ao alcance de uma viagem de metrô, e eu sabia que estivera ali ainda ontem, ou talvez um dia antes, mas hoje, com meu pai morto, parecia tão irremediavelmente distante, e o verbo "ir" soava como um comando cosmicamente determinado. Eu não podia acreditar que algum dia teria forças para aceitar um tal convite, muito menos convidar outra pessoa para me acompanhar.

"Mama told me": como as mães primordiais das canções de rock-and-roll, a minha mãe, Betty Berman, disse que eu voltaria a ter a minha força e o meu desejo de viver; ela sabia que isso viria a acontecer "pouco a pouco". Um dos modos como ela me ajudou a restaurar as forças foi contando histórias sobre ela e papai, e algumas dessas histórias eram sobre Times Square como morada para o amor adulto. Ela me contou o que agora posso ver que constituía o mito fundador de nossa família. O meu pai e a minha mãe tinham quase a mesma idade da Square — ele nasceu em 1907, ela em 1908 (e viveu até 1994). A região ao redor da Square era o local onde ambos passaram a maior parte das suas vidas profissionais, a princípio por acaso, mais tarde intencionalmente. Ali, nas profundezas da Depressão, eles se conheceram e se apaixonaram. "Foi exatamente como no cinema", disse ela. Ele era um viajante e ela era guarda-livros de uma empresa de aparelhos de surdez localizada sob o elevado da Sexta Avenida. Por um ano ou mais eles não conseguiam suportar um ao outro e contavam piadas maldosas que faziam todo o escritório rir. Mas certa noite, ao serem forçados a trabalhar juntos depois do expediente, e a sós, descobriram que não podiam parar de olhar um nos olhos do outro e de fazer o outro rir. Terminar o trabalho levou mais tempo do que tinham imaginado. Ele pagou para ela um jantar tarde da noite no Child's, e caminharam por horas sob as luzes. Depois ele fez o que nenhum homem jamais fizera para ela: acompanhou-a por todo o caminho até a casa dela no Brooklyn. "Caminhamos de mãos dadas sobre a ponte Williamsburg", disse ela, e eles chegaram a Humboldt Street bem ao amanhecer. Os pais dela estavam histéricos: ela era uma "boa menina" que nunca tinha ficado fora de casa até tarde. "Mas eu consegui controlá-los", disse ela. "Eu tinha esperado por isso durante anos."

Eu estava emocionado, e pedi mais histórias. Aos poucos ela me contou o quanto significava para eles "sair à noite", afastar-se do trabalho, afastar-se de nós, a minha irmã Didi e eu, para agir como amantes. A Square era o lugar aonde iam. Minha mãe era uma mulher sóbria e reservada no Bronx, mas tinha um vestido vermelho especial para as saídas noturnas. Primeiro eles iam a uma peça de teatro (os olhos dela se enevoaram quando mencionou as peças que tinham planejado ver, os ingressos que ela deu para outros), depois a um clube — ela o apresentou ao teatro, ele a iniciou no jazz. Eles terminavam a noite... — ela corou e disse: "Você sabe aonde íamos". O que ela queria dizer era que eles iam a um hotel próximo. Os quartos de hotel na década de 1950 não davam frasquinhos de xampu, como fazem hoje em dia, mas davam muitas caixinhas de fósforos. Em um jantar certa noite, pouco antes de papai morrer, eu fiz um comentário de sabe-tudo, algo como "Ei, como é que temos todas essas caixinhas de fósforos de hotel? Vocês estão fazendo negócios em hotéis agora?", que foi seguido de um longo silêncio. Ela falou da falta que sentia de nossos cafés da manhã bem tarde nos domingos depois das suas saídas à noite. Eu disse: "Mamãe, nós ainda podemos ter bons cafés da manhã bem tarde nos domingos. Você me ensina a cozinhar salmão defumado e ovos". E ela me ensinou, e foi o que fizemos. Mas percebi mais tarde que ela não sentia apenas falta da presença de meu pai, mas daquela atmosfera especial de doce contentamento. Depois de quarenta anos de vida adulta, agora sei de onde vem essa atmosfera.

Ela me contou mais histórias sobre algumas das pessoas que meu pai me apresentara no entorno da Square, pessoas com quem eles tinham andado junto "quando eu passava mais tempo no centro da cidade" (isto é, antes do nosso nascimento): os dois detetives, os primeiros policiais judeus que conheci; o homem que se tornou propaganda ambulante em St. James; o homem que veio a ser gerente noturno do Lindy's; o seu velho amigo Meyer Berger, o grande repórter local do *Times*. O meu pai dizia: "Quero que você conheça a rua como eu a conheço". Um sonho impossível: embora ele nunca tivesse lido Balzac, ele conhecia a rua assim como Balzac a conhecia. Nos seus últimos anos, começou a sentir que o centro da moda o tinha traído, era o que dizia, mas sentia que podia confiar na Square. Uma caminhada de apenas alguns minutos, dizia, e estaria onde podia ser ele próprio. Os dois podiam confiar na Square. "Come and meet those dancing feet" [Venha conhecer estes pés dançantes], a canção do musical *Rua 42*, significava para eles quase a mesma coisa que "Come on, baby, let's go downtown" significava para mim: *Pessoas, muitas pessoas, estão realmente vivas ali. Vamos nos juntar a elas e viver.*

Depois que ele morreu, era para lá que minha mãe insistia que fôssemos, e onde nossa família se reunia. "Não temos muito dinheiro", ela disse, "mas vamos continuar a frequentar a Broadway, para que não nos tornemos mortos-vivos." Era o seu modo de dizer "Vamos, querida, vamos para a cidade". (Quando essas saídas começaram, eu ainda me sentia muito machucado para ir a qualquer lugar, mas cerrei os dentes, como Humphrey Bogart em *Casablanca*, e disse a mim mesmo: se ela consegue suportar, eu também consigo.) Por anos ela organizou a nossa rotina. Primeiro íamos ver uma peça, em geral uma matinê de domingo — "*nós*", a minha mãe, a minha irmã Didi e eu, a irmã de minha mãe, Idie, a sua filha Marilyn e várias pessoas que estávamos "frequentando" ou por quem nos apaixonávamos ao longo dos anos. Depois íamos a algum lugar para comer, conversar e discutir. A nossa família gostava de conversar e discutir; compreendo agora que estávamos testando os nossos amigos e amantes, para ver se eles conseguiam entrar no fluxo da nossa conversa de família. Quando o jantar terminava, a minha mãe dizia: "Agora vamos tomar um banho de luz". Nunca ouvi ninguém usar essa imagem deliciosa a não ser a minha mãe. (Será que ela e o meu pai tomavam banhos de luz juntos, depois de terem pegado aquelas caixinhas de fósforos?) Caminhávamos pela Square, lagarteávamos na luz brilhante — ela punha cores loucas em nossos rostos — e apontávamos pessoas e letreiros. Depois entrávamos no metrô da rua 42 e voltávamos para nossas respectivas casas. Estar juntos era o nosso sacramento de família.

A tia Idie, a irmã caçula de minha mãe, Ida Gordon (1911--2004), era uma força capital em nossas vidas. Idie era uma ruiva flamejante que, por um período considerável de sua vida, fazia a cabeça de todo mundo se virar quando caminhava pela rua. Mas havia uma sombra interior que a prendia na solidão; ela jamais conseguia transformar sua vivacidade transbordante na felicidade que desejava. De qualquer modo, em certo domingo de primavera no final da década de 1960 nos encontramos todos para uma matinê. Não me lembro da peça, mas como muitas peças daquela época era sobre gente e drogas. Naquele dia, metade das pessoas no teatro aparentava ser grupos familiares como o nosso, e na saída podíamos ouvir as gerações discutindo sobre as drogas. Falei que usava drogas de vez em quando, que elas não me levavam a querer cometer assassinato ou suicídio e que eu podia viver sem drogas, mas que elas eram legais. Caminhamos para o leste numa rua lateral estreita e logo saímos na imensidão da Square, onde o crepúsculo do início da primavera se fundia com os letreiros luminosos, e a luz e a brisa nos envolveram e nos fizeram rodopiar ao redor, e nós todos paramos de discutir e dissemos: "Uau!". Em pouco tempo retomamos a discussão. "Eu simplesmente não compreendo", disse a tia Idie. "O que toda essa gente está obtendo das drogas? Nós não precisávamos disso; por que vocês precisariam? Diga-me", ela insistiu enquanto apertava o meu braço, "por que você usa drogas? Qual é a sensação? O que significa? Como é o mundo quando se está drogado?" Eu disse: "Talvez parecido com isto", e fiz um gesto amplo para a enchente de luz. "Aha!", ela exclamou em triunfo. "Está vendo? Você acabou de prová-lo. Você não precisa realmente das drogas. Basta vir para Times Square."

PESSOAS COMUNS, CENAS PRIMORDIAIS

O bairro de Times Square foi sempre uma grande fonte de cenas primordiais, cenas de muitos gêneros culturais que concentram as nossas mentes em questões esmagadoras sobre quem são as pessoas e como podem viver juntas. Muitas dessas cenas da primeira metade do século XX ajudaram a criar um tipo de tradição cultural de Times Square; essa tradição passou por toda sorte de desenvolvimentos, paródias e inversões na segunda metade do século. Essas cenas estão todas ligadas, não só com as múltiplas formas de show business e cultura popular da Square, mas com o show business como uma série de metáforas complexas e conflitantes para a vida moderna.

A minha primeira cena primordial vem do romance de Theodore Dreiser de 1900, *Sister Carrie*, a primeira obra séria ambientada na Square, pouco antes da chegada do *Times*. A heroína, uma camponesa e depois uma operária na sua juventude, torna-se uma estrela da Broadway. (Adiante, mais sobre a sua ascensão.) Mas, enquanto ela sobe na vida, o seu amante de meia-idade,

George Hurstwood, que a trouxe para a Square, desmorona. Dreiser o apresenta numa espiral descendente que o mergulha no desemprego, alcoolismo, depressão, desespero e, finalmente, suicídio.*
Mas Hurstwood consegue ser a estrela numa cena que retrata a sua desintegração. Estamos perto do fim da história. Ele parece um esqueleto, vestido em farrapos, morando num albergue noturno em Bowery que deixa os homens baquearem à noite mas os chuta para fora no horário comercial, forçando-os a andar para cima e para baixo de Manhattan o tempo todo. Certo dia de frio abaixo de zero, ao passar pela Square, Hurstwood é atraído pelo nome de Carrie numa marquise. Ele se detém e espera por ela à porta dos bastidores do teatro. Tememos a explosão vindoura. Mas não, o seu encontro evoca o antigo amor; eles se tratam com carinho. Ela explode em lágrimas, abre a bolsa e lhe dá todo o dinheiro que tem ali dentro. Ela não para de dizer: "George, qual é o problema?". Ele não para de dizer: "Tenho andado doente". A ternura e o desamparo mútuos fazem dessa cena uma das mais lancinantes da literatura americana.** Mas nesse ponto a cena está realmente apenas na metade. Alguns dias depois e mais alguns degraus ladeira abaixo, Hurstwood passa pelo teatro de novo. Na entrada, há uma maquete em tamanho natural da estrela. A fúria e o ódio que antes pôs de lado agora o dominam, e ele explode. Grita para ela: "Eu não era bastante bom para você, não é? Hum... Ela agora tem tudo; que me dê um pouco!".[8] Então ele percebe o que fez: não era ela afinal, ele confundiu a mulher real com a sua imagem.

---

* Dreiser chama o teatro em que Carrie se torna uma estrela de "os Jogadores do Cassino". Houve na realidade essa companhia, na Broadway e na rua 39. Mas o significado do nome nessa história é que os leitores vejam que o sucesso e o fracasso humanos são tão aleatórios e absurdos quanto as voltas da roda da fortuna ou os lances dos dados.
** Os leitores de *Ardil-22* reconhecerão o seu chamado-e-resposta como um modelo para a antífona entre o moribundo Snowden ("Estou com frio, estou com frio") e o Yossarian vivo ("Calma, calma").

Sente-se mais mortificado e desesperado que nunca, e compreende a cena como mais uma razão para não viver ("Vou cair fora"). Mas, de fato, o seu erro de categoria, a sua confusão entre uma pessoa e a sua imagem, vai se tornar um acontecimento comum na era das celebridades que os "letreiros luminosos" vieram iluminar na Square ainda antes de ela ser Times Square.

    A nossa segunda cena provém de *Rua 42*, o grande musical dos bastidores de 1933. Ali Ruby Keeler é a estrela arrancada milagrosamente da linha de coristas, uma "Sister Carrie" de sapatilhas e um sorriso. Dick Powell, um dos protagonistas masculinos, descobre Ruby entre as coristas, gosta dela e torna-se o seu mentor; ele lhe ensina todos os lances e a protege de competidores e predadores (há uma profusão de ambos). Será que ele sente por ela algo mais do que demonstra? Não sabemos, mas é raro ver na tela americana tanta generosidade sem laços amorosos vindo de um homem. Lá pela metade do espetáculo, Keeler executa um sapateado em cima de um táxi na rua 42 Oeste. O número é desajeitado; não funciona realmente na peça-dentro-da-peça da qual ela pretende ser parte. Mas funciona como uma sequência elaborada do próprio grande show, e funciona pelo efeito que cria sobre nós: podemos ver que vai se tornar uma das melhores imagens clássicas de uma mulher em Times Square. Ela aumenta a imagem de Keeler tanto aos olhos dos produtores como aos nossos próprios olhos, de modo que, quando a estrela principal, Bete Daniels, se machuca, tanto eles como nós imaginamos Keeler no lugar dela. Pouco antes de ela continuar, o diretor Warner Baxter explica que tipo de lugar é esse:

Agora ouça — ouça com atenção. Duzentas pessoas — duzentos empregos — 200 mil dólares... dependem de você. É a vida de todas essas pessoas que têm trabalhado com você. Você tem de seguir adiante — e você tem de dar e dar e dar — e eles TÊM de gostar de você —, TÊM de seguir. Compreende? (Gotas de suor aparecem na sua testa agora.) Você não pode cair — não pode... Entrará em cena como uma principiante — TERÁ de voltar como uma estrela![9]

O que é especial nesse trecho, no ano do New Deal de 1933 — Franklin Delano Roosevelt tomou posse no mesmo mês da estreia do filme —, é a economia política. *É a vida de todas essas pessoas que têm trabalhado com você.* O estrelato não significa apenas glória para as pessoas no auge da fama, mas o trabalho cooperativo de centenas de pessoas. *Rua 42* abre um espaço para onde convergem a antiga moralidade de "Nenhum homem é uma ilha" e a moderna economia política da criação do emprego. Os compositores Al Dubin e Harry Warren retratam a cena da rua:

Side by side, they're glorified [...]
Naughty, bawdy, gaudy, sporty Forty-second Street.[10]

[Lado a lado, eles são glorificados...
A maliciosa, lasciva, espalhafatosa, berrante rua 42.]

Ruby Keeler executa um sapateado alegre pela rua do teatro. Enquanto nos perguntamos para onde foram todas as pessoas, ela dá um salto que mostra que estava dançando sobre a capota de um táxi preso num engarrafamento. (Lembrem Montesquieu: "A liberdade e a igualdade reinam na rua" porque todo mundo está preso no mesmo engarrafamento.) Então o engarrafamento diminui, o táxi sai andando e vemos uma diversidade espetacular de pessoas que se movem rapidamente em todas as direções e ao mesmo tempo, mas de algum modo sem se atropelarem ou tropeçarem umas nas outras. É esse o triunfo que Rousseau chamava "a arte de conviver"?

Num instante, a arte se torna letal. Ou será o *fracasso* da arte que é letal? A câmera focaliza um quarto numa pensão pobre (na década de 1950 e mais tarde, um quarto de solteiro). Uma jovem está deitada triste na cama. Um jovem irrompe no quarto e a ataca selvagemente. Ela se liberta do jovem, grita e pula pela janela. Ele atira nela, mas erra o alvo. É uma janela do segundo andar, por isso ela é apanhada por um homem na multidão e não se machuca. Mas esquece que está em perigo, e a multidão também esquece. Ela começa a dançar com o homem que a apanhou. Mas o homem que a atacou ainda está ali: ele se joga pela escada, vê a jovem dançando, apunhala-a nas costas e desaparece no meio da multidão. As pessoas gritam, mas depois esquecem. É o tremendo *momentum* da multidão que parece ter mais importância. Um grupo de mulheres coristas dança em direção a um espetacular horizonte de arranha-céus. Mas depois esse grupo se *transforma* nesse horizonte: cada mulher segura um modelo de papelão de um edifício do seu tamanho. Então, noutra transformação mágica, a faixa horizontal que é a rua (rua 42) torna-se uma faixa vertical, um arranha-céu elevando-se sobre a rua. E a moça que foi apunhalada na calçada há apenas alguns minutos está se pavoneando com um novo homem, dominando a calçada lá das alturas do arranha-céu.

Só por estar nessa rua, nessa multidão, o indivíduo pode ser uma estrela. Os contornos fechados da rua se metamorfoseiam num céu aberto com espaço para todos.[11] Essa Square é um capital de abertura e inclusão sociais. Junta multidões de pessoas lado a lado com multidões de outras pessoas; e não só com outros, mas com pessoas a quem o eu vê como "o Outro"; e não só para coexistir, mas realmente para encontrar o outro, dar de cara com o outro de um modo íntimo que mudará todo mundo. Esses encontros criam uma nova realidade em que as pessoas *podem ser mais do que são*. Esse é o significado da palavra sacramental "glorificados". Mesmo quando estão se divertindo, eles podem vencer. Essa visão romântica é um dos pontos altos do urbanismo americano.

Eu disse "espaço para todos", mas em tudo que li e em todas as fotos que vi, na realidade de Times Square antes da Segunda Guerra Mundial, "todos" significava mais exatamente todos os brancos. A guerra mudou as coisas. Mesmo quando os Estados Unidos abriam as asas de seu poder imperial sobre todo o mundo, uma porção cada vez maior desse mundo abria caminho na Square. Essa dialética é dramatizada em nossa terceira cena primordial, numa maravilhosa fotografia da Square tirada por William Klein no Ano-Novo de 1954-5.[12] Ali estão algumas das novas faces na multidão, e ali está a Square evoluindo para adotá-las.

Nas "eras douradas" anteriores da Square, não havia vestígio de garotos como esses. Mas agora, na véspera do Ano-Novo de

1955, os latinos estão começando a fazer parte da ação. Essa talvez seja a primeira vez em que esses garotos estão ali sem os pais. (O garoto de chapéu parece antes um irmão mais velho.) Eles tomaram o metrô em East Harlem ou no Bronx, ou os Hudson Tubes (agora PATH)* de Nova Jersey, para participar do espetáculo. É muito provável que seja a sua primeira vez numa multidão desse tamanho. As suas roupas são surradas e pouco elegantes. (Parte se deve certamente à pobreza, mas a idade também tem a ver: é quase certo que daí a alguns anos eles estarão mais bem-vestidos.) Eles parecem cansados, meio nauseados e exaustos com o tamanho e o barulho da multidão, além de deslumbrados (o fotógrafo Klein conseguiu um bom efeito com a luz ofuscante) e provavelmente com frio. Mas não parecem também determinados? Estão andando por ali. Morrerão antes de dizer "quero ir para casa", mesmo que estejam doidos para ir para casa. Esses garotos não estão na multidão apenas por si mesmos. Talvez não saibam

---

* Port Authority Trans-Hudson Corporation, empresa responsável pelos trens que ligam Manhattan e Nova Jersey. (N. E.)

disso, mas Klein sabe e nós sabemos: eles são Roberto Clemente, Ritchie Valens, Rita Moreno. Observem o que os garotos têm na boca: aqueles cigarros de confeito? Eles são "de mentirinha", mas realmente encompridam, alongam a pessoa, fazem com que se sinta maior do que é. A foto de Klein estabelece uma equivalência entre pôr essas coisas na boca e estar onde eles estão: é tudo parte de um processo de crescimento. O crescimento na história não é apenas pessoal (e sexual), mas social. Klein envolve os garotos em ícones comerciais americanos contra a grande fachada do Astor Hotel, com um pano de fundo de luzes brilhantes, como se para nos dizer: "Eles chegaram, puseram-se à vontade aqui, o lugar é deles". Que o lugar seja deles não significa absolutamente que não seja nosso. Na verdade, eles se puseram à vontade *conosco*. A sua história de inclusão e crescimento é também a nossa história. Alguns anos mais tarde, garotos como esses seriam a vanguarda da democracia urbana. Há um grande verso de uma canção de sucesso do início dos anos 1960, "Dancing in the street", de Martha and the Vandellas:

It doesn't matter what you wear
Just as long as you are there.[13]

[Não importa o que você vista
Desde que esteja lá.]

Esses garotos ainda não estão dançando, mas estão *ali*. A Square está aceitando mais pessoas, deixando que o mundo saiba que é grande o bastante para nos conter a todos.

A nossa última cena primordial ilumina o outro lado da noite em Times Square, o que poderíamos chamar os seus "terrores noturnos". Esses são percebidos brilhantemente no primeiro filme de Stanley Kubrick, *A morte passou por perto*, um *film noir* clássico lançado em 1955. O seu herói, um jovem boxeador em dificuldades, precisa sair da cidade; espera que sua namorada parta com ele. Mas isso só pode acontecer quando os dois receberem o dinheiro que lhes é devido, ele do empresário, ela do dono do salão de dança onde trabalha. Eles combinam se encontrar por volta das nove da noite no lado oeste da Broadway, em meados dos anos 1940. É uma hora e um lugar que deveriam estar apinhados de gente. Mas, exatamente quando a Square deveria estar cheia, ela está misteriosamente vazia. Kubrick desloca a câmera por enormes vazios: a única vida nessa Square provém dos anúncios — ele foca "*Scripto*", uma lapiseira maravilhosa e barata, boa demais para ser verdade e finalmente eliminada na era dos conglomerados que foram os anos 1980; "Sheba", a heroína de um conto da Bíblia e de um filme espetacular; e o anúncio do tamanho de um quarteirão para as Roupas Bond. (Veremos esse anúncio BOND mais adiante.) Mas o principal elemento que ele nos mostra são os vastos espaços escuros e vazios. O vazio desses espaços é aterrorizador. Kubrick converte a reflexão de Pascal, "O silêncio dos espaços infinitos me aterroriza", numa visão urbana.[14]

As únicas pessoas na rua de Kubrick são dois irmãos estranhos vestidos com ternos Shriner: eles executam uma estranha dança subindo e descendo o quarteirão, riem de piadas que somente eles compreendem, ondulam numa espécie de paródia do teatro de revista que iluminou a Square ainda ontem. Enquanto anúncios invisíveis bruxuleiam acendendo e apagando acima deles, a dança se torna mais frenética. Eles se aproximam do herói, arrancam o seu cachecol e saem correndo, puxando-o para fora do quadro, de modo que ele perde as suas conexões, mas também, ironicamente, deixa de ser morto. O empresário é morto em seu lugar, num daqueles becos escuros atrás de um prédio de escritórios. Todo garoto que andava pela Square conhecia esses becos, mas ninguém jamais os pusera na tela. Kubrick sente o pesadelo urbano que está prestes a se desenrolar. O Sistema Rodoviário

Federal logo criará um mundo em que o perigo não vem da grande multidão, mas da *ausência* de uma multidão, da nova "avenida solitária" *sem* uma multidão.[15] Kubrick imagina os centros das cidades vazios que estão a caminho e que se tornarão fontes primárias de miséria por toda a América nos próximos cinquenta anos. Esse homem conhece o vazio; mostra como o vazio urbano pode ser uma força ativa, maligna, destruidora de cidades. *A morte passou por perto* profetiza a metamorfose que está prestes a transformar os centros brilhantes e agitados das cidades americanas em buracos negros.

Mais do que a maioria dos centros urbanos, Times Square saberá sobreviver a essa maré. Daí a meio século estará desfigurada, mas intacta. O seu poder de encarnar o terror dos espaços infinitos continuará inalterado. *Vanilla sky* (2001), de Cameron Crowe, começa com uma visão onírica de Tom Cruise dirigindo um carro esporte por uma Square iluminada, mas espetacularmente vazia ao amanhecer. Não há nem sequer carros! A cidade foi evacuada? Horrorizado com o vazio ao seu redor — céu azul, letreiros de neon vermelhos, nenhuma pessoa —, o protagonista abandona o carro e corre como um louco; mas, sem as pessoas, a Square não sabe lhe mostrar o caminho a seguir. O filme continua a revelar mais duas horas de angústia urbana; mas nada iguala a intensidade dos dois primeiros minutos, porque depois de Times Square nenhum dos outros ambientes de Cruise e Crowe está tão intensamente *ali*.

PARA ONDE VAI ESTE LIVRO

Vou contar histórias, histórias sobre pessoas envoltas por "cem anos de espetáculos" em Times Square. Alguns dos meus temas serão pessoas reais: Theodore Dreiser, Al Jolson, Busby Berkeley, Ethel Merman, Jerome Robbins; Tama Starr, presidente da empresa que fabrica os maiores anúncios da Square; Jane Di-ckson, que pintou *"the deuce"* [a rua 42] de forma tão evocativa na década de 1980; "as três bruxas", o grupo de administradoras que tanto fizeram para soprar bem para longe aquela rua; Tibor Kalman, o brilhante designer que lutou para dar à "Nova Times Square" uma face humana antes de morrer. Alguns de meus temas são personagens fictícios: Sister Carrie, o Cantor de Jazz, Miss Turnstiles em *Um dia em Nova York*, o motorista de táxi de Martin Scorsese, uma heroína da série televisiva *Sex and the City*. Alguns são anúncios e representações visuais de pessoas, a Garota do Times, Betty Boop, "Bonita e valente" ("Annie get your gun"), as caricaturas feitas por Calvin Klein sobre o Cristo de Mantegna para vender roupas de baixo, o conjunto multirracial de adolescentes nus criado por Tibor para promover a revista *Colors*. Muitos dos meus temas são marinheiros: o marinheiro real, mas desconhecido, que beijou uma enfermeira real, mas desconhecida, na Grande Tarde na Square em agosto de 1945; os heróis de *Um dia em Nova York*, dançando pela democracia; os anti-heróis de *A última missão*, lutando para permanecer existencialmente a salvo; as multidões de jovens marinheiros que inundam a Square hoje em dia, toda Fleet Week [Semana da Frota] em maio e junho, a caminho do Golfo; e as gerações de homens e mulheres civis que são atraídos por eles.

Cada capítulo avançará, do tempo de Sister Carrie para o nosso, mas com ritmos e andamentos diferentes, imaginado a partir de diferentes ângulos e perspectivas. Conto muitas histórias, e poderia contar ainda muitas mais; nas primeiras versões eu realmente contei mais histórias. Mas me vi confrontado com um grande perigo: a própria riqueza da vida em Nova York cria uma ressaca espetacular. "Você é um nova-iorquino", Colson White-head reflete poética mas tristemente, "quando o que existia antes é mais real e sólido do que aquilo que existe agora."[16] Tive de lembrar e tornar a focar o que estava tentando fazer. Quero escrever um livro que transborde de personagens, mas quero que o meu elenco seja uma linha de coro a que os leitores possam se juntar, não um esquadrão de polícia que os bloqueie e contenha de modo que não possam estar ali agora. Quero mostrar pessoas vivendo para a cidade numa vida que é aberta, contínua, ainda ali para ser vivida.[17]

Na primeira parte do século XX, os americanos consideravam as suas cidades como algo natural. As pessoas podiam amá-las ou odiá-las, podiam tentar aproximar-se ou afastar-se delas, mas ninguém punha em dúvida o fato de estarem assombrosamente *ali*. Na última parte, de forma muito dramática na década de 1970, tornou-se chocantemente claro que elas afinal não tinham de estar ali. Em apenas alguns anos, por toda a América, paisagens urbanas ricas e complexas se transformaram em ruínas. Ninguém podia deixar de ver a mudança, mas as pessoas lhe davam diferentes significados. Alguns diziam que as cidades eram lugares sujos, barulhentos, sórdidos, de que as pessoas absolutamente não precisavam — sendo esse um velho tema americano. Outros desenvolveram tremendos planos de renovação urbana que se revelaram mais parecidos com remoção urbana. Dois temas dessa época significaram muito para mim; eles têm tons e um colorido emocional diferentes, mas são do mesmo tipo, e reúnem-se e vivem juntos neste livro. O primeiro é a ideia de que um dos direitos humanos básicos é *o direito à cidade*; isso significa que a vida na cidade é uma experiência a que todos os seres humanos têm direito, quer saibam disso, quer não.[18] Junto está a ideia de que *as cidades são vulneráveis*, elas precisam de amor e cuidados incessantes. O primeiro tema deve recrutar nossa vontade de realizar ação militante; o segundo deve trazer à tona a nossa capacidade menos dramática, mas igualmente vital, de cuidar das coisas. Escrevi este livro para mostrar o que a vida citadina pode ser, por que precisamos dessa vida para ser plenamente vivos e como podemos obtê-la se — e é um grande "se" — aprendermos a reunir os aspectos contraditórios de nosso ser.

No final da década de 1980, os Beastie Boys, um trio de brilhantes comediantes rap do centro de Nova York, proclamaram o que soava como um paradoxo: "Você tem de lutar pelo seu direito à festa".[19] Na cidade profundamente profana que Nova York sempre foi, o seu paradoxo tem um sentido profundo. Quero encarná-lo aqui: despertar tanto os nossos sentidos como as nossas mentes; capacitar as pessoas a pensar criticamente enquanto nos deleitamos com banhos de luz brilhante.

1. Luzes sempre acesas: os anúncios de Times Square

"Vou apenas descer a Broadway", ele disse para si mesmo. Quando chegou à rua 42, os anúncios luminosos já estavam resplandecendo brilhantes.

Hurstwood, perto do final de *Sister Carrie*

Grandes anúncios — Maiores! Que! A vida! — piscam acendendo e apagando. E um grande anúncio faminto tateando sinistramente a escuridão grita: F*A*S*C*I*N*A*Ç*Ã*O

John Rechy, *City of night*

A SQUARE DOS ANÚNCIOS

Por todo o século XX, sempre que falavam de Times Square as pessoas falavam dos anúncios gigantescos. Aqueles anúncios estavam ali nos primórdios da Square, e por toda a sua vida foram projetados e ordenados para acachapar as pessoas. "Espetacular" é a palavra para esses anúncios. Ao longo dos anos chegaram a treze, dezoito, 21 metros de altura, às vezes com o comprimento de um quarteirão inteiro. São extravagantemente iluminados com o que quer que o estado da arte publicitária permita: com milhares de lâmpadas, com uma encantadora caligrafia de neon, com tremendos holofotes, com arte gráfica de computador que pulsa e explode; qualquer estilo, qualquer tecnologia serve se consegue nos nocautear. Não quero dizer que todos os anúncios de Times Square são gigantes propensos a dar golpes fulminantes. A maioria não é, sendo provável que a maioria seja menor e mais nuançada. Mas a ecologia da Square é tal que a experiência dos anúncios menores se dá em relação aos enormes. O gerente da loja Arrow Shirts disse: "Estamos logo abaixo da cascata". Eles têm pretensões limitadas sobre o universo, mas, "lado a lado, são glorificados" pelas pretensões ilimitadas dos que estão logo acima e ao redor deles.

Na sua efusão de anúncios, Nova York nunca esteve sozinha. No início do século XX toda cidade tinha o seu "Grande Caminho Branco".[1] A maioria escureceu depois da Segunda Guerra Mundial, quando o Sistema Rodoviário Federal projetou a destruição dos centros das cidades por todo o país; só Nova York sobreviveu para contar a história. Muitas cidades americanas, especialmente no Cinturão do Sol, desenvolveram prosperidade baseadas em rodovias e carros, e criaram espaços com anúncios tão grandes e ousados quanto os de Times Square. Mas esses espaços tendem a ser faixas (Las Vegas, Los Angeles, Cidade do México) onde as pessoas entram de carro e seguem reto até o final. Os seus anúncios são dispostos em linhas retas, com a intenção de serem vistos um ou, no máximo, dois de cada vez pelos motoristas ou passageiros na estrada. A disposição dos anúncios em Times Square é muito mais complexa. Ali as pessoas estão a pé, envoltas por multidões de pedestres numa centena de direções, impedidas de seguir em frente, mesmo que queiram. Os anúncios vêm até nós de muitas direções; eles colorem as pessoas perto de nós com misturas complexas, e nós também nos tornamos coloridos, todos cobertos com as luzes e sombras móveis. Nós nos metamorfoseamos quando damos meia-volta, e temos de dar meia-volta para conseguir avançar no meio da multidão. O desenvolvimento do cubismo no início do século XX foi feito para espaços como este, onde ocupamos muitos pontos de vista diferentes enquanto continuamos quase parados. Times Square é um lugar onde o cubismo é realismo. Estar ali é como estar em um filme experimental cubista da década de 1920: *O homem com a câmera de cinema* como um filme doméstico. Os anúncios são o marco essencial, mas em geral o que agarra os nossos corações é menos qualquer anúncio particular do que o complexo, a totalidade, a superabundância de anúncios, anúncios em demasia, um complemento perfeito para as pessoas em demasia da Square. Desde a década de 1890, estar afinado com o excesso de plenitude de Times Square tem sido um dos modos básicos de estar em casa em Nova York. Até os mais desgraçados podem se sentir em casa com os anúncios de Times Square. "Vou apenas descer a Broadway", diz Hurstwood. "Quando chegou à rua 42, os anúncios luminosos já estavam resplandecendo brilhantes." Esse homem está faminto, gelado, vestido com trapos, delirante, com um pé na cova. Mas ele não consegue ficar longe dos "anúncios luminosos". Ele é atraído para o seu calor e a sua luz como uma traça para a chama.

O encanto de Times Square brota da totalidade, da superabundância de anúncios, e não de qualquer um em particular. Mas faz sentido que um livro sobre a Square contenha ao menos um breve perfil histórico dos anúncios memoráveis da Square, que será também uma incursão pela moderna cultura comercial de massa. Há uma outra razão. Um modo importante como as pessoas sempre experimentaram Times Square, e ainda a experimentam, tem sido adotar um anúncio preferido, ficar a sós com ele, torná-lo parte de sua vida interior. Isso significa separar o anúncio de qualquer mercadoria que se destinasse a promover e colocá-lo num sistema diferente de significado todo nosso. Se o anúncio é uma figura humana, podemos entabular uma conversa: "O que é que uma doçura como você está fazendo num lugar como este?". A capacidade humana de dar novos nomes às coisas é uma capacidade que não deve ser eliminada pelas enchentes de mercadorias, nem ser reduzida a uma aquiescência passiva, mantendo-nos íntima e imaginativamente vivos. (Mas muitas vezes, exatamente quando estamos nos sentindo em casa com nossos anúncios especiais, chegamos ao local e eles desapareceram. "Tudo o que é sólido desmancha no ar.")

Um dos primeiros anúncios mais espetaculares e impressionantes de Times Square foi a Miss Heatherbloom de quinze metros de altura que promovia as "Anáguas Heatherbloom, a única rival da seda". O produto parece ter sido uma típica imitação de um item da alta moda num centro de lojas de confecções, vendida a milhões de jovens mulheres do tipo que passava pela Square todos os dias: datilógrafas e telefonistas, professoras e jovens esposas.

O anúncio foi construído na década de 1900 (fontes diferentes fornecem datas diferentes) por O. J. Gude, o primeiro grande artista comercial da Square, que pintava com explosões e ondulações de energia elétrica. O anúncio tinha uma sequência elaboradamente programada em que a heroína caminhava por uma chuva forte "representada por linhas diagonais fustigantes de lâmpadas". O vento batia no vestido, levantava a saia e revelava a anágua aderindo às pernas, ancas e coxas da jovem. O vento diminuía, as roupas voltavam a seu lugar, ela retomava o seu caminhar requebrado de salto alto — só para ser arrebatada pelo vento e pela chuva outra vez, e de novo e mais uma vez.[2]

Esse anúncio atraía grandes multidões, e as multidões incluíam muitas mulheres. Não as mulheres mais ricas, que teriam certamente preferido a seda, um material tépido e voluptuoso que tem sido um símbolo de classe desde os tempos antigos. Mas imaginem as costureiras e as telefonistas a caminho do trabalho, ou as professoras e as estenógrafas indo ao teatro. O que o anúncio prometia é algo que a indústria de confecção de roupas de Nova York, apenas alguns quarteirões mais ao sul, sabia (e ainda sabe) como entregar: imitações baratas de tecidos e modelos caros; fantasias aristocráticas que um público plebeu de massa pode comprar. Era estruturalmente similar à cultura de massa eletrificada encarnada no seu anúncio. Procurava e encontrava um grande grupo de mulheres respeitáveis que reagiam a uma exibição sexual pública e resplandecente e compravam a peça de roupa que, elas esperavam, as ajudaria a mudar.

Um dos possíveis significados da anágua: a aversão das mulheres pelas múltiplas camadas de roupa que então definiam a vestimenta feminina. Naquelas roupas, ninguém jamais veria como é o corpo feminino. (Naqueles dias, também, pelo que podemos saber, o sexo acontecia no escuro: toque, mas não olhe.) O feminismo no início do século XX exigia a "reforma do vestuário", das roupas que tratavam as mulheres como prisioneiras. Mas pouca coisa mudou até a Primeira Guerra Mundial, quando de repente havia muito menos pano à vista, e então tudo se transformou com rapidez. Desde então, a visibilidade dos corpos femininos tem se tornado um marco primário do século XX, do Ocidente, da grande cidade, dos tempos modernos. Quem duvida disso deveria atentar para a fúria dirigida contra a visibilidade das mulheres em todos os movimentos agressivamente antimodernos ao redor do mundo. O produto Heatherbloom, embora vendido para a juventude, continua firmemente nos limites do vestuário tradicional em camadas. Já o *anúncio* Heatherbloom dá um salto para a visibilidade. É o levantar da cortina para o drama secular que envolve a exposição e a exibição das mulheres. Esse é um teatro "legítimo", porque a moça nada pode fazer para evitá-lo. Ela não tira as roupas; ela não é desnudada por um marido ou namorado lascivo; ela é despida pelas forças primárias da própria natureza. Mas em Times Square é também teatro *cômico*. A sua ironia cômica é definida pelo programa do anúncio: no Primeiro Ato, a heroína é arrebatada e despida pela tempestade; no Segundo Ato, a tempestade diminui e as roupas tornam a cobri-la; no Terceiro Ato, ela está de novo no meio da tempestade.

FUMAÇA, ÁGUA E AMÉRICA

O discurso da nostalgia em Times Square gravita frequentemente para a década de 1940, a era da Segunda Guerra Mundial e seu próspero pós-guerra. Os sobreviventes e os memorialistas desses anos retratam uma Nova York que talvez tenha sido fisicamente distinta do resto da América, mas que culturalmente se mesclava com o país e tinha a capacidade de encarná-lo. Na fotografia do marinheiro e da enfermeira se beijando na Square quando da rendição japonesa, tirada por Alfred Eisenstaedt e publicada na *Life*, vemos um momento histórico, livre da tensão entre "Nova York" e "América" que marcou a cultura americana nas décadas de 1960 e 1970, quando eu era jovem, e que foi alimentada pelo GOP, o Grand Old Party, ou Partido Republicano. (Essa tensão atingiu o auge no discurso "Dane-se" de Gerald Ford, em 1976.) As pessoas que sentem saudades da Square dos anos 1940 estão frequentemente, nas palavras pungentes de Paul Simon, "à procura da América". Ainda sentem uma imensa distância entre Nova York e a América hoje em dia, e desejam uma fusão das duas realidades que acham ter existido no passado. Concentram-se frequentemente nos anúncios espetaculares da Square, que na sua percepção executavam proezas de integração espiritual.

Na viagem nostálgica "à procura da América", a grande cascata das Roupas Bond e o anúncio do anel de fumaça dos cigarros Camel são paradas favoritas. Os dois anúncios estrearam pouco antes da guerra. Foram imaginados e planejados por um dos heróis não celebrados de Times Square, o artista, engenheiro, locatário e promotor Douglas Leigh, e montados por Artkraft Strauss.[3] O anúncio BOND estreou em 1940, bem acima do principal mostruário da loja, proclamando "A catedral do vestuário". Era ali que meu pai comprava os seus ternos, baratos mas "bacanas". O anúncio Camel, apenas um quarteirão adiante, estreou em 1941. Durante toda a minha infância esses dois dominaram a Square. Eles não se pareciam muito, mas todo mundo concordava que eram unidos, e creio saber por que os anúncios se misturavam num único conjunto: por serem ambos dramatizações do perigo e de como livrar-se do perigo.

A cascata, do comprimento de um quarteirão, tinha um tremendo fluxo agitado. À noite, tudo na Square parecia fluir para esse anúncio. Se você parasse ali e olhasse o anúncio por algum tempo, ele podia colocá-lo numa espécie de transe, você podia perder a noção de tudo ao seu redor. As cascatas ficavam bem acima do chão, mas será que não se podia cair lá dentro? Os garotos não poderiam cair? Não haveria ali algo que não podíamos ver mas que podia nos puxar? Nas margens norte e sul da cascata havia gigantescas estátuas de bronze de um homem e uma mulher. Hoje, observando-as em fotos, vejo que eu tinha razão sobre elas. Estavam nuas! Nada de roupa! E no entanto eram totalmente assexuadas. Não que os meus primos, os meus amigos e eu soubéssemos muito sobre sexo, mas ainda assim podíamos sentir essa ausência. A característica imperiosa dessas estátuas era a sua solenidade. Havia um poema de Longfellow que líamos na escola e que começava anunciando "This is the forest primeval" [Esta é a floresta primeva], onde as grandes árvores

Stand like Druids of eld, with voices sad and prophetic...

[Mantêm-se como druidas imemoriais, com vozes tristes e proféticas...]

Seriam as estátuas de bronze tão solenes por estarem nos protegendo da beirada, da queda lá dentro, das correntes fatais e das pedras ocultas que não podíamos ver nem sequer imaginar, mas que elas conheciam bem demais? Viria o perigo, de algum modo esquisito, das próprias roupas bacanas e do bond?

O anúncio do Camel logo abaixo da cascata era outra coisa. Ali estava outro adulto gigante, e, além disso, um homem de uniforme[4] — o que significava, na década de 1940, alguém que arriscava sua vida para nos proteger a todos de Hitler. Quem era Hitler? Alguém que tinha poderes mágicos para criar exércitos fabulosos que matavam muitos judeus (todos os ramos da família de minha avó foram apanhados na Lituânia; foram todos mortos) e muitas outras pessoas. Mas esse fumante de Camel estava pronto a enfrentar Hitler. E como lutava? Soprava anéis de fumaça no rosto do ditador. Eu pensava: *Uau!* Os anéis de fumaça eram colhidos do sistema de aquecimento do prédio; não significavam apenas a valentia americana, mas o frescor americano. Eu gostava de parar embaixo do anúncio, de onde não pudesse ver o homem, mas enxergasse seus anéis de fumaça; desde que continuassem a aparecer, eu me sentia protegido. Os meus pais eram fumantes inveterados: eles roçavam os lábios um do outro quando acendiam os cigarros um do outro. Perguntei se conseguiam soprar anéis como os do anúncio. A minha mãe zombou da proeza como coisa de um cara tolo, mas o meu pai conseguia fazer os anéis, e ele jurava que algum dia eu também seria capaz de fazê-los.

Como os anúncios mudam de significado à medida que o tempo passa! Quando eu tinha treze anos, o médico de meu pai disse que ele estava seriamente Sob Estresse, que teria de parar de fumar imediatamente. Ele de fato parou, com o que me pareceu pouco estardalhaço. Mas, antes que nos déssemos conta, ele já estava morto de qualquer modo. Eu nunca me tornei fumante, e aquele anúncio Camel se tornou fel e amargor para mim. Quando a nossa família ia a Times Square e tomávamos os nossos banhos de luz, eu começava a arengar quando chegávamos perto do anúncio. Eu dizia que era realmente propaganda do imperialismo americano. Em todo o mundo prometemos proteger as pessoas, mas estamos espalhando mais morte que vida; quanto àquele garoto, o soldado-fumante, ele é um viciado e nem sequer sabe disso; matamos os nossos garotos junto com todos os outros por causa das empresas de tabaco. O senso político global de minha mãe era bastante próximo ao meu, mas ela não conseguia traduzi-lo em fúria contra o anúncio. Para ela, a verdade básica do anúncio era o jovem divertido que conquistara o seu coração na Square havia tantos anos. O ato de fumar tornou-se uma espécie de *séance* que conseguia trazer aquele jovem de volta para ela.

Achei que o Relatório do Diretor Nacional da Saúde lhe daria o que pensar; mas ela disse que o fato de o fumante se arriscar só o tornava mais nobre. Quando fui para Columbia e li *Rei Lear*, ela leu a obra comigo. Enquanto líamos juntos, parecia sair fumaça das suas orelhas. Ela dizia: "É como eu desafio o espírito mau".

COPPOLA: A SQUARE OU A BIBLIOTECA

Vamos pular para a Times Square da minha tia Idie, na década de 1960: o lugar que eliminava a necessidade de drogas porque era em si mesmo uma viagem psicodélica. Um filme daqueles dias mostra de forma muito vívida como as pessoas personalizam e internalizam os anúncios de Times Square: a estreia comercial de Francis Ford Coppola, *Agora você é um homem* (1966). O herói de Coppola, Bernard (Peter Kastner), é o filho de um executivo na Biblioteca Pública de Nova York [New York Public Library — NYPL]. Enquanto trabalha num emprego de iniciante na NYPL, correndo pelas estantes de patins, seus pais lhe pagam um apartamento, tornando-o capaz de descobrir Nova York por conta própria. O filme é estruturado como um *Bildungsroman*, a história de um menino que se torna homem. A biblioteca fica bem no fim da rua de Times Square, e Bernard está feliz por explorar a cena. As características que mais o atraem são os grandes anúncios luminosos ao redor do *bowtie* e as livrarias pornográficas ao longo do *deuce*.* Bem no início do filme ele usa a imaginação para reescrever os anúncios. A sua primeira tarefa é simples. Do interior de uma loja pornográfica ele contempla o fliperama de

---

* O *bowtie* — gravata-borboleta — é o grande espaço aberto, em forma de X, onde a Broadway cruza a Sétima Avenida. O *deuce* — dois — é a rua 42, que corre perpendicular à "gravata-borboleta".

longa vida na rua 42, "Playland" [terra de brincar], e lhe dá um novo título, "Layland" [terra de fornicar]. Está deixando a sua marca na Square.

Quando o herói de um *Bildungsroman* é homem, o seu crescimento é frequentemente apresentado como um conflito entre duas mulheres, uma mais deslumbrante, a outra mais real; a sua tarefa, tanto moral como necessária para o seu desenvolvimento, é superar a sedução da fascinante (Calipso, Veronica) e amar a real (Penélope, Betty). No filme, Barbara Darling é uma dançarina exótica que usa as roupas Mary Quant então em voga e tem um andar tipo "Swinging London". Amy Bartlett, a colega do herói na NYPL, é íntegra e simpática, tem muita paciência, além de ser mais inteligente e original do que parece. Coppola situa Amy na rua 42 Oeste num belo dia de primavera, caminhando e olhando ao redor: perfeitamente comum, não fosse por ser ela a única mulher na rua. Ela descobre o herói numa loja pornográfica, onde ele assiste a um strip-tease numa lanterna mágica. Ela tem então uma reação extraordinária: entra na loja, coloca-se atrás do herói, venda-lhe os olhos, afasta-o do desfile de imagens, e diz: "Eu gosto de você, vamos, fique *comigo*". Na plateia, ficamos impressionados com a ousadia e a coragem de Amy. Mas Bernard, que ainda tem muito que crescer, está obcecado com a imagem de Barbara, cego pela sua luz.

Uma das cenas mais comoventes do filme é o passeio de Bernard e Amy pela Square. Quando se separam, ela lança os braços ao redor dele. Mas, mesmo quando ele abraça uma mulher, nós o vemos olhando por sobre o seu ombro e descobrindo um anúncio gigantesco que delineia a outra. Fica na velha Times Tower, o foco visual da Square. Não devemos ler o anúncio como algo real — Barbara Darling ainda tem um longo caminho a percorrer antes do seu momento Cantor de Jazz —, mas como uma projeção das fantasias do herói. Ele imagina uma silhueta cintilante de

Barbara dançando, sacudindo loucamente as ancas, enquanto o gigantesco letreiro de notícias cintila BARBARABARBARABARBARABAR-BARABARBARA num circuito infinito. Ele está dando à Square um colorido nas formas e cores espalhafatosas de sua imaginação. Bernard acaba conhecendo a Barbara real, só para descobrir uma mulher que tem pavor da realidade. Ela se sente à vontade em situações em que possa agir como um anúncio, uma representação distante de si mesma — especificamente, em que ela possa desempenhar o papel de uma diva pornográfica —, mas fica aterrorizada com encontros humanos em que teria de reagir aos sentimentos de outras pessoas ou expressar os seus próprios. Ele continua a ser ferido por ela, e não sabe o que o atingiu. Mas finalmente se desvencilha e caminha rumo ao horizonte com Amy. É um final feliz: o herói está crescendo por fim.

Nesse mundo do filme, Amy é obviamente a escolha certa. Mas há um subtexto peculiar sugerindo que Barbara é uma mixórdia porque está no show biz, e que Amy é um ser humano sólido e honesto porque não está. Uma das contracorrentes duvidosas do filme é um "preconceito antiteatral".[5] Essa é a ideia de que um artista, um homem ou uma mulher "com um sinal", deve ser falso, dividido, alienado, irreal; são apenas aqueles "sem sinais", que *não* representam, os que podem ser seres humanos honestos e autênticos. Esse complexo de crenças tem uma longa história, especialmente na história do cristianismo. Coloca Coppola em companhia de puritanos e fundamentalistas, uma companhia na qual poucos de seus admiradores esperariam encontrá-lo. Torna-o um aliado da irmã Sarah Brown em *Eles e elas*, uma heroína da Broadway que deseja ardentemente "levar uma picareta para a Broadway e destruí-la de cabo a rabo".

Ver o mundo dessa maneira é lançar um olhar frio sobre Times Square. As suas luzes e anúncios sempre cintilantes, que a princípio pareciam tão encantadores, agora lembram muitas vaidades vazias. Empresta também um novo significado à Biblioteca Pública de Nova York. No início do filme, ela é apenas um prédio maravilhoso. No final assume nova importância, como a antítese metafísica da Square. As suas augustas arcadas de pedra, a luz suave imutável de sua principal sala de leitura, as suas magníficas vistas clássicas aparecem como marcos de um ser verdadeiro, de autenticidade. Como um apreciador da biblioteca durante toda a minha vida, fiquei lisonjeado com esse dualismo na primeira vez que o encontrei. Pensando duas vezes, refleti que, com amigos como esses, a NYPL talvez não precise de inimigos. Se retirarmos dela todos os livros cujos autores se pavoneiam, se agitam e fazem cabriolas pelas páginas e se esforçam para seduzir e deslumbrar os seus leitores, bem como todos os ornamentos arquitetônicos feitos com a intenção de assombrar os seus usuários, *exatamente como os anúncios de Times Square*, criaremos rapidamente uma grande quantidade de espaços vazios e esvaziaremos a nossa cultura roubando-lhe a vitalidade. Se não podemos ver a unidade de pensamento e espírito entre a Square e a biblioteca, o melhor é apagar de vez as luzes.*

OS ANOS 1960: A DEUSA PSICODÉLICA

Naqueles dias, o meu anúncio favorito em Times Square fazia parte da campanha para promover a nova versão de *Bonita e*

---

* John Rechy oferece uma dialética muito mais vital entre a Biblioteca e a Rua: "Escapar! — eu lia com avidez [...] naquela biblioteca na Quinta Avenida, eu tentava fechar os ouvidos aos ecos daquele mundo [de oportunistas desonestos] que rugia lá fora, logo além daquelas paredes. [...] Eu estava constantemente numa gangorra" (*City of night*, p. 55). A gangorra é parte de uma história de vida que culmina na redação de seu livro, um livro cheio de alusões a outros livros, um livro que ele sabe ocupará um lugar naquela biblioteca, e será lido por mais pessoas, pessoas como o seu jovem ou como você e eu. A gangorra subirá e descerá no jogo do círculo.

valente. Estava situada no topo do Palace Theatre. O anúncio era uma grande deusa com revólveres. Mas as armas de fogo eram futuristas, disparando bolas de plástico brilhantemente coloridas, e a deusa também parecia um empréstimo de uma história de quadrinhos de ficção científica. Não conseguia encontrar uma imagem dessa deusa, e já me perguntava se não a tinha imaginado quando então a descobri, tanto no testemunho da CEO dos anúncios, Tama Starr — "Annie Oakley da altura de um prédio de quatro andares, disparando balas de lâmpadas por toda a largura de um prédio"[6] —, quanto numa visão luminosa de Isaac Bashevis Singer.

Na versão de Singer, o anúncio avulta no clímax de um conto chamado "O terceiro",[7] ambientado no enorme Restaurante Automático Horn & Hardart no lado oeste da Broadway, entre as ruas 47 e 48. Dois personagens estão presentes, o narrador e um velho amigo, mas o foco está sobre dois que estão ausentes, a esposa do amigo e "o terceiro", seu amante. Todos são sobreviventes do Holocausto; não há crianças. O narrador e seu amigo estão tomando chá e concordando que Deus está morto. Então o amigo desenrola a sua história-dentro-da-história, um ardente triângulo amoroso ambientado em Coney Island. Se os personagens fossem americanos, a única questão seria quem vai matar quem. Mas, nesse mundo de sobreviventes, o sexo e o romance nadam num mar profundo de passividade e desamparo. Os dois homens se perguntam o que as mulheres desejam, mas estão igualmente confusos a respeito do que *eles* querem. O narrador sente aos poucos que essa história o está tragando como um redemoinho. Ele tem de sair: o ambiente será mais sadio na rua.

> Saímos caminhando na Broadway e o calor me atingiu como uma fornalha. Ainda estava claro, mas os letreiros de neon já estavam acesos, anunciando em linguagem luminosa a felicidade a ser comprada com a Pepsi-Cola, os ternos Bond, os cigarros Camel, o chiclete Wrigley.

Quem conheceu Times Square mesmo que só um pouco vai lembrar desses anúncios. Mas agora há um novo anúncio na cidade, e ela está tomando conta do pedaço:

> Sobre um cinema pendia o cartaz de uma mulher seminua da altura de um prédio de quatro andares, iluminada por holofotes — o cabelo despenteado, os olhos loucos, as pernas afastadas, um revólver em cada uma das mãos. Ao redor da cintura um cachecol com franjas cobria suas partes pudendas. [...] Olhei para Zelig. Metade da sua face estava verde, a outra vermelha — como uma pintura moderna. Disse para ele: "Se existe um Deus, ela é o nosso Deus".
>
> Zelig Fingerbein se sacudiu como se tivesse sido despertado de um transe. "O que *ela* está prometendo ela pode realizar."

"O que ela está prometendo." Mas o que é que ela está prometendo? Fingerbein é tão reticente sobre sua amazona psicodélica em Times Square quanto sobre sua esposa em Coney Island. Os seus revólveres e balas futuristas pretendem afastar as pessoas ou, como o arco e as setas de Cupido, trazê-las mais perto? A sua tanga é uma sugestão de Cristo, uma mistura de formas pagãs e cristãs da divindade, ou um desvestir-se sedutor secular e moderno, no estilo que Gypsy Rose Lee tornou conhecido em Minsky's e acessível a toda esposa respeitável em Peoria ou no Bronx? Estaria Singer tentando nos dizer que alguns valores e outros valores simplesmente não podem coexistir? Ou que tudo e tudo o mais *pode* coexistir aqui, se as pessoas encontrarem meios de trilhar o caminho e falar o mesmo idioma "lado a lado"?

Singer capta perfeitamente o espírito da Square do final dos anos 1960, onde uma parte tão grande da recreação parecia servir ao desespero existencial. Era uma viagem psicodélica, assim

53

como dizia a minha tia, mas como muitas dessas viagens levava as pessoas a lugares esquisitos a que não tinham planejado ir. Uma imagem que parecia um ponto de exclamação — sexo ardente com doze metros de altura e bem na sua cara — podia se revelar um ponto de interrogação. Um homem comum sob as luzes podia parecer "uma pintura moderna". Seria um ramo do Museu de Arte Moderna? Ou era o Museu de Arte Moderna *real*? Imaginemo-nos metamorfoseados em obras de arte! É emocionante. Mas precisamos lembrar, como faz Singer, que a arte moderna é uma arte que reduz, amplia, colore, desnuda, explode, retorce, vira pelo avesso, rasga em tiras, recombina, dramatiza e exibe todas as divisões radicais em nosso ser. Se há "sete tipos de ambiguidade", essa Square possui todos.

OS ANOS 1990: CORES E NUDEZ

Os anúncios mais notáveis em Times Square nos últimos tempos são construídos sobre algumas das ambiguidades abertas pelos anúncios da década de 1960. O meu favorito foi criado pelo brilhante designer Tibor Kalman (1949-99), morto no auge de seu poder criativo.

O anúncio luminoso de Kalman era uma propaganda espetacular para *Colors*, uma revista de papel lustroso publicada pela empresa italiana de artigos esportivos United Colors of Benetton. O anúncio ficou exposto em 1992 e 1993. Tinha quinze metros de altura, e talvez o dobro de comprimento: curvava-se ao redor da esquina da rua 47 com a Broadway e mostrava fotos de seis adolescentes em nu frontal completo. Na realidade, não eram bem adolescentes: dois pareciam mais perto dos 25 anos, outros dois pareciam ter quinze. E não estavam totalmente nus;

mantinham pequenos cartazes sobre seus órgãos genitais, algo semelhante à folha da parreira nas pinturas renascentistas de Adão e Eva. Era difícil que um espectador não apreciasse a nudez desses belos garotos; mas as suas folhas de parreira genitais também nos forçavam a partilhar o seu embaraço.

Os contrastes de cor entre os garotos eram notáveis: um deles era claramente asiático, outro claramente africano (afro-americano? afro-europeu?), dois claramente caucasianos, e dois pouco definidos ou misturados; quanto a isso, era muito provável que todos fossem misturados. Os contrastes nas ideias eram também notáveis. Na extrema-esquerda, um menino loiro meio punk com um ar de Axl Rose mantinha um cartaz em que se lia ATITUDE. A seguir, uma voluptuosa garota asiática apresentava RAÇA. Um menino de tez amarelada carregava um cartaz VERDADE. Uma menina negra tinha uma placa PODER. Um homem asiático baixo e atarracado apresentava MENTIRAS. À direita, a que parecia a mais jovem dos seis, uma garota com uma aura de *gamine*, cobria--se com PRIMEIRO ENCONTRO. Era impossível (ou, digamos, muito difícil) que um espectador não apreciasse a quase nudez desses garotos, que não nos deleitássemos com a visão dos adolescentes. Ao mesmo tempo, pelo modo como o anúncio foi realizado, era impossível não sentir culpa e constrangimento. A visão repentina de seus corpos era reveladora e chocante. Havia alguma coisa no modo como estavam parados, a luz e cor ambientes, a inocência nas suas faces — mesmo quando a inocência estava misturada com desafio — que lhes dava uma aparência de vulnerabilidade e superexposição; mais pareciam suspeitos numa fila de reconhecimento da polícia do que participantes de uma orgia. Mas qual era o seu crime? Havia profundidade humana nesse anúncio, atraía-nos para a ação. Antes que a imagem pudesse significar qualquer coisa, nós espectadores tínhamos de imaginar ativamente, tínhamos de "escrever o livro". Minha mulher e eu imaginamos uma revista policial com desnudamento depois de uma batida em busca de drogas num clube. Observamos que pelo menos dois desses garotos eram "menores", mas não saberíamos dizer o que a diferença de idades significava. A ideia era que a idade não significava nada? (Mas nesse caso, pensei, não deveria haver algumas pessoas mais velhas com os corpos enrugados e flácidos na cena?) Nunca deciframos o significado de seus cartazes genitais, as folhas de parreira impressas. Devíamos pensar nesses rótulos como etiquetas sociais impostas pelas autoridades que lhes tiravam a roupa e os punham em fila? Era essa uma geração de garotos apanhada no fogo cruzado das grandes palavras dos adultos? Mas "vítima" não era outra grande palavra dos adultos?

No final da última década, em 1998, tive o privilégio de um encontro pessoal com Kalman, quando o entrevistei com vagar e vim a conhecê-lo. (No entanto, até nosso último telefonema, eu não sabia que ele estava muito doente.) Era uma das pessoas mais encantadoras que já conheci: brilhante, imaginativo, transbordante de vida. Depois de lembrarmos nossos anos de protesto contra a Guerra do Vietnã, ele disse que Times Square mostrava a única coisa agradável do imperialismo americano: abraçava todo mundo. Então, mais do que nunca, todo o mundo estava ali, toda raça e grupo étnico bem ali na rua. Sabia eu o que fazia tudo isso acontecer, ele perguntou, o que reunia todas as cores? Era o sexo: o sexo dava à Square o seu fascínio; o sexo era a força primordial que pulava por todas as linhas das cores e todas as fronteiras nacionais, e criava a família do homem. A ideia do anúncio, disse ele, era que, se nos sentíssemos provocados por esses garotos, deveríamos nos reconhecer, com eles, como parte dessa família. Eu lhe perguntei se a sua visão erótica era realmente partilhada pela Benetton, que fabricava e vendia linhas de roupas benfeitas, mas refinadas e conservadoras. Ele concordou que havia um grande abismo entre a mercadoria e seu aparato de publicidade, disse que era uma janela de liberdade, que no entanto estava se fechando — riu, disse que já tivera dois colapsos nervosos, e era apenas uma questão de tempo antes que o anúncio e o anunciante se separassem para sempre.

Eu lhe disse o quanto o seu anúncio me comovia. Mas falei que ele tinha de saber que havia outras maneiras, não tão agradáveis, de ler o anúncio. Essa imagem poderia nos colocar na posição de policiais, de Humberts e Quiltys, talvez até de mercadores de escravos, examinando e comparando as cores dos garotos enquanto apreciávamos as suas curvas. Ela poderia colocar a experiência da nudez sob uma luz tenebrosa, quando não é uma condição alegre que todos os seres humanos podem partilhar, mas uma situação a que algumas pessoas (em geral jovens) são submetidas enquanto são examinadas por outras pessoas (em geral mais velhas) vestidas.[8] Ele disse que sabia. Mas esse problema não era inerente à produção da cultura? Ele perguntou: E que dizer de meu livro? Se tivesse o sucesso que sem dúvida merecia não estaria sujeito à mesma dinâmica e ao mesmo abuso?

As ambiguidades do anúncio COLORS submetiam os seus espectadores a uma espécie de teste. Os nossos desejos de proteger esses garotos e os nossos desejos de *possuí-los*, as nossas identidades de pais e amantes, vão crescer juntos se o anúncio exercer sobre nós o efeito que deveria produzir. Mais uma vez, a Square nos recompensa por estarmos ali, propiciando-nos o seu terrível e especial dom de *demasia*. Temos a força interior de controlar nossos desejos conflitantes, fazer o correto e permanecer sensatos? Essa situação difícil é um sinal do poder espiritual de Times Square. Desde o nascimento da cultura de massa, os seus inimigos aqui e em toda parte têm afirmado que ela reduz o público à passividade, que ela fecha as nossas mentes. Isso talvez seja verdade em algum lugar, mas não aqui. A pressão implacável *deste* ambiente força os que vivem nele a nos inserirmos na imagem, a arranjarmos os nossos sentimentos, a lutarmos para vencer. Se conseguimos podemos afirmar o que acredito ser o credo dialético de Times Square: lado a lado, eles são glorificados. Se estendemos o braço, nos esticamos e o agarramos, ele nos dará o poder não só de sobreviver, mas de ter mais vida.

Em 1992 sentíamos que já tínhamos visto aquele anúncio, mas não conseguíamos dizer em que lugar. Era como um telefone celular tocando em algum ponto numa pilha interminável de roupas. Quando comecei a trabalhar a sério neste livro, foi fácil detectar a fonte: era *A chorus line,* o espetáculo de mais longa duração da história da Broadway. Pena que a essa altura Tibor estava morto, tarde demais para falar com ele! A imagem canônica de *A chorus line* é um bando de jovens enfileirados, usando muito pouca roupa, todos erguendo na frente do rosto os relatos escolhidos: é uma imagem de afirmação e liberdade. A Broadway sempre supriu a América de imagens felizes como essa. Mas, nos anos desde a Segunda Guerra Mundial, a virtude cívica do teatro americano tem lutado com visões mais sombrias. *Follies*, de Stephen Sondheim, a fonte de "I'm still here" e o grande musical da era Nixon, era "um musical da Broadway [...] sobre a morte do musical da Broadway", e sobre a morte mais ampla da inocência americana.[9] Em *A chorus line*, apenas alguns anos mais tarde, a inocência renasceu triunfantemente: os indivíduos puseram todos os seus poderes em ação na sua luta para conseguir um papel, para entrar na linha dos dançarinos; mesmo quando fracassavam, ainda podiam fazer uma dança que tinha valor humano em si mesma. Ali a Broadway afirmava o seu poder de vencer o niilismo destrutivo, dar às pessoas razões para viver. A linha de dançarinos de COLORS empresta à afirmação da Broadway uma aclamação do Bronx. Os garotos nus nessa linha são detentos. O seu anúncio nos impele para cenas primárias de horror, grupos de trabalhos forçados, prisões militares e campos de concentração por todo o mundo. E ainda assim, independentemente do que esteja acontecendo, as suas faces estão nuas, abertas e radiantes. Ninguém pode lhes roubar a beleza, as CORES. O anúncio em Times Square é uma afirmação da vida a despeito de si mesma.

2. Broadway, amor e roubo: O *cantor de jazz* de Al Jolson

Meu nome nas luzes elétricas — tudo...

O herói falando para a mãe, em O *cantor de jazz*

Esquecimento mútuo de cada vício,
Esses são os portões do Paraíso.

William Blake, "For the sexes: The gates of Paradise"

Costumávamos ouvir sobre as luzes brancas da Broadway,
As luzes brancas do muito sério e deslumbrante Caminho Branco...
Está ficando muito escuro na velha Broadway...
Os comediantes da cidade escura real detêm o palco.
Você tem de escurecer para andar na última moda.
"It's getting very dark on old Broadway",
cantada por Gilda Gray em *Ziegfeld Follies*, 1922

Quero ser negro.
Lou Reed, "I wanna be black", 1980

Uma das visões mais estonteantes de Times Square aparece no clímax de *O cantor de jazz* (1927), o primeiro filme sonoro, o primeiro vídeo de música e um dos grandes *Bildungsromans* americanos. O herói, representado por Al Jolson, quer cantar para o mundo inteiro, e Times Square simboliza esse mundo. É ali que ele abre caminho, torna-se quem é, realiza os seus sonhos de passagem, canta o que lhe vai no coração e consegue ter tudo o que quer. A sua história começa no dia cinzento do Lower East Side; termina na noite espalhafatosa de Times Square, em contrastes brilhantes de preto e branco. Um longo plano desenrola uma estrutura tripartida de espaço que se estende para o horizonte: no nível do chão, um desfile de *pessoas*; acima delas, anúncios luminosos e neons pulsando, uma enchente de *luz*; coroando tudo, uma grande extensão de *céu* aberto que emoldura e abarca as pessoas e os anúncios, fundindo-os num todo. Esse é o grande espetáculo de Times Square. Essas poucas imagens — que duram menos de um minuto — podem nos ajudar a ver Times Square com frescor, como se fosse pela primeira vez. Essa é a dádiva da América ao mundo moderno, o espaço urbano mais dinâmico e intenso do século xx, o sublime comercial.

Vemos a Times Square espetacular, com o nome do herói grafado em luzes elétricas, apenas no fim do filme. Quando a vemos, é o lugar a que Jakie *chegou*. Como conseguiu chegar ali? O que ele deu de si mesmo? A que renunciou? A trajetória que leva ao "meu nome grafado em luzes elétricas" é o arco primordial da história da vida americana do século xx. *O cantor de jazz* traça esse arco e canta essa história.

Há muito *O cantor de jazz* tem sido reconhecido como um grande *Bildungsroman*. Mas é também uma síntese do *Bildungsroman* com o que parece ser um gênero completamente diferente: o *minstrel show* [show de menestrel].[1] A maioria dos americanos letrados sabe como o *Bildungsroman*, a história muito séria

do amadurecer, sempre esteve presente na nossa autoconsciência nacional. Não são muitas porém as pessoas que estão cientes da importância de nossa tradição do menestrel branco pintado de negro, em que a mais alta seriedade mascara e ironiza a si mesma. Times Square é um lugar em que essas tradições convergem como linhas do metrô, em que a interioridade e a profundidade emocional se tornam saturadas de neon e são exibidas como entretenimento. É o lugar em que Jolson apareceu não só como "a primeira voz cinematográfica do mundo", mas talvez como "o primeiro superstar do mundo".[2] Quando surgiu tão enorme, apareceu de negro: estava com o rosto pintado de preto quando balançou a casa cantando "Mammy".

Desde que os *minstrel shows* apareceram pela primeira vez na década de 1830, todos os seus atores se apresentam com rostos pretos, porém muitos têm sido brancos. Trabalhar com o rosto pintado de preto não acarreta ser negro, apenas *representar* o negro. Há um século, muitos dos mais talentosos comediantes de rosto negro eram imigrantes judeus: Jolson, Sophie Tucker, Eddie Cantor. O Ziegfeld Follies cultivou uma parceria de rosto negro entre Cantor e o grande comediante negro Bert Williams. Williams insistia que o rosto negro não lhe "vinha de modo natural":

> Não acredito que exista humor inato. Tem de ser desenvolvido por um trabalho e estudo muito árduos. [...] Foi somente quando *fui capaz de me ver como outra pessoa* que o meu senso de humor se desenvolveu.[3]

Eric Lott, um dos historiadores mais perspicazes dos comediantes de rosto negro, vê a questão da seguinte maneira:

> *Representar o negro*: todo um mundo social de ironia, violência, negociação e aprendizado está contido nessa expressão, [...] um poder instável e na verdade contraditório, ligado a conflitos sociais e políticos, que provém do fraco, do violento, de fora. Acima de tudo, astúcia.*

    O momento mais extraordinário de *O cantor de jazz* acontece lá pelos dois terços do filme, quando o herói "se pinta de negro".

    Antes que possamos compreender por que esse herói está se pintando de negro, temos de perguntar: Quem é afinal esse herói? Precisamos formar alguma ideia de sua identidade. Mas talvez não seja fácil. O fato de ele estar trabalhando de rosto negro sugere em primeiro lugar um senso de identidade que é, na expressão de Lott, "escorregadio", e uma capacidade, como disse

---

* *Love and theft: black minstrelsy and the American working class*, citado acima. Como admirador desse livro, foi um prazer vê-lo tornar-se o objeto de um roubo de Bob Dylan, no seu poderoso álbum de 2002, *Love and theft*. Mais sobre Dylan adiante.

Bert Williams, de ver a si mesmo como outra pessoa. O seu nome, nesse ponto do filme, é Jack Robin, mas esse não é o nome com o qual nasceu. O nome que seus pais lhe deram é Jakie Rabino-witz. Ele cresceu no Lower East Side, filho de um *chazan*, o cantor principal de uma sinagoga. Desde seus primeiros anos ele estava em sério conflito com o pai. O pai lhe ensinou os *nigunim*, as melodias sagradas; ele as aprendeu bem e deixava seu pai orgulhoso. Mas sentia que as canções e o mundo da sinagoga não bastavam. Ele vagueava pelas ruas do Lower East Side, escutava a música secular que ouvia ali, e conseguiu um emprego de cantor de um cabaré. Antes de continuar, o anunciador diz: "É *Ragtime Jackie*, gente; deem-lhe uma chance". Assim, vemos que ele adotou um novo nome, o que meus pais chamavam "nome de palco"; na sua história de vida, é o Nome nº 2. O seu pai é denunciado, coisas horríveis acontecem, e a sequência termina com o herói saindo de casa. Ele nasce de novo no show business, sagra-se com um novo nome, Jack Robin, e dedica-se a uma vida na estrada. Na sua história de vida, esse é *outro* Novo Nome, Nome nº 3, outro-nome nº 2. (Não vou entrar nessa questão mais fundo aqui, exceto para dizer que o grande livro sobre judeus e nomes — talvez "de Jacob a Bob Dylan" — ainda aguarda para ser escrito.) A mudança de nome mostra realmente algo importante, o que Bert Williams chamava a capacidade de "ver a si mesmo como outra pessoa". Mas essa pessoa só vai se reintegrar muitos anos mais tarde, quando retornar por fim à Broadway, pintar-se de negro e encontrar a mãe nos bastidores.

As canções de rua de Jakie foram os primeiros sons, não inteiramente na história do filme, mas na história do filme *comercial*, um filme feito para ser exibido naquelas mesmas ruas onde os sons eram produzidos. Na realidade, "a rua" é uma das estrelas de *O cantor de jazz* que não recebeu créditos. Jolson era um dentre as massas de judeus que cresceram nos guetos de imigrantes da América, mas sentia-se em desacordo com o "mundo patriarcal de nossos pais".* Depois da Primeira Guerra Mundial, na década de 1920, eles ajudaram a criar uma cultura em que eles e seu público mais íntimo pudessem se sentir mais em casa. Essa era a cultura da "Broadway", do show biz, da "Era do jazz", do que Ann Douglas, no seu maravilhoso livro sobre a Renascença do Harlem, chama a "Manhattan mestiça". Douglas tem um belo fragmento de frase que sugere a amplitude e a profundidade dessa cultura: ela alude às "belas realizações dos modernos na cultura popular, do vaudeville de Al Jolson aos novos arranha-céus de Manhattan".** Ela quer que vejamos como os prédios de pedra e vidro e as representações de pessoas vivas podem nascer dos mesmos desejos e impulsos modernos.

Um dos eixos básicos de *O cantor de jazz* é a polaridade "A Rua" versus "A Casa". A polarização era ainda mais aguda no roteiro da filmagem. Uma sequência aparentemente filmada mas cortada delineava os sons de um "piano de rua". Esse instrumento, também conhecido como "realejo", devia estar tocando aquela

---

World of our fathers, de Irving Howe e Kenneth Libo (Harcourt Brace Jovanovich, 1976), é o estudo clássico da cultura do Lower East Side. O livro geme de nostalgia por aquele mundo perdido; mas os seus retratos mais vivos são de pessoas que passaram a vida como transgressores desse mundo. Nas partes sobre entretenimento e cultura popular, os heróis de Howe — Jolson, Irving Berlin, Sophie Tucker, Eddie Cantor — revelam-se pessoas que não só trabalhavam com o rosto pintado de preto como sentiam-se pessoalmente próximos dos negros, da música negra e da cultura negra. Howe e Libo observam esse fato de passagem, sem explorá-lo em profundidade.

** *Terrible honesty: mongrel Manhattan in the 1920s* (Farrar, Straus & Giroux, 1995). O uso de "mestiço" [*mongrel*] no título de Douglas é uma variação de uma metáfora usada por Dorothy Parker para descrever a si mesma (p. 5). Sobre Jolson e os arranha-céus, ver p. 8. Esse livro excelente, igualmente um estudo clássico, interessa-se também pelas pessoas que realizaram "travessias" entre os mundos judaico e negro. Os irmãos Gershwin desempenham papéis principais em ambos.

canção eternamente popular, "The sidewalks of New York". A câmera mostrava um *cheder*, a "escola hebraica" elementar. O roteiro diz: "O som de um piano de rua entra por uma janela aberta, E os garotos correm para a janela". O *chazan* da sinagoga entra, ele escuta a música da rua, "uma expressão de aversão o domina, e ele fecha a porta" (51).[4*] Logo ele é informado de que seu próprio filho está cantando num cabaré, com o nome de Ragtime Jakie; ele arranca o garoto do palco, arrasta-o pelas ruas, bate nele com uma cinta em casa, por adotar "a música da classe baixa das ruas". Quando a mãe de Jakie sugere que ele talvez não quisesse seguir o seu pai (e quatro gerações antes dele) e tornar-se um *chazan* de sinagoga, o pai se ergue e ruge: "*O que ele quer não conta*" (títulos 21-23, páginas 62-65). Logo ele expulsa Jakie de casa e diz às pessoas que seu filho está morto. Aqui, como em várias outras obras sobre imigrantes em muitos gêneros, há uma convergência de conflitos: o conflito entre pais imigrantes e filhos americanos e o conflito entre o pietismo rígido da casa e a selvageria aberta das ruas. Al Jolson foi um dos criadores da cultura da "Broadway", e a Broadway era uma cultura de rua criada pelos filhos.

Jakie sai de casa e unge-se com seu terceiro nome, Jack Robin. Como tantos grandes intérpretes americanos, ele cresce na estrada; a estrada é a sua escola, a sua faculdade, a sua universidade. Durante anos, ele não olha para trás. Devemos sentir que ele faz tudo o que é certo para si mesmo. (Bem melhor do que Mama Rose e seus garotos escravizados em *Gypsy*.) Mas ele jamais chega à ribalta — está na órbita de Omaha-Denver-Seattle, algo como um clube de liga secundária de beisebol—, embora seu canto seja bastante bom, mas nada que mudaria a vida de alguém. Quando encontramos Jack Robin pela primeira vez, "ele está vestido po-

---

* Os números entre parênteses indicam o título e os números de página da edição Wisconsin. Ver também a nota 4, p. 339.

bremente e, embora bem apessoado, é óbvio que está num período de má sorte" (68). Mas então, certo dia, ele escuta um *chazan* de sinagoga cantar (59, 84 ss.),* e o que ele escuta traz de volta tudo o que está faltando no ser e na vida que criou. Compreende que precisa de mais alguma coisa. Mas do quê? Religião judaica? Não exatamente. É algo judaico, certo, mas no sentido de, primeiro, "raízes" judaicas, conexão com o seu passado, e, segundo, espiritualidade e seriedade judaicas, qualidades que faltam no mundo do show biz.

O cantor de jazz logo arruma um emprego numa revista da Broadway chamada *The April follies* [As loucuras de abril]. Então, por fim, ele tem uma chance de abrir caminho e ser reconhecido como um astro na sua cidade natal. Nós, o público, sabemos que ele tem um imenso talento. Mas também conhecemos seus sentimentos mórbidos. A sua representação evoca muitos dos palhaços tristes que assombram a tradição teatral ocidental: o Arlequim, Pagliacci, "Aquele Que Apanha", e toda uma linha de grandes menestréis.** Jolson tinha realmente cantado com os menestréis de Lew Dockstader quando garoto. Mas o adulto

---

* Esse cantor era uma pessoa real, Josef/Yossele Rosenblatt, uma das primeiras figuras judaicas religiosas a não só gravar a sua voz, mas também vendê-la. A sua capacidade de encarnar tanto os valores religiosos como os de mercado prefigura o final feliz de *O cantor de jazz*.

** Jolson desenvolveu os números de pintar o rosto de preto na década de 1900, enquanto trabalhava como intérprete solo e viajava de parques de diversões a espetáculos de variedades por todo o país. Ele atraiu a atenção de Lew Dockstader, o chefe de um *minstrel show* ambulante amplamente admirado, trabalhou de rosto pintado de preto com a companhia nos cinco anos seguintes, tornou-se cada vez mais conhecido e foi elogiado em *Variety*. Em 1909, foi trabalhar para os Irmãos Shubert. Em alguns meses, num musical Shubert chamado *La belle paree*, tornou-se "o primeiro intérprete a representar uma comédia de atores pintados de preto no que era então chamado o teatro legítimo". O melhor relato que encontrei sobre o início da carreira de Jolson está em Michael Alexander, *Jazz Age Jews* (Princeton University Press, 2001), especialmente os capítulos 14--17, sobre "Jewish minstrelsy" e "Jewish versions of blackness".

Jack Robin não parece à vontade na sua tristeza, os planos na sua face são impelidos em diferentes direções e não se conectam. A narrativa, o andamento e as tonalidades de O cantor de jazz são todos cuidadosamente construídos para nos mostrar que a história do protagonista não versa principalmente sobre desempenho, ou sobre o sucesso, mas sobre o processo que Keats chamava "criação-da-alma" e Erik Erikson chamava "identidade-do-ego".[5] Esse homem pode recompor a sua vida? O filme nos força a sentir que nada menos que a identidade está em jogo; goste-se ou não, temos todos participação nisso.

Tudo é montado para nos preparar para o ensaio geral, o momento solene em que vemos o herói realmente construir o ser que está tentando se tornar. Jolson se pinta de preto, e olhem! Pela primeira vez no filme ele parece uma pessoa séria e integrada. Ele se enfrenta no espelho. O encontro entre ele e sua imagem recém--construída é encenado com muito cuidado. Ele se reconhecerá? Como lidará com o homem que vê? Enquanto fita o espelho, sua visão se fragmenta calidoscopicamente numa montagem — na década de 1920 essa técnica ainda era nova e vigorosa — e empurra-o de volta para a sinagoga de seu pai, para dentro de Jakie Rabinowitz, o garoto cuja espontaneidade e alegria ele reprimiu por vinte anos. Mas, ao mesmo tempo, emoldurando esse ser jovial está a face de um homem pensativo, sério, maduro — não exatamente um homem negro, mas um homem que transformou a negritude num projeto. Há algo surpreendente na face negra que ele construiu. É como se esse cantor tivesse transformado a canção de menestrel "Swanee river" num rio Jordão interior que ele precisa atravessar para crescer. Olhem dentro desses olhos. Pela primeira vez, ele parece um mensch [pessoa]. Colocar a face de outra pessoa torna-o capaz de reconhecer a sua própria. Sendo outra pessoa, ele pode se tornar ele mesmo. Há uma espécie de magia em ação. Na realidade, é uma magia muito antiga e venerável, que remonta às origens do teatro milhares de anos atrás. Mas é também uma magia muito moderna e contemporânea, o "realismo mágico" que prospera na Broadway da Era do Jazz e que define a Times Square da década de 1920.

Mas por que ele precisa ser negro? Qual é o poder da negritude para Jakie, para Jack? Logo depois desse momento revelador, outro palhaço irrompe no palco com mais uma revelação. Ele é o cambaleante, o frágil Yudelson, o Observador Intrometido do Gueto (Otto Lederer), que vem dizer a Jack que seu pai está morrendo e pressioná-lo a retornar para a família, o gueto, a sinagoga e Deus (141-50, 119-23). Ele reconhece o protagonista pela sua voz: "Sim, é Jakie — com o choro na voz, exatamente como no templo". Mas fica desorientado, quando se defronta com ele de rosto pintado de negro: "Jakie, não é você". Depois vira para o público a fim de comentar a metamorfose que acabou de ver e a ação de que faz parte, mas muda de ideia. Reconhece que esse é Jakie, afinal, mas um Jakie que passou por grandes mudanças. "Fala como Jakie", diz, "mas *parece a sua sombra*."

Qual é a aparência de uma sombra? Na realidade, a sombra é uma imagem fundamental na história da reflexão sobre o eu e o outro. Para muitos psicólogos modernos, a metáfora da sombra diz respeito a processos mentais que eles chamam "projeção" e "identificação". Esses processos funcionam dentro do eu de maneiras radicalmente diferentes. Na projeção, atribuímos a outras pessoas os sentimentos que não podemos aceitar em nós mesmos. Quando procedemos assim, contraímos o escopo de nosso ser e nos alistamos num interminável estado de guerra, não só com as pessoas da casa ao lado, mas com nós mesmos, principais suspeitos numa busca vã de pureza. (Há muito tempo que tanto os judeus como os negros têm sido baixas nessas guerras psíquicas.) Na identificação desejamos os outros, queremos estender a mão e tocá-los, conversar com eles, estar próximos deles, fundir nosso ser com o deles. A identificação ajuda as pessoas a crescer, a tornar-se mais do que eram, a ampliar quem são, a aprender a viver em paz. Mas pessoa alguma é capaz de identificar-se com outras enquanto não puder se identificar com o lado escuro de si mesma, enquanto não puder trazer sua sombra para a luz e encontrar meios de viver com ela.

Ainda não descobrimos que contracorrentes psíquicas poderiam estar à espreita nas sombras do Cantor de Jazz. Deve haver alguma força emocional da qual ele se sente privado quando circula com sua face judaica, mas que obtém ao pintar a face de preto. Em 1927, quando *O cantor de jazz* foi produzido, acreditava-se que os judeus americanos tinham "chegado a seu destino", estavam "em casa", por fim; deviam sentir-se confortáveis e gratos. (Naqueles anos, Hitler era ainda um rosto na multidão.) Os negros, por outro lado, embora livres da escravidão, estavam sendo linchados e humilhados por leis que poderiam ter sido feitas por donos de escravos. Alguns estavam deixando sua marca em cidades do Norte, de uma forma extraordinária no desenvolvimento do jazz e na explosão cultural conhecida como a "Renascença do Harlem". Mas a grande maioria dos negros americanos estava ainda trancada, como os personagens de Faulkner, nos estados policiais do Sul rural subdesenvolvido. Barrados na luta social, vivendo numa condição próxima de prisão domiciliar, eram forçados a preservar "o grito na sua voz", o som da emoção humana direta. Ao escutarmos hoje alguns Delta Blues clássicos — Leadbelly, Robert Johnson, Bessie Smith —, a ideia de que o aprisionamento social podia evocar a emoção primordial não soa forçada. E claro que é uma grande tradição, de fato uma grande tradição *judaica*, nascida no mundo dos Salmos: "Como podemos cantar a canção do Senhor numa terra estranha".

Poderíamos dizer que a linha de "sombra" do observador

intrometido revela toda a história: uma epopeia do século XX em que os judeus imigrantes se identificam com os negros de maneiras que ajudam a desenvolver tanto a cultura de massa como o liberalismo multicultural. Tudo isso é verdade, mas não é tudo. Quando procurei essa cena no roteiro de Alfred Cohn, ela dizia algo surpreendentemente diferente do que está na tela. O que Yudelson diz na versão impressa é: "Fala como Jakie, mas parece um *preto*" (143, 120). Assim, a versão original era um rude insulto racial. Espantoso! O que aconteceu? Ninguém parece saber. Mas, de algum modo, no processo da produção cultural ocorreu uma revolução obscura, despercebida, talvez até inconsciente. Teria aquela palavra evocado os horrores de *Nascimento de uma nação*? Teriam os responsáveis por trás das cenas recuado e pensado, "Nunca Mais"? Num instante, uma cuspida na face negra tornava-se algo próximo de um beijo, e o filme crescia.

Voltemos a Jack no camarim. Há muitos modos pelos quais uma face negra pode ajudar um judeu. Michael Alexander o declara muito bem no início de seu excelente estudo histórico *Jazz Age Jews* [Judeus da Era do Jazz]. Exatamente quando a geração de Jolson se deslocava do gueto para a classe média americana, ele diz:

> Alguns de seus membros exibiam um comportamento peculiar que não correspondia à sua posição social. Agiam como se fossem cada vez mais marginalizados. Ainda mais, identificavam-se com indivíduos e grupos menos afortunados [...] imitando-os, defendendo-os e participando realmente da vida em grupo dos americanos marginalizados. A identificação do outsider [...] é um paradoxo na psicologia dos judeus americanos. *Enquanto os judeus ascendiam na sociedade, eles se identificavam com as camadas inferiores.*[6]

Do ponto de vista da *Bildung*, a identificação com os negros podia abrir caminhos proveitosos. Para os garotos judeus que não queriam ser "*allrightniks*" satisfeitos, o rosto preto os tornava capazes de se sentir americanos com firmeza e correção, sem ter de se sentir brancos. Ao longo das gerações, isso os ajudou a se tornarem Jerome Kern e os Gershwin, Artie Shaw e Benny Goodman, os Schiffsman e os Chesse, Phil Spector e todos os bravos cavaleiros do Brill Building, Bob Dylan e Laura Nyro, Doc Pomus e Dr. John, Richard Price e Rick Rubin. Os judeus afinados com a música negra abriram a mina de ouro da experiência negra para o mundo inteiro. Eles confrontaram a América com um *J'accuse*: a traição da América para com seus negros prova a traição de si mesma. Michael Alexander tem um ótimo termo para essa atitude: "marginalidade romântica".[7]

Tudo muito bem, mas qualquer judeu suficientemente *hip* para imaginar que "quer ser negro" será suficientemente esperto para saber que há algo inadequado nessa transação. Essa inquietação culpada modela o clímax de *O cantor de jazz*. Quando Yudelson pede que Jack/Jakie volte e ajude o pai a morrer, o rito que ele deseja que Jack realize é chamado Kol Nidrei. Para muitos judeus, esse é o momento mais dramático e espiritualmente intenso do ano. Acontece na noite em que começa o Yom Kippur, o dia da expiação. Muitos judeus seculares, que nem sonhariam em ir à sinagoga durante todo o ano, sentem que têm de comparecer à sinagoga nesse dia. A oração Kol Nidrei é especial na medida em que não é dirigida a Deus, mas a outras pessoas. Devemos reconhecer todos os modos pelos quais nos ferimos uns aos outros durante o ano, não só abertamente, mas nas sombras, devemos procurar e oferecer o perdão. Há um catálogo de pecados e crimes. A ideia é que todos nós confessemos, declarando-nos culpados para com todos e protegendo-nos uns aos outros:

Abusamos, traímos, somos cruéis...
Destruímos, amargamos, falsificamos...
Zombamos, negligenciamos, oprimimos...
Roubamos, transgredimos, somos maldosos...
Cedemos ao mal, somos fanáticos das más causas.*

Poucos de nós fizeram todas essas coisas, mas todos nós fizemos algumas. O nosso salto de fé é que, se nos encaramos e admitimos o que fizemos, ou até o que imaginamos fazer, teremos o direito de pedir um perdão mútuo, pois

O perdão mútuo de cada vício,
Esses são os portões do Paraíso.[8]

Mais do que qualquer outro ritual judaico, o Kol Nidrei é impulsionado pela música. O solo do *chazan* é a música mais apaixonada e comovente de todo o ano. Os judeus acreditam que nada mais pode vencer a resistência das pessoas ou abrir as suas comportas emocionais. Muitas pessoas se queixam de gastar dinheiro com o salário de um *chazan* — mas, se este canta como deveria (ou, cada vez mais, como *ela* deveria), eles deixam a sinagoga em lágrimas e esperam ser perdoados pelas dúvidas. No clímax de *O cantor de jazz*, Jolson canta a oração do Kol Nidrei. Ele

---

* *MAHZOR for Rosh Hashanah and Yom Kippur: a prayer book for the days of awe*, ed. do rabino Jules Harlow (Rabbinical Assembly, 1972, pp. 376-9). Esse é um livro de orações conservador, e o de Jack/Jakie teria sido certamente ortodoxo (e não traduzido). A ideia de uma confissão coletiva e os itens básicos nela contidos remontam a tempos rabínicos e são partilhados pelos judeus de todo o mundo. Mas desde a década de 1960 algumas congregações aumentaram o catálogo de pecados (Rabino Jeremy Kalmanovsky, nota, 14 de outubro de 2004). Fãs de Walt Whitman vão notar que "Crossing Brooklyn ferry", parte 6, contém uma confissão coletiva muito semelhante: "Sou aquele que soube o que era ser mau", depois um catálogo à Yom Kippur, depois uma coletivização da culpa em que o falante vê o seu eu mau "unido com o resto".

conduz a congregação com um fervor e intensidade emocionais espantosos, que até então lhe faltaram: agora, por fim, ele está *ali*. O seu ato heroico — retornar ao gueto, sacrificar-se por um pai que não se sacrificou por ele, renovar a sua ligação emocionante mas perigosa com a mãe — une a sua vida de adulto com a sua infância, libera energia inconsciente, e abre profundezas emocionais que ele teve de reprimir para trabalhar e viver por vinte anos sob a maldição do pai. Agora, quando o pai morre, as cadeias se soltam de seu coração. Ele aprende com a vida o que a religião de seu pai não conseguiu lhe ensinar porque era demasiado estreita, e o que o show biz secular não conseguiu lhe ensinar porque era demasiado superficial: a lição universal de que "*a música é a voz de Deus*" (86, 99; o itálico é meu). Em *O cantor de jazz*, a cultura de massa reclama o seu direito a um valor universal, não só pelo seu alcance global, mas pelo seu poder e profundidade emocional.

Depois que Jolson se pinta de preto, ao encarar-se no espelho ele está afirmando o seu ato de roubo e reconhecendo que tem algo por que responder. Quer ser perdoado, e acredita que deveria ser, porque seu roubo grandioso nasce do amor. Esse encontro consigo mesmo libera ondas de energia inconsciente e o deixa livre para tornar-se alguém novo, alguém maior, mais profundo e mais adulto do que jamais foi.[9]

Há mais um grande tema que precisa estar na lista do Kol Nidrei de *O cantor de jazz*, mais uma coisa que nasce do amor, e que é o seu amor incestuoso pela mãe. A cor desse amor aparece de forma muito vívida numa cena chamada "Jack Robin volta para casa e canta para a mãe" (77-87, 96-100).* Jack se senta ao

---

* O roteiro para o cinema apresenta às páginas 144-5 um diálogo intricado, além do que está no roteiro para a equipe de filmagem e meio semelhante ao que aparece realmente na tela. Samson Raphaelson, autor do conto e da peça teatral em que o filme foi baseado, sentiu-se decepcionado com o filme. Mas esse encontro entre mãe e filho foi a única cena de que realmente gostou.

piano e toca para a mãe parte do que vai cantar na Broadway. Essa é a única cena em que o Vitaphone Sound grava muita conversa junto com a música, e em que a distinção entre a fala e a canção se torna embaralhada. Ele toca e canta um arranjo jazzístico de andamento rápido de "Blue skies", de Irving Berlin, uma cascata de pura alegria. Enquanto canta, brinca e flerta com a mãe, promete levá-la para o Bronx, "muita grama verde bonita por ali e muitas pessoas que você conhece". A sua conversa fiada se torna mais frenética e mais íntima, e agora que estão juntos e a sós vemos que o amor incestuoso, até esse momento apenas um subtexto, torna-se agora um texto. Ele se torna cada vez mais abusivo e puxa a mãe para perto:

> E vou comprar para você um belo vestido de seda preta, Mama. Sabe a sra. Friedman, a mulher do açougueiro? Ela vai ficar com inveja de você. [...] E vou lhe comprar um belo vestido cor-de-rosa para combinar com seus olhos castanhos. [...] O quê? Quem lhe disse? O que quer dizer, não? Sim, você vai usar cor-de-rosa ou senão. Ou então vai usar cor-de-rosa. E vou levá-la para Coney Island. [...] E quem sabe no Dark Mill? Já foi no Dark Mill? Bem, comigo não tem problema. Vou beijá-la e abraçá-la. Vai ver se não vou. [...]

Para nossa surpresa, ela reage como se citasse um manual primário do flerte. A sua linguagem corporal muda abruptamente, ela acelera e pula com a batida do ritmo. Diz "Oh, não!" de um modo que sugere "Claro" e "O que mais?". Enquanto ele fala e continua a tocar, a franqueza e o ardor são espantosos — e visivelmente mútuos. A expressão "complexo de Édipo" nem parece a palavra certa, as ondas de amor entre eles parecem tão *simples*. Essa é uma cena que nos leva a espaços emocionais que são sensacionais, mas também assustadores, e nem a cultura americana nem qualquer outra cultura nos diz convincentemente como reagir. Quando o velho retorna e grita "*Parem!*", é um desapontamento, mas também um alívio.

A mãe de Jakie (Eugenie Besserer) é uma personagem fascinante, muito mais complexa e original do que aparenta. Ela se assemelha às *mamas* sentimentais em milhares de romances, peças teatrais e canções, incluindo o sucesso do jazz da década de 1930 "My Yiddishe mama", e a figura da *mama*-diva de Gertrude Berg, Molly Goldberg. Mas ela é mais especial. Embora ela própria seja uma pessoa devota, apoia energicamente o direito de seu filho de *não* ser devoto. O seu marido, o cantor sacro, diz que Jakie "tem todas as canções e orações na cabeça". Ela responde com duas ideias diferentes, mas relacionadas: "*Mas não estão no seu coração. Ele é da América*" (título 16, página 59). Em outras palavras: primeiro, Jakie tem direito a uma vida própria baseada no que está "no seu coração"; segundo, esse é o significado da América. Mais tarde, ela visita o filho no teatro, vê Jakie no seu novo elemento, fala com sua namorada *goyishe* May, a protagonista do show, e diz: "Este é o lugar dele" (149, 123). Essa mulher tem uma linguagem corporal lenta, solene, antiquada, mas uma sensibilidade ultramoderna.

A mãe de Jakie recorre a uma reserva de sentimentos coletivos sobre as mães. Quando o conflito das gerações ferve, o pai muitas vezes explode e expulsa o filho violentamente de casa. Mas a mãe abre um canal distante de comunicação com o filho excomungado e sustenta uma ligação mais profunda do que mau comportamento. (Isso acontece no ciclo de contos de Sholem Aleichem, "Tevye and his daughters", e no musical neles baseado, *Um violinista no telhado*, depois que o protagonista denuncia a filha por se casar com um *goy*.) A mãe de Jakie se baseia no que Hegel chamou "a lei do coração", e num sentimento que todo o seu público conhecerá: "um coração de mãe". Mas ela é também inspirada por algo que no seu mundo é muito mais inusitado: uma *mente* materna. Ela é o membro do casal que mais dá apoio ao filho na história do *Bildungsroman*. Lutando pelo direito do filho a um projeto de vida radicalmente diferente do seu, ela poderia ser a Mãe Existencialista do Ano. Virginia Woolf, em *Um teto todo seu*, escrito apenas um ano depois de *O cantor de jazz*, tinha uma palavra a dizer sobre ela: "Entretanto, quando lemos a respeito de um homem notável que ele tinha mãe, estamos na pista de uma romancista perdida, uma poeta oprimida, uma Jane Austen muda e inglória, uma Emily Brontë". Ela tem muitas irmãs.* Ela é um tipo de pessoa moderna muito importante, dividida entre a sua vida convencional e a sua simpatia por ideias não convencionais — e pelas escolhas não convencionais de seus filhos. É uma santa padroeira, não só do público liberal da Broadway com o qual cresci — e, na verdade, no qual cresci —, mas de toda a vanguarda dos séculos XX e XXI.

O solo do herói no Kol Nidrei dura apenas alguns minutos, mas é pura dinamite. Delineia um contraponto entre Jack/Jakie e o coro. Ele os ataca, eles resistem, ele e o coro parecem lutar entre si, o *momentum* emocional se torna frenético, depois finalmente o coro cede, e eles se misturam maravilhosamente. Fiquei

---

* *A room of one's own* (1928; Harvest, 1981, prefácio de Mary Gordon, p. 49). Uma dessas irmãs foi a mãe do grande filósofo liberal Isaiah Berlin. Berlin foi meu supervisor em Oxford há quarenta anos, e conheci sua mãe no bar mitzvah do enteado de Berlin no início de 1963. Ela perguntou a mim e ao meu amigo Jerry Cohen o que achávamos da *haftarah* [leitura de uma seleção dos profetas] feita pelo menino. Falei que achava que ele tinha lido muito bem. Quando Jerry deu a impressão de não saber o que dizer, expliquei: "O meu amigo teve uma educação comunista muito rigorosa". Isso absolutamente não a perturbou. Disse, com um sorriso caloroso, que sim, Deus fizera os seres humanos diferentes, para que pudessem conversar e discutir, e assim o ensino e o aprendizado podiam seguir adiante. Passou alguns minutos desenvolvendo esse tema, uma extraordinária fusão de Molly Goldberg e John Stuart Mill.

surpreso ao perceber como esses dois minutos prefiguram muito bem os sons, uma geração mais tarde, do grande florescimento do rhythm and blues: Ray Charles, Sam Cooke, Stevie Wonder, Aretha Franklin, Curtis Mayfield, Al Green, Marvin Gaye, Mavis Staples, Patti LaBelle. Mas por que não? Afinal, o R&B foi feito em grande parte por negros que participaram do que os historiadores chamam "A grande migração", e que, assim como a família Rabinowitz, passavam por um encontro traumático da primeira geração com a vida moderna nas cidades ao Norte dos Estados Unidos. A sua música era impulsionada por um fervor religioso, mas eles estavam também reclamando o direito a uma vida secular boa. Algumas das maiores canções do R&B, como "Higher and higher", "For your precious love", "A place in the sun", "Many rivers to cross", "I'll take you there", adquirem sua profundidade e poder a partir de uma visão do amor sagrado e amor profano como metáforas mútuas. Martin Luther King definiu a política desse projeto, sua busca de modos religiosos de afirmar a moderna vida urbana secular.

Parte da força mítica de *O cantor de jazz* provém de sua conquista de muitos meios de comunicação. A sua primeira encarnação foi um conto de Samson Raphaelson, publicado em 1921, com o título de "The day of atonement" [O dia da expiação], na *Everybody's Magazine*. A segunda, também escrita por Raphaelson, foi uma adaptação para a Broadway, com George Jessel no papel principal, cuja biografia dos primeiros anos e os conflitos interiores eram bem parecidos com os de Jolson. A peça foi apresentada de 1925 a 1927, e terminou pouco antes de o filme estrear na Broadway. Em "The day of atonement", o cínico produtor da Broadway está zangado com Jack/Jakie por este abandonar o show. Mas ele o segue até as profundezas do Lower East Side e escuta o seu solo. (O *tallis*, xale tradicional da oração judaica, é seu disfarce.) Ele está emocionado, e telefona para o seu sócio na parte alta da cidade:

"Harry", disse Lee, "você quer escutar o maior cantor americano de ragtime ainda em formação? Maravilha, Harry, maravilha! Venha logo para cá, é um pequeno buraco sujo no East Side chamado sinagoga de Hester Street, eu encontro você na esquina de Hester e Norfolk."[10]

Na era do cinema sonoro, Raphaelson se tornou um grande roteirista de comédias, trabalhando bem próximo a Ernst Lubitsch (*A loja da esquina, Ladrão de alcova* etc.). Ele sempre usava a língua inglesa com precisão e fineza; o modo como diz as coisas é muito revelador. No seu conto, o produtor está no Lower East Side para o que as gerações posteriores chamariam uma viagem exploratória. Ele telefona para o sócio na parte alta da cidade e diz que algo grandioso está acontecendo ali embaixo. O *chazan*, a sinagoga em que canta, o próprio bairro, todos são maiores que eles mesmos *"em formação"*; são fases numa dialética histórica que eles não compreendem. A rua 42 e a Broadway, terminal para o metrô IRT, é também o terminal para a dialética de Raphaelson, o lugar onde aparece a história cultural.

O conto e a peça acabam com o retorno do filho pródigo: Jakie renuncia a uma carreira na Broadway e canta apenas para o seu povo e para Deus. No roteiro da filmagem, como na peça, tal é o fim. A tela esvaece no fundo escuro. Mas aí, um instante mais tarde, as coisas mudam: na realidade, passamos por uma mudança instantânea de 180 graus, da renúncia ao júbilo, e vemos um final jubiloso na tela, o final com que este capítulo se iniciou. Esse final sempre fez parte do contrato? Em caso positivo, por que não está no roteiro da filmagem? Eis como a mudança está registrada no "Apêndice I: As sequências sonoras sincronizadas": "A estação passa — o tempo cura as feridas — o show deve continuar" (146). Esses travessões não seriam aceitos em nenhum livro de gramática ou aula de inglês respeitáveis. Mas os fãs das cartas de Keats e dos poemas de Emily Dickinson se lembrarão deles: eles fazem a narrativa avançar, asseguram que a vida continuará apesar de muitas objeções formidáveis. Quando os travessões lampejam, a trilha sonora se torna jazzística. Então há um corte rápido para um panorama espetacular das luzes ofuscantes de Times Square e da Broadway. Essa perspectiva emocionante é a contribuição especial de Times Square ao modernismo. Define a trindade espetacular da Square — as pessoas, as luzes, o céu — como a nova totalidade do ser. Os travessões são como o metrô, um modo subterrâneo de chegar lá bem rápido.

A grandiosa cena final nos transporta a um teatro lotado da Broadway. (Na realidade, é o Winter Garden.) A enchente de luz significa "a Broadway perdoa tudo". O herói canta de novo com o rosto pintado de preto, mas não parece ter o peso trágico que possuía há apenas alguns minutos. "Mammy", a canção que ele canta, é dirigida a uma mulher supostamente moribunda, mas ele canta num estado de pura exuberância. Deixa o palco e concentra o olhar na sua mãe no meio do público; eles partilham um sorriso de êxtase visto de perto. Com o espírito malvado de um velho morto, com o terceiro tripé do triângulo edipiano em colapso, e com o herói transformado num astro com o seu nome grafado em luzes elétricas, eles não precisam mais de um Dark Mill. Agora podem desfrutar uma comunhão que não precisa de Kol Nidrei. Ou assim nos conta a história. *O cantor de jazz* nos leva para um passeio, mas é um passeio que a maioria de nós terá prazer em realizar. Esse é o realismo mágico que está no coração da moderna cultura de massa, quando a tragédia pode se metamorfosear instantaneamente em comédia, o incesto pode simbolizar inocência, e o projeto de renunciar a tudo pode se revelar apenas um capítulo na dialética de tudo ter.

Se a minha expressão "tudo ter" parece desrespeitosa, não é absolutamente essa a minha intenção. Na realidade, no momento ocupado por *O cantor de jazz* na história, a palavra "tudo" marcava uma controvérsia amarga. Durante todo um século, os Estados Unidos haviam executado uma política de imigração espantosamente aberta. Mas na década de 1920 o Congresso aprovou uma série de leis que fecharam bastante os portões nos quarenta anos seguintes. A América esperava interromper o seu deslizamento para uma nação de "todos", e resistir como "a América fortaleza" aberta apenas para "alguns".[11] *Nascimento de uma nação*, de Griffith, mostrava como a ultramoderna cultura de massa da América podia se curvar a serviço de uma visão pastoral de uma perdida pureza anglo-saxônica antes de ser poluída por uma grande corrente de "outros" escuros e sujos. O cinema de Chaplin deu uma espetacular nova vida visual aos impulsos e sonhos desses outros. A sua comédia provinha de bairros como o nosso "pequeno buraco sujo no East Side". Esses lugares foram a origem do cinema, do jazz, dos quadrinhos e de toda a cultura do "modernismo vulgar" que tornou a América do século XX um "mundo verdadeiramente novo". *O cantor de jazz*, mais do que qualquer outra obra, definiu a aparência e o som desse mundo.

No meio da Primeira Guerra Mundial, Randolph Bourne, um jovem discípulo de John Dewey, escreveu um ensaio, "Trans-National America" (1915), que talvez seja a primeira teoria a respeito desse mundo. Bourne argumentava que os imigrantes na América não "assimilam" um mundo anglo preexistente: eles misturam as suas antigas culturas com as novas condições para criar uma cultura americana misturada e híbrida que até então não existia em nenhum lugar. "Só o americano", dizia, "tem a chance de se tornar um cidadão do mundo." Isso não significava "uma nacionalidade, mas uma transnacionalidade, um entrelaçar de um lado para o outro, com as outras terras, muitos fios de todos os tamanhos e cores".[12] Um ano mais tarde, muitos dos compositores imigrantes judeus e de outras origens do Tin Pan Alley

resistiram à pressão dos tempos de guerra por um "americanismo cem por cento", e argumentaram a favor de "um sentimento contrário em prol de uma nação de nações".[13]

Na "nação de nações" da América, do tempo de Jolson ao nosso, Times Square tem sido sempre a capital. Pode-se vê-la na rua ou no metrô, a qualquer hora do dia ou da noite. Pode-se escutá-la por toda parte, dentro e fora. (Na minha juventude, podia-se escutá-la no subterrâneo, no grande Times Square Records na galeria do metrô IRT.) Os ingredientes atuais são diferentes daqueles da Era do Jazz — em primeiro lugar, há muito mais ingredientes, provenientes de um número muito maior de lugares —, mas hoje, como naquela época, constituem uma mistura. Uma mistura significa mais do que apenas pessoas diferentes "lado a lado". Significa integração, mas também intercâmbio, uma mistura e fusão que mudam todo mundo. Na Square, a mistura está insistentemente *presente*, está na rua, está diante de você. Quando você está no meio da mistura, sob a luz espetacular da Square, as fronteiras do ego se liquefazem, as identidades se tornam escorregadias. Você não será capaz de evitar a pergunta: "Quem são estas pessoas?". E o fato de você roçar nelas vai provocar a pergunta colateral: "Quem é você?". Você as estará mudando, assim como elas estarão mudando você; você sabe que todo mundo mudará, mesmo que não saiba como. O que os americanos sentem a respeito de Times Square, e a respeito de Nova York em geral, depende frequentemente do grau de sua disposição para uma liquefação de seu ser. Para Al Jolson, a liquidez do ser era a sua vida. Quando se pinta de negro, Jolson executa o primeiro sacramento da América multicultural: ele se metamorfoseia tanto em quem se mistura como no misturado.

P. S. No final de 2004, a paisagem urbana clássica de *O cantor de jazz* — Times Square à noite, em preto e branco, com sua trindade de pessoas, anúncios e céu — foi reencarnada na capa de *Crônicas — Volume Um*, de Bob Dylan, relato das memórias de sua chegada e estreia em Nova York no início da década de 1960.[14] Alguns resenhistas e muitos leitores ficaram intrigados quanto à razão de a capa delinear Times Square em vez de Greenwich Village, onde Dylan se apresentou pela primeira vez em público e tornou-se um astro. Se usamos *O cantor de jazz* como nosso prisma, é fácil compreender a razão. Dylan está se apresentando como um descendente de Jack Robin, como o verdadeiro Cantor de Jazz de nossos tempos. Bob Dylan, Jack Robin: a conexão não é óbvia já nos nomes?* Agora, olhem para a capa de Dylan. Essa visão am-

---

* Quando levei para casa o primeiro álbum de Bob Dylan, quarenta anos atrás, a minha mãe gostou da música, mas empacou no nome: "Hum, Dylan, o que era antes?". Eu fiquei uma fera! Mas claro que ela tinha razão. Para a geração de meus pais, essa questão era uma piada contínua de caráter crítico. (Vide

83

pla da Square à noite sugere um mundo que está todo ali diante dele, um vasto horizonte, não apenas musical, mas imaginativo, muito além do alcance do mundo folk do Village onde ele começou; uma capacidade de metamorfose — que chamei de o poder de ser "ao mesmo tempo quem se mistura e o misturado"; uma intimidade com a eletricidade (vide a sua batalha de Newport, 1965) — como um meio de amplificar tanto a música como o eu; uma identificação com o show biz e uma profunda necessidade de ser um artista no palco. Há mais uma conexão Dylan-Jack Robin que não podemos omitir: "o choro na voz, como no templo". Os dois cantores de jazz são impulsionados pela necessidade de incutir um fervor religioso e um desejo de transcendência no divertimento profano. A experiência religiosa de Dylan é muito mais variada que a de Jolson, mas esquiva e cheia de contradições. Ainda assim, a Bíblia judaica está bem ali no seu título.

Crônicas tem uma grande primeira cena. Ela acontece no meio das cabines forradas de couro vermelho do restaurante de Jack Dempsey, onde o primeiro produtor de Dylan, Lou Levy, o levou para apresentá-lo às pessoas e também para exibir o seu brilho. O encontro com Dempsey é amável. Primeiro, o campeão diz ao garoto franzino que ele deve engordar, aprender a se vestir com apuro, não ter medo de bater forte nas pessoas. Quando Levy explica que Dylan é um compositor de canções, e não um boxeador, Dempsey não se abala; diz ao garoto que mal pode esperar para escutar as suas canções. Qualquer pessoa com idade suficiente para se lembrar do lugar de Dempsey pode imaginar

---

"Hooray for captain Spalding, the African explorer", dos Irmãos Marx.) A minha mãe compreendia por que os meninos judeus tinham de se disfarçar na sua época (e na de Jack Robin), mas não na minha. Logo Dylan foi revelado como "Zimmerman". Primeiro ele parece se ressentir disso, mas, como Jack Robin, aprendeu aos poucos a afirmar o seu verdadeiro caráter judeu junto com a sua universalidade de imitar os outros ao longo de seu crescimento.

essa cena. O velho gostava de conversar com as pessoas, era paciente e afável com todos os tipos, extraordinário com os garotos. Ele sintetizava em si mesmo duas partes vitais da cultura popular americana, "as lutas" e o show biz. O fato de que sabemos que esse garoto anoréxico está prestes a escrever uma das grandes canções americanas de todos os tempos, "Blowing in the wind", torna essa história uma pequena obra-prima de ironia dramática. Dylan mistura o realismo moderno — uma rua real que conhecemos, uma grande figura que viveu por muito tempo e que alguns de nós até poderíamos ter conhecido — com formas muito antigas, míticas e folclóricas de narração: "profecia do sucesso do herói", "o velho campeão unge o novo".

Há apenas uma coisa estranha sobre essa história encantadora. De algum modo, ele tem o endereço errado. O restaurante de Dempsey ficava na Broadway com a rua 49, no Brill Building, também conhecido como "Tin Pan Alley". Esse é um dos grandes locais da história da cultura americana. Durante décadas, esteve sempre cheio de músicos, compositores, acompanhadores, produtores de discos, editores de música, agentes, publicitários. Já falei sobre os homens e mulheres brilhantes que ali trabalhavam. Era o lugar onde foram feitas muitas das canções que definiram a América depois da Segunda Guerra Mundial — "Lonely avenue", "Chapel of love", "Be my baby", "Hound dog", "Don't be cruel", "Stand by me", "Walk on by", "We gotta get out of this place", "Society's child". (E Dylan conhecia cada nota e cada verso.) O restaurante de Dempsey tinha uma localização perfeita em Times Square, perto do velho Garden,* o centro da cena do boxe

---

* O velho Madison Square Garden — que também figura em *A morte passou por perto*, de Kubrick, mencionado acima — ficava entre as ruas 49 e 50, e entre a Oitava e a Nona avenidas. O restaurante de Dempsey começou na rua 50 com a Oitava Avenida, bem no outro lado da rua. Por algum tempo ele teve dois restaurantes, o original e o "Broadway Restaurant and Bar" no Brill Building. Depois, por uma geração, o do Brill Building reinou sozinho. O website "Jack

na cidade e bem no epicentro de sua indústria de música popular. Dylan ali estava porque algumas pessoas muito importantes do mundo da música, como o produtor John Hammond, logo descobriram o seu gênio. Mas o seu livro retira a cena de sua localização central, deslocando-a uns oitocentos metros, para a rua 58, que na década de 1960 era uma periferia suja e anônima. O que está acontecendo? Jack Dempsey não teria nocauteado quem tentasse deslocá-lo para esse Desolation Row? A imagem da capa de Dylan o coloca na cena pública, no centro de Times Square; a sua direção de cena o puxa para as sombras. Mesmo quando se revela, ele procura se esconder para evitar ser visto. Começa o seu livro com uma história cativante de sua juventude em Times Square, depois quebra a promessa com uma rápida mudança de endereço que faz a Square desaparecer.* Parece que ele ainda não suporta admitir que está no show biz onde sempre esteve, ainda não consegue afirmar a sua vida. Como tantos homens e mulheres modernos, Dylan/Zimmerman ainda está procurando um nome com o qual se sinta à vontade.

Dempsey's Broadway Restaurant" mostra uma propaganda de caixa de fósforos: OS PARES PERFEITOS DO AMOR SÃO FEITOS NO CÉU, OS PARES PERFEITOS DA LUTA SÃO FEITOS NO JACK DEMPSEY'S.

* Mesmo que possamos imaginar a ambivalência inconsciente desse autor, qual é a desculpa do editor? Não há ninguém mais velho na Simon and Schuster que lembre, ou ninguém jovem que tenha lido sobre todos os anos em que Jack Dempsey era o rei de Times Square? (E o que dizer do *The New York Times*? A sua seção dominical "Cidade" republicou essa cena, com falso endereço e tudo mais, em 26 de março de 2005.)

3. Um olho humano: marinheiros na Square

Mais perto! Vem mais perto de mim, Starbuck; deixa-me contemplar um olho humano.

Capitão Ahab, em *Moby Dick*

Para mim, esses jovens americanos despreocupados eram a encarnação da liberdade: a nossa e também a liberdade que estava prestes a se espalhar — não tínhamos dúvidas a esse respeito — por todo o mundo.

Simone de Beauvoir, sobre os americanos em Paris, 1944

Acho que ele aprendeu esse senso de equilíbrio a bordo de um navio.

Em *Nosso amor de ontem* (1973), Barbra Streisand, em 1945, descobre Robert Redford, todo vestido de branco, dormindo em pé.

AGOSTO DE 1945: O GRANDE MEIO-DIA

As duas pessoas mais famosas na história de Times Square são anônimas. São um homem e uma mulher nos braços um do outro. Faziam parte da imensa multidão que se reuniu na Square em 15 de agosto de 1945, o Dia V-J, o dia e a noite da rendição do Japão e do fim da Segunda Guerra Mundial. O *PBS History of New York*, produzido por Ric Burns, mostra um maravilhoso trecho de cinejornal desse momento. Quando vi pela primeira vez esse trecho em 2001, tirado dos Arquivos Nacionais, fiquei perplexo por jamais tê-lo visto antes, mas num outro sentido tive a sensação de que passara toda a minha vida vendo esse filme. Foi um momento bem coreografado. Perto do crepúsculo, o prefeito LaGuardia anunciou a rendição, e então, a um sinal pré-arranjado, depois de quatro anos sem luz, todas as luzes na Square se acenderam. Elevou-se um estrondo de terremoto. Uma grande banda num coreto ali perto (li que era a de Artie Shaw) começou a tocar um swing, e milhares de homens e mulheres começaram imediatamente a dançar, abraçando-se, executando os passos do jitterbug, os homens atirando as mulheres para o ar. Dizem que a dança continuou durante toda a noite e até depois do nascer do sol. Mesmo quando já não havia música sendo tocada, os pares se moviam pelo seu próprio ritmo. Quando a câmera se desloca para captar uma visão panorâmica, é emocionante ver tantos homens e mulheres, que claramente não se conhecem, abraçando-se, acariciando-se e beijando-se, dançando, apertando-se como o diabo uns nos outros. Dois deles, um marinheiro e uma enfermeira, presos num abraço e beijo arrebatado no centro da Square, tornaram-se os modelos de uma grande fotografia tirada pelo fotógrafo refugiado judeu-alemão Alfred Eisenstaedt, que apareceu na capa da revista *Life*. Foram também fotografados quase no mesmo momento, de um ângulo ligeiramente diferente (e menos emocionante), pelo fotógrafo da Marinha americana Victor Jorgensen; a foto de Jorgensen foi publicada no *The New York Times* do dia seguinte.[1] O marinheiro, a enfermeira, a multidão e a Square formam uma das imagens clássicas da América e dos americanos do século XX. É um momento luminoso de amor livre coletivo e espontâneo.

Parte do fascínio dessa imagem nasce de seu mistério: quem são este homem e esta mulher? Juntos formam uma espécie de contramonumento a todos os nossos monumentos ao Soldado Desconhecido: em vez de nos lembrar a universalidade da morte, eles evocam uma vida erótica igualmente universal. Ao longo dos anos, como pretendentes a um trono vago, muitos homens e mulheres se apresentaram como as encarnações reais desse casal primordial. Em outubro de 1980, a *Life* publicou um anúncio de página dupla intitulado "Quem é o marinheiro beijoqueiro?".[2] A revista compilou uma espécie de lista curta, dez homens e três mulheres. Republicou seus retratos da juventude e da meia-idade, com breves histórias de vida e informações importantes sobre o que haviam feito no grande dia. A *Life* tentou, sem muita eficácia, avaliar as suas pretensões rivais. Cada um dos homens (e o irmão de um já falecido) tinha certeza de ser o marinheiro e queria o reconhecimento do mundo. As mulheres tendiam a ser mais inseguras e irônicas: diziam que sim, tinham abraçado marinheiros na Square, mas muitas outras jovens que se pareciam muito com elas haviam feito o mesmo. O próprio Eisenstaedt, que tirou centenas de fotos naquele dia, não foi de grande ajuda para escolher os sujeitos na linha de reconhecimento. As informações geográficas e ocupacionais dos homens — vendedor de peixe, Rhode Island; zelador de escola, Illinois; professor de história, Nova Jersey; psicólogo, Califórnia — criavam um belo microcosmo da Frente Popular, a lembrar tantos pelotões e tripulações de bombardeiros reais e imaginados da Boa Guerra, e tantas fotos divulgadas no apogeu da *Life*. Na década de 1990, a internet revelou mais candidatos e deixou a realidade tão esquiva quanto sempre fora. Em 1996, a revista *Time* publicou um editorial sobre a controvérsia. O mistério nunca pudera ser resolvido, e não importava: "O beijoqueiro real continua a ser Todo Mundo".

A foto de Eisenstaedt é uma perspectiva perfeita da Renascença, com o primeiro plano bem na parte mais baixa do *bowtie*, os grandes edifícios convergindo diagonalmente para o ponto de fuga e um anúncio gigantesco com uma figura paternal promovendo

a cerveja Rupert bem em cima desse ponto. O marinheiro e a enfermeira estão rodeados por grandes edifícios, pelos trilhos prateados do bonde, pelos anúncios de neon e pelo céu, mas também por várias pessoas. A uns seis metros está um segundo marinheiro (e, em alguns recortes, um terceiro), que, sorrindo, observa o casal. Outro comentário é sugerido pelo imenso letreiro de neon logo à sua direita, com o anúncio BOND, a então maior loja de roupas prontas da América. Em 1945, todos os americanos conheciam as Roupas Bond, quer as usassem, quer não. Era uma daquelas marcas como "5 & 10", como "*Life*", como a própria Times Square, cuja simplicidade sem rodeios expressava as aspirações universais e democráticas da América, o desejo de nos reunir a todos, como a Frente Popular, "The house I live in", a própria Boa Guerra. O anúncio que proclama o laço entre esse casal primordial também ilumina os laços mais complexos que mantêm juntos a cidade, o país, talvez até o mundo. As outras pessoas na foto são participantes das festividades da multidão, mas também, como nós próprios, espectadores do beijo do casal. Os dois estão de uniforme, o que os marca como "funcionários públicos" e os separa da multidão de civis (como nós) que os rodeiam e a quem eles servem. O uniforme dele é preto, o dela branco. O contraste entre eles, aguçado pelo filme preto e branco, intensifica o abraço apertado que os une. Reveste também a sua unidade com todas as espécies de ressonância simbólica: homem e mulher, preto e branco, terra e mar, guerra e paz, agressão e cuidados, yin e yang. Todos os grandes elementos que definem a imagem — o casal, a multidão, os edifícios, os anúncios, o céu — são compostos de modo a criar um todo muito satisfatório.

Na verdade, se olhamos mais de perto, vemos que é um todo um tanto instável. Os dois corpos estão entrelaçados num ângulo precário, inclinados e torcidos para baixo. (Na foto de Jorgensen, tirada de uns trinta graus para a direita, a inclinação é ainda mais aguda.) Se o marinheiro não conseguir logo um apoio mais forte, o seu *momentum* vai jogá-los ao chão. Eles sabem que poderiam se espatifar no chão? Estão preocupados? Não, pelo que podemos perceber. Mas se pensamos sobre esse marinheiro lembramos que ele tem de estar acostumado a conveses muito mais oscilantes do que qualquer abraço na Broadway. A própria enfermeira não parece preocupada; ela parece estar se entregando muito livremente ao abraço. Ela parece estar certa, e podemos estar bem certos, de que em alguns minutos ele fará algum movimento ágil que os estabilizará aos dois. ("Acho que ele aprendeu esse senso de equilíbrio a bordo de um navio.") Embora, pelo que podemos ver da sua face, ele seja apenas um garoto, podemos provavelmente contar com ele para proteger os dois — e assim proteger os civis, proteger a nós.* Um detalhe que torna essa foto tão perfeita é que, subliminarmente, ela funciona muito bem como uma parábola da própria Segunda Guerra Mundial: a "Boa Guerra", travada para proteger a América e o mundo contra o mal real e poderoso.

A imagem de Eisenstaedt nos mostra como, na década de 1940, a tecnologia da fotografia de rua e as estruturas sociais do fotojornalismo davam aos fotógrafos uma onda de poder: elas podem revelar todas as rupturas e polarizações em nosso ser, só para conciliá-las e reuni-las aos olhos de todos nós. É difícil olhar esse quadro sem uma inveja nostálgica. Ao mesmo tempo, é difícil não se perguntar: *Que planeta era esse?* O abismo entre esse casal e nós mesmos poderá ser transposto algum dia? Falaremos disso.

---

* *Por que não pode ser ela a fazer o movimento?* Ela provavelmente pode fazê-lo, no sentido de que sabe fisicamente como fazer. Mas num ano como 1945 ela dará como certo que o homem que a segura em seus braços sabe como guiá-la, e deixará que o faça, para o seu mútuo conforto; entretanto, se ele não puder guiá-la, ela saberá o que fazer. As suas pressuposições serão partilhadas por qualquer mulher na pista de dança no Salão de Baile do Astor, a uns cem metros de distância, e por qualquer mãe solteira moderna.

Os civis e militares que observam são espectadores do beijo — como nós, tantos anos depois —, mas também do ato com que o fotógrafo o transforma em arte. Talvez pareçam não estar fazendo grande coisa, mas na realidade a sua presença na foto significa muito. São como o coro nas antigas comédias e tragédias gregas (essa foto parece mais uma comédia); funcionam não só como espectadores da ação, mas como comentaristas e às vezes participantes. O coro grego era compreendido como a representação do corpo de cidadãos, numa pólis que estava se tornando a primeira democracia do mundo. Num sentido importante, as ações cômica e trágica eram representadas para esses cidadãos; não poderiam ter sido representadas sem eles. Foram os primeiros rituais da democracia. Os anos de 1944 e 1945 formam um dos grandes momentos na história da democracia, o momento da vitória contra o regime mais assassino da história. (Pelo menos uma vez, graças a Adolf Hitler, essa linguagem da hipérbole e propaganda dizia a verdade.) Foi um momento em que, à medida que a vitória se revelava, novos rituais nasciam e eram criados nas ruas. A foto de Eisenstaedt é uma parte ativa desse processo criativo: ela nos dá o poder de ver como um ato de "amor totalmente livre", um beijo entre estranhos no meio de uma multidão de estranhos, pode ser uma comunhão de cidadãos. Quando Eisenstaedt tirou essas fotografias no meio de Times Square, ele trabalhava para a revista *Life*, publicada a apenas alguns quarteirões de distância. Em 1945, a *Life* era a maior revista de circulação de massa e a maior patrocinadora da fotografia no mundo. O nosso fotógrafo e seus empregadores talvez soubessem ou não que estavam ungindo a fotografia de rua como uma forma de arte distintivamente democrática; ungindo Times Square como uma ágora moderna, um lugar público democrático; e ungindo o "amor livre", o beijo e abraço entre estranhos, como um sacramento democrático.

Dois dos mais recentes prefeitos nova-iorquinos, Koch e Giuliani, retrataram esse momento e essa imagem como o pináculo da perfeição de Times Square em todos os tempos. Todas as suas políticas para com a Square, disseram, destinavam-se a trazê-lo de volta: proteger Times Square contra o tempo. Era uma piada irônica, mas não sei se *eles* a compreenderam.

MARINHEIROS NA RUA

De onde veio esse marinheiro? Como é que ele encontrou o caminho até Times Square? Ao longo da Segunda Guerra Mundial, mais de 5 milhões de GIs [membros das Forças Armadas dos Estados Unidos] passaram pelo porto de Nova York a caminho ou voltando da Europa e da África; cerca de 2 milhões estavam sob a jurisdição da Marinha. A maioria dos navios ficava ancorada no Estaleiro Naval do Brooklyn, que era o maior centro de conserto e recuperação de navios dos Estados Unidos. Mas muitos ficavam nas docas do Busch Terminal e do Forte Hamilton no Brooklyn, e muitos outros nas docas de North River Docks nas ruas Quarenta Oeste. (O porta-aviões aposentado USS *Intrepid* marca esse local hoje em dia.)[3] A Times Square da década de 1940 tinha um conjunto espantoso de pontos de encontro: bares, salões de baile, restaurantes baratos de autoatendimento (os automáticos estavam no auge), ginásios, cinemas e casas de vaudeville, teatros de revista, toda classe de locais noturnos, bordéis — embora, na realidade, todos esses lugares públicos fossem rotineiramente denunciados como bordéis.

Dois pontos no bairro funcionavam como ímãs para os marinheiros: o centro recreativo do USO (United Service Organizations) para membros das Forças Armadas, também conhecido como "Stage Door Canteen" [Cantina Porta dos Artistas], na rua 47 logo a leste da Broadway, e o *deuce*, o quarteirão da rua 42

Oeste entre a Sétima e a Oitava avenidas. O *deuce* ganhou má fama na década de 1970 por seu ambiente de hostilidade às mulheres, o que fornecia um pretexto para aqueles que queriam pôr abaixo o bairro inteiro. Mas se tornamos a olhar a história urbana vemos que a rua 42 Oeste era infame até na década de 1930, e quase pelas mesmas razões.[4] No seu apogeu como rua de teatros, esse quarteirão acolhia bem as mulheres. Mas ao longo da Depressão as mudanças nos seus modos de entretenimento parecem ter provocado uma mudança radical de direção no seu equilíbrio sexual. George Clauncey, em *Gay New York*, retrata a mudança da seguinte maneira:

A transformação da rua 42 na década de 1920 e no início da década de 1930 tem repercussões enormes para a cena gay da área. A rua 42 era o local dos teatros mais antigos no distrito de Times Square, e a elite da cidade a tinha considerado um endereço ilustre no início do século. Já em 1931, entretanto, tornara-se efetivamente um domínio do operariado masculino. A conversão de dois famosos teatros da rua 42, o Republic (mais tarde Victory) e o Eltinge (mais tarde Empire), em teatros de revista apontava e contribuía para a masculinização da rua. Não só as dançarinas de *strip-tease* no lado de dentro, mas os cartazes quase pornográficos e os camelôs anunciando os shows no lado de fora intensificavam a imagem da rua como um domínio masculino, ameaçador para as mulheres.[5]

"*Um domínio masculino, ameaçador para as mulheres*", "*a masculinização da rua*". Temos de tentar imaginar a rua 42 passando por uma espécie de mudança de sexo, a evolução de uma rua em que as mulheres se sentem completamente à vontade em público para uma rua quase sem mulheres. Isso é inusitado na história das cidades, na qual o arco do desenvolvimento segue a direção contrária. Nas cidades medievais, as mulheres eram mantidas fora da maior parte do espaço público urbano — exceto as prostitutas, que durante séculos, em muitas tradições legais, eram conhecidas como "mulheres públicas". Mas na maior parte do mundo, ora por planejamento e ora por surpresa, ora por mudanças econômicas pacíficas e ora por revoluções, as mulheres passaram a permear o espaço público urbano e a sentir-se à vontade ali. No mundo do teatro e do entretenimento de um século atrás, "a era Sarah Bernhardt", as mulheres apareciam não só como atrizes estrelas e espectadoras elegantes, mas até como produtoras. Os meios de comunicação de massa e a indústria do entretenimento estão há muito tempo entre os motores da prosperidade e renome mundial de Nova York. Durante pouco mais de um século essas indústrias têm se concentrado em torno de Times Square. Na fachada do Maxine Elliott's Theatre, na rua 39 com a Broadway, bem ao lado do Met, Elliott tornou-se a primeira americana a ter literalmente o seu nome nos letreiros luminosos. Por décadas, a rua 42 Oeste, o lar das Ziegfeld Follies, com uma atitude amistosa para com as mulheres, foi o vértice da energia teatral de Times Square; a sua vida incessante era tanto um meio como um símbolo da ascendência das mulheres. Numa das grandes cenas em *Rua 42*, Ruby Keeler dança pelo quarteirão em cima da capota de um táxi. Aquela mulher montada no táxi, como a deusa na proa de um navio, tornou-se um ícone moderno instantâneo: a rua estava dizendo ao mundo que as mulheres tinham chegado ao sucesso. É uma das tristes ironias na história de Nova York que um quarteirão que havia significado de forma tão grandiosa o progresso das mulheres logo se tenha tornado a cena da retirada delas. Acho que coisas similares ocorreram nas cidades por toda a América depois da Segunda Guerra Mundial; a masculinização era um sintoma do que os sociólogos chamavam "peste urbana".[6] Mas, num ambiente já definido pela sua abundância de espetáculos, a masculinização da rua assumiu uma forma estranhamente espetacular.

Um modo de traçar essa mudança de sexo é olhando fotos. Entre as imagens mais reveladoras estão as fotografias dos teatros. A começar da década de 1940, uma das visões clássicas de Times Square era uma vista panorâmica da linha de teatros (oito ou nove) no lado norte da rua 42, entre a Sétima e a Oitava avenidas. Essa fileira sempre fora grandiosa, e os teatros continuavam a parecer esplêndidos mesmo quando as pessoas no seu interior e ao seu redor se tornavam cada vez mais frágeis. No final da década de 1960, o contraste irônico entre os pontos luminosos e a vida de submundo tinha se tornado o modo típico de ver a Square. Essa polaridade é o tema central em dois dos grandes filmes de Times Square, *Perdidos na noite* (1969), de John Schlesinger, e *Taxi driver* (1976), de Martin Scorsese; discuto essa polaridade no capítulo sobre as mulheres. Mas muitos anos antes disso é possível ver *Taxi driver* se aproximando somente pela leitura dos títulos de filmes ao longo da rua. Tome-se este programa duplo do final da década de 1940: *Alma torturada* e *Legião de heróis* (fotógrafa Rebecca Lepkoff).[7] Ou este: *Terra de bravos* e *Wild Bill Hickock* (Ted Croner).[8] Do início da década de 1950, *De arma em punho* e *Revolta do deserto*; *The racers* [Os corredores] e *The green scarf* [O cachecol verde] (William Klein).[9] Vários filmes em preto e branco das décadas de 1950 e 1960: *Despedida de solteiro* e *Bailout at 43000* [Mergulho a 43 mil pés]; *Defensores da bandeira* e *The silent raiders* [Bombardeiros silenciosos].[10] Com o passar do tempo, os programas duplos se transformam em triplos, e os títulos se tornam cada vez mais sexualmente explícitos: *Golden girls, Girls on fire, Panty raid, Lusty princess, Secret dreams, My sex rated wife* [Garotas douradas, Garotas em chamas, Esquadrão das calcinhas, A princesa devassa, Sonhos secretos, Minha esposa censurada].[11] Quando as fotos das marquises são tiradas a partir do nível da rua, como em geral ocorre, é difícil obter uma perspectiva que mostre mais do que uma ou duas. Por isso, as fotos justapõem títulos que são completos e inteligíveis com outros que estão esvaecidos ou fragmentários, para criar totalidades que são farsescas ou surreais. (O meu fragmento favorito, tirado de *Times Square story*, de Geoffrey O'Brien, é a série de primeiras palavras de títulos, cujo resto fica invisível, num programa triplo: em ordem descendente, "*Beast, Final, Sweet*" ["Besta, Final, Doce"].) Embora não sejam todos desse gênero, esses filmes de guerra, sexo, emoção e horror são predominantemente filmes de "rapazes", dirigidos a homens e meninos que os verão com outros homens e meninos. Muitos milhares de filmes com títulos semelhantes, unidos em programas duplos baratos e difundidos por toda uma geração, contribuem para uma campanha de "marketing de nicho" a respeito de uma rua na qual as mulheres não terão nenhum nicho. Liz Phair, autora de "Hello sailor", tinha um nome para um lugar assim: o seu primeiro álbum (1993), de que falaremos mais adiante, é chamado *Exile in Guyville*[12] [Exílio na Cidade dos Homens].

Qual a influência da mudança de sexo da rua 42 sobre o seu ritmo de vida? Uma forma de relação que se tornou proeminente na rua foi a "pegação", isto é, os encontros entre as "bichas", homens que se consideravam homossexuais, e os "bofes", homens que não se consideravam. Os marinheiros eram os principais candidatos a "bofes", junto com os motoristas de táxi e os estivadores. Para as bichas, a "pegação" era uma espécie de vida no fio da navalha; não só podia resultar em perigo, como parecia procurá-lo. (Esse é um caso em que a metáfora "cortejar o perigo" é bem correta.) Esse estilo era agressivo com as mulheres, ameaçando-as na rua e afastando-as aos poucos. Mas era ao menos igualmente ameaçador para homossexuais de um tipo diferente, os "veados",[13] que tinham se sentido à vontade na rua durante o seu apogeu de teatro e moda, mas que agora se viam cada vez mais desrespeitados à medida que a rua decaía. Eles se deslocaram para leste, para os arredores do Bryant Park, onde se tornaram personagens de *City of the night*, de John Rechy,* e para o norte, onde colonizaram seções dos grandes restaurantes públicos da Broadway. Aos sábados, no início da década de 1950, meu pai passava meio dia no seu escritório na rua 42 Oeste. Eu ia ao centro com ele e lia um livro ou olhava sonhadoramente para fora da janela, enquanto ele punha em ordem encomendas de rótulos. Depois ele me levava ao Lindy's, ao Toffinetti's, ao Astor Bar. Foi ali que vi os veados pela primeira vez, muitos dos quais ele conhecia da indústria do vestuário, na qual atuavam como modelos masculinos ou estilistas de nível inferior. Ele ficava feliz por partilhar a sua conversa fiada, que era sobretudo demasiado rápida e codificada para mim; mas eu me entusiasmava com os seus paletós vermelhos e púrpuras, que prefiguravam a grande inundação de cores nas roupas masculinas que finalmente aconteceu no final da década de 1960, a era do "flower power".

O que chamo de mudança de sexo da Square submeteu-a a uma segmentação radical pela primeira vez na sua vida. Tudo isso aconteceu alguns anos antes da guerra. Quando veio a guerra, e os marinheiros saíam de seus navios *en masse*, é muito provável que tomassem direções diferentes. Mas não acho que o eixo que os dividia fosse heterossexuais *versus* homossexuais. Acho que eram as mulheres que os dividiam. Uma maioria de homens queria estar com as mulheres ou perto delas; uma minoria de homens não queria saber disso. Pensem na canção "New York, New York" que os marinheiros cantam no início de *Um dia em Nova York*. Se focalizamos o verso "Manhattan women are dressed in silk and satin" [As mulheres de Manhattan se vestem com seda e cetim] e pensamos naqueles marinheiros que queriam absorver aquelas mulheres, podemos imaginá-los dirigindo-se para o *bowtie*, o USO, os teatros "legítimos" (cuja legitimidade tinha então um

---

* Ali, com graus variáveis de ironia, eles se referiam a si mesmos como os "formados" em Times Square (John Rechy, *City of the night*, Grove Press, 1963, p. 34).

novo significado) e os grandes espaços abertos dos espetáculos da Broadway. Mas havia outros marinheiros que desejavam um ambiente todo masculino, tão férreo quanto os seus navios — apenas mais sombrio e mais perigoso, porque sem uma estrutura clara de autoridade —, e podemos estar seguros de que ficariam perto da rua 42. Os marinheiros que são captados pela câmera de Eisenstaedt, divertindo-se com mulheres nos espaços abertos do grande cruzamento (*bowtie*) da Square, habitavam um espaço humano muito diferente do espaço dos marinheiros que se deixavam ficar logo ali, um pouco além da esquina, no *deuce*.[14]*

MARINHEIROS E DEMOCRACIA: A TRADIÇÃO

Quando Eisenstaedt encontrou o seu marinheiro e a enfermeira, foi provavelmente por acaso, algo do momento — ou, de qualquer modo, já que o "15 de agosto de 1945" era um dia tão especial, um evento do dia. Mas a cultura ocidental herda a ideia de que há uma conexão especial entre os marinheiros e a democracia. Essa ideia remonta a muito tempo atrás, à antiga Atenas e

* Em *On the road* (1955; Penguin, 1976, pp. 130 ss.), Jack Kerouac explora a fenomenologia da segregação sexual nas margens da Square. "O Ritzy's Bar é o bar das arruaças nas ruas ao redor de Times Square; muda de nome todos os anos. Você entra ali e *não vê uma única mulher* [a ênfase é minha], nem mesmo nas cabines, apenas uma grande turba de rapazes vestidos com todas as variedades de roupas dos desordeiros, das camisas vermelhas aos ternos zoot [Traje exagerado usado nos Estados Unidos nas décadas de 1940 e 1950. O paletó de ombros largos, com uma prega profunda nas costas, ia em geral até os joelhos, estreitando-se sobre calças folgadas que se afunilavam na boca. O tecido era normalmente de cores berrantes. (N. T.)]. É também o bar dos prostitutos — os rapazes que ganhavam a vida entre os velhos homossexuais tristes da Oitava Avenida à noite. [...] Todos os tipos de planos malignos são incubados no Ritzy's Bar — é possível senti-los no ar —, e ali são iniciados todos os tipos de rotinas sexuais malucas que os acompanham."

100

à primeira ágora democrática na história. Os marinheiros aparecem pela primeira vez por volta da metade do século v a. C., num panfleto sobre a Atenas democrática redigido por um escritor que os historiadores conhecem apenas como "o Velho Oligarca".[15] Esse Velho Oligarca pertence a uma classe que ele descreve como "homens de alta linhagem e qualidade", "a nata da sociedade"; ele é franco no seu desdém pelo "povo comum e as classes mais pobres". E no entanto, contra a natureza de sua identidade de classe, ele se vê elogiando uma pólis na qual essas classes mais baixas têm um poder substancial. O que lhes dá o direito de dominar a cidade, revela-se, é a sua virtude como marinheiros:

> É apenas que as classes mais pobres e o povo comum de Atenas devem ter uma situação melhor que a dos homens de alta linhagem e riqueza, visto que é o povo que tripula a frota e que deu à cidade o seu poder. O timoneiro, o contramestre, o capitão, o vigia na proa, o construtor de navio — essas são as pessoas que dão poder à cidade, e não a sua pesada infantaria [liderada por] homens de alta estirpe e qualidade.

Segundo o panfleto, a Marinha do século v é organizada mais democraticamente do que o Exército; dá às pessoas comuns muito mais oportunidades de mostrar o seu talento e energia, de tomar a iniciativa e de trabalhar juntos. O valor do *demos* na época de guerra prova que ele é competente para dirigir a cidade no tempo de paz. Esses marinheiros da classe mais baixa têm aspirações limitadas: querem ser alguma coisa, não querem ser tudo. Querem "cargos no Estado [...] abertos a todos"; dizem que "o direito de falar deve pertencer a todos os que desejarem se expressar, sem exceção". Em outras palavras, querem se candidatar aos cargos, não apoderar-se deles; o que querem sobretudo é o direito de *falar*.

As pessoas que passaram as suas vidas nas democracias modernas acham o falar natural e têm dificuldades em imaginar que isso poderia constituir um problema; mas se olhamos ao redor do mundo, ou para o passado da história mundial, podemos ver o quanto isso é um problema. Há um ponto nodal na antiga cultura grega, do qual qualquer ateniense do século v teria ouvido falar, quando os senhores da guerra esmagam o desejo de falar do povo. No Livro ii da *Ilíada* (229-320),[16] Tersites e outros "soldados comuns" sem nome afirmam a futilidade de o Exército grego sitiar Troia por uma década e elevam o clamor para que os gregos voltem para casa. Ora, muitos dos senhores andaram eles próprios falando disso — essa é uma das ironias básicas da *Ilíada* —, mas o fizeram em privado, um para o outro. Quando um "soldado comum" diz o que eles andaram falando, Odisseu (aqui como em toda parte) age como aquele que impõe as suas palavras e esmaga o atrevido: Odisseu o derruba e racha o cetro nas suas costas até ele sangrar. Quando ele sangra, a multidão ri, "um riso bom e caloroso irrompendo sobre a cabeça de Tersites" (317). E essa é a última vez que ouvimos a voz do povo ao longo dos séculos seguintes. Mas, quando a democracia grega se desenvolve vários séculos mais tarde, uma democracia de marinheiros, o direito do povo ao discurso está no seu âmago. Numa assembleia democrática, todos os cidadãos usufruem o direito de falar, e todos têm o dever de escutar. Na ágora de Atenas a fala jamais se interrompe, você não precisa ser um cidadão, e, como diz Sócrates repetidas vezes, a fala é livre.

O marinheiro é um "novo homem" perfeito para a democracia. Como os heróis clássicos ou modernos, ele é fisicamente forte e valente sob o fogo inimigo, mas, ao contrário deles, apresenta-se num grupo — muito frequentemente com seus "amigos" do sexo masculino — e se sente à vontade assim. Ao mesmo tempo, ele sente prazer em estar na terra — que, afinal, é o lugar onde o vemos e encontramos — e em estar ali conosco. Parte do ar romântico dos marinheiros, tanto nos tempos antigos como nos modernos, é a sensação de sua abertura para o mundo. Eles estão à vontade na imensidão do mar, que pode ser emocionante mas é também assustadora para os civis comuns; mas eles são igualmente vistos como abertos, no sentido de receptivos, a uma enorme série de lugares onde seus navios aportaram ou poderão aportar no ano seguinte, uma série muito mais ampla de lugares do que a maioria dos civis jamais verá e (supõem os civis) a uma diversidade muito maior de experiências humanas. Em terra, eles são mais felizes em espaços abertos como a ágora (que os antigos aristocratas e tradicionalistas de Atenas procuravam em vão fechar). Tudo isso significa que se mostram dispostos a estar aqui e agora, e dispostos a estar conosco. A aura do marinheiro é uma abertura primordial do ser.

Não sabemos muito sobre aquele Velho Oligarca; os historiadores ainda discutem sobre quem ele era. Entretanto, se mantemos em foco o nosso tema mais amplo — "Marinheiros na Square" — podemos ver que ele partilha muita coisa com Alfred Eisenstaedt, Herman Melville, Jane Austen, Sergei Eisenstein, Jerome Robbins, Paul Cadmus, Gene Kelly, Paul Goodman, Betty Comden e Adolph Green, Liz Phair, com os criadores de *Os Simpsons*, os criadores de *Sex and the City*, com muitas outras pessoas que estaremos abordando neste livro e com muitas outras que esqueci ou jamais conheci. A grande coisa que eles partilham é a aura romântica dos marinheiros. Trabalhando em muitos meios de comunicação e gêneros diferentes, eles elaboram esse caráter romântico de maneiras fascinantes.

Nos tempos modernos, os marinheiros estiveram entre os primeiros a se afirmar como homens e cidadãos democráticos. Na Inglaterra de 1797 houve grandes motins navais, e durante um mês a Frota do Mar do Norte bloqueou o Tâmisa. O levante dos marinheiros foi esmagado pelo Exército britânico, mas como o "Grande Motim" obteve uma sobrevida na imaginação popular e na agitação pela democracia* — e igualmente nos receios anti-democráticos das classes governantes. Em *Billy Budd*, de Herman Melville, ambientado em 1797, pouco depois do Grande Motim, o herói, "o marinheiro bonito", é raptado pela Marinha Real do navio mercante *Rights-of-Man*. Ele acena despedindo-se de seus colegas marinheiros: "E adeus para você também, velho *Rights-of-Man*". Depois de muitas peripécias, os seus captores o matam; o capitão afirma que o clima do Grande Motim torna necessária a sua execução. Os marinheiros se manifestam a favor dos direitos humanos e contra a escravidão em *Benito Cereno* (1856), de Melville, escrito pouco antes de nossa Guerra Civil.

Em nações como a Rússia czarista, onde não há tradições de cidadania, nenhum direito ao qual acenar adeus, o único modo de ser democrático é ser revolucionário. E assim eram os marinheiros russos, em 1905, no motim da tripulação do couraçado *Potemkin*, e em 1917, quando a tripulação do cruzeiro *Aurora* sobre o Neva tomou o Palácio de Inverno. Os marinheiros foram heroicos em estabelecer a União Soviética, mas em 1921, na sua base naval em Kronstadt, no golfo da Finlândia, eles se revoltaram contra a nova ordem soviética que haviam criado, em nome dos valores democráticos radicais em que sempre tinham acreditado: liberdade de expressão, imprensa e reunião, eleições livres, processo justo da lei. Milhares de marinheiros foram massacrados pelo Exército Vermelho, e as palavras "Kronstadt" e "marinheiros" assumiram novos significados, como símbolos da tragédia da Revolução Russa.**

---

* Sobreviveu também numa canção do mar britânica do século XIX que é uma pequena obra-prima de ironia: "O rei Luís era o rei da França antes da Revolução/ Longe, muito longe, muito longe Joe/ E depois ele foi decapitado, o que estragou a sua constituição/ Longe, muito longe, muito longe Joe".
** A história trágica dos marinheiros de 1921 é narrada da melhor forma pelo grande Victor Serge em seu *Memórias de um revolucionário* (Companhia das

"Mais perto! Vem mais perto de mim, Starbuck", implora o capitão Ahab, "deixa-me contemplar um olho humano."* O marinheiro Starbuck significa "um olho humano", o símbolo da vida humana normal; esse tipo de vida está infinitamente além do alcance do carismático, mas fatalmente tortuoso, capitão Ahab, que arrasta consigo todo um navio de marinheiros para a morte.** Onde quer que esteja, o marinheiro sabe como cooperar e tra-

---

Letras, 1987, pp. 147 ss.). Serge, o único da geração revolucionária que era venerado por todo mundo, encontrou Lênin na rua em Petrogrado exatamente quando os marinheiros estavam sendo mortos pelo Exército Vermelho, e acusou-o de trazer "Termidor" para a revolução — o que significa, no jargão marxista, destruí-la. A resposta trágica de Lênin admitiu realmente a sua ideia: "É Termidor. Mas não nos deixaremos guilhotinar. Nós mesmos faremos Termidor!" (p. 154). Os esquerdistas americanos pós-Stálin escreveram muito bem sobre o significado trágico de Kronstadt para a União Soviética: Robert Daniels, *The conscience of the Revolution: communist opposition in Soviet Russia* (Harvard, 1961, pp. 143 ss.) e Paul Avrich, *The Russian anarchists* (Princeton, 1967, pp. 228 ss.). O romance de Gary Shteyngart *The Russian debutante's handbook* (Riverhead, 2002) contém um retrato comovente dos jovens pós-soviéticos travando essas batalhas fundamentais mais uma vez entre si mesmos.

Na Alemanha, os marinheiros foram também uma vanguarda democrática. O motim da Divisão Naval do Povo em outubro de 1918 provocou imediatamente a abdicação do Kaiser e o nascimento da República de Weimar. Mas ali os marinheiros também foram massacrados pelo Exército. Ver o relato romanceado de Alfred Doeblin, *Karl und Rosa*, e a recente discussão de Henry Patcher, *Modern Germany: a social, cultural and political history* (Westview, 1978, pp. 88 ss.), e de Otto Friedrich, *Before the deluge: a portrait of Berlin in the 1920s* (Avon, 1972).

* *Moby Dick*, capítulo 132 [tradução de Irene Hirsch e Alexandre Barbosa de Souza, Cosac Naify, 2008]. A cena é narrada quase no final do livro, quando Starbuck implora que Ahab dê meia-volta e retorne à terra, esposas e filhos. Starbuck aparece como a encarnação da vida humana "normal". Ahab admira a sua humanidade, mas não pode partilhá-la e arrasta todos para a morte.

** Não consegui confirmar nem refutar a história de que o primeiro imediato sadio e sensato de Melville é o ancestral primordial da cadeia de lojas Starbuck's Coffee, escolhida pelo há muito tempo CEO David Schultz como um símbolo utópico. Espero que essa história seja verdadeira, pois é a base de grande parte da minha afeição pelas lojas Starbuck's.

balhar com outros, como ser *simpático*.[17] Em Times Square, uma aura de "simpatia" é algo que ele partilha com a enfermeira que beija e abraça. (Os soldados não têm essa aura.) Ele quer o poder às vezes, mas ele quer partilhá-lo, falar a respeito, andar por aí e interagir com as pessoas. Ao rir, cantar nas ruas da cidade, dançar a noite toda, ele impregna os observadores românticos (como Simone de Beauvoir) de uma visão de liberdade, liberdade que ele parece encarnar em si mesmo, mas que também esperamos que espalhará por todo o mundo.[18] Ele é inerentemente ambíguo e vulnerável na sua relação com a autoridade; é em geral, e sem pensar, um agente da autoridade, mas às vezes, como no Tâmisa em 1797, um subversor da autoridade, e às vezes, em *Billy Budd*, ou em Kronstadt em 1921-2, uma vítima daqueles que "assassinavam marinheiros para defender a autoridade". Aqueles marinheiros russos, num tempo extraordinariamente curto, passaram por todo um espectro político, de agentes de uma antiga autoridade a destruidores dessa autoridade, depois a criadores de uma nova autoridade e a vítimas do novo mundo político que tinham criado.[19]

CADMUS E GOODMAN: O ROMANCE DO MARINHEIRO DO SÉCULO XX

Mesmo quando está sendo morto, um marinheiro nunca deixa de ser o objeto da fantasia dos civis. Vou explorar alguns encontros românticos entre marinheiros e os civis de ambos os sexos que anseiam por eles e saem à sua procura. "Muitos homens e mulheres em terra", afirma Paul Goodman, "não podem se manter afastados da presença confortadora dos marinheiros."[20] Na realidade, há obras imaginativas fortes em muitos gêneros — na pintura, fotografia, literatura, dança moderna, teatro musical, cinema, música popular, televisão — que focalizam o caráter romântico dos marinheiros e seus breves encontros com civis em torno de Times Square. Se olharmos para essas obras e as examinarmos por dentro, isso nos ajudará a dar substância a um contexto para o casal primordial de Eisenstaedt, e a compreender as fontes de sua aura. O contexto que quero revelar existia para aquele marinheiro, aquela enfermeira, aquele fotógrafo, aquela multidão, aquele espaço e aquela cidade há meio século. Tantas coisas mudaram, mas o contexto e a aura ainda estão ali para nós. A mesma cultura americana nos formou a todos.

Uma força crucial nessa cultura, que por ora irei apenas mencionar, mas sobre a qual me deterei mais adiante, é a Frente Popular. Essa foi uma ideia política e cultural proclamada pelo Comintern em 1935. A ideia era que todas as "forças democráticas" se reunissem para impedir que o fascismo e o nazismo tomassem conta do mundo, e que era um dever urgente dos comunistas apoiar essas forças democráticas, fossem elas comunistas ou não. Essa ideia definiu a política cultural comunista até o início da Guerra Fria. Nos Estados Unidos, liberou os comunistas para serem inclusivos e criativos, muito mais do que jamais tinham sido ou seriam de novo. Podemos agradecer à Frente Popular pelo CIO, pelo TVA, pelo controle municipal dos aluguéis, por *As vinhas da ira, Let us now praise famous men, Um fio de esperança*, "Strange fruit", *Appalachian spring, Cidade nua*. A Frente animou a cultura americana durante toda a Segunda Guerra Mundial. Embora concebida por subalternos de Stálin, fez provavelmente muito mais pelos Estados Unidos do que jamais fez pela União Soviética. E deu ao nosso marinheiro na Square uma percepção de quem ele era.

A primeira obra de que quero falar é a pintura a óleo de 1934, de Paul Cadmus, *The fleet's in!* [A frota está em terra!]. Essa grande pintura não-exatamente-do-tamanho-de-um-mural retrata uma multidão de marinheiros, provavelmente de licença em terra. O gênero da pintura constitui o das celebrações do lazer público do tipo "Domingo no Parque" na Paris *fin-de-siècle*, realizadas por Seurat, Renoir *et al.* e adaptadas por vários americanos no século XX. Os detalhes da paisagem e das obras de cantaria sugerem o baixo Riverside Park no início da primavera, mas Cadmus dá a seu quadro uma densidade e calor sexual que lembram mais um vagão do metrô na hora do rush no auge de agosto. O seu título, com o ponto de exclamação, soa como um telefonema de uma *groupie* de marinheiros (uma palavra anacrônica, roubada do mundo do rock da década de 1960) para outra: algo como "Eles não vão se demorar muito, temos de sair com eles *agora!*". Os *groupies*, de ambos os sexos, são vaidosos e exibem-se para para os marinheiros; estes também se exibem para eles. À exceção da senhora com o cachorro na extrema esquerda, todo mundo parece estar procurando um programa. Cadmus intensifica o calor criando uma espécie de equador sexual de traseiros e virilhas multicoloridos, esculturalmente moldados, apertadamente cobertos, navais e civis, masculinos e femininos, que atravessa o plano do quadro. Os vestidos das mulheres aderem a seus corpos e realçam as suas curvas como lingerie de seda. Mas os uniformes dos marinheiros, também apertados e aderentes em alguns lugares, soltos e fluidos em outros, são exatamente adequados para a exibição sexual. O modelo de masculinidade revelado por esses uniformes é leve, desimpedido, andrógino, atraente a ambos os sexos.* Os civis são mulheres, menos o homem loiro à esquerda,

---

* A "blusa de marinheiro", baseada no uniforme de um aspirante da Marinha, tornou-se um elemento principal da moda para os meninos pouco depois da Guerra Civil, e para as meninas na década de 1880 (*Fairchild dictionary of fashion*, Fairchild, 2ª ed., 1988, p. 475). Para as meninas, a blusa de marinheiro requeria e proclamava o *chutzpah* [audácia quase arrogante]: "A portadora dessa vestimenta pode fazer tudo o que os meninos fazem". Depois da Grande Guerra,

que exibe todas as marcas de uma "bicha": sobrancelhas delineadas com pinça, cabelos ondulados (cabelos deslumbrantes, se fossem reais), gravata vermelha, sorriso irônico. Cadmus dispõe os seus homens e mulheres de modo a transmitir um pouco da comédia do namoro de despedida da terra. O marinheiro de boné acabou de aceitar o cigarro do veado, mas o marinheiro meio passado deitado entre eles está mais abrindo as pernas do que abraçando as coxas do companheiro de farda, como se a dizer: "Te afasta, este homem é meu". No centro, a garota de amarelo se divide em duas, fazendo um movimento ágil que ao mesmo tempo empurra o seu homem para longe e a faz inclinar-se na sua direção. Os dois marinheiros de uniformes contrastantes à direita parecem estar executando uma espécie de número de vaudeville para as três mulheres (prefigurando *Fancy free* e *Um dia em Nova York*), que não olham para eles, mas, se observamos com atenção, estão prestes a cair sobre eles. À extrema direita vemos duas mulheres que parecem ter ido além da comédia e do namoro; ou melhor, não vemos as mulheres, mas apenas suas pernas e traseiros, enquanto se inclinam para a frente, aparentemente para agradar outro marinheiro que está quase invisível, a não ser por uma risca de branco (se olhamos por entre as pernas dos outros marinheiros). O que há de especial sobre esse quadro é a pulsação e fluxo de energia sexual que cobre todo

---

na Era do Jazz, a blusa de marinheiro foi adaptada pelas mulheres adultas cujo caráter afirmativo assumia uma força sexual (Anne Hollander, conversa ao telefone, 9 de outubro de 2003): *The fleet's in!*, realizado uma década mais tarde, afirmava essa sexualidade e devolvia-a à sua fonte náutica primordial. Nesse momento histórico, Hollywood também descobria o erotismo dos marinheiros: o filme de Astaire-Rogers, *Nas águas da esquadra* (1936), é o primeiro grande "musical de marinheiro". *Um dia em Nova York* (1944, 1949) marca o pináculo desse gênero adulto. Kay Thompson luta para recuperar o caráter romântico da infância dourada em sua série de livros *Eloise*, iniciada em 1955, cuja heroína de seis anos, vestida de marinheiro, desliza velozmente de patins pelo Plaza Hotel.

o grupo. A velha senhora com o cachorro parece olhar a cena nostalgicamente, como Picasso nas suas últimas pinturas, mesmo sabendo, como um *memento mori* renascentista ou barroco, onde tudo irá acabar. A aura dos marinheiros de Cadmus reside no fato de que, embora (ou será por quê?) sejam garotos simples, eles têm uma capacidade misteriosa de acender o sentimento sexual desenfreado em todo mundo. *The fleet's in!* tem uma história fascinante e escandalosa. Foi realizado em 1934, numa época em que a América estava em paz, mas no meio da Grande Depressão mundial. Cadmus, como a maioria dos grandes artistas da América nos anos do New Deal, trabalhava para o governo federal, "nos projetos", sob as ordens da Administração do Progresso das Obras Públicas [Public Works Progress Administration — PWPA], uma das grandes agências federais do New Deal. A sua pintura estava destinada a ser exibida na Galeria de Arte Corcoran, em Washington, como parte de uma exposição de arte da WPA. Mas o almirante Hugh Rodman a contemplou numa pré-estreia e deu um telefonema zangado para Henry Latrobe Roosevelt, secretário da Marinha (e primo do presidente), denunciando-a como o retrato de "uma barafunda vergonhosa, bêbada, sórdida, reles". O secretário talvez tenha ficado tão perplexo com essa descrição da pintura como provavelmente ficamos. Não obstante, ele retirou-a pessoalmente da exposição — e levou-a para sua casa, onde a exibiu a convidados seus. O historiador de arte Richard Meyer descreve o que aconteceu a seguir:

A censura a *The fleet's in!* provocou sensação nos meios de comunicação, com vários jornais e revistas de notícias nacionais apresentando artigos e editoriais sobre o episódio, muitos deles acompanhados por reproduções da obra. Embora tivesse retirado com sucesso *The fleet's in!* da exposição, a Marinha havia inadvertidamente insinuado a pintura no fluxo muito mais poderoso da cultura de massa.[21]

Como Cadmus pintou o seu quadro no que Walter Benjamin chamaria "a época da reprodutibilidade técnica", ele poderia ser e foi transmitido por toda parte.[22] Meyer cita a *Esquire* de julho de 1937: "Para cada indivíduo que talvez tivesse visto o original na Corcoran, ao menos mil o viram em reproduções em preto e branco". Da noite para o dia, Cadmus tornou-se o pintor mais famoso da América. Os seus marinheiros e o grupo ao seu redor logo encontraram um lugar em todo porto; ainda que muitas pessoas, como aquele almirante, não soubessem lidar com a excitação do quadro e colocassem o autor na sua prisão psíquica. Depois que *The fleet's in!* foi retirado da vista pública, tornou-se um dos tesouros enterrados de Washington. Primeiro, depois de confiscá-lo, o secretário da Marinha Roosevelt o guardou secretamente na sua casa. Em 1936, moribundo, ele o transferiu para o Alibi Club, um clube de cavalheiros wasp altamente exclusivo, com um número de membros limitado a cinquenta. O nome soa como uma versão em quadrinhos de *À beira do abismo* ou *Quanto mais quente melhor*, mas ele realmente existiu, e aparentemente ainda existe. (George Bush, pai, foi membro desse clube durante todo o seu mandato presidencial.) O Alibi Club conservou *The fleet's in!* pelos 44 anos seguintes, e só abriu mão do quadro depois que a Marinha reivindicou a posse e deu início a procedimentos legais. Esse rico enredo secundário dá nova ressonância àquela metáfora clássica: "o armário". Quando é que algum historiador empreendedor de cultura vai abrir o armário do Alibi Club? Hoje a pintura está no Museu da Marinha, no Estaleiro Naval de Washington, fora de mão, mas ainda acessível ao público. Eu a contemplei na década de 1980, quando foi emprestado para o Whitney; ainda entusiasmava.

O conto "Sailors", de Paul Goodman, foi escrito pouco antes de Pearl Harbour, mas publicado somente depois de passadas quatro décadas. "No grande *Royal Palms*", ele escreve:

111

Como são vívidos [...] os uniformes azuis e brancos dos rapazes ao redor do bar! Nas paredes estão pintados os imensos polinésios cor de laranja à maneira de Gauguin.[23]

Goodman insere o caráter romântico dos marinheiros no contexto dos romances ocidentais do "outro". Alguns desses, como os de Gauguin, têm inspirado uma arte luminosa. "Sailors" apresenta a estrutura básica do romance de marinheiro: uma busca de aventura por um grupo de três amigos, dois mais velhos (George, Bat) e um mais jovem (Kenny), que têm um dia e uma noite de licença em Nova York, mas que devem voltar ao navio ao amanhecer. É escrito a partir da perspectiva do *groupie* de um marinheiro: um homem de meia-idade que está claramente "fora do jogo", mas que percebe o páthos de seu desejo. Ele aponta a dissonância entre as necessidades da meia-idade e as da juventude; entre os homens que são "bichas", que se ligam só com outros machos, e os rapazes que são "bofes", que podem pragmaticamente "pedir dinheiro porque têm um encontro amoroso amanhã de noite"; entre o desejo de aventura individual dos marinheiros e a solidariedade intensa e claustrofóbica do sistema de camaradagem. Na parte mais agradável da história, os rapazes mais velhos tramam para que o mais jovem tenha relações sexuais pela primeira vez. Quando alguém pergunta por que eles não saem e se divertem cada um por conta própria, a resposta é que "eles ali se encontram porque estão grudados uns nos outros, entende?".

A última cena, que se passa no ônibus noturno para o Estaleiro Naval, não é tão agradável. Harry, um predador de meia-idade, tenta dar em cima de George. Ele oferece: "O que quiser, marinheiro! O que quiser!". A resposta de George é curta e pungente: "Não me chame de marinheiro!". Está dizendo que quem quiser se aproximar dele terá de reconhecê-lo como um indivíduo e chamá-lo pelo nome. Harry se afasta: prefere esquecer toda a cena. Mas volta para a cena final, como o Slim Shady de

Eminem ou o "Grim McFate" de Humbert Humbert. É possível vê-lo sorrir:

"Cigarros, marinheiros?", diz Harry.

E por enquanto é só, pessoal: uma pequena curva para dentro de uma longa noite. Goodman mantém vivo o caráter romântico do marinheiro, reprovando os civis que "não podem se manter afastados dos marinheiros", mas não parecem saber tratá-los como seres humanos.

MOVIMENTOS PRIMORDIAIS DE RUA: *FANCY FREE*, DE ROBBINS

No tempo real, o momento de "Sailors", assim como o momento de *A um passo da eternidade*, são dois minutos antes de Pearl Harbour. Quando Jerome Robbins escolheu a mesma matriz dois anos mais tarde, a Marinha passara por terríveis massacres, vitórias de desforra, tremendas sublevações — no jargão da Segunda Guerra Mundial, "fora ao inferno e voltara". Seu balé *Fancy free* [Livres e desimpedidos] estreou em abril de 1944, com Robbins assinando a coreografia e representando um marinheiro e uma animada partitura jazzística de Leonard Bernstein. Reproduzia o enredo de Goodman: um trio de marinheiros de licença em Nova York, à procura de prazer e aventura, forçado a retornar a seu navio ao amanhecer. O que é especial a respeito desse balé, o que fez o público da estreia pular e aplaudir de pé, é a sua visão dos marinheiros *na rua*. Robbins talvez seja o primeiro coreógrafo a captar a incandescência dos "movimentos na rua". A rua metropolitana é um dos ambientes modernos básicos, e uma das cenas centrais em toda a mídia da cultura moderna.

Robbins pode ficar na companhia de Baudelaire e Dostoiévski, de Henri Cartier-Bresson e Jane Jacobs, pessoas que se *envolveram* com a rua moderna, exploraram-na com absoluta seriedade, e nos ensinaram muito sobre o que significa estar ali.[24] E a rua que o envolveu com muita intensidade, ele disse a Tobi Tobias em 1980, foi Times Square:

> Foi o que fiz durante os anos da guerra, quando os tipos de pessoas que eu descrevia no balé estavam todos ao nosso redor. À época estávamos dançando na velha Metropolitan Opera House, situada na Broadway, entre as ruas 39 e 40. Times Square estava ali, e tudo isso borbulhava sobre nós. Era o que víamos para onde quer que olhássemos — o tipo de incidente, o tipo de pessoas, o tipo de garotos que dançavam então.[25]

Poderíamos mesmo afirmar que Times Square é um dos personagens na sua dança. Ele é fascinado pelo que chamei "o momento Eisenstaedt": o marinheiro e a civil, um homem e uma mulher — ou são um garoto e uma garota? —, estranhos entre si, mas à vontade um nos braços do outro, animados pelos grandes anúncios e pelas luzes de neon da Square. A sua dança explora o BOND: os laços sexuais e emocionais que as pessoas comuns podem formar entre si, ou ao menos podem sonhar em formar, num espaço espetacular como Times Square, e as forças pessoais e sociais que podem romper esses laços.

Quando comecei a pesquisar sobre *Fancy free*, descobri que era difícil ver o balé. Não parece haver nenhuma versão completa, em filme ou fita, que seja acessível ao público hoje em dia. Vi novas versões, em Nova York e em Londres, mas embora contivessem umas danças maravilhosas, o espírito parecia ausente. Entretanto, a biblioteca de artes cênicas do Lincoln Center possui várias cópias de ensaios do original, e no verão de 2003 assisti ao maior número possível dessas reproduções. Faltavam algumas das cópias no catálogo, e outras estavam estragadas. As cópias disponíveis são fragmentárias (nenhuma parecia conter o balé inteiro), granulosas e sombreadas, em geral mudas, filmadas de ângulos diferentes e frequentemente oblíquos, e projetadas numa luz estranha e em perspectivas esquisitas que sugerem o cinema mudo expressionista alemão no seu auge.* Elas têm a textura grosseira,

---

* A biblioteca do Lincoln Center também possui fitas de 1944 que estão marcadas "Não para o público" e são acessíveis apenas a pessoas que conseguem licença do Robbins Trust. Na sua entrevista de 1980 com Tobi Tobias, Robbins alude ao "filme que temos com o elenco original", mas esse filme, se ainda existe, está marcado "Não para o público", e nem sequer consta do catálogo. Se os amigos de Robbins quiserem celebrar a sua memória em vez de deslustrá-la, deveriam pôr fim a essa sua política de "autorização de liberação", com os seus ecos de macartismo e do momento mais vergonhoso da vida de Robbins, a sua aparição em 1953 como "testemunha simpatizante" perante a Comissão de Atividades Antiamericanas.

mas também a emoção crua, dos esboços dos grandes artistas, álbuns de gravações contrabandeadas, cortes de diretores não divulgados. A sua maior emoção é uma sensação de absoluta seriedade. Examinados de perto, percebe-se que os movimentos aparentemente mais casuais são expressões de ideias complexas.

A versão de Robbins sobre o momento Eisenstaedt é o que tenho chamado uma "cena primordial": um momento mágico de fusão, prefaciado e seguido por complexidade, conflito e confusão. Ele julgava que a Square tinha uma capacidade única de incubar essas cenas. Tantas pessoas comuns vinham ao local, em parte para ver o desempenho de profissionais em muitos gêneros, mas também para exibir a sua própria habilidade, representar uns para os outros, observar uns aos outros sob as luzes. Robbins reage intensamente a esse lugar e ao efeito que ele causa nas pessoas. Ele capta a energia fluida e a dinâmica dos desempenhos das pessoas comuns, sobretudo o modo como se movem. Percebi isso pela primeira vez em 1959, em *Amor, sublime amor*, quando Robbins coloca seus movimentos em duas gangues em guerra, os Jets e os Sharks, e mergulha-os e entrechoca-os pelas ruas desintegradoras do bairro de Hell's Kitchen. Mas ele estava lá anos antes: criou os movimentos da rua na sua visão de marinheiros e garotas na Times Square sem luzes, mas ao som do bebop do meio da guerra.

Um tema central da Frente Popular era que as pessoas comuns, nas suas vidas cotidianas vernaculares, exibem recursos despercebidos fabulosos. Três marinheiros entram num bar e de repente explodem numa energia física exuberante: primeiro executam alguns estiramentos e fazem estrelas, como se em formação; a seguir, um depois do outro, cada um em separado realiza piruetas e apresenta uma série elaborada de passos de balé. É tudo tão rápido que eu me perguntava se a fita que eu estava vendo na biblioteca do Lincoln Center rodava na velocidade correta. Os bibliotecários me asseguraram que esse era o andamento de Robbins: rápido. Escrevendo uma resenha sobre o original no *The New York Times*, John Martin disse que "os rapazes que dançam na peça dançam como loucos".[26] Esses marinheiros parecem tão emocionados com seus corpos e consigo mesmos que é como se tivessem acabado de sair da caverna de Platão. Tocqueville, no início do século XIX, não achava que a democracia pudesse engendrar uma grande arte.[27] Estava espetacularmente errado, mas uma respeitável porção da grande arte americana, do Central Park a Mark Twain ao jazz ao expressionismo abstrato ao musical da Broadway ao rock-and-roll, tem se desenvolvido numa tradição cultural que "cuida para esconder o cuidado com que foi feita",* e opera para fazer com que a obra mais complexa, intricada, disciplinada e profunda pareça casual, espontânea, enlouquecida, nada de mais. (Os americanos são frequentemente enganados; os estrangeiros apreciam o que há ali.)

Depois de um tempo a exuberância fabulosa dos marinheiros chega ao fim. Mal conseguem ficar de pé, mas ainda precisam competir. Em quê? Têm a ideia de um concurso de cuspir chiclete. Quem cospe o chiclete mais longe? É como se tivessem sido magicamente reduzidos à idade de dez anos. Mas eles não podem se sustentar como meninos de dez anos por muito tempo. E logo já não precisam comportar-se assim. A Primeira Garota, Muriel Bentley, esgueira-se e entra afetadamente no palco. Ela funde uma *gamine* Edith Piaf com uma garota boêmia de família judaica de Nova York vestida como Betty Boop. Primeiro ela escorrega, desliza, ondula e se enrola em torno dos marinheiros; depois aguça os seus movimentos e empurra a anca num dos rapazes, em seguida

---

* Frase cunhada por Jean-Jacques Rousseau no seu romance romântico *A nova Heloísa* (1761), citada e discutida em meu livro *The politics of authenticity*, p. 252 e em toda a parte IV. A ideia se desenvolve primeiro no Iluminismo e na Europa romântica, mas assume mais importância na América, um país democrático com passado artístico escasso.

noutro. Ela é tão incandescente que mesmo numa fita sem som dá para escutar os corpos se batendo. Sei que o que vi eram fitas de ensaio; eles realmente dançavam de forma tão "crua" em público em 1944? Pensem no Living Theatre na década de 1960, ou no Judson na década de 1970, e então projetem os seus estilos ásperos de representar de volta à Metropolitan Opera House de antigamente. Difícil de imaginar, não? Mas lembrem-se da visão de Robbins sobre os "garotos" ao redor de Times Square no meio da guerra: *Fancy free* não se destinava apenas a descrever essa experiência, mas a fazer parte dela. Essas velhas fitas transmitem uma aura de descoberta e invenção coletiva, os garotos caminhando no fio da navalha, vendo até onde conseguem ir, sentindo a emoção de ir longe demais.

No roteiro que escreveu antes de a dança começar, Robbins descreveu vividamente a mulher e o encontro humano que queria:

A música irrompe num boogie-woogie rítmico em volume alto, e uma garota fascinante passa pela rua. Ela está com uma blusa e uma saia bem justas, sapatos altos de verniz, e carrega uma bolsa vermelha. A garota sabe que está sendo observada; ela sorri, e com o seu caminhar sugere todas as coisas que os marinheiros estão imaginando. Os marinheiros ficam mudos; de pé, bem juntos, eles se movem como um único corpo — inclinando-se tanto para a frente, na ansiedade de ver a garota, que quase caem de cara no chão.

A garota finge que não os viu, o que leva os rapazes a entrar em ação. De repente eles são três indivíduos diferentes, cada um tentando atrair o interesse da garota à sua própria maneira especial.[28]

Tudo acontece de novo alguns minutos mais tarde, quando aparece a Segunda Garota. Ela tem pele mais clara e um cabelo que é ruivo ou loiro avermelhado; ela é a "mulher clara" em contraste com a "mulher escura" da Primeira Garota. A mulher clara é

118

mais suave, mais gentil, mais modesta na sua linguagem corporal — a princípio. Mas ela se torna mais sensual enquanto dança (e dança com Robbins). Depois de alguns minutos estão todos excitados, todos gostam uns dos outros; mas há cinco indivíduos, um demais ou um de menos. E agora? Outra competição, desta vez uma competição de dança, com as mulheres como juízas. A boa notícia é: os homens vão executar todos os seus movimentos mais deslumbrantes. A má notícia é: o sentido de seu grande desempenho será excluir um deles do jogo.

Tenho visto muitas novas versões de *Fancy free* ao longo dos anos, e acho que há uma tendência de representá-lo "suave". "Os rapazes" não saem de seu narcisismo de esquina. A sua dança, embora fisicamente esplêndida, e às vezes também engraçada, não transcende o nível emocional de sua brincadeira de cuspir chiclete. Eles não se unem com as garotas, nem chegam perto de nenhuma emoção que pareça mesmo remotamente um amor adulto. Mas vi aqueles primeiros filmes de ensaio, e vi muitas fotos antigas, e quero atestar que Robbins, desde o início, sabia como reunir rapazes e garotas. Eis o que disse Janet Reed, a sua principal parceira no original, numa retrospectiva nostálgica 36 anos mais tarde:

> Era a época da Segunda Guerra Mundial. Toda a atitude dos jovens era muito desorientada. E estávamos vivendo bem no meio da tormenta. Nas turnês, os carros do Ballet Theatre eram enganchados nos carros das tropas. [...] Todos esses soldados, marinheiros e dançarinos, em lugares estranhos e cidades diferentes. Estávamos desarraigados, e embora tivéssemos uma atitude muito despreocupada éramos também muito experimentais em nossas relações. [...] Éramos todos muito jovens [...] inocentes e um tanto solitários [...] querendo muito estar perto uns dos outros, mas sabendo que não podia ser por muito tempo. Por isso havia essa

constante tentativa de se aproximar dos outros, mas sabendo que era apenas temporário. Dá para perceber que essa é a coreografia, no *pas de deux*?

Sim, dá para perceber. Robbins sempre teve esse dom de criar uma harmonia instantânea. Quem viu *Amor, sublime amor* ou *Um violinista no telhado* sabe disso. Tenho certeza de que essa era uma das razões por que o seu público na estreia levantava-se e gritava. E por que, em todas as suas danças, é tão triste quando o amor se desfaz.

Muitos espectadores e críticos, tanto naquela época como agora, pensam que as garotas eram prostitutas, vendendo-se como mercadorias atraentes. É um grande erro: Bentley e Reed interpretam garotas divertidas que são "*fast*" mas respeitáveis — a grande palavra perdida: "*fast*" —, e essa é a fonte de sua atração e seu páthos. As garotas de Robbins são caracterizadas com uma ternura especial. Talvez ele as imaginasse como produtos de grandes, calorosas e envolventes famílias que teriam derrames e ataques do coração se soubessem onde estavam as suas filhas. Essas garotas estão vestidas de forma respeitável quando deixam a casa dos pais, mas levam junto suas roupas mais atraentes, e trocam de roupa assim que se acham fora do alcance da família. A aura dos marinheiros e a aura da Square, na mistura especial de Robbins, leva garotas respeitáveis a dar uma volta pelo lado desvairado do mundo e a agir como prostitutas — "agir" não só no sentido de comportar-se, mas no sentido de representar, assumir movimentos brilhantes, afinar seus corpos a um público receptivo, sentir prazer em serem vistas e observadas.

Fancy free é ao mesmo tempo uma celebração da liberdade e uma reflexão sobre seus custos humanos. Para os seus marinheiros, a ameaça primária é a individuação, uma forma de autodesenvolvimento que os leva para longe de seus camaradas, de seu navio, da Marinha, de todas as âncoras institucionais da sua vida, deixando-os num vazio em que alguma garota dourada é capaz de se enrolar ao seu redor (como Reed se enrola ao redor de Robbins) ou jogá-lo fora numa rua escura e solitária. O perigo para as garotas de Robbins é um frenesi sexual sem controle que as arrebata, apaga o seu senso de identidade, transcende todo objeto, anula as suas memórias da família e amigos, elimina as suas defesas, sujeita-as a serem enganadas — por sabe-se lá o quê, por sabe-se lá quem? —, amassadas e descartadas. Robbins faz com que sintamos a emoção de definir o seu próprio lugar no espaço, o êxtase de descobrir e mesclar-se com uma alma companheira que era um estranho há um minuto, o modo como o eu pode elevar-se e depois, de repente, espatifar-se.

Há dois maus momentos, quando de repente tudo parece prestes a se espatifar. O primeiro chega cedo, quando Muriel Bentley é a única mulher ao redor. Os marinheiros imitam o seu caminhar e riem dela, mas ela também ri com eles, e todo mundo parece confortável. Mas de repente o tom muda, os rapazes agarram a sua bolsa vermelha e atiram-na por ali, depois eles pegam *a garota* e a derrubam; lutam por cima dela, ela escapa, mas "a batalha deixou um marinheiro deitado na rua" (139). Num instante, uma homenagem brincalhona a uma mulher pode transformar-se em violência contra ela; depois essa violência reverte contra eles próprios. É fácil imaginar os advogados e os juízes concentrando-se naquela bolsa vermelha: "Ela estava pedindo".

O segundo momento acontece depois do segundo concurso de dança: os três homens executaram seus passos, mas as duas juízas, que devem eliminar um homem e tornar os sexos simétricos, são incapazes de proferir um julgamento. De repente, os três amigos começam a "se despedaçar. As garotas se encolhem contra o bar, pensando que não pode ser a sério. [...] Quando a batalha continua para valer, elas decidem sair dali rápido. Os marinheiros não percebem que as garotas os abandonaram". Quando eles se dão conta depois de um tempo, saem correndo pela rua juntos, mas não encontram ninguém. "Olham uns para os outros com aversão divertida, endireitam os uniformes, cuidam de seu machucados e dores e relaxam de novo" (141). Apenas mais uma noite em Times Square! Robbins está nos preparando para um final cômico, mas ele já nos trouxe a um meio sinistro. Primeiro, o amado sistema de camaradagem da Marinha entra em colapso e transforma-se num estado de guerra. Depois, os marinheiros ficam tão absorvidos na sua luta que nem sequer percebem quando as mulheres por quem estão lutando desaparecem. O roteiro de Robbins inclui um raro comentário de opinião — e também de teoria: "O ciclo continua". Depois de uma noite na condição de "fancy free" [livres e desimpedidos], parece que todo mundo — marinheiros e civis, homens e mulheres —, se sentirá aliviado quando "a frota partir" de novo. As mulheres têm razão em sair correndo.

Por que as mulheres não podem tomar uma decisão, eliminar um homem e resolver a situação? Acho que há um conflito na própria visão de Robbins que ele não consegue resolver. Ele acredita na democracia, pela qual os nossos marinheiros estão lutando em 1944. Ele também acredita em direitos humanos e na primazia do indivíduo. A sua força como coreógrafo reside no seu sentimento pelas pessoas comuns e no seu poder de mostrar a beleza e a graça lírica de suas vidas. Todas essas pessoas não têm o direito de amar? Há razão suficiente para tirar alguém do jogo? Mas se deixamos todo mundo no jogo há amor suficientemente livre para circular?

Fancy free explora muitas das fissuras e falhas em nossos modos de procurar prazer, amor e um ao outro. A narrativa é espalhafatosa e pouco promissora, seguindo muitas maneiras já encontradas em "Sailors". Mais de uma vez Robbins nos leva perto de

122

um desastre. No entanto, essa dança não nos deixa uma *sensação* ruim. Se você está na plateia e se deixa envolver pela dança, é provável que lembre os momentos em que as pessoas dançam como se estivessem voando, em que os estranhos na noite se dão bem um com o outro, em que o prazer e a energia e o amor iluminam o palco como os letreiros de Times Square.

Nas lembranças citadas por Janet Reed em 1980, uma nota surpreendente é o seu modo de se identificar com os membros das Forças Armadas: "Todos esses soldados e marinheiros e dançarinos, em lugares estranhos e cidades diferentes". O poder da empatia foi uma chave para o triunfo desse grupo. Foi também uma chave para o sucesso da América na "Boa Guerra" que estrondava enquanto eles dançavam. As memórias desses dançarinos a respeito de seus seres jovens e ainda não formados têm a pungência das memórias mais expressivas daquela guerra. A companhia parece uma espécie de pelotão perdido no descampado. Os seus membros lembram como eram crianças ("Éramos todos tão jovens"),[29] como se sentiam solitários ("desarraigados", "desorientados") e como se feriam uns aos outros, mas também como procuravam aproximar-se, como chegavam perto, dançavam como loucos juntos, faziam acontecer coisas que não tinham acontecido antes. De algum modo, esses poucos afortunados, esse bando de irmãos e irmãs, em salões congelados e camas estreitas, reconstruíam Times Square. De onde vinham toda a sua solidariedade e brilho? Trinta e seis anos mais tarde, Robbins e os dançarinos, como um general e seus velhos soldados recordando uma grande campanha de sua juventude, partilham uma sensação de mistério. Parece ainda mais misterioso para nós, outra geração mais tarde, quando apertamos os olhos para vislumbrar o grau de sua febre e sua harmonia íntima numa velha fita rachada e em desintegração.

Uma pessoa que merece reconhecimento na história de Robbins, especialmente por causa de nosso foco sobre a rua, é Madeleine Lee Gilford. Gilford, então Lee, era uma jovem atriz e organizadora do Partido Comunista durante a Segunda Guerra Mundial. Ela se orgulhava (e ainda se orgulha) de sua capacidade de "rasgar qualquer pista de dança". Robbins a viu em ação numa festa beneficente do partido em 1943 e apresentou-se. Disse que estava montando "um balé com três marinheiros" e perguntou se ela não lhe ensinaria algumas "danças de rua" que ele pudesse usar. Ela lhe ensinou; ele usou o lindy e outras danças de rua brilhantemente em *Fancy free*. Depois tiveram o que ela chamava "um flerte muito sério". Ela ajudou a iniciá-lo no partido, ao qual ele formalmente aderiu pouco depois da estreia de *Fancy free*, em abril de 1944.[30] A sua recompensa, disse ela, foi ser "denunciada" por ele, com mais sete estranhos, uma década mais tarde. Na década de 1950 ela se casou com o ator Jack Gilford (falecido em 1990). Depois do depoimento de Robbins, ambos foram incluídos na lista negra. Mas eles sobreviveram, trabalharam em teatros Off-Broadway (um meio que se desenvolveu nos anos da lista negra), em shows ambulantes sob tendas, em resorts de Catskill, e enfrentaram com sucesso as dificuldades.[31] Meio século mais tarde, ela é filosófica a respeito da questão: "*Olhe, eu fui denunciada por um gênio. O meu marido* [Gilford] *nunca descobriu quem o denunciou*".[32]

Fancy free é curto, mas rico em "momentos Eisenstaedt", espetáculos de marinheiros e garotas encontrando-se, batendo os corpos uns contra os outros, sob o anúncio BOND. Para Robbins em 1944, assim como para Eisenstaedt um ano mais tarde, Times Square simboliza Nova York, e Nova York simboliza a América: no último ano da guerra, o espaço público espetacular proclama o significado da cidade, e a cidade revela a verdade do país. Os dois artistas, filhos da Frente Popular, identificam-se com o poder da América, que em 1944-5 ajuda a destruir um poder muito mais maligno. (Como os dois são judeus, e um deles refugiado judeu, o poder americano está literalmente salvando as suas vidas.) Eles se deleitam com a energia sexual transbordante da América, democraticamente aberta a todos, uma fusão de muitas etnias, tanto claras como escuras; os dois veem essa mistura como uma força crucial na vitória da América. Mas, com Jerome Robbins dirigindo as luzes e os anúncios, o laço humano é mais complexo e mais esquisito; o jogo de luz sobre os corpos e as almas propicia muito tempo no escuro. Robbins e seus dançarinos mostram o quanto da emoção do sexo reside na sua franqueza, seu caráter público e representável, sua capacidade de abrir as pessoas e impeli-las para um novo espaço. Mas todas essas novas sensações abrem novos canais de conflito e perigo, privados e públicos, entre as pessoas e o seu interior. Robbins inunda a sua Times Square com a luz espetacular da nova experiência, mas também nos faz ver como essa luz está fadada a ser perigosamente volátil. Aqueles de nós que veem a sua nova luz jamais podem se sentir livres do medo do blecaute.

Ironicamente, o tributo mais ardente de Robbins à Frente Popular aparece no meio de seu próprio blecaute. Em maio de 1953 ele "se submeteu" à Comissão de Atividades Antiamericanas, denunciou vários nomes (inclusive o de Gilford) — eram todos muito menos proeminentes do que ele, e Robbins arruinou as suas vidas — e atestou que então rejeitava o comunismo em favor do "americanismo". É duro ler esse testemunho, vê-lo lutando para apagar as suas contradições internas, para ancorar-se no amor do Big Brother inquisitorial; aqueles de nós que amam o seu trabalho podem agradecer a Deus por ele ter falhado no seu intento. Temos sorte de ele não ter descoberto como apagar o seu amor pela Frente Popular. Ele disse que ela o tornara orgulhoso de ser comunista, e ele elogiou Earl Browder, que fora o líder do Partido Comunista dos Estados Unidos durante a Frente e durante a guerra, mas foi denunciado por Stálin e expulso do partido assim que a Guerra Fria começou. A Comissão, é claro, não fazia a menor ideia do que ele estava falando e não deu bola.

Robbins nunca tentou se justificar *à la* Elia Kazan, e parece ter levado muito remorso, tormenta e culpa para o túmulo.* Embora ele ainda não tenha esfriado no túmulo, e embora estejamos encharcados de ironia histórica, gostaria de denominá-lo o grande coreógrafo comunista. Ele usa corpos humanos em movimento para criar grandes narrativas de mudança na história mundial. Nas suas danças, as tensões de classe e etnia estão sempre claramente marcadas. A sua obra possui a ironia estrutural de que as pessoas se movem em relação às suas próprias ideias, à sua própria música, umas em relação às outras, mas são todas movidas por forças históricas globais que as envolvem e com as quais nem sequer sonham. Mas Robbins sonha com as pessoas, o seu gênio

---

* Ver *Dance with demons* (pp. 198-210, 497-505 etc.); Deborah Jowitt, *Jerome Robbins: his life, his theatre, his dance* (Simon & Schuster, 2004, pp. 228-31 etc.). (Para meu azar, o livro monumental de Jowitt saiu tarde demais para que eu pudesse usá-lo apropriadamente.) Victor Navasky discute Robbins persistentemente no seu clássico *Naming names* (1980; Penguin, 1981). Sobre o testemunho, ver Eric Bentley (ed.), *Thirty years of treason: excerpts from hearings before HUAC* (1971; New Press, 2001, pp. 625-34). Uma versão mais curta e ligeiramente diferente está em Bentley (ed.), *Are you now or have you ever been* (Harper Colophon, 1972, pp. 102-5). Tanto Lawrence como Jowitt entrevistam muitas pessoas que foram prejudicadas, direta ou indiretamente, pelo testemunho de Robbins. É extraordinário notar a compaixão das suas vítimas por ele e a ironia complexa de suas perspectivas. Navasky mostra como muitas vítimas do macarthismo pensavam e falavam dessa maneira. Falando de ironia, o comportamento depravado de Robbins para com seus dançarinos lhe granjeou o título de "o Stálin da dança". As duas biografias são cheias de histórias de horror provenientes de cada estágio de sua carreira. Quando Muriel Bentley, a Primeira Garota em *Fancy free*, fala a Tobias sobre Robbins e sobre si mesma, ela soa surpreendentemente como uma comunista da era de Stálin, usando a fórmula do partido (que na verdade remonta a Napoleão) de que "não se pode fazer uma omelete sem quebrar ovos". Ela se oferece como

narrativo nos mostra como elas são e sentem. Isso é mais claro em *Amor, sublime amor* e em *Um violinista no telhado*, mas está realmente por toda parte. Depois que escrevi isso eu me perguntei: devemos levar a ironia ainda mais longe e elevar Elia Kazan junto com ele? Acho que não. Kazan tira a sua inspiração de uma forma muito inferior de imaginação comunista: o melodrama social. As histórias do Kazan em sua melhor forma (*Sindicato de ladrões, Viva Zapata*) são conflitos de mocinhos e bandidos. As histórias de Robbins são trágicas: estamos todos flutuando em longas ondas que nos sustentam ou nos afundam a todos.

OS DOIS *UM DIA EM NOVA YORK*

Focalizei a trindade primordial de marinheiros de *Fancy free* em vez dos muito mais famosos de *Um dia em Nova York*. Na realidade, entretanto, *Um dia em Nova York* se desenvolve quase diretamente a partir de *Fancy free*, e estreou no mesmo ano do calendário, 1944 (embora bem no final do ano, 31 de dezembro), numa época em que a Segunda Guerra Mundial estava nos seus

um ovo quebrado, mas celebra a glória da omelete, e até insiste em que, ao despedaçá-la, ele a tornou inteira. (Essas metáforas e emoções sempre fizeram parte da dança, mas Robbins talvez as tenha levado a novas profundidades.)

O comportamento stalinista de Robbins só abrandou na década de 1990, a primeira década pós-soviética e dos últimos anos de sua vida. Nas oficinas que então oferecia, ele encontrou uma geração de jovens dançarinos que não se lembravam da Guerra Fria, e que não só podiam venerar o seu gênio, mas dar-lhe algo próximo de um amor incondicional (Emily Coates, conversa telefônica, 22 de agosto de 2003).

É fascinante ver Arthur Miller, ao testemunhar perante a Comissão de Atividades Antiamericanas em 1956, oferecer uma análise do comunismo e sua deterioração desde a Frente Popular até a Guerra Fria que é muito semelhante à de Robbins. Mas Miller usa essa narrativa como uma base para rejeitar a reivindicação da Comissão de julgar a arte por padrões políticos (*Thirty years of treason*, pp. 789-825).

últimos meses (mas, ai, muito letais). O *Um dia em Nova York* de 1944 é mais difícil de reconstruir do que o *Fancy free* de 1944, porque não parece ter sobrevivido nenhuma versão filmada ou gravada em fita de qualquer espécie.[33] Estou trabalhando com base em *The New York musicals of Comden and Green*, publicado em 1997 pela editora Applause, com roteiros e fotografias deslumbrantes. Da minha perspectiva, a dança mais extraordinária em *Um dia em Nova York*, lá pelo meio da peça, é chamada "The Times Square ballet".[34] A peça inclui muita dança de Robbins, a música adicional de Leonard Bernstein com um novo grupo de canções e um libreto rico e delicioso de Betty Comden e Adolph Green.

Essa história ainda é impulsionada pelo desejo dos marinheiros de conhecerem "mulheres nova-iorquinas" charmosas, com quem possam passar um dia e uma noite antes de voltar a seu navio no Estaleiro Naval do Brooklyn, ao amanhecer. Mas o libreto de Comden e Green faz mudanças notáveis em relação a *Fancy free*. O primeiro dado novo é que, em vez de competirem uns com os outros, esses marinheiros sabem como cooperar. Na estação do metrô em Times Square, Gabe vê uma garota que ele não só deseja, mas por quem se apaixona perdidamente, antes de ela desaparecer no trem. Ele diz que embarcará numa busca romântica pela cidade para encontrá-la, e seus amigos Ozzie (representado por Green) e Chip colocam a felicidade de Gabe à frente da sua própria. Ozzie diz a Chip: "Se Gabe não tivesse nos tirado do mar, não estaríamos aqui em Nova York!... Você não tem gratidão?". Eles concordam em "separar-se e seguir todas as pistas do cartaz" e em se encontrarem na barraca do Nedick's Orange Drink em Times Square às onze horas naquela noite.[35] Como se para recompensá-los pela sua nobreza, Comden e Green elaboram o enredo para apresentar a cada homem uma mulher que seja sua, com quem ele possa dançar e sentir-se à vontade. Essa mudança de enredo dissipa o desequilíbrio trágico que impulsiona *Fancy free*, suplantando-o com uma harmonia essencialmente cômica. Cria uma utopia do "amor livre", embora seja um amor que não pode durar muito. A questão agora já não é quem pertence a quem, ou se alguém pode "pertencer" a alguém, mas até que ponto esses três casais, que podemos ver que pertencem uns aos outros, terão liberdade de avançar, enquanto "se divertem juntos na cidade".

A segunda grande mudança é a abertura do horizonte. Os marinheiros ainda estão ali, é claro, procurando a felicidade num dia e numa noite antes de embarcarem para a guerra. Mas *Um dia em Nova York* explora elaboradamente tanto os ambientes de Nova York pelos quais se movem, desenhados por Oliver Smith (que também desenhara *Fancy free*), como as "mulheres de Nova York" com quem se ligam. Times Square é a paisagem urbana que recebe mais atenção. A primeira cena de multidão coreografada por Robbins, lá pela metade da peça, era chamada "The Times Square ballet". Os espectadores e resenhistas a escolheram para um elogio especial.[36] A sua estrela, a bailarina Sono Osato, chamava essa grande dança perdida "um carrossel de corridas, meandros, encontros e despedidas das multidões vibrantes e intermináveis de uma Nova York que nunca dorme".[37] A sua imagem extraordinária de um carrossel torna clara a conexão de *Um dia em Nova York* com *Rua 42* e *Melodia da Broadway*, de Busby Berkeley. Todas essas danças constituem histórias sobre a sua localização: um ambiente imenso e espetacular que leva as pessoas a querer dançar, mas também faz com que o caminhar comum pareça dança e as pessoas comuns se sintam como dançarinos, e que não só inspira como impele todo mundo a dar passos de dança que são cada vez mais frenéticos, audaciosos e arriscados.

O libreto de Comden e Green elabora os papéis das mulheres com ricos detalhes e profundezas, a ponto de as mulheres em torno dos marinheiros se tornarem o centro dramático e emocional da peça. Elas são uma motorista de táxi sexualmente descarada (Nancy Walker) firmemente arraigada na classe trabalhadora, uma antropóloga cômica (representada por Comden) que vem de uma classe dominante com tempo para o lazer e a cultura, e a "estrela", "Miss Turnstiles" (Sono Osato), cuja identidade de classe é incerta e misteriosa. Robbins dá atenção especial à suavemente encantadora Osato. Na cena do metrô em que os marinheiros a encontram, Comden e Green tomam emprestado um dos tropos básicos na literatura de Times Square — nós o vimos primeiro em *Sister Carrie* —, a oposição entre a celebridade e o seu cartaz. Aqui os rapazes encontram primeiro o cartaz, quando um homem da Autoridade de Trânsito o afixa no vagão em que eles se encontram. Gabe agarra o cartaz imediatamente e declara que ele tem de possuir essa garota, e então, alguns minutos mais tarde, pelo poder do realismo mágico que define a cultura popular, aparece a garota. Nessa Times Square cômica não há ambiguidade ou confusão entre a mulher e seu cartaz; somos informados, e acreditamos, que a propaganda da Autoridade de Trânsito nos dirá exatamente quem a pessoa real vai ser.

Assim, quem é ela? Comden e Green usam o seu papel para satirizar a mídia da América e sua cultura de celebridades no auge da guerra. Eles tiram "Miss Turnstiles" da realmente existente "Miss Metrô", uma promoção popular em Nova York, realizada pela Autoridade de Trânsito da cidade e pela loja de departamentos Macy's, desde a década de 1940 até a década de 1960. (Ela foi recentemente revivida, mas sem o brilho da publicidade que teve no seu apogeu.) Ela devia ser, e geralmente era, uma garota comum do *demos* que se tornava celebridade por um mês — algo semelhante ao que Andy Warhol na década de 1960 chamou "os seus quinze minutos de fama" — e depois voltava a se esvaecer no *demos*. (Às vezes ela recebia uma enchente de propostas de casamento e casava-se com um homem rico, embora nunca tão rico quanto os homens que haviam se casado com as garotas Florodora quarenta anos antes.) De vez em quando ela abria um restaurante, como o Ellen's Stardust Diner, por décadas à frente do City Hall, agora logo ao norte de Times Square, apresentando jovens e talentosos garçons e garçonetes cantantes. Há discussões em andamento, durante toda a peça, sobre se Miss Turnstiles é "alguém importante" ou "absolutamente ninguém"; nunca se chega a um consenso. Grande parte desse discurso remonta à Era de Jackson (e de Tocqueville), quando o impulso para introduzir pessoas comuns na vida política gerou um intenso debate sobre o valor das pessoas comuns. Tanto na década de 1940 como na de 1840, aqueles para quem as massas são "homens ocos" sem valor falam com uma certeza dogmática total. As massas democráticas, como as vemos aqui, são inseguras a respeito de si mesmas. Mas essa incerteza não só lhes dá um charme inocente como revela uma interioridade e uma profundidade que seus inimigos não sabem que elas possuem, e uma capacidade de autoescrutínio que seus inimigos talvez não tenham.

No início da peça, um Anunciador pomposo preside a "Apresentação de Miss Turnstiles",[38] ungindo-a com uma série de atributos contraditórios. Numa charada coreográfica, Osato os representa: comum e bela, plebeia e distinta, intelectual e simples, literária e iletrada. Enquanto ela desenrola as suas identidades contraditórias, a nossa heroína, a princípio etérea, torna-se cada vez mais desajeitada, à medida que é soterrada pela sua parafernália acumulada. (Essa teria sido uma cena perfeita para Lucille Ball.)

> Todo mês [diz o Anunciador] uma pequena senhorita de sorte em Nova York é escolhida a Miss Turnstiles do mês. Ela tem de ser bela, tem de ser apenas uma garota comum...

*Ela adora o Exército e também a Marinha,**
E em poesia e polo, ela é fantástica.

Esse cardápio humano ridículo é uma paródia da linguagem da extinta Frente Popular exatamente como era empregada na propaganda da Segunda Guerra Mundial. A linguagem hiperinflada foi inventada para lidar com uma forma de problema que os americanos provavelmente compreendiam melhor em 1944 do que hoje em dia: um embate entre os valores populistas e democráticos pelos quais a América estaria supostamente lutando e o estado agudamente, quase depravadamente, determinado pelas classes da vida real americana. Robbins e os outros criadores de *Um dia em Nova York* — Comden e Green, Leonard Bernstein, o produtor George Abbott, o designer Oliver Smith, Osato — tentaram todos enfrentar o embate e viver com esse conflito, transformando-o numa piada. Mas parte da piada é que a heroína, "Ivy Smith, Miss Turnstiles", não compreende a graça. Ela toma os valores conflitantes da América em seu valor nominal e tenta encarná-los todos, e sua ambição a transforma numa ruína nervosa.

Ivy é uma ruína nervosa de uma outra maneira. Como algumas das protagonistas de *Dance, girl, dance* (1940), de Dorothy Arzner, e como as centenas de mulheres reais em que suas personagens são baseadas, ela canta e dança num teatro de revista à noite para pagar as aulas de canto "sério" e dança "séria", isto é, ópera e balé clássico, todos os dias. Ela é tão devota a respeito da "Alta Cultura" quanto o é sobre a "América", e ela se maltrata por ser indigna de ambas. Ivy vai a Carnegie Hall para ter aulas

---

* O filme da MGM de 1949 inclina a linguagem de Miss Turnstiles mais para a Marinha, para que se ajuste ao enredo em desenvolvimento, no qual as garotas civis não só adoram como se identificam com os marinheiros.

132

de ópera e balé sob a supervisão de Madame Dilly, uma megera emigrante russa. Numa sequência hilária que vira Ivy literalmente de cabeça para baixo, Madame Dilly insiste em que, pelo amor da arte, uma garota deve se privar de sexo e amor. Ela acredita em pessoas de cultura como uma espécie de sacerdócio, e em Carnegie Hall como uma espécie de convento secular. Mas Ivy dá a impressão de que talvez esteja aberta a outros evangelhos. O marinheiro Gabe leu o seu cartaz com cuidado, e embora esse seja apenas o seu primeiro dia em Nova York, ele tem recursos impressionantes para seguir a sua pista até o Carnegie Hall. A entrada desse homem comum no Hall é estruturada como "O bárbaro invade o templo". Ironicamente, na sociedade civil americana da década de 1940, mesmo no meio da guerra, ninguém se preocupa com a "segurança", nenhuma porta é trancada, tudo o que um bárbaro tem de fazer para ir a qualquer lugar é apenas entrar pela porta. Gabe entra quando a professora está fora (bebendo?), chama Ivy pelo nome e declara o seu amor.

ELA: Mas como você ficou sabendo quem eu sou?
ELE: Eu vi a sua foto no metrô.

Numa Nova York comicamente exagerada, os cartazes no metrô revelam a verdade. Ela lhe oferece outro cartaz, a sua foto autografada. Mas agora que ele descobriu a mulher real, os cartazes já não bastam. "Eu encontrei *você* [o itálico é meu]. Encontrei Ivy Smith. Miss Smith, que tal sairmos hoje à noite?" O lugar a que ele quer levá-la, junto com seus amigos marinheiros e suas garotas, é, claro, Times Square. Ela hesita, mas depois sai correndo atrás dele e diz: "Eu gostaria de sair com você".[39] Esse é o clímax emocional da peça.

Quando Gabe pede um encontro a Ivy, exatamente o que é

que ele está pedindo, e que valores estão em jogo? Num mapa, Times Square fica apenas a alguns quarteirões do Carnegie Hall, mas no cosmos de Comden e Green o percurso é um salto existencial. O seu herói romântico oferece à heroína uma espécie de amor que é um desafio existencial. Ele não quer que ela abra mão de sua identidade como "Miss Turnstiles", nem de sua busca de cultura. (Numa "imagem de mulheres" do pós-guerra, o herói romântico insistiria em que a heroína abrisse mão das duas coisas, desistisse de sua reivindicação de reconhecimento público e existisse para ele e tão somente para ele.)[40] Gabe deseja a heroína, mas não quer que ela renuncie a nada: ser ela própria com ele significa trazer tudo o que ela tem, tudo o que ela é; quanto mais ela é, tanto mais ele será por amá-la. Ele canta uma canção de amor que termina assim:

There's no other guy I'd rather be...
I'm so lucky to be me.[41]

[*Não queria ser nenhum outro cara...*
Tenho tanta sorte de ser eu.]

Esse padrão de identificação é muito mais típico para as mulheres que se identificam com os seus homens. Na década de 1970, ele se tornará parte da identidade do "novo homem sensível" que aprova a nova onda do feminismo. Madame Dilly e as damas do Carnegie Hall dizem que uma mulher não pode ter as duas coisas, amor e arte. Mas *Um dia em Nova York*, se diz alguma coisa, diz que sim, ela pode ter ambas as coisas. O Carnegie Hall significava alta cultura na década de 1940, e destinava-se a excluir e repelir a cultura de massa que prosperava em Times Square. O gênio de

Um dia em Nova York é imaginar uma Times Square que se estende para incluir e adotar o Carnegie Hall.

Um fator determinante sobre o desempenho de Osato raramente é discutido: a sua aparência. Essa "garota totalmente americana" parece charmosa, expressiva e extremamente japonesa. Ela partilha conosco as suas lutas pela identidade cultural e identidade de classe, mas silencia sobre a sua identidade étnica e sua identidade nacional, igualmente fluidas e voláteis. A temporada de *Um dia em Nova York* na Broadway coincide com o último ano dessa guerra. Nessa época, poucas pessoas de qualquer um dos lados duvidam de que os Estados Unidos — e seus aliados, a Grã--Bretanha e a União Soviética — vencerão a guerra; as questões são quanto tempo levará, quantas pessoas de ambos os lados serão mortas antes do fim (acabaram sendo muitos milhões), e como o Japão e a Alemanha serão tratados depois do fim da guerra. No contexto de 1945, até uma estrela meio-japonesa tem de ser "o outro" para o seu marinheiro americano que, no mesmo modo simbólico, mas real, é "o outro" para ela. (E, claro, ela é "o outro" para um público americano, mesmo que seja legalmente americana.) No jargão da propaganda da Guerra Mundial, ela é o Pearl Harbour dele, ele é a Hiroshima dela. Os *pas de deux* de Osato com John Battles e com Ray Harrison representam o tema do "triunfo do amor", mas também — na verdade, uma versão mais sombria do mesmo tema — o tema de "dormir com o inimigo".

A democracia americana está pronta a dar esse tipo de salto, a procurar realizá-lo? A América tem algum direito de se denominar uma democracia se não quiser seguir esse caminho? Os criadores de *Um dia em Nova York* são todos, poderíamos dizer, filhos de *O cantor de jazz*: judeus de famílias de imigrantes pobres que ganharam muito mais aceitação e reconhecimento do que seus pais teriam julgado possível, graças ao florescimento da indústria

135

de entretenimento da América.* Eles são também esquerdistas e acreditam na Frente Popular. A ideia básica da Frente, poderosa durante os anos da guerra, era combater o fascismo com uma visão da democracia que realçava a sua capacidade de *incluir*: a democracia como espaço infinito, espaço para todo mundo respirar. Nova York, especialmente Times Square, onde centenas de grupos étnicos, classistas, raciais e nacionais se chocam todos os dias, deve ter parecido ser exatamente esse lugar. Pelo modo como Robbins, Bernstein, Comden e Green conceberam e lançaram esse espetáculo, eles estavam apostando o resultado da bilheteria no fato de o povo americano estar preparado a ver mais pessoas no elenco. Eles veem os nossos marinheiros cosmopolitas como uma espécie de vanguarda da maturidade; acham que os marinheiros têm o poder icônico de levar o resto do país a acompanhá-los.

Um dia em Nova York retrata a união com o "outro" de muitas maneiras fascinantes. A Ivy de Osato destila sexo e classe; ela é apresentada apenas como o tipo de garota japonesa que qualquer rapaz americano ficaria emocionado de levar para casa. Todas as artes antigas e modernas do teatro são empregadas para unir Ivy e Gabe como um casal multicultural primordial. Mas o herói e a heroína não são os únicos a cruzar as linhas. Um "outro" diverso é a motorista de táxi demoníaca Hildy (Nancy Walker), que revela seu nome real para os marinheiros — "Brunnhilde", como a valquíria de Wagner em *O anel dos nibelungos,* que tem por função transpor-

---

* Muitos judeus no show business abandonaram seus nomes judeus, assim como Robbins abandonou o nome com que nasceu, Rabinowitz, "filho de um rabino", ironicamente o mesmo nome do herói de *O cantor de jazz*, que o transformou em "Jack Robin". Mas alguns judeus não entendem essa troca de nomes. Diz-se frequentemente que Harry Rabinowitz nunca a entendeu, e sempre sentiu que a mudança de nome de seu filho foi uma traição. Nos últimos anos de Robbins, ele tentou montar uma peça de dança psicanalítica chamada "The poppa piece" [A peça do papai], projetada para atingir o clímax no seu embate com a Comissão de Atividades Antiamericanas. O seu primeiro rascunho começa: "Eu sou Rabinowitz, fiz isto [...]" (Lawrence, p. 495; Jowitt, p. 495).

136

tar os guerreiros mortos ao Valhalla — e que se parece com esses marinheiros, não só na sua sexualidade aberta e voraz, mas na sua espirituosidade cáustica que menoscaba mas aceita tanto o homem que ela quer, o marinheiro Chip, como a si mesma. Eis a sua frase satírica sobre a tradicional virtude da franqueza nos marinheiros:

Grude em mim, garoto. Andei esperando por você a minha vida inteira. Sabia que era você no momento em que o vi. Você é feito para mim. Gosto do seu rosto. É aberto, sabe o que quero dizer? Nada nele. O tipo de rosto em que posso afundar. Beije-me![42]

Essa mulher memorável é uma moderna Mistress Quickly. (É uma pena que os criadores do espetáculo não lhe arrumaram um Falstaff.) Mas, por mais cruciais que fossem essas estrelas no desenrolar do romance do outro, o coro também tinha igual importância. *Um dia em Nova York* logo se tornou famoso — em alguns lugares, infame — como "o primeiro espetáculo integrado" da Broadway. E não se tratava apenas do fato de o coro incluir tanto brancos como negros. Robbins e Leonard Bernstein apostaram evidentemente todo o seu poder e prestígio para assegurar que os brancos e os negros seriam parceiros, e seriam vistos dançando juntos, assim como dançavam juntos e eram vistos em qualquer salão de dança de Times Square.*

---

* *Dance with Demons* (pp. 84 ss.). Lawrence cita a perplexidade de Osato a respeito de seu papel décadas mais tarde. Insiste na conexão entre a bailarina japonesa fazendo solos e os negros dançando no coro, e elogia a visão e a coragem de Robbins em lutar por eles. Cita igualmente as reminiscências da dançarina negra Dorothy McNichols: "Deixamos Nova York e fomos para Baltimore, Maryland, e eles não queriam me deixar entrar nos bastidores para trabalhar. Diziam que não estávamos no espetáculo, e a minha foto lá fora na frente! [...] Jerry lhes disse umas boas verdades. Falou: 'Se não deixarem entrar no teatro qualquer um do meu pessoal, vocês vão perder os seus empregos'". Histórias como essa evocam os primeiros anos de Jackie Robinson e das pessoas que lutavam por ele. Talvez sirvam também como uma força contrária às ondas de nostalgia pelos tempos da "Boa Guerra".

Desde a década de 1890, o carnaval contínuo de Times Square tem oferecido um ambiente sedutor que incita as pessoas a "ultrapassar as demarcações" — dar passos para pular quaisquer barreiras étnicas, raciais, classistas ou sexuais que marcam as suas vidas — e a estar juntas; e tem oferecido uma profusão de signos que ampliam e santificam o seu ser. A chance de ultrapassar as linhas é um aspecto crucial do "amor livre" em Times Square. *Um dia em Nova York* não só celebra essa liberdade, mas revela a sua importância e profundidade política. Ao fim da Segunda Guerra Mundial, mudanças políticas de peso estão fermentando apenas a alguns quarteirões de distância. Na outra ponta da rua 42, ao longo de East River, a Organização das Nações Unidas está surgindo, baseada na destruição do fascismo e na Declaração Universal dos Direitos Humanos. Times Square empresta substância a essa visão quando se mantém nas "encruzilhadas do mundo", um panorama espetacular de uma vida pós-guerra que será acessível a todos. Essa Square é um lugar com espaço para todo mundo, e "todo mundo" não significa apenas os grupos étnicos mais marginais dos Estados Unidos, mas até os seus inimigos nacionais. Sono Osato passa a significar um Japão que a América está prestes a subjugar, mas depois a recriar pacificamente à sua imagem. O Sol Nascente será aceito e bem-vindo aqui, mas bem-vindo apenas como um num grande grupo de letreiros e anúncios de Times Square.* *Um dia em Nova York* e a foto canônica de Eisenstaedt definem as grandes esperanças que marcam o fim da Boa Guerra. Eles partilham uma visão de Times Square como um espaço de-

---

* Trinta anos mais tarde, durante a crise fiscal de Nova York, quando as grandes corporações americanas haviam abandonado Times Square, o Japão afiançou a praça. Sony, Panasonic, Canon, Samsung, Suntory, Toshiba, Mitsubishi, numa espécie de Pearl-Harbour-ao-avesso, estabeleceram uma cabeça de ponte no lado norte da Square, criaram toda uma nova geração de "letreiros" espetaculares, e impediram que o grande espaço escurecesse.

mocrático, uma espécie de estufa humana em que todo mundo pode crescer. Os marinheiros na Square enchem Nova York, e em 1945 enchem a América, de uma brisa fresca de abertura global. O sonho de *Um dia em Nova York*, de que rapazes americanos gentis podem dançar nas ruas da cidade, ser transportados pela cidade e encontrar o amor livre com mulheres que não são só totalmente estranhas mas "outros", é uma visão luminosa do que Nova York e a América depois da guerra poderiam ser. Mais do que qualquer outro, Jerome Robbins merece o crédito por imaginar essa visão e lhe dar substância. Consideradas em conjunto, *Fancy free* e *Um dia em Nova York* talvez sejam a arte mais profunda e mais original da Frente Popular.

Quando *Um dia em Nova York* finalmente chegou à tela do cinema, em 1949, não era apenas que a guerra estava finda, ela parecia não ter deixado vestígio. Ao que parece, algum poderoso do cinema tomou uma decisão que de um só golpe dissipou grande parte da pungência e profundidade da peça. Sem vestígios de uma guerra com a Alemanha, não há razão para se preocupar com a vida dos nossos heróis. Hildy não é Brunnhilde, e seu veículo é apenas mais um táxi. (Frank Sinatra diz, zombeteiro: "O que faz uma garota dirigindo um táxi? A guerra acabou". Mal sonha ele que a moça vai transportá-lo direto para a cama dela; ele procura mantê-la à distância, mas não por muito tempo.) Sem nenhum vestígio de guerra com o Japão, não há significado no amor de um marinheiro americano por uma "garota bem americana" classicamente japonesa, nem na coroação de um "outro" como a deusa dos metrôs de Nova York. A MGM dá o papel da "garota bem americana" à loira e petulante Vera-Ellen, que tem a aparência que as americanas costumavam ter quando "americano" significava branco. Não há negros no coro; na verdade, não há coro. O único vestígio de ambiguidade nas identidades desse elenco é que Ivy tenta comportar-se como uma sofisticada "nova-iorquina nativa", quando durante todo o tempo, como Gabey, ela é "apenas uma garota de Meadowville, Indiana" que parece tão sentimental a respeito de Kansas em agosto, como quase todos os demais no elenco. Ao passar de um meio para o outro, e de Robbins e Bernstein para Gene Kelly e Stanley Donen, *Um dia em Nova York* emudece.

E a despeito de tudo isso, *Um dia em Nova York* é um dos filmes musicais mais emocionantes já realizados. Posso ver três motivos para isso: o estupendo desempenho do conjunto, a cinematografia imaginativa e Gene Kelly. O conjunto primordial consiste em Kelly e "Miss Turnstiles" Vera-Ellen, Frank Sinatra e a motorista de táxi Betty Garrett, Jules Munshin e a antropóloga Ann Miller. Quando os marinheiros interagem, não é que apenas realizam cantos e danças com intenso vigor, mas que o astro da dança sabe cantar, o astro do canto sabe dançar, o sujeito que não é nenhuma das duas coisas sabe acompanhar o canto e a dança, ninguém tenta atrair mais atenção que os outros e todos se combinam como uma equipe de basquete num ataque rápido contínuo.[43] Quando os homens e as mulheres interagem, eles se combinam de um modo ligeiramente diferente. Eles dirigem o seu canto e a sua dança uns aos outros e, quanto mais intensamente cada um pode focalizar e entregar-se a seu outro — ou, como acontece frequentemente nessa peça, atirar-se a seu outro —, mais o outro pode concentrar toda a sua energia em seu par, de modo que, como em nossos sonhos primários de sexo, quanto mais eles dão, mais eles recebem, e além do mais *todo mundo* dá, e todo mundo recebe, e todos vão para casa felizes. Quando vi pela primeira vez esse filme, aos dez anos, eu o considerei uma antevisão da vida sexual adulta, e mal podia esperar para crescer. Quando o vi de novo aos trinta, em meio à Guerra do Vietnã, eu o senti mais como Liz Phair — "O amor livre é uma grande mentira"; eu me perguntava que droga eles tinham tomado para que todos combinassem tão bem. Vendo-o aos sessenta anos sinto todas as diferentes tonalidades que *Um dia em Nova York* mistura com tanta perfeição: os brancos dos marinheiros, as cores deliciosas das mulheres, a carne humana, a pedra, a grama e o céu da cidade; a ponte de Brooklyn como uma lingerie coletiva que torna o porto de Nova York e as pessoas mais radiantes do que nunca, ao serem vistos por entre as faixas de arame. Esse filme mostra uma harmonia entre as pessoas umas com as outras, entre a cidade e o mundo, que eu, como esquerdista, tenho procurado durante toda a minha vida: Apenas olhe, ali está. É um hino à democracia: mostra uma beleza espetacular surgindo do desenrolar normal dos desejos e necessidades das pessoas comuns.

O que é especial na cinematografia de *Um dia em Nova York* aparece logo no início. Numa extraordinária montagem ao ar livre, acompanhada pela canção "New York, New York" e uma trilha sonora jazzística de Bernstein, a câmera impele os três marinheiros pela ponte do Brooklyn até Wall Street, à frente da igreja da Trindade, por Chinatown, o Lower East Side, o mercado de peixes de Fulton, para dentro e para fora e para dentro e para fora de estações do metrô, às vezes nos ônibus de dois andares (uma das grandes regalias perdidas de Nova York), subindo o West Side até o Túmulo de Grant e a igreja Riverside, Central Park adentro — onde vemos os três em cabriolés, a cavalo, andando de bicicleta, correndo pela grama — até o Empire State Building, para onde o filme retornará e atingirá seu clímax em uma hora, e o Rockfeller Center. Essa montagem dura menos de cinco minutos, mas contém imagens luminosas que misturam os marinheiros com muitos dos locais mais espetaculares da cidade.[44]

A atitude dos três marinheiros para com tudo o que veem é de abertura, receptividade, fascinação, prazer interminável nos novos lugares, um desejo incansável por mais. Eles não caem mortos, como sinto que eu poderia cair só de ler a lista de todos os lugares aonde vão (tenho certeza de que omiti alguns). Na verdade, quanto mais veem e experimentam, mais a aventura revigora o seu desejo de vida: o romance primevo do marinheiro. Oitenta ou noventa minutos mais tarde, eles e suas namoradas estão no táxi de Hildy, mergulhando em direção a Coney Island, perseguidos pela polícia, a câmera posicionada à frente do táxi olhando para trás do grupo. Ao passarem por uma deslumbrante Times Square vermelho-incandescente-e-azul, as sirenes da polícia começam a berrar, furiosas no seu encalço. Kelly ou Sinatra diz: "Onde é o fogo?". Munshin olha para trás pela abertura na capota e diz: "*Nós é que somos* o fogo!". Essa frase é sempre uma das grandes gargalhadas do filme. O que torna o momento tão delicioso é o modo como o filme nos atraiu para a crença partilhada dos marinheiros de que podem ficar queimados, mas não serão consumidos.

Em Coney Island, para escapar da polícia, eles se envolvem num número de mudança de sexo de vaudeville. É um belo gesto cômico em si mesmo, prefigurando a obra-prima de 1959 de Billy Wilder, *Quanto mais quente, melhor*. Infelizmente, a sua masculinidade é desmascarada, e a patrulha costeira os trancafia. Mas Hildy consegue libertá-los com um discurso comovente. A sua peroração é: "Onde está o nosso orgulho cívico? Nós deveríamos ter acolhido esses marinheiros em nosso seio, e dito: *Rapazes, a cidade é de vocês!*". Ela está propondo um teste de urbanidade que os antigos atenienses teriam compreendido: pode-se medir a crença e confiança de uma cidade em si mesma pela sua capacidade de identificar-se com os marinheiros e fazê-los sentir-se em casa.

A glória de Gene Kelly provém nesse filme de seu poder como coreógrafo e como dançarino. Como dançarino na maior parte do filme, ele é surpreendentemente modesto. Não toma nenhuma iniciativa para dançar em círculos ao redor de todo mundo, embora saibamos que saberia fazê-lo. A sua modéstia tem uma força não só artística como política: o marinheiro está tentando ser um cidadão democrático, mantendo-se perto de seus amigos.

Mas a brilhante coreografia de Kelly cria um extraordinário fluxo entre as pessoas, e entre elas e todo o ambiente urbano ao seu redor, e esse fogo de Heráclito é o sinal de vida mais brilhante do filme. Lá pelos dois terços do filme, Kelly finalmente executa um solo extenso. Nos primeiros minutos do filme, ele roubou do metrô o cartaz "Miss Turnstiles", de Ivy Smith. Ao longo das voltas e reviravoltas do enredo, ele o mantém contra o peito como um amuleto. Agora ele deixa o seu desejo se manifestar; ele acaricia o cartaz, beija-o, desliza brilhantemente pelo chão agarrando o cartaz num palco vazio, com o céu de um azul elétrico antes do amanhecer (lembrem-se, "Quando uma garota da Broadway diz boa-noite, é de manhã cedo") e o horizonte com as silhuetas dos arranha-céus. Os seus passos são emocionantes, mas também ridículos; depois de um tempo, o solo parece estar se estendendo demais; queremos que os seus companheiros apareçam e o libertem, como já fizeram antes. Por fim, como se para recompensar a fé absurda do herói, a *material girl* Vera-Ellen irrompe na cena e mistura-se com o seu cartaz. Ela entra vestida de cores deslumbrantes que se harmonizam com o branco de seu marinheiro; quando se beijam, a orquestra toca os acordes triunfais, "New York, New York!". Somos levados a compreender o beijo como um triunfo não só do marinheiro, mas da cidade, um lugar onde estranhos totais podem encontrar o amor livre.

Há mais um item que não vi em discussões sobre Kelly ou sobre *Um dia em Nova York*, mas que na minha opinião desempenha um papel importante na história de ambos: a polícia. Há apenas um policial na peça, no mais secundário dos papéis. Mas no filme a polícia está sempre aparecendo, ocupando um espaço importante. No início da história, os policiais começam a suspeitar que os três marinheiros destruíram um dinossauro. Isso parece deliciosamente ridículo (e uma parábola improvisada sobre que tipo de forças na sociedade americana a polícia está protegendo). Mas o filme simplesmente não os larga, e eles não vão se acomodar no molde hollywoodiano familiar dos Keystone Kops. Continuam aparecendo, colocando-se no centro da ação, perseguindo os nossos heróis de uma extremidade da cidade à outra, e finalmente trancafiando-os, de modo que eles não podem desfrutar a noite romântica com que sonhavam. São uma nuvem que não quer passar. A sua presença persistente por toda a Manhattan talvez nos diga algo sobre um espectro que passa a assombrar a indústria de entretenimento do pós-guerra: a Guerra Fria. Aquele grande beijo de agosto de 1945 ocorreu numa atmosfera de perfeita abertura e transparência, algo parecido com o que Nietzsche chamou "o grande meio-dia".[45] A foto de Eisenstaedt ajudou a definir essa atmosfera, e seu status canônico por mais de meio século tem ajudado a manter viva a sua lembrança. Mas em 1949, quando o filme *Um dia em Nova York* estreou na Broadway, a luz e o ar tinham mudado, e os amplos espaços abertos de Times Square estavam mergulhados em sombras.

Em 1949, Gene Kelly parecia estar no topo do mundo; mas ele era um esquerdista, um ativista sindical, e sabia que na Guerra Fria até os astros podiam vacilar. O seu radicalismo, arraigado na Frente Popular, realçava a crença no "rapaz comum" que ele frequentemente personificava nas suas danças, especialmente aquelas que retratavam os marinheiros dançarinos. Em alguns anos, a primeira esposa de Kelly, a atriz de cinema Betty Blair, se tornaria vítima da lista negra de Hollywood. No início da década de 1950, ele obteve dois triunfos espetaculares no cinema, *Sinfonia de Paris* e *Cantando na chuva*. Mas ele sabia, mais do que a maioria das pessoas que o celebravam, que era vulnerável. No clímax de seu grande solo em *Cantando na chuva*, num momento de supremo triunfo, aparece um policial. Vemos apenas as suas costas, que por um momento preenchem a tela; ele ordena que o herói saia da rua e tira-lhe o guarda-chuva. Pouco depois da estreia desse filme e dos muitos prêmios que ganhou, Kelly e sua esposa foram forçados a deixar os Estados Unidos. Eles retornaram em 1955, quando ela encontrou trabalho como a heroína de *Marty*. Kelly também voltou a trabalhar, sem ter sucumbido — compare-se com Robbins —, mas muitas pessoas dizem que sua carreira jamais voltou a atingir as alturas. (Claro, a sua crença pode provir da cegueira crônica do pessoal do cinema para com a televisão, na qual Kelly realizou um esplêndido trabalho vivo e original.) Não quero entrar em temas pesados, mas prestar um pouco de atenção à Guerra Fria pode nos ajudar a imaginar o que esses policiais estavam fazendo nesses enredos,[46] e como teria sido cantar na chuva sem guarda-chuva.

A ÚLTIMA MISSÃO: *TANGENCIAIS A TODOS OS LUGARES*

Esse é o destino dos heróis de nosso último filme de "marinheiros", um dos grandes filmes dos anos da Guerra do Vietnã, *A última missão* (1973), de Hal Ashby e Robert Towne. Essa obra notável é um filme maior disfarçado de menor. É a história de uma busca, empreendida por um trio de marinheiros, exatamente como os de "Sailors", *Fancy free* e *Um dia em Nova York*. Há uma guerra em curso, mas está a mundos de distância de nossos heróis, os "veteranos" Jack Nicholson e Otis Young, mais o garoto Randy Quaid, e do mundo que partilham. Posso estar até me desviando ao incluí-los neste ensaio, porque eles nunca chegam a Times Square. Sabemos que eles querem ir até lá, vemos um aglomerado de anúncios luminosos no horizonte noturno que parece Times Square, mas, como o agrimensor K. de Franz Kafka em busca de *O castelo*, eles nunca chegam realmente lá. De algum modo permanecem tangenciais à Square. *A última missão* constrói uma das paisagens mais extraordinárias já montadas na tela,

145

uma paisagem que nos mostra uma geração de marinheiros que parecem tangenciais a *qualquer lugar*.

O enredo de *A última missão* é que Nicholson e Young, postados numa base naval sem nome em algum lugar ao sul de Norfolk e esperando ordens para zarpar — não é claro para onde, mas não é para o Vietnã, porque já estiveram lá —, são inexplicavelmente recompensados com uma "missão" para atuar como policiais. Eles devem vigiar Quaid, um jovem criminoso condenado (o seu crime foi roubar alguma bugiganga numa loja), e transportá-lo para a prisão militar de Portsmouth em New Hampshire. A sua rota prescrita os levará para o norte, passando por Washington, D. C., Filadélfia, Nova York, Boston e pelas regiões mais densamente povoadas e historicamente evocativas da América. Mas esse filme é configurado de um modo que, apesar de todos os quilômetros que percorrem, eles nunca se conectam com nenhum dos lugares por onde passam. A sua viagem é uma passagem interminável do nada para lugar nenhum, por acampamentos de barracas, elevados, corredores, becos, escadas, sanitários masculinos, estradas sem saída, fileiras de bangalôs idênticos (eles param por pouco tempo na casa da mãe de Quaid, mas é difícil encontrar a casa, e aí ela não está lá), quartos de dormir em motéis (vemos apenas o pé da cama), ônibus (vemos os três no fundo do ônibus), trens (nós os vemos num trem, ultrapassado por um trem mais rápido), salas de espera e plataformas de estações. "Somos uma Marinha de três",* diz Nicholson, e ele e Young falam de seu amor pelo mar, mas não acho que exista uma gota de água nesse filme. O céu é uniformemente cinza, sem vestígios de sol ou chuva; a neve está às vezes sobre o solo, mas não a vemos

---

* Aqui, como em grande parte da literatura de guerra, os seus inimigos mais sérios são Forças Armadas rivais: nesse caso, soldados com quem os marinheiros se deparam por acaso e lutam alegremente num sanitário masculino em (acho eu) Nova York, e fuzileiros navais que dirigem a prisão em Portsmouth. A sua segunda fileira de inimigos parecem ser os civis.

146

cair. Há uma cena na rua da 30ª Estação, em Filadélfia, mas nenhum vestígio de seu Grande Saguão; uma cena em Washington Square, mas nenhum arco grandioso; uma cena no Boston Common, mas nenhum prédio glorioso de assembleia legislativa. O único prédio que vemos e que faz parte do "cenário" real aparece no fim da viagem: é a prisão militar com sua cúpula em Portsmouth, onde Quaid desaparece.

Eu estava dizendo que *A última missão* é maior do que parece. Os marinheiros que encontramos em *A última missão* são uma caricatura dos três heróis de *Um dia em Nova York*. Aqueles marinheiros, no clímax da "Boa Guerra", dançavam de espetáculo em espetáculo; eram nutridos por todos os lugares fabulosos aonde podiam ir; por meio de um diálogo, canto e dança vivos, transmitiam sua sensação de liberdade, sua participação na vida coletiva de seus tempos, seu desejo sexual, mas também uma capacidade de amar (quando achavam mulheres atraentes eles prestavam atenção nelas), bem como sua esperança para o futuro — todos os ingredientes de um bem-estar adulto. Para os marinheiros da geração do Vietnã, os espetáculos grandiosos e as grandes esperanças já não aparecem na tela do radar. A vida parece uma estrada para lugar nenhum, uma sequência sem crescimento ou progresso, um segmento de filme que passa e repassa interminavelmente. Esses marinheiros, tanto os prisioneiros como os vigias, passam as suas vidas esperando Godot.* Eles podem ver as

---

* "Godot" é mais do que um clichê que significa futilidade cósmica. Samuel Beckett foi um herói da Libertação, um ativista da Resistência antinazista em Paris, e recebeu a *Croix de Guerre* (ver Anthony Cronin, *Samuel Beckett: the last modernist*, HarperCollins, 1996, capítulos 21-22). Se houvesse uma versão parisiense de nossa foto canônica (talvez tirada por Robert Doisneau), ele poderia estar na foto, exibindo seu sorriso oblíquo nas margens da multidão. Mas em 1952, quando Godot foi publicado e encenado pela primeira vez em Paris, Beckett se descobriu um cidadão honrado de uma democracia que estava no lado errado de uma sangrenta guerra imperial.

luzes brilhantes no horizonte noturno, não conseguindo porém se aproximar mais do que isso.

A última missão evita comentários diretos sobre a guerra no Vietnã, mas qualquer obra sobre membros das Forças Armadas realizada no meio de uma guerra tem de ser um filme de guerra. Entre as populações urbanas orientais pelas quais passam os nossos marinheiros não há entusiasmo pela guerra. Ninguém que eles encontram os abraça contra o peito, nenhuma cidade lhes oferece as suas chaves. Ninguém os ataca nem os culpa pela guerra, embora um cabeludo melancólico diga que ele não compreende "como vocês podem defender Nixon" e desafia-os a "dizer uma única coisa boa a respeito do presidente". Os marinheiros não defendem Nixon, nem dizem nada de bom a seu respeito, e o seu silêncio é eloquente. (O filme acerta: em 1970, as Forças Armadas estavam todas profundamente divididas a respeito da guerra; não é difícil imaginar um grupo de três membros das Forças Armadas em que nenhum apoia a guerra.) Mas o filme também faz os civis soarem sem rumo, superficiais. Sugere que esses homens de uniforme *passaram por algo* que os seus críticos nem sequer podem imaginar. Nunca andei de uniforme, mas isso me parece correto. Ao menos parece correto num país afortunado que só foi invadido uma única vez. Não parece tão correto em outros países onde milhões de civis morreram e viveram em meio ao terror dos bombardeios. E mesmo nos Estados Unidos, não parece assim tão correto depois do Onze de Setembro. O real abismo está entre as pessoas que estiveram sob fogo e as pessoas que não tiveram essa experiência.

Esse fato básico da vida é um tema central na literatura de guerra desde a *Ilíada*. Mas tem sido frequentemente misturado com um empreendimento mais dúbio, a tentativa da propaganda no sentido de justificar as guerras. Os horrores da Primeira Guerra Mundial geraram um corpo de grande literatura em todos os lados, que se concentrou nesses dois temas — estar sob o fogo *versus* lutar para ganhar uma guerra — e criou um grande abismo entre eles.[47] Mas na Segunda Guerra Mundial, a guerra mais justa que os americanos provavelmente terão lutado, os dois temas tornaram a se enredar irremediavelmente. A guerra no Vietnã forçou a América a traçar a linha mais uma vez. *A última missão*, composto em tempo de guerra, faz parte desse processo de traçar a linha. Durante o encontro dos três marinheiros com os hippies, Nicholson se gaba para um grupo de garotas de que estar na Marinha é "realizar um trabalho de homem". Mas depois, um minuto mais tarde, pela pura força da associação livre, a sua bazófia se torna um lamento — ele diz: "Vi homens fazerem coisas que não posso nem sequer começar a contar para vocês...". Pode ser que a masculinidade inocente do marinheiro, tão encantadora para os civis, dependa de uma identificação impensada com as guerras de seu país. Se assim é, então esse modelo de virilidade talvez seja uma das primeiras baixas da Guerra do Vietnã. Essa guerra ensina, mas também força os seus homens sob o fogo a pensar; mas quando pensam, os nossos garanhões despreocupados se transformam em Antigos Marinheiros. (Antigos Marinheiros também podem ser sexualmente atraentes, mas sobretudo para pessoas que já tiveram suas próprias relações sexuais.)

Algumas reflexões sobre a masculinidade e a virilidade estão presentes entre as forças desse filme. *A última missão* partilha com "Sailors", de Goodman, não só a estrutura do trio de marinheiros, mas a determinação dos veteranos em assegurar que o garoto tenha relações sexuais. Isso acaba sendo uma obrigação muito mais difícil para Quaid do que para qualquer outro dos marinheiros anteriores que vimos. Esse garoto, embora bonito, é um perdedor clássico. Ele revela ser não só um pequeno criminoso, mas um pequeno criminoso incompetente. Ele rouba lojas de forma inepta, como se implorando para ser capturado; sob vigia, tenta fugir em situações das quais não tem nenhuma chance de escapar. Na viagem para o norte, a sua tristeza depressiva é tão densa que parece capaz de descarrilar o trem. Nicholson e Young preocupam-se com o que poderia lhe acontecer na prisão. "Ele está provavelmente feliz por estar indo para a prisão. No lado de fora, tantas coisas podem lhe acontecer." É uma piada, mas a sério, o personagem de Quaid nunca dominou muitas habilidades básicas para viver em qualquer lugar. Eles pedem determinado prato, o garçom entende errado, Nicholson reclama e manda a comida de volta, na segunda vez o garçom traz o prato certo. É uma das transações sociais mais rotineiras — e o garoto está incrédulo quanto a tal coisa ser possível: quer dizer que você pode pedir o que quer, e às vezes realmente conseguir o que deseja? O coração dos veteranos desanima: a Marinha preparou-os para ensinar aos garotos como esfregar os conveses, fazer a ronda, limpar, carregar e disparar armas de fogo, mas não como reconhecer seu próprio desejo e afirmar o seu ser. Esse garoto será esmagado pela prisão se não construir rápido alguma força básica do ego. E eles são os únicos que podem ajudá-lo a fazer tal coisa. Esses velhos, que (eles reconhecem) usaram a Marinha para evitar as responsabilidades da vida em família, têm de se reeducar para poder ajudar o garoto a reunir as suas forças e crescer. Os filmes são mágicos, por isso eles são capazes de realizar a tarefa. Antes que a viagem de trem termine, Quaid pede algo e recebe a coisa errada. Ficamos sem respirar: o que ele fará? Ele manda o prato de volta. Não está brigando, apenas dizendo o que deseja. Mas podemos ver que o ato de dizer o que quer é um progresso psíquico importante para ele. "Estou aprendendo!", diz com um sorriso do tamanho da tela. E é também um progresso para seus pais substitutos. O seu crescimento é o crescimento deles; nessa Marinha de três, todos os três estão aprendendo a ser homens.

Mais tarde, num bordel fino em Boston, ele aprende mais. Aceita a ajuda de Carol Kane, que num desempenho encantador torna-se semelhante a uma enfermeira do jovem marinheiro; mas aceita também a ajuda dos velhos, que se tornam semelhantes a seus médicos, que explicam a ela o que ele necessita. Mas eles também agem como camaradas, na melhor tradição da Marinha dos Estados Unidos, exatamente como os marinheiros em "Sailors" e em *Um dia em Nova York*.* Eles reprimem os seus próprios desejos e esperanças, passam a noite no sofá e usam seu dinheiro para subsidiar o garoto pelo "tempo que durar". Na manhã seguinte, Quaid está radiante. Diz que sabe que ela é uma prostituta, mas sente que ela foi mais gentil com ele do que sua profissão exigia. Nicholson concorda e tenta explicar: "Ela tem sentimentos, como todos os demais". Aqui, mais uma vez, Ashby e Towne estão fazendo o que mais sabem realizar, introduzindo uma ideia complexa disfarçada como frase de propaganda. A ideia é sobre a liberdade dentro da alienação: até alguém que vive fingindo sentimentos ainda pode ter realmente sentimentos, e pode entregar-se livremente, pelo menos uma vez. Se o garoto consegue compreender que a dádiva é real, saberá que não está só; mesmo na prisão, terá razões para querer sair.

O fato de que Quaid pode ter uma manhã depois do prazer mostra a Nicholson e Young que "o garoto progrediu muito", e que o projeto educacional deles funcionou. Quaid "chegou lá" e, como seus professores, eles também chegaram. Na sua "Marinha de três" eles realizaram um verdadeiro "trabalho de homem":

---

* Num encontro anterior em Nova York, os velhos deixaram Quaid sozinho com uma garota, pensando que ela o levaria para a cama. Em vez disso, ela lhe deu uma aula de política e insistiu em que ele desertasse e fugisse para o Canadá. A sua resposta, que escutamos, mas que os seus camaradas não ouvem, é: "Não poderia fazer isso... eles são os meus melhores amigos... isso acabaria com eles!". Revela-se que Quaid estava aprendendo mais do que eles sabiam.

ajudaram um garoto complicado a crescer com rapidez. Ironicamente, agora que ele está crescido, está prestes a ir para a prisão; agora que eles o educaram, estão prestes a levá-lo para a prisão. Ele fará mais uma tentativa vã de escapar, e todos os três acabarão machucados e ensanguentados na neve. ("Eles estão grudados uns nos outros, entende?") A prisão de Portsmouth é um destino triste, mas ironicamente salvará o garoto de um destino ainda mais triste, a guerra no Vietnã. Os velhos ainda estão sentindo os ferimentos dessa guerra. Mas a sua busca com Quaid rendeu-lhes a força de enfrentar as próprias vidas, Young em Baltimore, Nicholson em Nova York — talvez ele chegue a Times Square dessa vez. Quando eles saem da prisão, vemos as suas costas, como os heróis de filmes clássicos dirigindo-se para o pôr do sol (embora ainda não haja sol). Há um novo vigor nos seus passos, e uma orquestra inteira os acompanha com um "Anchors Aweigh" de grande alcance.

Andei explorando visões e fantasias de marinheiros por um longo tempo. Estou especialmente interessado numa equação que remonta aos tempos antigos, mas que tem sido altamente desenvolvida desde a Segunda Guerra Mundial: marinheiros e democracia. Os jovens marinheiros de Eisenstaedt, Robbins, Gene Kelly, no final da Segunda Guerra Mundial, alegram-se com a sua potência e sua compreensão. Em *Um dia em Nova York* é como se apenas o ato de colocar os pés sobre as calçadas de Nova York os fizesse crescer. Recém-saídos do barco ao amanhecer no Estaleiro Naval do Brooklyn, eles (e nós) vemos a cidade num panorama espetacular. Eles não caminham, dançam. Passam sobre o pavimento como jovens deuses gregos, nutridos pela água e pelo sol; a impressão é que poderiam dançar sobre a baía, saltar sobre a ponte pelo ar até a torre mais alta, sem interromper o seu passo ou a sua dança. Como a democracia americana quando confrontou o mundo em 1945, eles são rapazes decentes e comuns, mas parecem capazes de se espalhar, saltar para qualquer lugar e fazer qualquer coisa, ao menos por enquanto.

Uma geração mais tarde, no meio da Guerra do Vietnã, o estaleiro dos navios desapareceu, as perspectivas infinitas estão fechadas, os grande saltos interrompidos. Nova York, a América e a democracia estão todas enfrentando dificuldades. Ainda podemos encontrar marinheiros, mas eles estão feridos ou encalhados, *geworfen* [atirados] em vagões de trem, sanitários masculinos e motéis claustrofóbicos. Depois do Vietnã, todo último detalhe da realidade parece um obstáculo para incomodá-los e lembrar-lhes seus limites. Eles colidem uns com os outros; seus corpos se empurram e pressionam mutuamente. Devem passar por negociações elaboradas só para dar os passos mais elementares numa paisagem do nada. Entretanto, talvez pela força de negar os antigos mitos de marinheiros, eles encontrarão vigor para reinventá-los; talvez nesse vazio possam encontrar a si mesmos e construir um novo modelo de dignidade como homens e cidadãos. *A última missão* é dirigido a toda uma geração, a geração que não conseguiu parar uma guerra, mas que deu início a uma contracultura bem decente. Oferece uma dialética que é um novo trejeito de uma velha história: *Os últimos serão os primeiros.* Se nossos heróis encaram a sua impotência, sentir-se-ão solidários uns com os outros e com os outros outros, e assim podem criar um BOND que lhes trará um poder limitado, mas real no mundo. Afastados da imensidão do mar, os marinheiros ainda podem criar signos, letreiros luminosos, sinais dos tempos, anúncios na Square.

O MARINHEIRO, *OS SIMPSONS* E 1989

As nossas últimas três cenas, da década de 1990, são tiradas de um desenho animado da rede de televisão, de uma série da televisão a cabo e de uma canção. A canção é "Hello sailor", de Liz Phair; o desenho animado é de *Os Simpsons*, da TV Fox; a série é *Sex and the City*, da HBO. Em "Hello sailor" e em *Sex and the City*, as vozes subjetivas pertencem a mulheres que imaginam encontros entre mulheres e marinheiros. Até agora, quase toda a conversa sobre os marinheiros, e sobre os encontros entre marinheiros e civis, tem vindo dos homens. (Quanto a isso, quase toda a conversa gravada sobre tudo tem vindo dos homens.) Uma característica revigorante da vida e cultura contemporânea são as mulheres, muitas mulheres falando e exigindo ser escutadas.

Em Times Square, hoje, os anúncios desempenham como sempre um papel crucial na vida das pessoas. Mas o anúncio BOND, que servia como uma espécie de *chupah*, um pálio nupcial não só para o marinheiro e a enfermeira, mas para toda a multidão de 1945, desapareceu há muito tempo. O que ocupou o seu lugar é um anúncio ainda maior e mais colorido, VIRGIN, da gigantesca loja Virgin Records (em que se vendem discos, livros, roupas, comida e *tchotchkes* [bugigangas]), que preenche todo o antigo espaço de BOND e ainda mais. É irônico, porque há provavelmente menos virgens na multidão de Times Square hoje em dia ou hoje à noite do que em qualquer momento da sua história. Ainda assim, VIRGIN é uma estrela dessas duas cenas, indiretamente na canção de Phair, que na verdade não oferece nenhuma paisagem, direta e vividamente em *Sex and the City*, na qual marca o fim da noite. É o tema de uma das clássicas e eternas piadas de Times Square, prefigurada pela brincadeira de Montesquieu sobre Paris em 1721, contada pelo pianista e comediante Oscar Levant sobre a cantora de jazz e comediante Doris Day. Day havia reencarnado na Hollywood da década de 1950 como uma *ingénue* último modelo, e ele estava dizendo a Jack Paar, o apresentador de um programa de entrevistas da televisão, há quanto tempo a conhecia. "Conheci Doris Day", disse, "antes que ela se tornasse virgem." Nas nossas duas últimas cenas, a heroína é uma mulher experimentada que gostaria de voltar a ser virgem, mas sabe que não pode.

Antes de chegarmos lá, entretanto, temos de passar pela terra de *Os Simpsons*. O episódio "Bart, o General",[48] produzido bem no início da longa vida do programa, não tem marinheiros, e não tem Times Square, mas tem um fac-símile em desenho animado de nossa imagem canônica, e seu momento mágico aparece no final de uma versão em desenho animado da Segunda Guerra Mundial. Segundo a trama desse episódio, Lisa fez bolinhos para a sua professora e a sua classe. Mas na Escola Primária Springfield há um valentão malvado, com o dobro do tamanho de todos os demais e com seu próprio exército privado. Esse sujeito, Nelson, agarra os bolinhos em parte para comê-los e em parte para destruí-los. Bart intervém cavalheirescamente para proteger a irmã, mas é surrado, humilhado e zombado pelo que parece ser "a escola inteira". Depois que isso acontece duas vezes, ele procura a ajuda de seu avô, um veterano demente (não fica bem claro de que guerra), do dono da loja local de suvenires militares, e da revista *Soldier of Fortune*. Bart reúne um exército desorganizado de ex-vítimas ("Se você odeia e teme Nelson, encontre-me..."), e pelo menos uma vez nas suas vidas esses meninos aprendem autodisciplina. Os conselheiros de Bart o ensinam a circundar o exército do mal com um movimento de tenazes; eles então "começam o bombardeamento de saturação" com sacos de água de festa de aniversário e literalmente engolfam o sujeito mau. Depois de um espetáculo de dois minutos de batalha, o exército de Nelson desmorona e foge; ele é forçado a se render e assinar um tratado de derrota. É amarrado e levado embora, as pessoas inundam as ruas de Springfield, todo mundo está feliz. Então, de repente, um garoto grande com chapéu de marinheiro, aparentemente um estranho para todo mundo, aparece vindo de fora da tela e

155

atira-se sobre Lisa. Ela o afasta com rispidez, e ele desaparece tão misteriosamente quanto surgiu. Mas antes que ele parta, alguém tira uma foto Polaroid dos dois, e ela relampeja diante de nossos olhos: Meu Deus, é a nossa foto de 1945! Acho que se espera que pensemos algo semelhante a "*Aha*! Assim a imagem arquetípica é falsa". Seria um exemplo "pós-moderno" de cinismo, pelo qual *Os Simpsons* é tão famoso. Mas como cinismo pós-moderno essa paródia fracassa. A força da foto primordial não depende do papel "real" do marinheiro no combate que recém-terminou, nem do sentimento "real" da enfermeira em relação a ele. O seu poder é a sua capacidade de simbolizar uma realidade coletiva que envolve todo mundo, independentemente de como alguém sente. A única maneira de fazer a foto parecer verdadeiramente vazia e oca teria sido produzir uma visão vazia e oca da Segunda Guerra Mundial. E os criadores de *Os Simpsons*, mesmo nos seus momentos mais ofensivos, não estão preparados para fazer tal coisa.

> Ao contrário do que você acabou de ver [diz Bart], a guerra não é nem charmosa, nem divertida. Não há vencedores, apenas perdedores. Não há guerras boas, com as seguintes exceções: a Revolução Americana, a Segunda Guerra Mundial e as trilogias de *Guerra nas estrelas*.

Sátira e autossátira intermináveis, sim; niilismo total, não. A nova representação da nossa foto primordial em *Os Simpsons* mostra até que ponto seus criadores querem ir no seu ceticismo pós-moderno, e aonde eles não desejam chegar.[49]

Vi esse programa porque o meu filho de onze anos, Danny, que desde o verão de 2003 contempla a grande foto da *Life* dependurada na nossa parede, disse que acabara de vê-la em *Os Simpsons*. Tive de me sentar imediatamente para ver o episódio com ele. O que vimos foi um microcosmo da Segunda Guerra Mundial em nível de pátio de colégio; mesmo com todo o seu brilho cínico simpsoniano, a visão do conflito apresentada pelo programa era surpreendentemente semelhante à de Alfred Eisenstaedt, à de Woody Guthrie e à de Franklin Delano Roosevelt. Eu me perguntava: de onde vinha toda essa afirmação humanista? Então me dei conta de que essa era a primeira temporada do programa: ele estava nos seus primeiros anos, ainda experimentando o caminho, sem ter muita clareza sobre o que viria a ser. Estava vindo à luz apenas algumas semanas depois da destruição do Muro de Berlim, no meio de um dos grandes momentos afirmativos do século XX, um momento mais bem definido pelo poeta Seamus Heaney quando escreveu que "a esperança e a história rimam".[50] Era uma época em que, por todo o mundo, aqueles que sentiam ter experimentado demais percebiam uma chance de se tornarem inocentes de novo. Essa época não durou muito, mas a imagem encantadora de Heaney a mantém viva. O que também faz, de um modo inesperado e irônico, o nosso DVD que preserva a primeira temporada completa de *Os Simpsons*. O que quer que esse programa e seu público tenham se tornado ao longo dos anos, muitos de nós tivemos realmente uma "primeira temporada completa", quando a esperança e a história rimavam, e quando, como aquele marinheiro e aquela enfermeira, podíamos desfrutar não só a emoção do amor livre, mas a pureza da esperança.

GAROTAS, GUYVILLE E O GOLFO

Na canção de Liz Phair, é exatamente essa esperança de "amor livre" que parece ser o alvo de sua fúria. Phair é uma das pessoas mais inteligentes na música pop atual, e também uma das mais esquivas. Se a sua música tem um gênero, deve ser algo semelhante ao punk-folk. Ela geralmente canta suave, num contralto tremulante, num tom reflexivo, coloquial; mas alguns dos sentimentos que ela transmite são rudes, grosseiros, pornograficamente sexuais, violentamente enfurecidos. Ela criou uma persona parecida com a Primeira Garota de Muriel Bentley em *Fancy free*, a doce garota de família que aprendeu a se comportar como uma prostituta desavergonhada e a andar no lado do risco. Em muitas de suas canções, os personagens usam a palavra "*fuck*" tão fluentemente como qualquer marinheiro. Na capa e no encarte de seu último álbum, Phair aparece vestida como uma dançarina de strip-tease da rua 42 na década de 1970 — como se ela estivesse procurando uma espécie de nudez máxima e sentisse que suas palavras ainda não eram suficientes para realizar o seu intento.[51] Mas são as suas palavras o que nós lembraremos. Ela tem uma mente de complexidade jamesiana; as relações entre os seus personagens e ela própria são muitas vezes charadas impossivelmente densas que nem ela nem nós podemos resolver.

A canção que estrutura melhor a sua obra é a primeira que gravou, no seu primeiro álbum, *Exile in Guyville*, a brilhantemente insensível "Fuck and run" [Trepar e dar o fora]. A sua heroína acorda nos braços de um homem que, ela percebe, tratará de largá-la assim que acordar. Então ela lamenta ser sempre seduzida e abandonada por homens que "trepam e dão o fora". Mas aí ela se dá conta de que é exatamente igual a eles. O que ela realmente quer, pensa, é um bom namorado antiquado, "o tipo de cara que faz amor porque está nessa". Então ela receia: e se um homem bom a amasse? Será que ela poderia reconhecer o seu amor, quanto mais retribuí-lo? Ou o seu coração foi amortecido por todos os anos em que ela trepou e deu o fora? Era para isso a liberdade das mulheres? "Guyville" é um medo existencial primário, não só para as mulheres: estar preso num estado como "os rapazes" que não têm sentimentos, que pisoteiam o amor, que cantam sobre sexo sem amor enquanto vão rolando para casa.

158

"Hello Sailor", de Phair, escrito quando ela tinha seus vinte anos, surge alguns anos depois da queda do Muro de Berlim, na esteira da primeira Guerra do Golfo. A canção nunca foi oficialmente gravada, mas a letra pode ser facilmente encontrada on-line.* Isso cria uma situação peculiarmente ambígua, e a ambiguidade é o reino em que Phair mais se sente em casa. A letra é notável pela sua fúria violenta contra o marinheiro. A narradora (e heroína) da canção parece culpar o marinheiro pela guerra. Quando li isso pela primeira vez, fiquei chocado, mas, tendo sido professor por quarenta anos, reconheci o que estava lendo. A total falta de identificação da garota com o marinheiro nos diz várias coisas. Diz que ela não aprendeu a distinguir entre os que têm poder e os que não o possuem. Lembra-nos também que existem várias gerações de americanos cuja memória histórica começa com o Vietnã, ou até depois, e que não têm vestígios de lembranças da "Boa Guerra" da América, a Segunda Guerra Mundial. Se essa é a história dessa narradora, ajudará a explicar por que ela não dá trégua a esses rapazes. Mas como ela é uma personagem numa canção de Liz Phair, é cedo demais para saber. Phair é uma virtuose da ambivalência e das identificações complexas. Em "Fuck and run", a sua narradora chega a se identificar com os homens em que ela cospe. Talvez ela nunca tenha elaborado a relação entre ela própria e a sua personagem, e por isso deixe "Sailor" na pilha das canções não utilizadas. Ou talvez a Matador Records o tenha colocado nessa pilha porque não queria política na sua

---

* Segundo "Biography: Liz Phair" (AOL Music Search, 2003), Phair a incluiu numa fita demo que ela chamou de "Girlysound" e enviou a pessoas na indústria da música no início da década de 1990. Nunca a escutei, nem ninguém que eu conheça a ouviu. Tudo o que digo é baseado na sua letra, que seus fãs coligiram amorosamente em vários websites de Liz Phair ricamente ilustrados. A combinação de não conseguir gravar a canção com a exposição da letra on-line é típica de seu talento para a ambiguidade.

mixagem, e como uma novata sem carreira firmada ela não tinha nenhum poder de controle no processo criativo.

Enquanto isso, só essa letra nos dirá algumas coisas que deveríamos saber. É emocionante imaginar um encontro entre uma mulher e um membro das Forças Armadas em que ela pode se ligar sexualmente com ele e dizer: "Nada de sangue por petróleo!". Ela lhe faz perguntas muito boas, por exemplo: "Como é ser odiado e amado em casa?". Mas o mais extraordinário é uma exclamação que ela repete muitas vezes: "*O amor livre é uma grande mentira*". No final da canção ela repete a frase três vezes, o que na página escrita parece um crescendo de fúria. É fácil imaginar a sua garota batendo o pé, abandonando um marinheiro muito perplexo na rua, perguntando-se por que essa mulher é tão louca e que diabos ela deseja.

O que é que ela quer? Ela talvez não saiba mais do que ele sabe, mas nós deveríamos saber mais. Precisamos apenas voltar a certos pontos em que estivemos: Times Square, a foto mágica, *Fancy free, Um dia em Nova York*, uma visão de harmonia instantânea entre completos estranhos ardendo nos braços um do outro; um amor que pode ser fugaz mas é real, quando os homens e as mulheres não só prestam atenção aos rostos e corpos uns dos outros, mas a suas vidas totais; um amor não apenas pessoal, mas cívico (como a motorista de táxi Brunnhilde diz em *Um dia em Nova York*), quando sentimos que uma cidade inteira está nos abraçando e dizendo "Rapazes, a cidade é de vocês!"; um amor celebrado e santificado por um público de massa numa praça pública democrática, numa Nova York que pode simbolizar a América, numa América que pode representar o mundo. Em nossa perene busca americana de felicidade, a visão de 1945 é uma de nossas imagens arquetípicas de realização. É uma visão de marinheiros inocentes que podiam cuidar de garotas inocentes, ou então, numa versão mais sofisticada (criada por escritores como Comden e Green), de marinheiros e garotas inocentes que podiam cuidar uns dos outros. Nessa visão, podemos amar estranhos e eles podem nos amar, porque vivemos juntos sob o fogo em meio aos horrores da "Boa Guerra". E o destino e a história da América tem sido de tal sorte que tivemos realmente uma "guerra boa", e ela realmente deu àqueles que a viveram uma aura de inocência, tornou Times Square semelhante à ágora do mundo, emocionou multidões, e até uma dama sofisticada como Simone de Beauvoir teve de se enternecer por algum tempo.

É isso o que a heroína de Liz Phair deseja. Ela quer enternecer-se; quer encostar-se num homem, deixar que ele a guie, saber que ele a guiará; quer sentir-se abraçada e amada por toda uma cidade, quer que as emoções que sente com um homem sejam parte de um processo de libertar o mundo inteiro. Quer o que ela acha que a enfermeira de Eisenstaedt está conseguindo; quer o que a motorista de táxi, a antropóloga e Miss Turnstiles parecem obter em *Um dia em Nova York*. Mas ela sabe que tudo isso aconteceu há muito tempo, sabe que desde então a América e os americanos percorreram um longo caminho. Sabe que aquilo foi naquela época, que isto é agora; sabe que é mentira hoje o que era real meio século atrás. É por isso que está furiosa.

SEX AND THE CITY: MULHERES SOZINHAS NA SQUARE

Por outro lado, ou num outro lado do cérebro, a "Carrie" de Sarah Jessica Parker, da comédia de sucesso da TV a cabo *Sex and the City*, quer muito não se enternecer: na verdade, ela não quer se enternecer exatamente da maneira como deseja. *Sex and the City* parecia totalmente superficial quando estreou em 1998, mas prosperou com a força de um estilo visual fabuloso, um desempenho de conjunto brilhante e uma profundidade inesperada e intermitente. Grande parte da sua profundidade nasce da sensibilidade dos produtores à história, quando mostram a história sendo feita por pessoas que ignoram a história.

O espetáculo apresenta um conjunto vibrante de "mulheres de Manhattan vestidas com seda e cetim", apenas meio século depois de *Um dia em Nova York*. As nossas heroínas são trabalhadoras, mas elas trabalham na bolha de plástico em que Nova York vem se transformando cada vez mais, impulsionada pelas indústrias de serviços e espetáculos de Manhattan. Na justiça, na publicidade, no jornalismo, no mercado de artes, elas vendem os seus cérebros, beleza, charme e energia, conseguindo geralmente boas transações para si mesmas e muitas belas roupas de estilistas para exibir. *Sex and the City* é montado numa interminável coda do "boom" de Clinton no final dos anos 1990 (ninguém é terceirizado ou diminuído, embora um homem ocupado em beijar a vagina de uma mulher seja preso pela prática de *insider trading**), e parte de seu atrativo são mulheres cuja sexualidade é bastante parecida com a de Clinton: elas não se queixam de serem agarradas, saem por aí e agarram e sentem-se livres para agarrar quem elas querem. Uma sequência recorrente mostra as nossas quatro mulheres correndo pela Broadway de braços dados, dirigindo-se para a câmera (e para nossos colos), ostentando os seus vestidos e bolsas deslumbrantemente coloridos e suas pernas cobertas com minissaias, dando a impressão de estarem dançando na rua. Fisicamente, essa sequência cita *Um dia em Nova York*, ou ao menos alude ao musical. Mas a sua seriedade e poder icônico emana do "pós" irônico da imagem: é pós-Segunda Guerra Mundial e pós-

---

* Crime de venda de informação privilegiada a concorrentes por alguém "de dentro" da empresa prejudicada. Algo como "negociador interno", daí o trocadilho. (N. E.)

-Vietnã, pós-revolução sexual e pós-feminismo. As nossas heroínas enfrentam o mundo como "uma Marinha de quatro", sem ligação com qualquer grupo maior do que elas próprias; a sua aparência pode sugerir nostalgicamente as namoradas dos marinheiros de 1940, mas sexualmente elas são mais como os próprios marinheiros.[52]

As quatro mulheres que conhecemos fazem todas parte da grande diáspora de *Exile in Guyville*, de Liz Phair: elas sabem "trepar e dar o fora" como qualquer rapaz. Não conhecemos os seus currículos (estariam em algum website que me passou despercebido?), mas elas são apresentadas como filhas de subúrbios confortáveis, boas faculdades de artes liberais e bairros urbanos finos; devemos compreender que elas aprenderam a ser travessas em alguns lugares muito agradáveis. Um dos subtextos de *Sex and the City* é que, numa metrópole ultramoderna, entre pessoas na indústria da consciência e na indústria do espetáculo, grande parte da emoção do sexo é *falar*. Falar palavrões é central para a indecência de nossas heroínas — a sua dicção é rica de palavras chulas como "foda-se" e "pinto" — e a narrativa com o seu estilo de montagem é um sinal de seu caráter travesso. Chegamos a vê-las nuas (ou quase nuas) na cama com vários rapazes, mas muitas vezes a impressão é de que elas aceitam estar ali principalmente para contar a história às outras garotas no dia seguinte na hora do almoço. Os seus intermináveis almoços (invejados por todo mundo que tem de voltar para o trabalho) funcionam como terapia: elas se ajudam a elaborar experiências dolorosas e até terríveis, situando-as num contexto de *Bildung*, de crescimento. O jovem Karl Marx, escrevendo sobre o amor na sua lua de mel em Paris, compreendeu exatamente o que elas estão fazendo: ele disse que "o sofrimento humano, compreendido humanamente, é uma autofruição do ser humano".[53]

Carrie, descendente da heroína de Dreiser na Broadway, é a personagem que sustenta a carga das vidas interiores de todas essas mulheres. Ela trabalha como colunista para um "jornal alternativo", e a sua área é o sexo. A sua voz de narradora estrutura as narrativas semanais. Às vezes a sua narração é inteligente e até profunda, mas ela é frequentemente aquela figura arquetipicamente moderna que Henry James chamou "o narrador não confiável". Ela é a única personagem no programa que é reconhecida na rua, e isso provoca a seu respeito toda a controvérsia que outrora rodopiou ao redor de Miss Turnstiles: ela é alguém ou ninguém? Ela própria não tem certeza. Na grandiosa tradição do discurso de Times Square, Carrie é levada a interagir com o seu cartaz. Ela caminha para a rua 42 exatamente quando um ônibus urbano vira a esquina, apresentando-a como uma imensa odalisca, anunciando o seu jornal; mas enquanto ela contempla a sua imagem, o ônibus a encharca de lama e água. Ela vai para casa toda enlameada e redige uma coluna melancólica. "Será possível", pergunta, "que nós, solteiras despreocupadas, perdemos o barco do amor?" Como a heroína de Liz Phair em *Guyville*, ela deseja amor, sonha com "um namorado antiquado", mas receia que seus anos de sexo na cidade tenham incapacitado seu coração.

O incidente com que vou terminar, apresentado no verão de 2002, poderia ser chamado o momento "Hello sailor" de Carrie. É um momento que a traz, assim como a nós, concretamente de volta a Times Square, onde começamos. O seu marinheiro sexy é representado pelo jovem e ardente ator afro-americano Daniel Sunjata. Numa rua do centro da cidade, ele a ajuda a pegar um táxi, apresenta-se (como "Louis Leroy, de Louisiana") e convida-a e às suas amigas para "uma grande festa da Marinha" naquela noite no USO, bem próximo de Times Square. "Temos de lhe oferecer uma boa diversão", diz a superpromíscua Samantha, ecoando a motorista de táxi de *Um dia em Nova York*. "É nosso dever patriótico como mulheres de Nova York." Depois de um dia duro, Carrie decide ir. O USO é retratado como um panorama espetacular de marinheiros e garotas fascinantes devorando-se uns aos outros. Carrie encontra-se com Louis Leroy mais uma vez, eles deslizam juntos pela pista de dança (Otis Redding canta "Try a little tenderness"), ele toca nas costas de Carrie e ela suspira, eles fitam com emoção os olhos um do outro. Para uma mulher sofisticada e independente, agora parece o momento perfeito para sexo na cidade: se não agora, quando? Mas, para nossa surpresa, ela rejeita o marinheiro e sai sozinha para a noite de Times Square.

Há um pano de fundo interessante nessa história. Quando o belo marinheiro se apresenta a Carrie, ele diz: "A frota está em terra!". Em 1984, a prefeitura (o prefeito na época era Koch) entrou num acordo com a Marinha para criar uma "Semana da Frota" todo maio ou junho. Por uma ou duas semanas a cada ano, a cidade seria coberta de navios e inundada de marinheiros, exatamente como nos "velhos bons tempos" antes que a Marinha fechasse o estaleiro e fosse embora. Os marinheiros sairiam de seus navios, veriam a cidade, agiriam com doçura, fariam amigos, gastariam dinheiro (lembrem-se da expressão idiomática "gastar como um marinheiro bêbado"), teriam sexo, fariam amor. Os civis conseguiriam subir a bordo, contemplar vistas espetaculares da cidade a partir dos conveses, visitar a casa das máquinas, descobrir a beleza e o fascínio daqueles grandes navios e possivelmente fazer amizades náuticas. O evento era um sonho de relações públicas: todo mundo ganharia. (No final de 2003, o meu filho Dan e eu "visitamos" o porta-aviões USS *Intrepid,* ao longo do Hudson na rua 43, e ambos sentimos que ganhamos com a visita.) Assim, Leroy talvez esteja se apresentando como um emissário da Semana da Frota. (Muitos marinheiros de verdade em maio ou junho surgem exatamente dessa maneira.) Ou talvez — não chegamos a conhecê-lo por muito tempo para descobrir — ele esteja citando a deliciosa pintura de Paul Cadmus, e sugerindo que os dois caberiam muito bem no quadro. Mais tarde, quando Carrie fala da festa dos marinheiros para as amigas, uma delas pergunta: "Eles não estão indo para o Golfo?". As mulheres não parecem dar a mínima bola, mas a pergunta fica suspensa no ar. Em 2002, "ir para o Golfo" significava fazer parte da "escalada" para a invasão do Iraque do presidente Bush em 2003. Os marinheiros de 2002 estavam indo a lugares que os marinheiros de *The fleet's in!* nunca sonharam. O marinheiro de Carrie parece estar usando imagens da inocência pastoral da Marinha para promover uma Marinha muito diferente, que está passando por dificuldades terríveis a caminho de uma experiência bastante cruel. (Mas talvez não: ele também poderia estar expressando uma saudade da Marinha dos tempos de paz, que está desaparecendo com rapidez; poderia estar invocando *The fleet's in!* como um modo de dizer que não quer que ela desapareça. Mas ele sabe, e nós sabemos, que quando você está na Marinha, você tem de ir para onde eles o mandam.)

Carrie e seu marinheiro movem-se impetuosamente pela pista de dança e sentem seu calor mútuo. Depois eles se retiram para uma escada nos fundos, onde partilham um cigarro e envolvem-se no que Carrie acredita ser a forma essencial de "sexo na cidade": uma conversa íntima. Mas, uma vez fora da pista de dança, esse marinheiro não é tão doce. Ela lhe pergunta quantos "grandes amores" uma pessoa pode ter na vida, e ele responde friamente: talvez um, talvez menos. Depois, como parte da dinâmica do flerte e da aproximação, ela lhe confidencia que, até o momento em que se encontraram, "Nova York realmente me maltratou hoje". Ele dá justamente a resposta errada: em vez de se chegar mais perto dela, permanece distante e ataca Nova York com violência; é barulhenta, é suja, as pessoas são desagradáveis e mal-educadas (ele não percebe que ele próprio está sendo desagradável e mal-educado), "não é para mim". Descarta Nova York com a voz de um mestre-escola expulsando um aluno deficiente da escola; ou talvez com a voz fria do presidente Gerald Ford 25 anos antes, recusando-se a conceder um empréstimo federal para salvar a cidade da bancarrota. Qualquer nova-iorquino com idade suficiente para se lembrar da crise fiscal recorda aquela voz desalentadora: eu ainda a ouço em pesadelos. Quando a câmera foca o rosto sorridente de Louis Leroy, parece que ele se congelou na forma de um demagogo do Sul, uma máscara de cera de Madame Tussaud cheia de complacência estúpida. Parece que ele se juntou aos brancos sulistas que por tanto tempo demonizaram Nova York como o seu "outro" e que têm dominado a política americana por mais de duzentos anos.

O desrespeito de Louis Leroy por Nova York é triste de muitas maneiras. Uma das razões pelas quais as pessoas sempre amaram os marinheiros, ao longo de milhares de anos, é a sua receptividade. Os rapazes de cidades pequenas, atracando em grandes portos por todo o mundo, têm demonstrado a capacidade de se adaptar, desfrutar o que os lugares estranhos lhes oferecem, cair nas boas graças de pessoas que eles não conhecem, sentir-se à vontade como se estivessem em casa. A foto de Eisenstaedt, *Fancy free*, *Um dia em Nova York* — todos celebram a doce lhaneza do marinheiro americano. Tenho bastante certeza de que muitas vezes essas qualidades têm sido reais. A doçura de nossos homens das Forças Armadas gerou amigos da América por todo o mundo, que, ironicamente, ajudaram a expandir o poder e controle imperial americano. A doçura ainda existe? É triste imaginar um marinheiro americano ainda nos seus vinte anos expressando uma certeza de meia-idade sobre Nova York, o amor ou a vida. Ele está na cidade apenas por um dia, ruma para uma guerra que pode matá-lo, mas já sabe tudo; ninguém, nem mesmo uma nova-iorquina romântica e charmosa, pode lhe mostrar algo de novo. É apenas um garoto, mas está existencialmente fechado. O programa está sugerindo que da Boa Guerra à (primeira) Guerra do Golfo os nossos marinheiros degeneraram? Ou talvez que a nossa idealização dos marinheiros sempre foi um erro, e que se olharmos de perto os rapazes reais naquela clássica vila de rapazes, descobriremos que não são mais livres, nem mais amorosos, nem mais internamente harmoniosos do que nós próprios?

Carrie sabe que ela tem de se livrar desse sangue patriótico derramado. "Obrigada pela dança", diz, "eu realmente precisava disso"; bate continência e levanta-se para ir embora. Ele sugere que é perigoso (em vez de dizer que deseja estar com ela); ela lhe assegura que sabe contornar o perigo. Ela compreende que não há por que tentar falar com esse rapaz. Mas, na sua voz de narradora, ela alegremente se abre para o público nova-iorquino, que ela sente que a entende. "Se Louis Leroy está certo", diz, "e só se tem um grande amor" ao longo da vida, "então Nova York bem que pode ser o meu amor. E eu não aturo ninguém falando asneira sobre meu namorado." Aqui, como em "Hello sailor", o marinheiro é abandonado perplexo. Mas nós, o seu público leal, sabemos por que ela tem de ir embora. Ela realiza uma transferência rápida de arquivos, transformando algumas das qualidades que figuram no romance dos marinheiros — lhaneza de ser, desejo de tentar coisas novas, disposição a machucar-se, determinação de rebater — num romance da cidade. Há um espaço público que lhe dará abrigo da tempestade? Ela sai correndo para a escuridão de neon de Time Square a altas horas da noite, persegue um táxi em vão, depois é ignorada por outro. Toda a atmosfera desse programa nos seduz para que vejamos a busca de um táxi como uma parábola da busca de amor. Mas a epifania de Carrie, que o seu grande amor é a própria cidade, coloca as frustrações urbanas diurnas (e noturnas) numa perspectiva mais esperançosa: desse ponto de vista, até as conexões perdidas são conexões. Ela ao mesmo tempo se esgueira e cambaleia por uma das ilhas no centro do tráfego (mulher solitária), descendo em direção à rua 42. A encantadora frase de um blues tocada por um saxofone aparece como um acompanhante cavalheiresco, tarde da noite, para lhe fazer companhia. Ela se dirige para a estação do metrô de Times Square, e por um minuto fiquei emocionado ao pensar: depois de mostrar as nossas heroínas nuas (ou quase nuas) na cama com todos os tipos de rapazes, *Sex and the City* iria ainda mais além e realmente mostraria essas garotas ricas no metrô? (É uma provocação: o programa termina antes de ela chegar à estação. Talvez na próxima temporada?) Acompanhada pelo blues, ela se mistura na multidão noturna. A câmera a segue com uma lenta *reverse tracking shot* e aos poucos se abre na enormidade da Square. Se o ano fosse 1992 em vez de 2002 nós nos preocuparíamos com a sua segurança, e com o fato de ela não pensar nos perigos. Em 2002, os espaços públicos de Nova York são bem mais seguros, suficientemente seguros para que se pense na solidão. Para a Times Square de tarde da noite na década de 2000 uma mulher solitária arrastando atrás de si um casaco caro é a combinação perfeita.

No fim da noite, as multidões dos teatros e dos restaurantes emagreceram. Agora os anúncios eletrônicos, saturados de explosões de cores quentes, avultam maiores que nunca. Quando a câmera foca o grande anúncio vermelho VIRGIN, ele assume a grandiosidade solitária de uma ideia platônica. Quando Carrie passa embaixo do anúncio, ela lança o seu casaco aberto para a noite. Como as heroínas de Jean-Luc Godard na década de 1960, ela abraça um anúncio de neon como um símbolo do que ela secretamente, sem esperança, deseja. Lembrem, preocupava-se Carrie, "Aquele navio zarpou", com respeito a marinheiros como Leroy; mulheres modernas como ela própria "perderam o barco do amor". Se ela pudesse trocar a sua sofisticação pelo que imagina ser uma nova inocência, talvez tirasse a sorte grande? Depois de se separar de um marinheiro sexy, ela usa toda a classe dos marinheiros como material para alegoria: "Talvez o passado seja uma âncora que nos retém", ela nos diz com sua voz de narradora. "Você tem de largar quem você foi para tornar-se quem você será." Quando ela diz a si mesma para largar o passado, todas as cores da Square se derretem e o seu mundo se torna preto e branco; depois ele desaparece e nos dissolvemos no preto.

No último minuto desse programa, a heroína tropeça numa fantasia moderna primária: se podemos apenas esquecer tudo o que conhecemos, tudo o que fizemos e tudo o que somos, podemos atingir um estado de inocência primordial e um novo pináculo de alegria inocente. Nietzsche o chamou "esquecimento criativo". A câmera acaricia o gigantesco anúncio VIRGIN: é o fascínio da estrela polar no fim da jornada de Carrie para dentro da noite. *Tornar-se uma virgem de novo:* essa é a meta com que Doris Day poderia ter sonhado há quarenta anos, o El Dorado do americanismo perfeito que Jerome Robbins tentou incutir na Comissão de Atividades Antiamericanas e em si mesmo, o lance de dados perfeito que outra testemunha amistosa, Abe Burrows, imaginava para seu grupo de homens que sabiam demais em *Eles e elas.* Acho que é a esperança primária que tem impulsionado a gigantesca, interminável, multibilionária "Limpeza de Times Square" por vinte anos.

Mas *Sex and the City* não quer saber. A sua Square é um mar escuro como vinho, onde as pessoas se agarram a suas âncoras e se reconhecem como adultos com necessidades intensas e complicadas. Aqui as notas tristes do blues no pano de fundo são realmente parte do primeiro plano, servindo não só de companhia para todo mundo nessa multidão solitária, mas como uma espécie de suvenir de Times Square que elas podem levar para casa e que continuará a mantê-las unidas. O nosso último olhar para Carrie a revela misturando-se na liquidez da noite de Times Square, num momento de solidão que é também um momento de comunidade: uma comunidade de desejosos, uma comunidade de outros.

4. A Garota do Times e suas filhas

A eletricidade flui em rios, [...] saracoteia num grande espe-
táculo. [...] Subo ao topo do prédio do Times, que é um dos
arranha-céus mais ousados. [...] O [anúncio] mais diabólico é
o rosto de uma mulher que ocupa tanto espaço no céu quanto
a Ursa Maior. Durante os poucos segundos em que ela brilha,
o seu olho esquerdo pisca como se num apelo sedutor. [...] Que
diabos eles podem estar vendendo ali embaixo?

Pierre Loti, "Impressões de Nova York",
Century Magazine, 1913[1]

[...] a sua capacidade de ganhar dinheiro estava aquém de sua
capacidade de desejar.

título descrevendo Babs Comet, telefonista
em Times Square, heroína do filme mudo *Classified* (1926)

Para compreender a história das mulheres em Times Square,
temos de observar as suas trajetórias surpreendentes. Tudo começou na década de 1890, ao redor dos novos teatros eletrificados

que abriram na Broadway e no seu entorno, um espetáculo vivo que apresentava algumas mulheres como estrelas e convidava muitas mulheres a se apresentar em público, como espectadoras. Depois (há muita discussão sobre o momento exato), com um mínimo de mudança na sua fachada, o espetáculo se dividiu em dois lugares radicalmente diferentes, o *bowtie* e o *deuce*: o *bowtie* evoluiu para um festival de anúncios onde gerações de homens e mulheres podiam interagir e crescer e onde, no "grande meio-dia" de 1945, os estranhos podiam se beijar e amar; o *deuce* tornou-se um corredor que apresentava imagens degradadas de mulheres e que repelia as mulheres reais. Por algum tempo era possível dizer que um certo equilíbrio delicado subsistia entre os espaços. Mas na década de 1970, quando a cidade oscilou para perto da bancarrota, o equilíbrio desmoronou: o *deuce* tornou-se mais obsceno, a sua violência respingou para fora e manchou o *bowtie*, cujos grandes anúncios escureceram, cujos espaços abertos aparentemente se fecharam, e cujas mulheres se sentiram abandonadas e sozinhas. Na década de 1990, numa caricatura da dialética de Hegel, "a negação da negação", um gigantesco acordo imobiliário privado-público removeu o cenário que havia removido as mulheres, e uma nova geração destas, agora pela primeira vez nos cargos mais altos do governo e da administração de empresas, arquitetou e produziu o acordo. "O acordo" é a maior obra de teatro vivo em Times Square, e todos nós que tentamos compreendê-lo e julgá-lo estamos agora vivendo nesse acordo.

Algumas das mulheres neste capítulo são mulheres reais que passaram pela Square e passaram a vida no seu entorno, como a minha mãe e sua irmã Idie. Outras são personagens em livros, peças de teatro, filmes e cartuns ambientados e às vezes feitos na Square ou ao seu redor. Algumas são intérpretes de canções, outras são sujeito e objeto dessas canções. Algumas são figuras em várias gerações de anúncios elétricos. Às vezes são retratadas nas relações com os homens, às vezes com outras mulheres, às vezes como partes de grandes coletividades — como a própria Times Square — e às vezes sozinhas. Sei que estou misturando todo tipo de linguagens, estilos e gêneros culturais. Mas esse é um lugar que sempre foi uma mistura de planos diferentes e agudamente conflitantes de vida e realidade; a maioria dos livros a respeito, mesmo os inteligentes, não têm sido suficientemente misturados.

Para uma tremenda variedade de mulheres, a Square tem sido um lugar de trabalho, uma fonte de entretenimento, uma fonte de trabalho na indústria do entretenimento. Mas também tem sido mais. Tem desempenhado um grande papel na *Bildung* das mulheres, na sua educação moral, no trabalho de se descobrirem a si mesmas, de formação de identidade, de crescimento. Era um lugar onde elas podiam realizar o que John Stuart Mill, em *Sobre a liberdade*, chamou "experimentos de vida".[2] Claro que isso também tem sido verdade para muitos homens. Ajudou meus pais a ultrapassar os horizontes do gueto de Lower East Side onde cresceram. Mas lugares como Times Square têm sido mais do que importantes para as mulheres, porque a experiência de estar ali é intensamente pública. Na maioria das sociedades ao longo das eras, a vida dos homens tem sido em grande parte definida pelos papéis que desempenharam — às vezes escolhidos, em geral impostos — na vida pública de sua sociedade. As mulheres, por outro lado, têm permanecido sobretudo trancadas numa variedade de casulos domésticos, incapazes de participar em qualquer tipo de vida pública. Uma cantiga de ninar que toda criança aprende expressa bem a polaridade do gênero:

Peter, Peter, pumpkin eater,
Had a wife but couldn't keep her.

He put her in a pumpkin shell,
And there he kept her very well.

[Peter, Peter, comedor de abóbora,
Esposa possuía, mas guardá-la não conseguia,
Colocou-a numa casca de abóbora,
E ali a manteve pela vida afora.]

Por séculos, as únicas "mulheres públicas" socialmente reconhecidas eram as prostitutas. O arrastado processo de modernização e fenômenos modernos como as grandes cidades, a democracia de massas, a cultura popular, o "meu nome está grafado em luzes elétricas" do cantor de jazz criaram brechas significativas na vida pública para ambos os sexos. Mas as mulheres, antes que pudessem estar ali, tiveram de sair da abóbora; tiveram de percorrer um caminho mais longo, dar um salto mais alto, pagar um preço mais elevado.

Na década de 1890, na geração de Sister Carrie, quando ainda era chamado Longacre Square, o bairro já estava cheio de garotas saindo da abóbora. Tornem a olhar a montagem da nossa Garota do Times: olhem além dela e além do grande edifício e vejam todas as casas de cinco andares no lado (oeste) ao longe da Square. Da década de 1890 à de 1920, quando os grandes edifícios comerciais as substituíram, elas eram o que as pessoas chamavam "pensões teatrais", principalmente para jovens (ou famílias jovens) que esperavam obter sucesso num ou noutro plano da "Broadway". Eugene O'Neill nasceu numa dessas casas (seu pai passou vinte anos representando o conde de Monte Cristo). A designer teatral Aline Bernstein, lembrada como a amante e musa de Thomas Wolfe, cresceu numa das casas. Ela usa uma expressão encantadora para descrever as multidões de jovens atrizes no verão, saindo dessas casas com seus vestidos mais coloridos, rodeando os agentes à procura de trabalho: "Elas bordavam a Broadway consigo mesmas".[3] A cultura popular americana construiu muitos monumentos magníficos trágicos e cômicos para elas: *Rua 42*, os filmes *Gold diggers* [Cavadoras de ouro]; os desenhos de Betty Boop; *No teatro da vida*; *Dance, girl, dance*; *Eles e elas*; *A roda da fortuna*; *A chorus line*; e muitos mais. Susan Glenn, no seu livro *Female spectacle*, retrata garotas desse tipo como a fonte de um novo modelo: "o reflexo de uma nova geração de mulheres urbanas batalhadoras. [Elas] simbolizavam o surgimento das mulheres modernas no século xx".[4]

De volta à Garota do Times. O seu cartão-postal parece funcionar num modo mais complexo do que os cartões-postais comuns. Em vez de dizer, "Aqui estou, a mesma pessoa que vocês sempre conheceram, na frente deste grandioso palácio", diz algo parecido com "Estou mudando, estou me tornando mais parecida com esta garota, este admirável edifício novo está me ajudando a mudar". O ato de enviar esse cartão pelo correio é uma aventura psíquica, uma propaganda para o eu que o remetente deseja ser. A Garota do Times está apoiando a perna esquerda contra um espaço no outro lado da rua, onde deveria estar outro edifício (hoje ali está o Condé Nast Building). A sua fachada está vazia exceto pela mensagem: "Quer falar de tempos duros [*hard times*]? Mande-me uma almofada! Seu", e um espaço em branco para o nome do remetente. Ora, muitos sabiam em 1900 que *Hard times* [*Tempos difíceis*] era um clássico moderno da literatura que revelara a miséria da classe operária urbana. Essa é forçosamente uma referência no pano de fundo humano do cartão. Mas qualquer um que olhe para a Times Tower no primeiro plano não deixará de notar que "tempos duros" embute também um significado sexual grosseiramente cômico. Os dois significados, a tragédia dickensiana e a comédia estilo Mae West, estão no cartão. Identificar-se com Times Square na década de 1900 é imaginar-se representando ou sendo os dois significados. Se conseguimos imaginar as pessoas que poderiam ter remetido a Garota do Times, ou que pudessem tê-la recebido, devemos ser capazes de sentir a pungência e a profundidade de Times Square.

A Garota do Times não é apenas a irmã caçula de Sister Carrie; ela é o primeiro herói cômico do século XX. (O vagabundo de Chaplin, que se parece com ela, talvez seja o segundo.) Ela se expõe, estica-se e espalha-se sobre um abismo. Parece sem defesa, como uma cidade aberta. Mas de algum modo, com a mão sobre o edifício do Times, ela não só está mantendo o seu equilíbrio, mas divertindo-se e talvez até rindo de si mesma. Mas a força da sua comédia depende da sua proximidade com a tragédia. Ela está demasiado próxima! Chuta as pernas para cima com a exuberância de uma menina num balanço; porém, mesmo quando nos sentimos enfeitiçados, sabemos que embora Times Square possa ser um lugar para brincar, não é um pátio de recreação, e estende-se muito lá embaixo. Ela própria sabe disso, e coloca o seu apelo no correio. Mostra ao mundo o seu espírito junto com a sua carne. Olhem para ela de novo e verão o arquétipo clássico de uma mulher moderna independente, habitando o centro da cidade mas vivendo perto do precipício, rodeada por homens e instituições que querem as suas luzes, mas nem pensariam em reconhecer os seus direitos. Por virtude de sua verve e coragem, ela encarna o que Baudelaire, na década de 1840, chamou "o heroísmo da vida moderna".

Na década de 1900, graças a um extenso trabalho de lobby feito pelo jornal, Longacre Square metamorfoseou-se em Times Square. O novo quartel-general do conglomerado Times foi inaugurado com um extravagante espetáculo de fogos de artifício bem à meia-noite no dia do Ano-Novo de 1905. Era um arranha-céu de 25 andares com uma forma moderna arrojada, semelhante ao triangular Flatiron Building, e belos detalhes que evocavam a Renascença florentina. O edifício foi universalmente elogiado, e sua imagem, irradiando luzes profusas sobre a cidade, foi reproduzida em cartões-postais de série e em rotogravuras nas edições de domingo dos jornais. (Os holofotes brilharam em ocasiões especiais até algum ponto na década de 1930.) Em 1904 a Square tornou-se o ponto terminal para as novas estações do metrô IRT e BMT. Os metrôs traziam dezenas de milhares de pessoas todos os dias, e não só tornaram a rua 42 e a Broadway instantaneamente o lugar mais populoso de Nova York como conectaram-no diretamente com todo bairro extenso de imigrantes no Brooklyn, no Bronx e em Queens. O enorme Astor Hotel neobarroco abriu em 1905. Foi instantaneamente amado, especialmente pelos produtores e consumidores do show business, mas também pelos turistas à procura do "sabor" de Nova York; continuou amado mesmo depois de ter sido abruptamente destruído em 1965. Esses edifícios expandiram a escala arquitetônica e pavimentaram o caminho para outros edifícios grandes, principalmente torres de escritórios. Não só expandiram a escala arquitetônica, mas aumentaram as populações tanto de dia como de noite. As milhares de pessoas que trabalhavam em torno da Square todo dia tornaram-se um mercado primário para os teatros, restaurantes, salões de dança e cabarés que prosperavam à noite; por sua vez, esses entretenimentos puderam se expandir radicalmente, agora que mercados aumentados estavam logo ali nas ruas. Enquanto isso, o desenvolvimento da energia elétrica na década de 1900 viabilizou a instalação de enormes letreiros luminosos, montados às vezes nos telhados de prédios mais velhos e mais baixos, às vezes nas fachadas dos novos prédios grandes. Anos de conflito entre as associações de proprietários da Broadway e da Quinta Avenida levaram a um plano de restringir os anúncios elétricos na maior parte de Manhattan, mas concentrá-los em torno de Times Square. Em 1909, um tribunal estadual derrubou uma lei da cidade que limitava o tamanho dos anúncios. Quase da noite para o dia uma nova geração de anúncios imensos, brilhantes e cinéticos veio à luz.[5]

Os novos anúncios deram à Square uma nova escala de expressão. Durante todo o século XX, e entrando no nosso século, o painel eletrônico tornou-se uma metáfora excelente para a expansão e ampliação do eu. E Times Square surgiu como uma utopia para homens, mulheres e crianças de todo o mundo que sonhavam em "fazer espetáculos de si mesmos".

Nas grandes multidões que se derramavam dos metrôs, desciam dos trens elevados, saíam dos trólebus e entravam na Square todos os dias, havia uma surpreendente variedade de mulheres, mulheres de todas as classes e etnias: cozinheiras, padeiras, garçonetes, costureiras, chapeleiras, criadas, faxineiras de escritório, vendedoras para todas as mercadorias, atrizes e cantoras e dançarinas, zeladoras de guarda-roupas e clientes, telefonistas, modelos, indicadoras dos lugares e camareiras do teatro, garotas que guardam os chapéus nas boates, funcionárias de escritório, datilógrafas, estenógrafas, guarda-livros, e assim por diante. Muitas das pensões do bairro cruzaram uma fronteira sexual, tornando-se o lar para milhares de trabalhadoras. Richard Harding Davis escreveu sobre elas em 1892.

> A moça solteira, que é ou uma vendedora ou uma operária, [...] pode caminhar sozinha, o que realmente faz. [...] Ela encontrou o seu quarto frio e solitário depois de um longo dia de trabalho atrás de um balcão ou diante de um tear, e a solidão tende a provocar saudades de casa, [...] assim ela coloca o chapéu, desce para uma rua lateral e se perde nas intermináveis procissões na Broadway, onde, embora não conheça ninguém, e ninguém queira conhecê-la, há luz e cor, e ela por fim não está só.[6]

E todo dia e noite outros milhares de mulheres entravam na Square como clientes de todas as suas infinitas variedades de entretenimento. Talvez nunca antes uma tão vasta variedade de mulheres tenha sido lançada num único lugar. Uma pequena proporção dessas mulheres eram prostitutas, oferecendo profissionalmente muitas variedades de sexo e atraindo clientes de todas as classes.* Outras mulheres, amadoras sexuais (embora frequentemente bastante sofisticadas), ofereciam-se aos colegas de trabalho, aos chefes ou aos clientes, às vezes na esperança de um casamento respeitável, outras vezes acomodando-se por satisfações mais grosseiras como peles, joias e dinheiro de rendas. Algumas teriam preferido morrer a abrir mão da sua virgindade pré-marital, mas ainda assim procuravam modos atraentes de apresentar a sua sexualidade nas maneiras como se vestiam, se moviam e falavam.

---

* "Desde o início", diz Lawrence Senelick, "a região de Times Square estava rodeada por luzes vermelhas." Essa frase é de seu ensaio "Private parts in public places", em *Inventing Times Square*, p. 330. Ver também Timothy Gilfoyle, "Policing of sexuality", em *Inventing Times Square*, pp. 297-314, e seu fascinante *City of Eros: New York city, prostitution and the commercialization of sex, 1790-1929* (Nova York e Londres, W. W. Norton, 1992). Gilfoyle mostra, com riqueza de detalhes, como a prostituição seguiu o movimento do entretenimento respeitável para a parte alta da cidade. O grande salto ocorreu na década de 1880, com a abertura da Metropolitan Opera House na Broadway e na rua 39. Gilfoyle aceita a estimativa dos ativistas "contra o vício", o Comitê dos Quinze, de que o bairro em 1901 continha ao menos "130 endereços diferentes abrigando alguma forma de prostituição" — bordéis, casas de cômodos, casas de apartamentos e hotéis — e fornece um mapa quarteirão a quarteirão. Ele menciona a proliferação de prostitutas nas calçadas perto de lugares públicos, e cita a queixa do reverendo Adam Clayton Powell, Sr. (mais tarde pai do congressista do Harlem) de que a sua igreja da rua 40 Oeste estava "na mais notória zona de meretrício da cidade de Nova York". Nas noites de domingo depois do culto, dizia Powell, as prostitutas, com os vestidos abertos, paravam no outro lado da rua na frente da igreja e convidavam os homens que saíam. Gilfoyle acrescenta que o quarteirão da rua 43 Oeste, que mais tarde abrigaria o *Times*, era conhecido na década de 1900 como "Soubrette Row" [Beco das Criadas] (*City of Eros*, pp. 207 ss.).

Tudo isso dava à Square uma aura de tremenda promessa sexual. E assustava como o diabo muitos moralistas, que faziam campanha por leis que criariam toque de recolher, estabeleceriam que os teatros, os restaurantes e os cabarés encerrariam mais cedo o seu expediente, fechariam os metrôs e, em geral, "limpariam Times Square". É importante compreender que os inimigos de Times Square sempre foram um grupo muito diverso de pessoas. Alguns deles, nas palavras de Lewis Erenberg, eram "moralistas tradicionais, frequentemente de formação evangélica, que acreditavam que divertir-se era uma afronta a Deus".[7] Mas muitos outros eram intelectuais seculares com política de esquerda — pessoas como Jane Addams, Walter Lippmann, Lewis Mumford —, que queriam que as massas fossem radicais e militantes e lutassem pelos seus direitos, e que acreditavam que a cultura de massa comercial lhes estava corrompendo as mentes.

Por mais que detestassem a prostituição, os moralistas ficaram provavelmente ainda mais abalados com a nova onda de cabarés em Nova York, que se aglomeravam ao redor da Square na década de 1900. Esses cabarés parecem ter sido modelados de acordo com os *café-concerts* da Paris do final do século XIX. (Para os originais, ver Degas, Manet, Lautrec e *Naná*, de Zola.) Ao contrário dos salões e dance-halls já existentes, frequentados pelos clientes masculinos que flertavam com as funcionárias, os cabarés eram "lugares que os homens e as mulheres frequentavam juntos", sendo "abertos a todo mundo". A Lei Raines de 1905, que regulava a bebida em Nova York, fazia distinções cruciais entre os lugares públicos. Estabelecia algumas fronteiras, mas derrubava outras:

O que distinguia os cabarés [...] era a remoção de uma prostituição explícita e espalhafatosa do seu recinto. Os homens que desejavam comprar sexo agora iam para os hotéis em busca da relação sexual real. Isso tornava os cabarés capazes de cultivar uma atmosfera de sensualidade sutil, permitindo que as mulheres da classe alta e média participassem da diversão.[8]

Esses cabarés da virada do século ajudaram a transformar Times Square num "ambiente perigosamente aberto". As mulheres respeitáveis eram vistas como uma espécie particularmente ameaçada: lugares assim podiam fazer com que "as mulheres ficassem fora de controle". Uma década mais tarde, o grande medo eram os dance halls. Julian Street, um comentarista social e autor de *Welcome to New York* (1913), lamentava "a mistura de pessoas na qual jovens mulheres respeitáveis, casadas e não casadas, e até debutantes, dançam não só sob o mesmo teto, mas na mesma sala com mulheres da cidade".[9] Não era por nada que chamavam Times Square "a capital do amor perigoso".[10]

O que temiam esses moralistas zangados? "O princípio do mundo moderno", escreveu Hegel na década de 1820, "é a liberdade da subjetividade."[11] Reflitamos sobre os lugares públicos. Um grande lugar público submete todo mundo que nele se encontra à exposição. Nas culturas tradicionais, "as mulheres da cidade" são rotineiramente exibidas para venda ou para aluguel, mas as mulheres respeitáveis são exibidas apenas em determinados momentos (por exemplo, festivais), e apenas sob o controle de outros: pais, maridos, pessoas mais velhas, padres. Muito cedo na sua vida, mesmo antes de obter o seu nome atual, Times Square apareceu como um lugar em que as mulheres respeitáveis podiam ter a liberdade de "frequentar para ver e serem vistas",[12] para se *exibirem*. Quando as mulheres caminhando pela Square olhavam umas para as outras, ou para personagens femininas e atrizes (e colegas entre os membros da plateia) em peças teatrais e filmes, ou para cantoras, dançarinas e recepcionistas em clubes e cabarés, ou para figuras nos anúncios gigantescos ao redor e acima delas, devemos tentar imaginar os seus olhares como parte de sua *Bildung*, seu crescimento como seres humanos. As visões de outras mulheres sugeriam pessoas que elas poderiam querer conhecer, imitar, assimilar ou esperar ser. (Um espectro diferente, mas similar, se abria quando olhavam para os homens.) Para as mulheres que buscavam maneiras de serem modernas, de experimentarem mudanças, de se tornarem sujeitos bem como objetos sexuais, de se ocuparem da sexualidade de um modo que podia envolver a sua sexualidade, a Square era uma grande feira, bazar ou *ágora* de possibilidades humanas, um espaço democrático exemplar.[13] Claro, para as mulheres ou os homens que não querem mudar, ou que querem não mudar, Times Square era um lugar muito mais problemático.

SISTER CARRIE: SOZINHA NO TOPO

A primeira visão séria do "amor perigoso" em Times Square aparece em *Sister Carrie*, de Theodore Dreiser.[14] O livro começa num trem para Chicago: a heroína de Dreiser está a caminho da grande cidade, onde espera encontrar uma vida melhor. Ela não tem talentos negociáveis, à exceção de sua juventude e charme. Mas nas cidades da Era Dourada essas qualidades revelam ter mais valor de mercado do que ela pensava. Ela não é convencionalmente bela, mas as pessoas a notam; ficam impressionadas com sua emotividade e seu desejo ardente. Ela se apaixona por um homem, depois por outro. Esse segundo homem, George Hurstwood, renuncia a tudo e muda-se com ela para a metrópole de Nova York. A princípio ela não sabe o que fazer consigo mesma. Mas em pouco tempo encontra trabalho na indústria do entretenimento, que está em rápida expansão em Nova York. Na década de 1890, essa indústria está começando a centrar-se em Times Square.

Times Square marcou a fronteira da parte alta de Nova York na maior parte do século XIX. Na década de 1870, seu uso principal era como estábulos. Mas depois da invenção da lâmpada, em 1879, tornou-se rapidamente o principal distrito de entretenimento da cidade. Dezenas de teatros, restaurantes e cabarés logo abriram ou deslocaram-se para a parte alta da cidade; todos tinham fiação recente e elaborada, e todos ofereciam a luz elétrica como um espetáculo. Na década de 1890, "os alegres anos 90", todo o bairro estava banhado de luz e tinha uma aura de espetáculo. Esse show de luz gerou duas das imagens triunfais do século XX: "a cidade que nunca dorme"* e o indivíduo com "o seu nome nos letreiros luminosos".** No final do livro, Carrie foi além da linha de coristas e tornou-se uma estrela; não só tem um novo nome — ela renasce como "Carrie Madenda" —, mas o seu nome está nos letreiros luminosos. Intelectualmente, *Sister Carrie* se ergue sobranceiro sobre os produtos da Broadway, mas define o que se tornará uma das tradições mais fortes da Broadway, celebrada na década de 1930, em *Rua 42*, e na década de 1970, em

---

* Essa imagem soa ultramoderna, mas na verdade remonta à Bíblia, especificamente à visão profética do Segundo Isaías no século VI a. C. A profecia utópica desse escritor contém igualmente uma das primeiras menções à ideia da "cidade do mundo": "Põe-te em pé, resplandece, porque tua luz é chegada. [...] Todos eles se reúnem e vêm a ti. [...] Tuas portas estarão sempre abertas, não se fecharão nem de dia nem de noite, a fim de que se traga a ti a riqueza das nações" (Isaías 60, 1,4,11).

** A atriz, produtora e diva Maxine talvez seja a primeira pessoa em Nova York com "o seu nome nos letreiros luminosos". Em 1908, pouco depois da inauguração da Metropolitan Opera, ela abriu o Maxine Elliott's Theatre, que ficava diagonalmente em frente.

A chorus line: os protagonistas vêm da linha dos coristas; o coro é uma escola para os astros; o teatro encarna o mito primordial da democracia.*

Dreiser situa a companhia teatral de Carrie na rua 39 e na Broadway, logo abaixo da Square, e chama-a "o Cassino". Dreiser parece ter sido amistoso com vários dos membros do epônimo de seu Cassino na vida real, a quem foi apresentado pelo irmão, o compositor de canções da Broadway, Paul Dresser. (Dresser tinha mudado o seu nome, que era Dreiser.) Na memória autobiográfica de Dreiser, *Newspaper days*, ele fala do "famoso Cassino, com suas famosas linhas de coristas, a meca de todos os soldados ingleses e arruaceiros americanos amantes da noite".[15] A linha de coristas mais espetacular e de mais longa duração no Cassino estrelava a comédia musical *Florodora*, que surgiu no mesmo ano de *Sister Carrie*, 1900. As coristas de *Florodora* eram um sexteto de ingênuas que cantavam "Tell me, pretty maiden", uma canção que por décadas foi um dos maiores sucessos da opereta. (Soou bem boba para mim na década de 1950, quando a escutei no programa de televisão "Your Show of the Shows".) Em alguns anos, diz Atkinsons, "todas tinham se casado com milionários".[16] O histórico da carreira dessas coristas ajudou a criar um estereótipo que prosperou durante todo o século xx: jovens garotas que se

* Essa tradição desafia abertamente o dualismo que define o argumento de Susan Glenn: "o espetáculo da autoafirmação feminina" (*Female spectacle*, p. 8). O objetivo de Glenn talvez não seja desmascarar a tradição como uma mentira. Qualquer corista do presente ou do passado, e qualquer apreciador do teatro, concordariam que é *em grande parte* mentira. Mas o cerne da verdade no mito explica muito da aura do teatro, leva mulheres (e homens) inteligentes e talentosos a se lançar na cena teatral, geração após geração, e mantém viva a produção do teatro. Glenn cita especificamente *Sister Carrie,* junto com o romance de Willa Cather, de 1915, *The song of the lark*, por usar "a mulher intérprete para explorar o tema da autoprodução feminina por meio do espetáculo no palco" (7).

apresentam nos espetáculos com a esperança de atrair homens ricos, que não só vão se casar com elas, mas tirá-las do show business. Na sua exibição instrumental e pragmática do charme, as garotas de *Florodora* abriram o caminho para as protagonistas de *Os homens preferem as loiras*, "Diamonds are a girl's best friend" e *Como agarrar um milionário*. Elas podem ser as estrelas do teatro, mas é na página da coluna social que querem estar.

A mais famosa ex-aluna de *Florodora*, não um membro do sexteto, mas parte do conjunto maior de cantoras, foi Evelyn Nesbit. Atkinson a descreve como "uma garota estonteante de dezesseis anos, natural de Tarentum, Pensilvânia". Ela teve um caso com o grande arquiteto Stanford White, o projetista da Penn Station e da Columbia University, mas casou-se com um milionário do carvão, seu conterrâneo da Pensilvânia, Harry Thaw. (Na realidade, White também era da Pensilvânia; a dialética interna do estado, difícil de ser compreendida por forasteiros, é um subtexto desse caso.) Thaw era considerado por muitos um bobalhão, incapaz de uma frase em inglês coerente. Não sei se ele deu origem ao estereótipo do milionário burro que estaciona a sua limusine na frente da porta de entrada dos artistas, mas ele certamente ajudou a alimentá-lo. Inepto como parecia ser, ainda conseguiu confrontar White e lhe dar três tiros na cabeça. Houve um julgamento sensacional de homicídio, que revelou infindáveis detalhes de dinheiro, romance e intriga na Broadway. Thaw foi considerado insano, mas seu crime emprestou a seu estereótipo uma nova profundidade: assassino-bobalhão-milionário. Nesbit continuou em circulação por anos, mas aparentemente nada lhe deu uma profundidade interior que substituísse a juventude perdida. Ela veio a ser conhecida pelo nome de um brinquedo (Um brinquedo sexual? Um brinquedo sentimental? Uma mistura de ambos?)

que White mandara fazer para ela: "A garota no balanço de velu-do vermelho".*

Perto do fim do livro Carrie torna-se uma estrela e as cartas dos fãs começam a inundar a sua caixa de correio. Grande parte da correspondência é de homens que afirmam ser milionários. Na primeira vez que isso acontece, a amiga Lola insiste para que ela responda: "Por que você não o vê. [...] Ele não poderia lhe fazer mal. Talvez você se divertisse um pouco com ele". Embora Carrie seja solitária, ela é inflexível nesse ponto: "Sei o que ele diria. Não quero me encontrar com ninguém dessa maneira" (48, 456).** Quando *Sister Carrie* termina, a sua personagem ainda está em aberto, não definida de todo. Mas ao menos sabemos que ela não quer se vender como uma garota Florodora. Um dos mo-dos como podemos conhecê-la é pelo que ela *não* se torna.

O nome da companhia de Carrie, "Jogadores do Cassino", dramatiza toda a visão de mundo de Dreiser. Mostra a aleato-riedade do destino humano. Com a ascensão de Carrie vem a

---

* O filme *O crime do século* estreou em 1955, dirigido por Richard Fleischer, escrito por Charles Brackett e estrelando Ray Milland como Stanford White, Farley Granger como Harry Thaw, uma jovem Joan Collins como Nesbit e o grande e magistral ator iídiche Luther Adler como o advogado que, com sua dialética, salva Thaw da morte. Que eu saiba, o filme nunca foi lançado em vídeo. (Lembro-me das críticas na minha infância: todos concordavam que o filme era estúpido, mas diziam também que era obsceno. Por que não o aceitei? Menino de quinze anos na Escola Secundária de Ciência no Bronx, eu queria o obsceno, mas não o estúpido. Admirava mulheres como Marlene Dietrich, Lauren Bacall, Lena Horne, Simone Signoret, que pareciam obscenas e inteligentes.)

E. L. Doctorow, em *Ragtime* (Random House, 1975), talvez seja o primeiro a tratar Nesbit com simpatia e respeito. Ele a leva para o Lower East Side da década de 1910 e a reúne com artistas iídiches pobres, crianças abandonadas e Emma Goldman, descrevendo-a como uma pessoa complexa capaz de crescimento espiritual e autodesenvolvimento.

** Os números entre parênteses indicam o capítulo e os números de página da edição de *Sister Carrie* mencionados nesta parte do livro. Ver nota 14, p. 349.

queda de George Hurstwood. Primeiro, ele não consegue manter o emprego; depois, não consegue arrumar um novo emprego; a seguir, passa a beber; então, mergulha numa depressão cada vez mais profunda; por fim, se mata. Mas primeiro ele abandona Carrie, sabendo que não há nada que ela possa fazer para ajudá-lo. Ao traçar a espiral para baixo, Dreiser emprega uma intensidade perfeita. Ele é hábil em evitar o moralismo: não há "razão" para a queda de Hurstwood, nada que pudéssemos marcar como uma falha trágica. Altos e baixos: num mundo de cassino, assim é a vida.

Dreiser sentia o mesmo desprezo pelo teatro do final do século XIX que Bernard Shaw transmitia com tanta força. As peças que Carrie vê, e nas quais depois atua, são tolas e superficiais: "Elas têm o encanto de mostrar o sofrimento em condições ideais" (35, 325). Nada exigem do elenco ou da plateia. Ainda assim, quando sobe ao palco, ela demonstra uma força expressiva que transcende o seu material: uma qualidade que Dreiser chama "grandeza emocional", um "desejo comovente pelo que é melhor" (40, 378). Ela é inocente quanto ao estilo bombástico e pretensioso da Era Dourada, que impulsiona a maioria das pessoas ao seu redor. Sente empatia pelos pobres. "Carrie tinha experimentado em excesso a amargura da busca e da pobreza, para não simpatizar intensamente" (47, 457). Quando se senta pela primeira vez num bom restaurante em Nova York ela lembra o passado num flashback, e "nesse lampejo via-se a outra Carrie, pobre, faminta, errando desesperada sem saber o que fazer, e toda a Chicago um mundo fechado e frio" (35, 324). Mesmo depois de ter se tornado uma estrela da Broadway, "ela se lembrava dos tempos em que caminhava pelas ruas de Chicago" (45, 435). Mas antes disso, quando seu amante de meia-idade começa a vacilar e fracassar, a sua empatia e emoção secam rápido. Desempregado, Hurstwood passa um breve intervalo como um marido que toma conta da casa. Quando ele comenta o alto custo da manteiga, ela corta logo: "Você não se importaria, se estivesse trabalhando" (39, 365). Quando ele diz que não consegue arrumar um emprego estável em Nova York, ela não só responde com impaciência, mas com uma condescendência que é nova e surpreendente: "Você não deve ter tentado com muita força", diz ela, "*eu* consegui algo" (42, 401). Logo ela se desliga dele, concentra-se na sua carreira e dá um jeito para não ver o drama que sabe estar se desenrolando logo ali fora do palco.

A Square é o lugar em que eles se encontram pela última vez. Não é claro quanto tempo se passou, mas Hurstwood foi ladeira abaixo e espatifou-se. Está vestido com farrapos e tremendo de frio. Ele, e muitos como ele, se arrasta pelo frio de uma ponta à outra de Manhattan o dia inteiro. Hurstwood ainda pode ler e, mesmo enquanto desaba, vê histórias da ascensão de Carrie. Por fim, num dia gelado, depois de arrastar-se pela Square, ele para na frente da entrada dos artistas para o Cassino e espera por ela.

> "George", disse ela, "o que lhe aconteceu?"
>
> "Estive doente", ele respondeu. "Acabo de sair do hospital. Pelo amor de Deus, me dê algum dinheiro, sim?"
>
> "Claro", disse Carrie, o lábio tremendo... "Mas o que aconteceu com você afinal?"
>
> Ela estava abrindo a bolsa, então tirou tudo para fora e as únicas notas que tinha, uma de cinco e duas de dois.
>
> "Estive doente, eu lhe disse..."
>
> "Tome aqui", disse ela. "É só o que tenho comigo."
>
> "Está bem", ele respondeu com suavidade. "Eu lhe devolverei algum dia." (49, 477)

As pessoas fitam esse casal estranho. O que eles estão fazendo juntos? O que ela sabe não basta para poder explicar, mas ela sente suficiente empatia para ficar paralisada de dor e culpa. Ele está evidentemente, desesperadamente, necessitado, mas não parece zangado, apenas muito, muito triste. Ele fala que está morando no Bowery. Agora que conseguiu que ela se conectasse com ele, torna-se solícito, quase cortês com ela.

"Melhor você entrar", disse ele. "Estou muito agradecido, mas não quero incomodá-la mais."

Ela tentou responder, mas ele se virou e partiu para o leste arrastando os pés.

Carrie e o seu público sabem para onde ele está indo. "Para o leste" significa o East River, e na linguagem de 1900 — o romance de Stephen Crane de 1893, *Maggie: a girl of the streets* (*A story of New York*), define o local — esse rio significa morte. Na Nova York dos pobres, há um século, o sol se punha no leste. Percebemos que ela daria e partilharia mais se pudesse, mas vemos também que ninguém pode ajudá-lo agora. (Dada a depressão esmagadora com que Dreiser o atormenta, provavelmente ninguém poderia tê-lo ajudado. Mas ela fica ciente do que sabíamos o tempo todo. Ela saltou do trem da morte cedo demais.)

Essa é uma das cenas mais lancinantes de toda a literatura americana. Mas ainda não acabou: um capítulo mais tarde, Dreiser nos golpeia com uma coda opressiva. Hurstwood, ainda mais desgraçado do que pouco tempo atrás, dirige-se para as luzes brilhantes da Square como uma mariposa buscando a chama.

"Vou só descer a Broadway", disse ele para si mesmo.

Quando chegou à rua 42, os anúncios luminosos já estavam ardendo brilhantes. Multidões se apressavam para jantar. Pelas janelas brilhantes em cada esquina era possível ver grupos alegres em restaurantes luxuosos. Havia carruagens e bondes apinhados de gente (50, 493).

Bem no começo do livro Dreiser descreve a primeira visita de Carrie à Broadway. Ela fica desconcertada com a grandiosidade de suas lojas e anúncios e com o charme de seu povo. Muitas dessas pessoas querem isolar a área como uma espécie de gueto da classe alta. As suas esperanças serão frustradas na década de 1900, com a chegada do metrô. Nesse ínterim, Dreiser menciona uma canção de sucesso, que descreve um homem pobre e maltrapilho, e pergunta: "Que direitos ele tem sobre a Broadway?" (34, 323). Hurstwood vem fazer valer os seus direitos, o direito de estar ali, "vem com o propósito de ver e ser visto", por mais desgraçado que possa estar. Ele para na frente de

um restaurante imponente, diante do qual brilhava um letreiro luminoso. [...] Pelas grandes vidraças podia-se ver a decoração vermelha e dourada, as palmeiras, as toalhas e os guardanapos, os copos cintilantes e, acima de tudo, a multidão confortável.

Ele passa a fazer o gesto do outsider que se tornou clássico no século XIX: aperta a cabeça contra o vidro a fim de olhar para dentro. Numa das cenas primordiais da literatura do século XIX, no meio de um grandioso baile de máscaras, "Madame Bovary virou a cabeça e viu os camponeses espiando do jardim, os rostos comprimidos contra o vidro".[17] *Sister Carrie* urbaniza essa cena primordial: é um evento diário (ou noturno) em Times Square; mas Times Square é um lugar em que há um baile grandioso toda noite. (Na década de 1990, o prefeito Giuliani batizou o gesto de Hurstwood de "um crime contra a qualidade de vida".) Tão perto dos "grupos alegres" que enchem a Square na década de 1890, ele por fim se zanga:

"Comam... É isso aí, comam. Ninguém mais quer um pouco." As pessoas se viraram para fitá-lo, tão insólita era a sua figura trôpega. Vários policiais o seguiram com seus olhos para cuidar que ele não pedisse dinheiro a ninguém.

Ele percebe que chamou mais atenção para a sua pessoa do que pode suportar. "No seu estado fatigado e faminto, ele nunca deveria ter vindo até aqui. O contraste era demasiado agudo."

Então a sua voz tornou-se ainda mais baixa, e a sua mente perdeu metade da fantasia que possuía.

"Está muito frio", disse ele. "Terrivelmente frio."

"De que adianta?", pensou. "Está tudo terminado para mim. Vou cair fora." (494)

Naquela mesma noite, ele encontrará um alojamento no Bowery onde poderá ligar o gás e fazer um "letreiro luminoso" todo seu (499).

Mas, antes que se chegue a esse final terrível, Dreiser aumenta ainda mais a tortura de Hurstwood, de Carrie e a nossa. Enquanto ainda está na Broadway, ele caminha sem rumo e passa de novo pelo Cassino. Dessa vez está devastado demais para esperar por alguém, pedir alguma coisa ou até mesmo saber onde está. Mas de repente, avultando à sua frente, preenchendo o quadro, eis Carrie de novo! Será possível que seja ela? Sim e não: é "um grande cartaz de papelão com moldura dourada, no qual se via uma bela litografia de Carrie em tamanho natural". Não é a mulher — o amor perdido de sua vida —, é o seu cartaz. Esse cartaz não só o traz de volta à vida, como desperta o seu ressentimento adormecido e a fúria reprimida:

"É você", disse por fim, dirigindo-se a ela. "Eu não era bastante bom para você, não é? Hein..."

"Ela conseguiu", disse ele... "Que ela me dê um pouco." (494)

Ele parte para a porta dos artistas, mas um criado o afasta com um empurrão, e ele escorrega e cai na neve. Olha para as luzes bruxuleantes e os anúncios luminosos da Square da perspectiva de quem está no chão.

Então um sentimento feroz contra Carrie jorrou das suas entranhas — apenas um pensamento feroz e irado diante de toda a cena escapuliu da sua mente. "Ela me deve alguma coisa para comer", disse ele. "Ela me deve isso."

"Sem esperanças, ele tornou a adentrar a Broadway e seguiu chafurdando, esmolando, chorando, perdendo o fio de seu pensamento." Dreiser abandona Hurstwood e a nós num estado incerto: nunca ficamos sabendo se ele compreende que não é Carrie, mas o seu cartaz. Essa é quase a sua última noite, mas ele não entra suavemente nessa noite. Ele afirma o direito de até o mais ínfimo dos ínfimos estar "na Broadway". Os anúncios luminosos o enchem de ódio, mas também, ironicamente, enquanto ele se aproxima cada vez mais da morte, eles o puxam para a vida.

Ela me deve isso. Carrie provavelmente concordaria. Uma de suas qualidades de estrela é o seu sentimento por todas as pessoas ali fora que jamais se tornarão estrelas. Grandes atores e atrizes do século XIX tendiam a reprimir as origens baixas e atribuir a si mesmos genealogias aristocráticas; Dickens foi a exceção notável. Carrie encarna um novo tipo, distintivo na cultura de massa do século XX: a estrela que veio da parte inferior da sociedade, mas que se lembra de onde ela (ou ele) veio. No século XX, o público de formas populares está muito expandido: cheio de pessoas que começaram por baixo; assim que os filmes e outras formas de entretenimento eletrônico começam a funcionar, ficará cheio de pessoas que ainda estão por baixo. Muitos astros do século XX têm o poder característico de incorporar a sua pobreza anterior na sua aura, transformar a sua posição inferior num laço íntimo com o "seu público". Charlie Chaplin, Louis Armstrong, Al Jolson definiram essa forma do século XX. (Sarah Bernhardt encarnou de certo modo as duas formas, e figura como uma transição.) Durante a Grande Depressão, ela foi desenvolvida por figuras como Billie Holiday, John Garfield e Woody Guthrie. Depois da Segunda Guerra Mundial espalhou-se pelo mundo com Edith Piaf, Evita, Elvis, Pelé, John Lennon, e rappers como Tupac Shakur e Biggie Smalls. Em figuras como Bruce Springsteen e Eminem a forma continua a existir; eles não escaparão de sua origem, que lhes dá uma profundidade obsessiva que transcende a celebridade que poderia do contrário aniquilá-los.*

A última cena de Carrie, com sua amiga e companheira de quarto Lola, nos lembra as maneiras diferentes de recordar o passado. Elas estão no quarto confortável de hotel que partilham, enquanto uma nevasca ruge lá fora. Elas veem um homem cair na neve. Carrie pergunta: "Você não tem pena das pessoas que não têm nada hoje à noite?". Lola diz que não, ela não tem pena; na verdade, quando o homem cai, ela ri. Diz: "As pessoas nunca me

---

* Se este fosse um livro diferente, eu concordaria que o primeiro astro moderno de origens inferiores foi Jean-Jacques Rousseau. A mãe morreu no parto ("Genebra sem Mãe"), o pai o abandonou, ele foi passado de parente a parente e meteu-se em encrencas intermináveis na sua cidade natal, fugiu com dezesseis anos, foi preso como um vagabundo sem-teto em dois países diferentes — e de algum modo, no meio dessa terrível confusão, desenvolveu não só um senso de subjetividade encantadora, mas um sentimento corajoso pelo "povo" e uma visão de suas tristezas, esperanças e história coletivas. De modo geral, ele criou uma obra, cheia de contradições, que vai muito além da obra de qualquer outro na definição do "pensamento moderno".

deram nada quando eu estava em dificuldades"; ela parece pensar que isso é o bastante para explicar por que não sente empatia pelas pessoas que estão em dificuldades (50, 495). A linguagem de Lola ecoa personagens fictícios como Bounderby, em *Tempos difíceis*, de Dickens, e Becky Sharp, em *Vanity fair*, de Thackeray, junto com os muitos "homens que se fizeram por si mesmos" e os "darwinistas sociais" que avultavam na cultura da década de 1890. Dreiser simpatiza com os pobres, mas não se torna sentimental a seu respeito. Mostra como a lembrança da própria pobreza pode gerar uma maior empatia e generosidade, mas também provocar sentimentos opostos. Quando *Sister Carrie* apareceu em 1900, apesar de o autor ganhar pouco dinheiro com o livro, a obra o tornou um astro. Ele brilha não só nas suas poderosas narrativas de ascensão e queda, mas na sua compreensão das ambiguidades da vida no topo. Carrie é especial não só porque consegue ser uma estrela, mas porque Dreiser a imaginou de um modo que nos faz sentir que ela *merece* ser uma estrela.

Não é ela, é o seu cartaz. O encontro define um momento clássico de Times Square. Uma das grandes qualidades da Square, desde a década de 1890, tem sido a sua pletora de anúncios. Em 1900, graças à eletrificação, os anúncios são mais radiantes e luminosos do que nunca. O seu alcance é a comunicação de *massa*. Saltos para a frente na tecnologia fotográfica tornaram possível exibir imagens de pessoas em tamanho maior que o natural. Esses anúncios ajudam a transformar o espaço público da Square num meio de comunicação de massa. Instalados os anúncios, ocorre um grande salto coletivo de percepção e consciência. García Márquez, escrevendo sobre Macondo, consegue ver Times Square: "Naquele estado de lucidez alucinante, eles não só viam as imagens de seus próprios sonhos, mas alguns viam as imagens sonhadas por outros".[18]

O que a nova "lucidez alucinante" fará para os homens e as mulheres do século XX? Os seus efeitos serão paradoxais e contraditórios. O antigo amor de Hurstwood por Carrie revive quando ele a encontra em carne e osso, "a imagem de seu próprio sonho"; mas ele se sente enervado e até violado pelo seu cartaz, uma "imagem sonhada por outros". Quanto a Carrie, ela gosta de seu trabalho de atriz no palco, mas não consegue se adaptar ao estado de celebridade, quando todo mundo quer ser visto com ela ou perto dela, mas ninguém dá a mínima para o que ela realmente pensa ou sente; os críticos elogiam a sensação de interioridade que ela projeta, mas ninguém jamais lhe pergunta o que se passa no seu íntimo. A única exceção é um crítico chamado Ames, que lembra o próprio Dreiser, o qual lhe sugere que a sua solidão interior ressoa com a de muitas outras pessoas ali fora (35, 333 ss.; 47, 479 ss.). Ela mora numa "suíte de celebridade" no Hotel Wellington: os proprietários lhe cobram uma "taxa de celebridade", que é "qualquer soma que você acha que poderia se dar ao luxo de pagar" (42, 451); eles sabem que a presença dela criará "um burburinho" que atrairá mais negócios. Na sua suíte de celebridade, olhando para o seu nome exibido no mundo das luzes, ela está mais só do que nunca. A sua própria tristeza aumenta o seu encanto melancólico. Lola fica irritada: "Você não deve se sentir só", diz ela. "Há muita gente que daria qualquer coisa para estar no seu lugar" (47, 458). Na realidade, "o seu temperamento solitário e retraído" a torna uma nova forma de "figura interessante aos olhos do público" (49, 478). Mas ser interessante não quer dizer ser humanamente feliz.* Ela se sente esmagada pelo seu cartaz,

---

* Esse sentir-se "solitária no auge do sucesso" é um dos temas duradouros da cultura de massa do século XX. Muitas pessoas que estão longe do topo do sucesso acham essa ideia ridícula. Os suicídios de Marilyn Monroe e Judy Garland sugerem um pouco da realidade subjacente ao sucesso, uma realidade que talvez seja mais grave para as mulheres. Compare-se a futura suicida Janis Joplin em Fillmore East no verão de 1968. "Ouça o que eu digo", ela implorou. "Eu faço 10 mil pessoas se sentirem sexy, e vou para casa sozinha." Coralie, de Balzac, em *Ilusões perdidas*, e Naná, de Zola, fazem soar essa corda. Carrie talvez seja a primeira a fazê-la soar na América.

mesmo que seja o cartaz de seu sucesso. Ela talvez seja a primeira personagem americana a estar convincentemente solitária no auge do sucesso.

Theodore Dreiser era um jornalista cultural antes de se tornar romancista. Iniciando a carreira nas pequenas cidades do meio-oeste, depois trabalhando em Pittsburgh, ele se sentiu instantaneamente em casa na Broadway. Irmão mais moço do compositor de canções Paul Dresser, Dreiser criou em 1897 um dos grandes versos arquetípicos na história da música popular americana: "I long to see my mother in the doorway" [Sinto muita vontade de ver a minha mãe na soleira da porta]. (Esse é o verso-chave da canção "On the banks of the Wabash", que antes da descoberta da técnica de gravação do som vendeu meio milhão de cópias em um ano.)[19] Dreiser sentia-se instintivamente à vontade com as ironias do mundo dos meios de comunicação de massa do século XX: o mundo que Guy Debord, na década de 1960, chamaria a "sociedade do espetáculo".[20] Dreiser estreou como romancista bem no momento em que a sociedade do espetáculo estava crescendo ao longo e em torno da Broadway. Se entramos no fluxo da sua escrita, ele pode contribuir para que nos sintamos em casa num ambiente que constantemente alimenta experimentos em autoexibição e autoalienação, um lugar onde essas antíteses humanas se entrelaçam e florescem juntas à mesma luz brilhante.

OS ANOS 1920: *"LUCIDEZ ALUCINANTE"*

À medida que passava o tempo, a energia que eu tinha esperado gastar num capítulo geral sobre Times Square nos anos 1920 foi canalizada para um ensaio do tamanho de um capítulo sobre Al Jolson e *O cantor de jazz*. Um tema que é saliente no ensaio sobre Jolson é a chegada dos judeus a Times Square, especialmente judeus do Leste Europeu, "do outro lado". Eles enriqueceram a comédia popular e o vaudeville, que floresciam na Square. No Tin Pan Alley do Brill Building, na Broadway com a rua 49, eles criaram formas inovadoras de canção popular. Trabalhavam sem dificuldades com intérpretes negros e assimilavam a música negra. (Esse é um tema central de *O barco das ilusões*, bem como de *O cantor de jazz*.) Manifestavam a sua presença, "demorando-se" atrevidamente em restaurantes tipo delicatéssen como o Lindy's, ou diretamente na rua. As pessoas que não gostavam deles diziam que eles tratavam a Square como um gueto. Tornavam o bairro muito mais informal do que tinha sido antes da Primeira Guerra Mundial. Elaboraram uma espécie de jive-talk, uma "fala cantada" que a juventude americana adotou imediatamente com entusiasmo. Moviam-se facilmente entre os meios de comunicação — o vaudeville, o teatro, o cabaré, o cinema, o rádio — e imaginaram a "cultura de massas" antes que os sociólogos o fizessem; criaram uma imprensa e uma linguagem para falar sobre ela. Os judeus que contribuíram muito para a língua incluem Jolson, Irving Berlin, Walter Winchell e Sime Silverman, editor de *Variety* no seu auge, e Billy Rose. As judias incluem Dorothy Parker, Edna Ferber e Fanny Brice.[21]

Nos anos 1920, a localização de edifícios comerciais gigantescos ao redor da Square — o Paramount Building era o maior e mais extraordinário — desencadeou uma tremenda expansão no grupo das trabalhadoras. A minha mãe era uma dessas trabalhadoras: primeiro uma estenógrafa exímia, depois uma guarda-livros e finalmente, muito tempo depois que o marido tinha morrido e os filhos crescido, "agente financeira chefe". Durante toda a sua vida, ela trabalhou duro para conseguir empregos nos escritórios perto de Times Square, pois queria estar perto dos teatros e de Town Hall, e observar, em cada estação, o que as "mulheres inteligentes" estavam usando. (Note-se que eram as mulheres de Times Square, e não as da Quinta Avenida, que encarnavam a sua ideia de "inteligente".) Essas garotas são o tema das histórias de *Kitty Foyle*, de Christopher Morley, que a minha mãe e a tia Indie sabiam de cor. (Elas achavam que o filme de 1940 com Ginger Rogers era encantador, mas superficial.) Depois há *Classified*, um filme mudo de 1926 que vi no Film Forum na década de 1990, e sobre o qual esperava escrever aqui, mas não consegui encontrar um vídeo para um exame detalhado. A heroína, "Babs Comet", é uma telefonista que recebe chamadas para anúncios classificados num jornal do tipo *Times/Tribune* na Square. Ela é configurada segundo o modelo Florodora de trabalhadora, e não segundo o modelo Betty Boop: sonha (e finalmente arruma) um Príncipe Encantado que a afastará do trabalho, em vez de alguém que a ajudará no trabalho. Mas o filme contém uma frase sensacional que viverá para sempre na literatura e nas tradições das trabalhadoras: "A sua capacidade de ganhar dinheiro ficava aquém de sua capacidade de desejá-lo".

Os anos 1920 presenciaram um tremendo aumento do brilho da Times Square: o "banho de luz" da minha mãe. As pessoas falavam cada vez mais da Square como uma espécie de ambiente psicodélico, a "Rua do Sonho". O grande banho de luz inundava as mentes de muita gente propiciando êxtase. Outros preocupavam-se com o poder do espetáculo de tornar as pessoas — em geral os jovens, frequentemente as mulheres, mas na realidade todas as pessoas — "cegas de luz". Um dos celebrantes mais imaginativos da luz foi Paul Morand, um poeta surrealista francês que trabalhava em Nova York como diplomata.[22] Morand move-se e vive na mesma tradição cultural de Pierre Loti; sua escrita, como a epígrafe de Loti, mostra uma apreciação de Times Square, e da própria Nova York, que frequentemente ocorre com mais facilidade entre os europeus cultos do que entre nossos colegas americanos. "Hoje, numa tarde de inverno, chego à Times Square por volta das seis horas. É a hora mais bela da Broadway. Aqui, até a meia-noite, Nova York toma o seu banho de luz." Morand oferece um catálogo lírico de todas as cores da luz, e de todas as formas de seu movimento: "em cambalhotas, corrente, giratória, ziguezagueante, rolante, vertical, perpendicular, dançante, epiléptica; as estruturas rodopiam, as letras lampejam na noite". Ele examina os vários anúncios luminosos. "Na rua 42, é uma brilhante tarde de verão a noite toda", um mundo de "prismas não descobertos", de "arcos-íris combinados".

> Na chuva, ou quando há névoas flutuando ao redor, é ainda mais belo; a chuva torna-se água dourada; os arranha-céus desaparecem a meio caminho do céu, e nada mais pode ser visto senão os halos de suas cúpulas suspensos numa névoa colorida. [...] O grande holofote no topo do Times Building varre os resquícios do céu.

> O Grande Caminho Branco! Toda a América sonha ter uma Broadway. O desejo de diversão irrompe como uma revolução. [...] O festival oferece toda a falsa promessa do festival da cidade, mas [...] ela é falsa apenas de manhã. Há somente uma verdade — a verdade de hoje à noite! [...] É a vida em seu aspecto mais espetacular.

> Aqui a luta de classes já não tem significado. É a vitória! A lâmpada elétrica já não é um dispositivo para iluminar, é uma máquina para fascinar, uma máquina para obliterar. [...] Esta multidão fatigada [está] determinada a não ir para casa, determinada a gastar o seu dinheiro, determinada a cegar-se com a falsa luz do dia. [...] A rua 42 é uma conspiração do comércio contra a noite, [...] resta apenas uma latitude, a latitude do prazer.

O lirismo de Morand é emocionante, mas é difícil saber o que significa. Significaria que o anseio da massa por diversão é em si mesmo revolucionário, como na busca de felicidade que Thomas Jefferson canonizou na Declaração de Independência como um "direito inalienável"? Ou Morand está ecoando os seus contemporâneos, Ortega y Gasset, Lewis Munford, Walter Lippmann, Aldous Huxley, e prefigurando a Escola de Frankfurt, os situacionistas e todos os escritores da "Cultura de Massas" da década de 1950, ao dizer que "a verdade de hoje à noite" incapacita as massas de pensar sobre o amanhã? Está dizendo, como Le Corbusier, "Arquitetura ou Revolução. A Revolução pode ser evitada"?[23] E, em caso positivo, afirma tal coisa porque "a vida no seu aspecto mais espetacular" é uma vitória total para os produtores ou financiadores de espetáculos? Ou porque, como Marshall McLuhan sugerirá, esse grande arranjo de maquinaria, programado para "cegar [as pessoas] com uma falsa luz do dia", pode dotá-las inadvertidamente com uma segunda visão, uma percepção da "verdade de hoje à noite" que é mais profunda que a verdade do dia de trabalho? É difícil saber. Mas nem mesmo o mais ardente celebrante de Times Square jamais afirmou que o seu banho de luz poderia tornar o pensamento claro.

Quando *O cantor de jazz* causou sensação em outubro de 1927, quase enterrou aquele que é provavelmente o maior filme já feito em Hollywood, *Aurora*, de F. W. Murnau, que havia estreado apenas alguns dias antes. O herói de Murnau é um agricultor com família que se apaixona por uma garota da cidade (que está passando as férias no campo) quando às voltas com uma desesperada necessidade de levantar dinheiro, pois a fazenda está perto da bancarrota. Cativado por ela, ele sonha com uma paisagem urbana psicodélica e abstrata, modelada como uma gravata-borboleta, muito parecida com Times Square. Ele ataca a sua esposa (Janet Gaynor) com a intenção de matá-la (como em *Uma tragédia americana*, de Dreiser, que acabara de ser publicado), mas ela foge para a mata. Ali, no meio da floresta, como um espírito num conto de fadas, um bonde se materializa. De forma mágica, mas realista, o bonde transporta o casal alquebrado para o que parece uma cidade real. Eles passam um dia de turistas explorando-a, e Murnau faz com que a viagem transforme os dois. É nas mudanças da mulher que realmente acreditamos. Ela começa a história totalmente absorvida pelo trabalho na fazenda e pelo cuidado das crianças, e emocionalmente morta. Na cidade, ela começa a viver; transforma-se numa pessoa animada, vibrante, inteligente, radiantemente sexual. O marido já não sonha com uma garota urbana, porque a esposa, exposta à cidade, tornou-se essa garota. A versão simbolista de Times Square apresentada por Murnau é o meio para o crescimento da mulher. Esse filme talvez seja o primeiro romance autêntico do turismo. Ele imagina uma *regeneração* pelo turismo, exatamente no momento histórico em que o turismo, impulsionado não só pela ferrovia mas pelo transatlântico, está começando a desempenhar um papel crucial na vida econômica de Nova York.

A DEPRESSÃO E A CLASSE DAS TRABALHADORAS

Na década da Depressão, todos os escritores que abordam Times Square falam sobre seu esgotamento econômico e seu estado cada vez mais sujo e malcuidado. O lugar se torna uma parábola viva de declínio e queda — e, simultaneamente, uma espécie de laboratório de linguagem para desenvolver um discurso de declínio e queda. Veja-se o que diz o Guia do Projeto dos Escritores Federais para Nova York, publicado em 1939. Acredita-se que o autor dessa avaliação melancólica tenha sido o jovem John Cheever:

A Depressão enfatizou o lado de feira do distrito de Times Square. Os teatros fechavam um após o outro, e os torneios de xadrez e de bridge, bem como espetáculos secundários, ocupavam as lojas e os restaurantes vazios. Muito antes, entretanto, o apoio popular decisivo se deslocara dos dramas e musicais para o cinema. Hollywood se apoderara das localizações mais desejáveis, relegando o negócio teatral legítimo para as ruas laterais. Restam apenas duas casas legítimas na Broadway.

Na rua 42 a oeste da Broadway, outrora o lugar dos espetáculos do distrito, teatros famosos têm sido convertidos em cinemas de "programação ininterrupta", dedicados a programas duplos e teatros de revista. Entre armarinhos baratos, lanchonetes e estações de ônibus estão sinais de um passado não tão distante — as fotografias do Ziegfeld Follies no saguão do New Amsterdam, o exterior de Republic, e os nomes acima das marquises brilhantemente iluminadas: Eltinge, Wallack's, Sam H. Harris, Liberty, Times Square, o Selwyn, o Lyric.*

---

* *WPA Guide to New York* (nova edição, Pantheon, 1982, p. 175). Esses teatros nunca deixaram de ser um espaço intensamente contestado. Tornaram-se casas de shows pornográficos nas décadas de 1960 e 1970, centrais para o mundo do filme *Taxi driver,* de Martin Scorsese, de 1976. No final da década de 1980, foram fechados à força pela cidade, e tornaram-se objeto de planos de desenvolvimento urbano concorrentes. Em 1990-1, por pouco tempo, eles deviam se tornar vitrines para várias formas de arte conceitual mordaz. Pouco depois, foram derrubados ou completamente transformados. No final da década de 1990, foram encerrados no cânone da cultura de Nova York como símbolos nostálgicos da "antiga rua 42". Essa visão é retratada na revista *Grand Street* (nº 57, 1997), e em *Times Square red, Times Square blue* (1999), de Samuel Delany. Tudo isso será discutido mais adiante.

A melhor narrativa breve das transformações dos anos 1930 é provavelmente "Private parts in public places", de Lawrence Senelick, em *Inventing Times Square*, pp. 335-8. O rebaixamento de teatros grandiosamente decorados para casas de vaudeville foi rotineiramente transformado em humor negro pela expressão "seguiu o destino de todos os mortais". O vaudeville de Times Square era especialmente sujo e espalhafatoso, diz Senelick. A sua prosperidade "dependia de salários baixos e cenários de segunda mão, auxiliados pela curiosidade do homem na rua". Mas se Senelick conhece uma tradição de vaudeville que *não seja* suja e espalhafatosa, ele não nos diz quando ou onde, nem como encontrá-la.

Cheever está escrevendo uma parábola de grandeza e decadência urbana. Ele a organiza em torno do colapso do "teatro legítimo". A sua ideia de "legítimo" é mais ampla do que outras: inclui vaudeville, na forma do defunto Ziegfeld Follies ("sinais de um passado não tão distante"). O seu argumento parece ser que a Broadway era um grande lugar de espetáculos para "dramas e musicais" ainda ontem, mas tornou-se hoje uma espalhafatosa "rua central de feira". Quais são os sintomas dessa decadência? Por um lado, "armarinhos baratos, lanchonetes e estações de ônibus"; por outro, cinemas. Falando da rua 42 Oeste, ele realça o declínio de teatros outrora grandiosos que se tornam o que chama "cinemas 'programação contínua'", uma palavra que o torna capaz de misturar o cinema com o teatro de revista. A ideia deve ser que o sexo é um agente de poluição e degeneração? E que os modos modernos da cultura — tanto o cinema como os espetáculos do teatro de revista — estão infectados pelo sexo, de um modo em que o "teatro legítimo" não está? (Essa ideia vai divertir os leitores da grande ficção sexy que Cheever ainda não começara a escrever.) Claro, essa visão omite as encarnações mais respeitáveis de Hollywood na região: as grandes casas de cinema cujas estreias, magnificamente iluminadas pelos edifícios do Times e da Paramount, talvez tenham sido os eventos culturais centrais na Broadway da década de 1930. Eis uma fobia partilhada por muitos intelectuais nos anos 1930: se não falarmos da cultura de massa, ela talvez vá embora.* Ou melhor, ele menciona as casas de cinema apenas como operações imobiliárias e incursões a Nova York vindas de fora da cidade — "Hollywood se apoderara das

---

* A grande exceção da década de 1930 é a sátira de Hollywood escrita por Nathanael West em *O dia do gafanhoto* (1939; New Directions, 1962), em que a estreia de um filme explode num tumulto urbano. Mas o narrador desse livro brilhante quase partilhava a visão de que é impossível falar sobre o seu tema.

localizações mais desejáveis" —, sem lhes conceder, nem a seus produtos, nenhuma aura própria.

Da perspectiva de Cheever e do *WPA Guide*, a colagem que era Times Square na década de 1930 parecia um desastre. Mas se alguém vinha a Times Square a partir da outra extremidade, de fora da cidade e de baixo, ela podia parecer excelente. A memória autobiográfica de Gipsy Rose Lee evoca o seu primeiro contato com a rua 42 em 1931. Ela passara a vida inteira na estrada em circuitos de vaudeville, viajando de ônibus, vivendo a fazer malas. Mas ela recentemente mudara para o teatro de revista, alcançando um tremendo sucesso da noite para o dia como uma sofisticada dançarina de strip-tease, e recebera o chamado há muito tempo sonhado para se apresentar na Broadway. Foi contratada pelo importante Republic Theatre de Minsky e registrada num quarto do qual podia contemplar o teatro lá do alto, bem no topo do Nedick's Orange Drink e da tenda Hot Dog, na esquina da rua 42 com a Sétima Avenida.

> Havia um brilho excitante na rua 42 naquele início de verão de 1931. Os teatros legítimos estavam espremidos entre o Museum de Herbert, tendas de cachorro-quente e casas de teatro de revista. Fred e Adele Astaire estrelavam *A roda da fortuna* no New Amsterdam. *Private lives* era representado ao lado do Republic de Minsky. O Eltinge Burlesque, com uma política contínua de quatro programas por dia, ficava defronte a *The house beautiful* no Apollo. No andar de cima, um salão de beleza anunciava três itens, xampu, ondulação e manicura, por um dólar.[24]

Rose Lee demonstrava uma refinada percepção das contradições da Square: aqui os Astaire, o ato mais aristocrático da história da cultura popular americana, podiam voar pelo ar entre colisões da mobilidade declinante e cheiros de fast-food. As justaposições estranhas que muitas pessoas denunciavam como sinais de colapso pareciam a ela uma criatividade urbana emocionante.

Nedick's na extremidade sul da Square, Horn & Hardart Automat no meio e Howard Johnson's na extremidade norte tipificavam as cadeias de fast-food da década de 1930 que suplantaram os restaurantes gourmet dos dias gloriosos dos anos 1920. Muitas pessoas que não sabem nada sobre o Nedick's, que morreu na década de 1980, vão se lembrar do seu grande anúncio, conservado até a década de 1990, que dizia BEM-VINDO A TIMES SQUARE, ENCRUZILHADA DO MUNDO. Na verdade, a Square da década de 1930 tornou-se uma "encruzilhada" de classes, ideias e valores de um modo que nunca ocorrera antes. As novas pessoas na Square tinham muito menos dinheiro para gastar do que as multidões da década de 1920; as novas formas de comércio eram montadas para modos baratos de andar sem rumo. Mas muitas das novas pessoas eram mais concentradas, ativas e intensas. A Square na década de 1930 não só se tornou democratizada como politizada.

Uma fonte primária para as multidões de Times Square era então o centro de artigos de vestuário, cujas fábricas e oficinas só há pouco tempo haviam deixado o entorno de Union Square e se deslocado para a cidade alta. Muito mais do que a maioria dos sindicatos americanos, os grandes sindicatos da indústria de vestuário — o ILG (para as roupas femininas), o Amalgamated (para as roupas masculinas), o Hatters (para os chapéus, um grande sindicato — é difícil lembrar que até a década de 1960 a maioria dos adultos usava chapéu; o abandono desse acessório é tão radical quanto qualquer outra atitude dos anos 1960) — eram ideologicamente conscientes e radicalmente ambiciosos. Os socialistas e os comunistas dentro desses sindicatos deixavam vazar uma fúria terrível uns contra os outros e, muito antes de 1945, expuseram todo o vocabulário maniqueísta da Guerra Fria. Mas sobre algumas poucas coisas estavam de acordo. Depois de 1935, quando o Cominterm proclamou a Frente Popular, eles concordaram que a Sétima Avenida devia ser enfeitada com bandeiras que incitassem todos os americanos a APOIAR A DEMOCRACIA NA LUTA CONTRA O FASCISMO. Todos gostavam das demonstrações de massa — e os espaços amplos e cercados de Times Square, os seus contínuos banhos de luz e publicidade, tornavam-na um lugar perfeito para esses eventos. Muitas dessas demonstrações eram sobre o reconhecimento do sindicato — "reconhecimento" era uma das palavras-chave na política de massas da Depressão — e um salário de subsistência. Outras eram mais abstratas e ideológicas. Representavam grupos que eram mais diversos e misturados, e capitalizavam a abundância dos meios de comunicação de massa da região — jornais, revistas, rádio, agências fotográficas, jornalismo, canções populares, cinejornais — para transmitir as suas palavras e ideias pelo país e, às vezes, pelo mundo.

Na história da Broadway de Brooks Atkinson, o seu capítulo sobre a Depressão é chamado "O paradoxo dos anos 30". O paradoxo era que, no teatro da Broadway, a perda quantitativa nutria o ganho qualitativo. O número de novas produções diminuiu constantemente durante toda a década — perto de 250 no final da década de 1920, menos de um terço disso no final da década de 1930.[25] Mas os historiadores concordam hoje que os números dos anos 1920 eram desequilibrados, devido ao mercado ascendente e especialmente a um fluxo de dinheiro de contrabando que necessitava ser lavado, "em vez de uma indicação de vitalidade artística".[26] A Depressão concentrou as mentes de muitas pessoas, e focalizou os seus cérebros e imaginação na questão de como dar vida ao sofrimento e superação que a América estava experimentando. Pela primeira vez na sua história, a Broadway tornava-se séria; chegava ao ponto em que podia ser não só uma fonte de prazer e espetáculo, mas de autoconhecimento.

NO TEATRO DA VIDA: NOVA YORK COMO POBRE-DIABO

É importante ver o quanto o teatro da Broadway se tornou mais inteligente e mais sério durante a Depressão. Ironicamente, entretanto, o crescimento do ambiente em inteligência ajudou a solapar a sua autoconfiança. Naqueles tempos, exatamente quando a indústria do teatro estava ruindo, a indústria do cinema, nos primeiros anos do cinema sonoro, passava por um crescimento espetacular. O contraste agudo colocava todo mundo que ficava em Nova York na defensiva. As pessoas que haviam crescido com uma visão de Nova York como uma metrópole cultural tinham de se adaptar a uma realidade em que, de repente, a cultura de Nova York parecia truncada, subdesenvolvida, de menor importância. Comparada com o resto da América, a cultura da cidade ainda parecia bem grandiosa. Mas no teatro, mais do que em qualquer outro lugar, as pessoas que acreditavam nos seus poderes criativos sentiam uma nova necessidade de se explicar: Que diabos estavam fazendo aqui? Quase da noite para o dia, aqui se tornou "ali". A cultura de Nova York era de repente uma cultura na defensiva. Pertencer a ela significava ser um pobre-diabo. *Decidir* pertencer a ela era tomar uma decisão de vida que parecia, ao menos superficialmente, quixotesca e absurda.

No teatro da vida é uma peça clássica de 1936 que se tornou um filme clássico de 1937. As versões teatral e cinematográfica diferem de maneiras importantes, mas o mais extraordinário sobre ambas é o ambiente que as duas criam: "O Clube da Ribalta. Um clube para as garotas do palco". O clube fica bem próximo da Square, "numa daquelas velhas casas cujo antigo esplendor desapareceu quando o bairro mudou".[27] As suas residentes são mulheres jovens ou não tão jovens à procura de trabalho. Elas dão alfinetadas umas nas outras enquanto competem por papéis nos teatros, quase sempre pequenos papéis. Em tempos mais difíceis, competem por trabalho que consideram "inferior" ao teatro, como dançar em boates e teatros de revista ou ler receitas no rádio. Nunca param de competir pelos homens, homens que podem ajudá-las a conseguir trabalho sério no palco, ou homens que podem se casar com elas e levá-las para longe — Appleton, Wisconsin e Seattle estão entre os lugares que significam "longe" — de sua rotina diária. Quando pensam sobre o futuro, chegam frequentemente perto do desespero. Mas seguram as mãos umas das outras, partilham vestidos e meias, trocam namorados, ajudam-se mutuamente a decorar os textos, contam piadas sobre o mundo, e a sua pensão transborda com uma *joie de vivre* a despeito de tudo. As duas versões de *No teatro da vida* levam avante a tradição "Garota do Times" da corista como o Homem de Fato de Times Square. Nenhum dos escritores de *No teatro da vida* — Edna Ferber e George S. Kaufman na peça teatral, Morrie Ryskind e Anthony Veiller no filme — usa uma linguagem explicitamente marxista. Ainda assim, todos assumem conscientemente o que não temos senão como chamar de uma direção marxista. Retratam as suas heroínas como membros de uma classe, como vítimas de formas coletivas de sofrimento, como sujeitos humanos com uma consciência coletiva, e como heroínas numa luta coletiva. Poderíamos chamá-la a classe das garotas trabalhadoras.

Uma questão que é crucial na peça, mas que desaparece no filme (não é difícil compreender o porquê), é a seguinte: o que um trabalhador de Nova York deve fazer quando Nova York não oferece trabalho? O conceito "trabalhador de Nova York" significa alguma coisa? Terry, a melhor artista do grupo (Margaret Sullivan no palco, Katharine Hepburn na tela), proclama a sua paixão pelo palco. "Mas não posso representar, se eles" — os donos do capital teatral e os diretores que eles contratam — "não me deixam." Ela trabalha atrás do balcão da Macy's durante o dia e vai a testes de audição à noite. Mas nada leva a lugar nenhum. Então a sua amiga Jean arruma testes na tela do cinema para as duas. Os estúdios gostam delas, e Jean prepara-se para comprar passagens de trem para as duas rumo ao oeste. Mas Terry diz que não vai. Por que não? "Não é representar — é trabalho por tarefa. Você não é um ser humano." Como os marxistas da Escola de Frankfurt, Terry está atualizando o "trabalho alienado" de Marx para que se ajuste à cultura de massa do século XX. A resposta de Jean é dirigir uma acusação similar contra o teatro. Ela pergunta: o que o teatro faz pelos seus trabalhadores? "Imagino que você ache que *isto* é estar viva? Dormir em três num quarto nesta pocilga podre? Isso leva você a se desenvolver, hein?" Terry, na defensiva, diz que ela vê o Clube da Ribalta "apenas como o início" de uma longa carreira. Jean diz: "Você não pode representar ingênuas para sempre", e a Broadway não é mais generosa com as mulheres do que Hollywood. Em ambas as costas, os centros de meios de comunicação de massa as esmagam de forma inflexível, e cospem-nas fora antes de elas terem uma chance de envelhecer.

Há problemas no repto de Terry. Uma coisa é um ator dizer que representar na "Broadway", num palco diante de pessoas reais, é mais nobre, mais plenamente humano, que representar num estúdio de "Hollywood". É muito mais forçado um ator desempregado — e Terry está desempregada no momento dessa discussão — dizer que *não representar de forma alguma* é melhor que representar em Hollywood. Mas a nossa heroína fica em Nova York, trabalha na Macy's, vai a testes de audição, mantém a fé e espera que algo aconteça. Uma das coisas boas sobre a versão teatral de *No teatro da vida* é o fato de ser uma comédia, e a comédia é um gênero em que as coisas acabam acontecendo. No fim do Ato Três, ela caminha no crepúsculo não só com o papel de estrela numa boa peça, mas com um rapaz bom que é bonito, inteligente, rico e o dono da peça. A moral é: não é preciso ir a Hollywood para ter um final de Hollywood.

O que podemos dizer? "Bom trabalho, se conseguir pôr as mãos nele!" é o que os Gershwin dizem na sua canção de 1937. Mas também podemos dizer que vemos a cultura popular de Nova York no processo de continuar na defensiva e voltar-se para dentro de si mesma. Essa é uma época em que o crescimento da indústria da cultura é precário, incerto, oscilando no vento; por enquanto, apenas o cinema parece imune à praga. Cada vez mais escritores, atores, designers são impelidos pelos mesmos imperativos cruéis que movem os rebitadores, os colhedores de uva ou os estivadores: *Vá para onde há trabalho*. É provável que as condições de trabalho sejam terríveis, mas o esvaziamento do eu que não trabalha é ainda pior. Essa é uma era em que milhões de pessoas migram ao redor do mundo à procura de trabalho; não parece haver muita razão para alguém estar em algum lugar se não consegue arrumar trabalho. Ou haverá? A partir de então, todo mundo envolvido na cultura em Nova York terá de trabalhar horas extras para lidar com a questão: Por que ainda estamos aqui? Na versão teatral de *No teatro da vida* é possível ver o início da campanha "Eu Amo Nova York". Ferber e Kaufman estão abrindo caminho para *Noivo neurótico, noiva nervosa*.

BETTY BOOP, SÍMBOLO DE RESISTÊNCIA

Por que ainda estamos aqui? À diferença do que ocorria nos filmes de longa-metragem, que exibiam muitos estilos visuais diferentes e competitivos, os desenhos animados de Hollywood, à semelhança dos Fords Modelo T, apresentavam *um* único estilo visual: o de Disney. As produções do estúdio de Disney esforçavam-se por criar — e, numa medida extraordinária, conseguiam — uma visão de um universo suave e homogêneo. Havia muitas criaturas más e forças obscuras no mundo de Disney. Mas além de seu alcance havia uma harmonia preestabelecida, uma aura de total integração, que regia o próprio mundo de Disney.

Uma garota na Broadway que realmente lutava com os grandes chefões era Betty Boop, estrela de dezenas de desenhos animados e centenas de tiras de quadrinhos nos jornais.[28] Entre 1930 e 1939, ela foi criada bem nesse bairro, no Fleischer Brothers Animation Studio no número 1600 da Broadway. (O estúdio há muito desapareceu, e o prédio comercial foi substituído por condomínios de luxo.)* A persona de Betty está na tradição da "Garota do Times": a sexualidade de uma mulher adulta combinada com a doçura e a inocência da garota da nossa cidade. A princípio o estúdio Fleischer pretendia que ela tivesse um papel secundário, coadjuvante (num desenho animado em que um cachorro era o astro principal), mas a sua presença encantou as pessoas, e houve uma demanda instantânea para que aparecesse mais. No início da década de 1930, os Fleischer Brothers a apresentaram em vários papéis: uma melindrosa num carro elegante, uma cantora de jazz — ora a estrela charmosa de uma revista tipo Ziegfeld na Broadway, ora a cantora sensacional num clube num porão escuro e sujo —, uma mãe, uma babá, uma professora, uma gueixa no Japão, uma trabalhadora candidatando-se (junto com centenas de outras garotas) a um emprego, uma enfermeira, uma juíza, a

---

* Na década de 1980, o nadir da Broadway, esse prédio tornou-se o cenário de uma violenta cena noturna neo-Hopper, pintada por Jane Dickson. Na realidade, o que ela pinta é a calçada na frente do prédio e alguns anúncios de neon nele dependurados. Há apenas três pessoas na pintura, mas não podemos ver nenhuma de suas faces: um homem aparentemente velho e outro aparentemente jovem batendo papo, e um homem que poderia ser um policial, e poderia estar estendendo a mão para agarrar sua arma, e poderia estar tentando parar o que poderia ser uma transação de drogas. A vasta e assustadora ambiguidade nessa cena escassa talvez seja um dos temas da pintura. A maior parte do prédio na pintura é uma janela aberta, um peitoril e a própria pintora invisível: será que ela sabia que estava olhando do poleiro de Betty?

presidente, Mamãe Gansa e muito mais. O cabelo escuro, os olhos escuros, o caminhar rápido, mas sexy — ela tem lugares a que tem de chegar rápido —, e as curvas abundantes evocavam toda uma geração de garotas, frequentemente judias, em geral imigrantes ou suas filhas, que cresciam pobres nas grandes cidades da América. Assim que possível, elas tomavam os metrôs para o centro da cidade e "saíam para trabalhar", para escapar de suas famílias, mas também, frequentemente, para sustentá-las.

Uma característica notável dos desenhos animados de Fleischer é o seu uso do jazz ao vivo para a trilha sonora. (Essa é uma de suas diferenças marcantes em relação ao estúdio de Disney, que criava um mundo musical próprio abominavelmente doce.) Betty é retratada como uma garota branca de uma família de imigrantes (os sotaques de seus pais são uma variedade de sotaque judeu) que se sente completamente à vontade com a música negra urbana, e que frequentemente canta acompanhada por músicos como Louis Armstrong e Cab Calloway. (Calloway canta "Minnie the moocher" [Minnie, a beijoqueira] para ela.) Na sua afinidade com o jazz, Betty parece uma cidadã moderna ideal: o eu que se sente à vontade com o outro. Mas nesse ponto, como em outros lugares, a persona de Boop irradia ironias. A sua doçura insinuante, que parece lembrar a muitas pessoas as suas filhas, talvez não tenha só intensificado a ansiedade das pessoas sobre o que poderia acontecer a suas filhas (ou sobre o que já lhes acontecera), mas fez soar cordas mais sombrias de sentimento proibido a respeito daquelas garotas que saíam pela cidade. ("Minnie the moocher" é, entre outras coisas, uma propaganda das drogas. E não só das drogas, mas de bairros proibidos aonde as pessoas iam em busca de drogas, "para fumar ópio".)

À medida que avançava a década de 1930, Betty tornou-se cada vez mais uma garota sob uma saraivada de críticas. A Paramount, que distribuía os desenhos, estava sujeita a uma pressão crescente do Hays Office,* e eles passavam as pressões adiante para os Fleischer. Recebiam ordens de suavizar Betty Boop, diminuir as suas curvas, subir os seus decotes e abaixar as suas saias para que ela não espirrasse para fora de suas roupas (uma de suas características), abandonar aquela única liga existente no seu armário (outra característica), achatar as inflexões de sua voz, emudecer o *double entendre* no seu diálogo, torná-la mais remota e menos convidativa. Essas pressões aumentaram depois de 1934, com a influência do "Código Hays". Se alugarmos vídeos de Boop hoje e tentarmos vê-los em ordem cronológica (o que nem sempre é possível), podemos imaginar que ruínas nervosas os Fleischer e seus animadores devem ter se tornado e admirá-los por dar a Betty uma vida tão longa como a que ela teve.

Há outra maneira de ler esses desenhos animados depois de mais de meio século. Considere-se "O chefão de Betty Boop", criado em 1933 no nadir da Depressão e no mesmo momento histórico de *Rua 42*. Betty, rodeada por uma multidão de garotas e mulheres como ela própria, toma um elevador para o topo de um arranha-céu, em busca de um emprego de secretária. Para a sua audição, ela canta, em linguagem infantil, uma canção que desmerece as suas próprias habilidades de trabalho: "Mas quando você me levar para casa sozinha/ ficará surpreso". O chefe, que poderia ser um chefe de caricatura do *Daily Worker*, fica encantado e contrata-a na hora. Depois revela-se que de fato as suas habilidades de secretária são formidáveis. Mas revela-se também que, quando o chefe quer beijá-la, ela fica "chocada, chocada". Ela chama a polícia; mas em vez da polícia, chega todo um exército, e eles bombardeiam o edifício; a torre tomba; por fim, Betty e o chefe atingem o chão, ela está no colo dele, e eles parecem estar presos

---

* Departamento de Regulamentação dos Filmes nos Estados Unidos (1922-
-1945), assim chamado por ser presidido por Will H. Hays. (N. T.)

num abraço amoroso. O que deve ser real aqui? E real de que maneira? É uma sátira sobre "o assédio sexual" como era há sessenta anos ou como é hoje? Seja o que for, Betty é uma personagem impressionante. Ela se parece com muitas das trabalhadoras em Times Square: forçada a levantar-se cedo de manhã e a tomar o metrô para um emprego que talvez seja extenuante e humilhante; cantando para si mesma o dia inteiro — "Eles não podem me tirar o Boop-Boop-a-Doop" é um de seus refrões — e reagindo aos anúncios e estereótipos que a rodeiam, alimentando fantasias de sucesso espetacular, com vestidos, joias, limusines, luzes brilhantes, que simbolizam o seu poder de conquistar a cidade durante toda a noite.*

Sabemos que mudanças na sua aparência durante os anos da Depressão refletem a pressão da censura sobre seus criadores, mas, se pensamos em Betty como seus criadores esperavam que pensássemos, podemos imaginar uma pessoa real, vivendo ao longo da história, elaborando a si mesma: lutando com a sua aparência — exibindo menos ou mais de si mesma, tentando parecer jovem ou adulta, problemas de peso (dentro de uma variação de mais ou menos nove quilos), mais conversa ou menos conversa, linguagem infantil ou linguagem adulta, fazendo-se de vulnerável ou de desembaraçada, representando a ingênua ou a sabida, sonhando com um homem sólido e bom ou sonhando com a lua; tentando descobrir qual das suas metamorfoses vai "vingar" no

---

* Os vídeos de "Girls just wanna have fun", de Cindy Lauper, e "Material girl", de Madonna, grandes sucessos da década de 1980, citam explicitamente os desenhos animados de Boop; a família de imigrantes pouco compreensiva do vídeo de Lauper é uma réplica bem exata da família em "Minnie the moocher". Se eu visse mais vídeos de música rap hoje em dia, sei que encontraria mais citações e conexões. Betty, na sua melhor forma, oferece uma variação feminina do tema do Cantor de Jazz, uma história cara aos corações de muitas garotas e rapazes da geração hip-hop.

mercado de personalidades em que trabalha e vive, mas também o que ela realmente sente e quais de seus desejos são reais. Contra o discurso nostálgico, plenamente vivo na década de 1930, que realiza um funeral para a boa vida em Times Square, Betty toma o partido do presente e do futuro, e insiste em que os rapazes e as moças estão apenas recebendo o que lhes cabe.

Há um desenho animado de Boop que vi apenas em fragmentos, a cópia está rachada e desbotada, não sei o nome, mas conheço a canção. Betty aparece vestida com o que parece ser um quimono japonês, e canta, vacilante, trêmula, primeiro em inglês, depois no que soa como um pastiche do japonês. Não tenho a menor ideia da razão pela qual essa canção está sendo cantada, mas ela é doce e séria, e, ainda mais, o seu arco é ascendente:

> *Got a language of my own, known in every foreign home.*
> *You'll surely know it*, Boop-Boop-a-Doop.

> [Tenho uma linguagem minha, conhecida em toda casa estrangeira.
> Você certamente a conhece, *Boop-Boop-a-Doop*.]

Betty encarna uma força que é individualizada, "toda minha [dela]", e que mesmo assim se move e vive por toda parte; que os homens e as mulheres, os negros e os brancos, os americanos e todos os outros no mundo podem partilhar em harmonia; que emana deste tempo e deste lugar, Times Square na década de 1930, e que ainda assim é de certo modo primária — "Você certamente a conhece", mesmo que não saiba que a conhece. Essa doce figura está lutando por uma força de vida que mantém o mundo inteiro unido.

CAVADORAS DE OURO: A BROADWAY EM HOLLYWOOD

"Hollywood assumiu o poder..." Durante a Depressão, enquanto os filmes de Hollywood floresciam e o teatro da Broadway ruía, algumas pessoas se perguntavam por que deveria haver uma necessidade continuada para a existência da Broadway. Entretanto, um dos feitos notáveis de Hollywood durante a Depressão foi produzir representações brilhantes da Broadway: *Rua 42, No teatro da vida*, a série *Gold diggers* [Cavadoras de ouro] de Busby Berkeley, e, bem no final da década de 1930, *Dance, girl, dance*, de Dorothy Arzner. Por que deveria ser assim? Uma das possíveis razões é que, numa época em que o cinema estava numa onda de prosperidade espetacular, muitas das pessoas beneficiadas tinham começado a carreira no teatro, e ainda acreditavam que este, muito mais precário e vulnerável, era infinitamente mais "real", mais "autêntico". Outra razão é que os filmes são todos sobre o mundo dos bastidores, o mundo por trás do mundo da ilusão; discutem como as ilusões teatrais são criadas por pessoas reais, membros de hierarquias reais de poder, homens e mulheres que estão dispostos a se vender em troca de dinheiro real — mas que em geral não encontram compradores. O *deuce* na Depressão é uma rua cheia de pessoas que precisam desesperadamente de trabalho; se a estrela não brilha, não conseguem pagar o aluguel.[29]

Desde o ano 2000, uma nova versão teatral de *Rua 42* tem sido apresentada no *deuce*, no recém-construído American Airlines Theater. A versão atual reproduz muito bem a decoração da Broadway na década de 1930. Mas, embora a peça seja ambientada em 1933, essa produção é totalmente insensível ao significado de 1933, o pior ano da Depressão, e o ano em que tanto Roosevelt como Hitler chegaram ao poder. Oblitera a pressão econômica, partilhada por atores, diretores, trabalhadores cênicos e plateia — e até pelos patrocinadores —, que dava ao enredo a sua premência humana, e dava ao triunfo do espetáculo a sua grande emoção. A nova versão nem sequer usa a palavra "Depressão", ou qualquer outra palavra que pudesse ser usada em seu lugar, para comunicar que todo o país estava em dificuldade. Mas foi essa dificuldade, tão danosa para a Broadway da Depressão, que tornou a Broadway apta, talvez pela primeira vez na sua história, a representar um mundo real. Para entender a visão atual de *Rua 42*, tentem imaginar *Ao sul do Pacífico* sem a Segunda Guerra Mundial.

Uma das meditações mais pungentes dos anos 1930 sobre a individualidade e a coletividade é o número "Lullaby [Canção de ninar] of Broadway", de Busby Berkeley, em *Gold diggers of 1935*. A estrela desse número, que representa a Garota do Times na década de 1930, é a atriz e cantora Wini Shaw. Ela é sua estrela não só no sentido de que representa e canta muito, com mais tempo na tela do que qualquer outra pessoa. Ela é a estrela no sentido de que todo o número, com seu elenco de centenas, é sobre ela, o seu *Bildung*, a sua vida interior, as suas fantasias sobre si mesma, a sua busca de identidade. Tudo é dramatizado como se fosse sonho dela. Que eu saiba, esse é o único momento na *oeuvre* de Berkeley em que ele coloca o foco sobre um indivíduo e sua vida interior. Sem dúvida, ele nos apresenta seus panoramas piranesianos e seus coros colossais de costume, mas agora eles significam mais do que o habitual, porque em vez de apenas deixar esses tropos caírem sobre nossas cabeças vindos de algum céu olímpico, ele nos mostra como podem brotar organicamente da vida de uma mulher, de seus desejos, seus sonhos e "sua capacidade de desejar". Quem não gosta da obra de Berkeley sempre chama suas paisagens de "fascistas", mas o fascismo nunca está à vontade com a interioridade humana, nem com a luta de alguém pela sua identidade, e certamente não com a de uma trabalhadora. (Na verdade, o caráter sedutor do fascismo sempre foi a sua promessa de livrar os homens e mulheres modernos da luta pela identidade.)*

A tomada mais famosa nesse número ocorre no seu clímax dramático, quando, pressionada por uma grande multidão, e para nosso horror, a heroína mergulha de uma sacada — ou será que ela cai; ou é empurrada? (A incerteza é tão perturbadora hoje em dia quanto o foi para a sua primeira geração de espectadores.) Mas a imagem mais rica e mais profunda surge no início do seu sonho. Primeiro ela canta "Lullaby" lentamente, apenas com um tênue acompanhamento; a sua face é luminosa contra um fundo de total escuridão. Ela põe ênfase especial num dos últimos versos: "A sua querida volta ao apartamento/ para dormir o dia inteiro".

---

* A crítica psicológica do fascismo é desenvolvida com muito brilhantismo em três fontes clássicas: "A lenda do Grande Inquisidor", de Dostoiévski, em *Os irmãos Karamázov*, parte 3, capítulo 5 (1881); o conto "A infância de um líder", de Sartre (1938); e *Medo à liberdade*, de Erich Fromm (1941).

Essa crítica exagera quando começa a culpar os Estados Unidos pelo fascismo, que afinal obteve seus grandes sucessos e conquistas na Europa. Um modo de fazer isso, um clichê da minha juventude, era a ideia de que os comícios monstros do Partido Nazista em Nuremberg (ver *O triunfo da vontade*, de Leni Riefensthal) eram "baseados" ou "tinham suas raízes" nos shows de intervalos das partidas do futebol americano e nas linhas de coristas. Eis o grande crítico de cultura Siegfried Krackauer em 1927, comentando um conjunto popular de cabaré chamado Tiller Girls em Berlim: "Esses produtos das fábricas de distração americanas já não são garotas individuais, mas aglomerados indissolúveis de garotas, cujos movimentos são demonstrações de matemática". Ver *The mass ornament: Weimar essays by Siegfried Krackauer* (trad. e ed. de Thomas Levin, Harvard, 1995, pp. 75-6). Em linguagem desse tipo, podemos compreender exatamente que fonte Susan Glenn está usando quando diz, meio século mais tarde, que "o espetáculo teatral [...] funcionava para obliterar a noção de autonomia e personalidade femininas" (*Female spectacle*, p. 8). "Lullaby of Broadway", que cria um espetáculo de massa a partir dos sonhos e da vida interior de uma garota comum, pode ter sido uma defesa contra o discurso garotas-que-já-não--são-indivíduos e de obliteração-da-personalidade que o considerava culpado por associação.

Então a câmera se aproxima e pousa sobre a sua face num close-up. Ela levanta a cabeça e sorri para nós, o cabelo preto se enrola sobre a sua face. Ela se ilumina, e de repente, magicamente, *a sua face se torna a cidade*: os olhos, o nariz, a boca se transformam numa paisagem do centro de Nova York. Agora ela canta a mesma canção de novo, mas num andamento jazzístico, apoiada por uma grande banda interior. Aos poucos o seu sonho se desdobra; uma multidão metropolitana a rodeia e envolve; ela alterna entre misturar-se com essa multidão e sair de dentro dela. Imagina-se num imenso salão de baile: às vezes faz parte de um imenso coro; depois é uma solista, rodopiada pelo ar por um homem cujos passos sugerem Fred Astaire; mais tarde está numa sacada tomando drinques e observando a ação com um astro do cinema, que vem a ser Dick Powell. Powell desempenha um papel marcante na sua vida de sonho, na verdade o papel que ele criou em *Rua 42*: um mentor de grande empatia e altruísmo que se sente feliz ensinando a uma mulher tudo o que sabe, que trabalha para ajudá-la a se tornar uma estrela, sem fazer nenhuma exigência sexual ou romântica. Na cultura americana, essa é uma nova forma de "Mr. Right". Quando Powell insiste para que ela se junte à multidão que está se formando logo abaixo deles, a sua palavra tem peso. Ela concorda, canta sedutoramente: "Por que você não vem me pegar?". E depois, instantaneamente (lembrem-se, é um sonho), torna-se não apenas um rosto na multidão, mas a sua líder. Ela conduz uma dança de massa para o alto de uma grandiosa escada espiral, até alcançar o telhado de uma casa construída no topo de um edifício com uma vista espetacular de Times Square. Ela e Powell trocam um beijo apaixonado que de algum modo passa através da porta de vidro do terraço. Enquanto se beijam, uma grande onda de gente se derrama por tudo ao seu redor. Essas são as pessoas que ela conduziu escada acima, ela não se lembra? Parece ter esquecido, ela tem um ar confuso e tenta virar as costas, nem que seja apenas por um segundo. Mas quando se vira, no meio dessa multidão, o simples *momentum* da massa a empurra para fora do telhado. Então vem a clássica tomada terrível do "mergulho", em que vemos os telhados e as ruas se tornarem cada vez maiores, cada vez mais próximos. Bem antes da colisão, a tela se torna escura. A narrativa se inverte, e a cidade se torna o seu rosto. Em casa de novo, ela sobe a escada para o seu quarto. Os vizinhos são todos sorrisos. "A sua querida volta ao apartamento/ para dormir o dia inteiro." Sabemos que ela vai acordar a tempo de mais uma noite pela cidade.

Essa é uma das cenas mais memoráveis do cinema americano. Mas a sua estrela, Winifred "Wini" Shaw, foi abandonada quase tão dramaticamente quanto a garota que ela representa. Apareceu em 26 filmes de 1934 a 1937, depois não mais se ouviu falar dela até a sua morte, em 1982.[30]

MISS SARAH BROWN: O AMOR DA INVERSÃO DE PAPÉIS

Uma Garota do Times do mesmo período que desfruta um final mais feliz é a heroína da história de Damon Runyon de 1933, "The idyll of miss Sarah Brown". Essa talvez seja a história mais famosa que Runyon escreveu; é a base do muito amado e sempre revivido musical da Broadway de 1950, realizado por Frank Loesser e Abe Burrows, *Eles e elas*. Mas os editores parecem desconfortáveis com ela: fiquei surpreso ao descobrir que não foi reimpressa em nenhuma das antologias póstumas de Runyon (*The best of Damon Runyon*, 1967; *The bloodhounds of Broadway*, 1981; *Damon Runyon on Broadway*, 1999). Não está nem na edição original de *Eles e elas*, de 1942.[31] Consegui o texto abaixo numa coletânea chamada *Great American love stories* (1988).[32] Os fãs de Runyon podem ter problemas com essa história porque, embora situada vividamente no seu mundo familiar da Broadway, ela tem uma complexidade e profundidade psicológica muito mais familiar ao mundo de Edith Wharton e Henry James.

Sarah Brown, também conhecida como a irmã Salvação, toca corneta na banda da Missão Salve-uma-Alma na esquina da Broadway com a rua 49. A verve com que ela toca e a incandescência de seus sermões, instando que as pessoas da noite da Square se arrependam e mudem de vida, tornam-na cara ao homem que se tornará o herói romântico da história: o jogador Sky Masterson, que tem esse nome por causa de seu gosto por apostas e jogos em que "o céu é o limite". Quando eles se conhecem, o narrador nos conta no estilo de Runyon: "O Sky é um caso perdido, pois essa é uma das garotas mais belas que alguém já viu na Broadway" (220). Ele anda em volta dela e manda à missão uma parte de seus ganhos. Ela gosta da presença dele e, a princípio, sente-se grata pelo dinheiro, porque a missão é pobre. (Lembrem, na Depressão, todo esse bairro, junto com a maior parte do país, é pobre.) Mas depois ela é atacada por alguém de dentro da sua organização e torna-se friamente virtuosa em autodefesa: ela diz que não quer o seu dinheiro sujo, e manda-o plantar batatas. A narrativa arrefece, mas não por muito tempo. De repente, com surpreendente *chutzpah*, ela avança e toma uma atitude. Irrompe no jogo de dados de Nathan Detroit só de homens e desafia Sky para uma espécie de duelo existencial: ele tem coragem de jogar os dados com ela pela sua alma? O jogo torna-se o clímax dramático da história: "Estes dois dólares contra a sua alma, mister Sky. É tudo o que tenho, mas é mais do que a sua alma vale". Ela então executa o clássico gambito do jogador: age como se não soubesse o que está fazendo, e depois abruptamente, com um rápido seis e um cinco, recolhe o dinheiro de todas as apostas e sai de cena.

Naturalmente, Sky segue miss Brown. [...] [Ela] se vira para Sky e diz o seguinte:

"Você é um idiota", diz miss Sarah Brown.

Mas aí, exatamente como ela o surpreendeu invadindo o seu jogo de dados, ele a surpreende invocando a Bíblia:

"Ora", diz Sky, "São Paulo diz: 'Se algum homem dentre vós parece sábio neste mundo, que ele se torne um idiota, para que possa ser sábio'. Eu a amo, miss Sarah Brown."

O final feliz da história depende de uma dupla inversão de papéis: ela se torna uma mulher da noite para denunciar os valores da noite, ele se torna o seu idiota por amor para forçá-la ao amor profano; de maneiras que nenhum dos dois suspeitaria, eles trocam os seus papéis e são transformados. A sua troca mútua de papéis, que leva a uma feliz convergência, transforma definitivamente essa cena, como diz Rosenthal, numa das "grandes histórias de amor americanas". O clímax é encenado por Runyon com um rebolado deslumbrante à Bojangles. A sua última surpresa, bem no final da história, é a proclamação do narrador: "Os dados com que ela ganha a alma de Sky [...] são estritamente falsos" — e eles sabem disso. Aqui, como em grande parte do romance da Depressão, o final feliz é agridoce. O amor tudo conquista, mas somente porque determina a luta. Os amantes aprendem que só podem ganhar se aprenderem não só a lutar mas a se estabilizar.

ELES E ELAS: DA INVERSÃO DE PAPÉIS À TRAIÇÃO

Quando Abe Burrows e Frank Loesser transformaram a história de Runyon no libreto para um musical, era o final da década de 1940, um tempo completamente diferente. A Segunda Guerra Mundial e o que os radicais chamavam de "a economia de guerra permanente" tinham preenchido a Broadway e tornado a Square mais frenética que nunca. Havia mais endinheirados por ali — muitos deles empreiteiros da defesa e seus agentes — com muito dinheiro que precisava ser gasto com rapidez.[33] O centro de Nova York transbordava com boates e toda uma nova escala de consumo conspícuo. Times Square e a Broadway estavam prestes a simbolizar a "sociedade afluente" do pós-guerra na América. A mudança no contexto histórico dá à personagem de Sarah uma nova grandeza e ressonância crítica: um ícone da Broadway que denuncia toda a cultura da Broadway. "Um dia", diz ela, "vou pegar uma picareta e rasgar a Broadway de uma ponta à outra."[34] O que ela tem contra a Broadway? Acima de tudo, a incessante preocupação com o *estilo*. Ela despreza o estilo, mas ela o despreza *com estilo*. O seu estilo é inconsciente, mas todos os que já pensaram sobre o estilo concordam que esse é o melhor tipo.

O precursor teatral mais importante de miss Sarah Brown é *Major Barbara*, de 1913, de Bernard Shaw. Essa heroína apareceu na tela em 1941, representada luminosamente por Deborah Kerr no seu filme de estreia. Mas Burrows e Loesser suprimiram não só o pioneirismo de Sarah em violar convenções de gênero, mas também a manobra tortuosa que cria o final feliz. Em *Eles e elas*, no palco e na tela, Sarah e Sky são ligados não só por uma reciprocidade sub-reptícia, mas por mágica: acontece que os dados caem da maneira certa. O grande clímax do show é o número "Luck be a baby", que pertence ao hinário do realismo mágico.

Eles e elas é uma das comédias musicais mais brilhantes e encantadoras jamais feitas. Algumas de suas virtudes são muito tradicionais, seguindo as tradições da Broadway e Times Square. Ela nos mostra um mundo cheio de pessoas que são extravagantemente estranhas, mas nos faz sentir que somos como elas, somos todos parte da mesma "família de olhos" (como Baudelaire a chamava). Parece mesquinho que eu reclame desse musical, e não vou reclamar muito. Mas precisamos ao menos perguntar: por que Burrows "limpou" o final de Runyon? É pura paranoia ligar esse fato com a ação do próprio Burrows ao se "apresentar limpo" e agir como uma testemunha amistosa em relação à Comissão de Atividades Antiamericanas?

Não acho que esse projeto de limpeza estrague todo o espetáculo. A montagem de rua inicial de Michael Kidd, o jogo de dados dos gângsteres no esgoto e as cenas de amor entre Sarah e Sky (com várias canções de amor maravilhosas), tudo confere substância à dialética de Times Square — Abrace o Seu Oposto: "Lado a lado, eles são glorificados" — e lhe traz uma nova vida de muita energia. O papel de Sarah é representado maravilhosamente. Ela aprofunda a visão dialética de Runyon sobre a heroína de Times Square: uma mulher que se lança na noite para destruir a noite, mas que é impelida pela força dos sentimentos que tentou negar a tornar-se a pessoa que estava determinada a vencer. Mas há trechos em que o desejo de limpar a cena mutila o processo de fusão que cria a grandeza do espetáculo.

Na Missão, à meia-noite, escutamos a caricatura do macarthismo criada por Burrows. É difícil não ficar perturbado por essa cena. Nathan Detroit adquire abruptamente a autoridade de um chefe de turba (ou de um presidente de comitê), e exerce pressão sobre as pessoas ao redor. Começa pedindo que Benny South Street confesse a sua depravação. Benny se recusa e diz: "Eu alego o Quinto Mandamento". Mas, após mais pressão, Benny se submete. A cena se desdobra como uma orgia prolongada de autodegradação, apresentando uma ária confessional de Nicely-Nicely (Stubby Kaye), apoiada por harmonias elevadas do conjunto de gângsteres. "Sonhei ontem à noite que embarquei no bote para o céu", ele começa. Ele traz o seu habitual conjunto de dados, uísque e ceticismo mundano. Os passageiros, seus companheiros, o reprovam; ele ri deles, eles dizem "E todas as pessoas diziam: 'Senta/ Senta, você está balançando o barco'". Finalmente, uma onda o joga no mar. Ele grita por salvação e acorda.

Então aparece o verso crucial na cena, a prova da redenção de Nicely-Nicely:

E eu disse para mim mesmo, "Senta/ Senta, você está balançando o barco..."

Ele se declara grato por não ter sido morto, e vai se sentar e calar; os outros passageiros não terão de lhe dizer para ser como eles; ele próprio dirá. Será realmente possível que as pessoas pensaram algum dia que essa cena *não* era sobre o macarthismo? O filme (1955) é fácil de alugar, tem poucas mudanças no roteiro, e prestar atenção a esse texto dirá muito sobre aquele tempo.* Caso a política não esteja bastante clara, o diretor Joseph Mankiewicz acrescenta alguns pequenos retoques para torná-la mais clara. No último minuto, depois de um duplo casamento diante de uma multidão em Times Square, Sky e Sarah e Nathan e Adelaide saem para a sua lua de mel em carros da polícia.

Examinar as ligações da Guerra Fria com a cultura dos anos 1950 pode ser tedioso. Qualquer pessoa cansada da Guerra Fria está convidada a tentar uma ligação diferente. Esta, por exemplo: não vejo como um judeu pode evitar constrangimento hoje em dia ao perceber como a equipe de produção inteiramente judaica do espetáculo (Cy Feuer e Ernie Martin, Burrows e Loesser, Michael Kidd e George S. Kaufman) realça o sabor judaico da subcultura do jogo durante todo o desenrolar da ação — os rapazes

---

* Burrows depôs perante a Comissão como testemunha amistosa em 1951 e de novo em 1952. Eric Bentley reuniu os seus testemunhos, tanto na sua longa antologia *Thirty years of treason* (1972; Nation Books, 2002, pp. 533-68), como na pequena *Are you now or have you ever been?* (Harper & Row, 1972, pp. 81-97). Essas duas seleções realçam o gênio de Burrows como mestre da ironia.

aceitam apostas nas vendas de torta de queijo e strudel de Mindy, cantam canções de amor que dizem "Então me processe", só para fechar com uma "conversão em massa dos judeus" ao duro fundamentalismo wasp do Exército da Salvação. O que, pelo amor de Deus, poderia ter possuído esses rapazes para que baixassem a cortina sobre si mesmos? Alguém gostaria de depor sobre a dialética do ódio do judeu a si mesmo? Entretanto, eu não teria imaginado encontrá-lo na Broadway teatral, um dos mais vibrantes ambientes judeus do mundo. Isso apenas mostra as profundezas da minha ignorância, mesmo na minha própria cidade natal. (Então me processe!) Só o que posso dizer é que, se o libreto tivesse sido escrito por Mel Brooks, ao menos saberíamos que era uma piada.

Outro lugar em que não entendi a piada: a locação de Times Square no filme de 1955. É como se os designers se esforçassem para produzir um ambiente de Times Square que parecesse não ter absolutamente nada a ver com Nova York. No nível do chão, todos os edifícios são uniformemente brancos, sugerindo estuque, o Sun Belt, White Towers ou Burger Kings, alternando com o esquema de cor de pastel plástico de aeroporto. Qual poderia ser a intenção desse ambiente desnaturado? Era especialmente surpreendente para amantes do cinema como meu pai e eu, que conhecíamos Hollywood como a fonte de tantas visões românticas e charmosas de Nova York (pensem em *Rua 42*).[35] Por que os adaptadores dessa obra com a assinatura de Nova York projetaram um cenário que se desviava 180 graus de Nova York? Aqueles eram os dias da Guerra Fria, e Hollywood, tanto quanto qualquer instituição americana, tinha sofrido com a lista negra. Eu me perguntava se os sobreviventes estavam tentando realçar o folclore "americano" *echt* e desligá-lo de nossa cidade "não americana"? Começava a me preocupar nessa época com uma polarização entre "Nova York" e a "América". Na verdade, algo nesse sentido realmente aconteceu. Por trinta anos ou mais, os meios de comunicação de massa adotaram a ideia sem pensar. Ela enredou-se com a "estratégia sulista" do GOP, o Grand Old Party, ou Partido Republicano. Atingiu o seu zênite na década de 1970, durante a crise fiscal da cidade, no discurso "Dane-se Nova York" do presidente Gerald Ford, que dizia que "o povo americano" não seria afetado se Nova York fosse derrotada. Como se revelou, o povo americano não engoliu essa asneira nem por um minuto. Mas o filme *Eles e elas* poderia ter feito parte de um projeto bizarro de tornar o technicolor *noir* e tirar Times Square de Nova York. Eu gostaria de saber que *think tank* projetou esse ensaio de pensamento, e o que estão pensando agora.

DOROTHY ARZNER E AS PROFUNDEZAS DA DANÇA

Bem no final da Depressão, no pouco famoso mas extraordinário filme de Dorothy Arzner *Dance, girl, dance*,[36] de 1940, a figura da Garota do Times está dividida em duas. À semelhança de *No teatro da vida*, de 1937, *Dance, girl, dance* se passa no bairro de Times Square, nas ruas Quarenta Oeste, dentro e em torno do que costumava ser chamado uma pensão teatral. Arzner oferece um plano de referência (*establishing shot*) idílico da Square à luz do dia, apresentando o velho e majestoso Times Building. Continua a nos mostrar um grupo representativo de formas e locais de dança que se desenvolveram nesse bairro, de teatros de balé a estúdios de "dança-interpretativa", de grandes e pequenas revistas a linhas de coristas nas peças da Broadway, de atos em boates a representações burlescas. (Os grandes salões de baile do jazz estão abaixo de seu radar.) Ela também nos mostra a fluidez da cultura da dança de Nova York na década de 1930, que tornava possível que um dançarino passasse de uma forma para outra.

Na primeira vez em que vi *Dance, girl, dance,* fui surpreendido por um grande anúncio na sua primeira tomada de Times Square: LIQUIDAÇÃO DISNEY. O que a Walt Disney Company estaria fazendo na Square em 1939? E o que estaria liquidando? Na verdade, não se trata de Walt: é a "Disney Hat Co., Quinta Avenida e rua 42", fabricante de cartolas muito elegantes para cerimônias.[37] Arzner coloca esses chapéus em liquidação, sugerindo que o mundo cerimonioso da classe alta em que as cartolas Disney eram símbolos de status foi *kaput.** Mas então ela as pega e coloca nas suas estrelas, que parecem arrebatadoramente deslumbrantes de cartola na primeira cena do filme, uma dança maliciosa (na estrada — em Akron) rudemente interrompida pelos policiais. Com esse truque do chapéu, Arzner deixa claro a duradoura beleza e poder do teatro de revista.

Dance, girl, dance é estruturado muito explicitamente pela depressão mundial da década de 1930. Na América, uma grande parte da mão de obra está desempregada, sob Franklin Delano Roosevelt o estado do bem-estar social está apenas na sua primeira infância, milhões de pessoas vão para a cama com fome toda noite e o imperativo categórico e a obsessão constante de todo homem e toda mulher é: *arrumar trabalho.* Qualquer garota ou mulher que queira trabalhar como algum tipo de artista de espetáculo terá de se vender — o seu corpo, a sua verve e o seu sex appeal — para um bando de sujeitos imundos com charutos; ela, e talvez toda a sua família, terão de ir para a cama com fome se ela não conseguir vender nada. Esse é o fato predominante da vida

---

* O fato de que esse é um filme de dança nos chama a atenção para Fred Astaire, que colocou as cartolas no sapateado para sempre. O que Arzner está sugerindo sobre Astaire? Talvez que as suas grandes danças de chapéu pressupõem a obsolescência social da cartola, mas a reconstroem de um modo existencial, como um acessório teatral para uma identidade artística gloriosa, mas socialmente não corporificada.

que sublinha *Rua 42*, *No teatro da vida* e todos os filmes das *Gold diggers*, além de formar o contexto para *Dance*. Aqui, quando uma jovem dançarina arruma um emprego como "Garota Alegria" e as pessoas comentam, a secretária de um produtor fala em sua defesa: "Não condenem uma garota porque ela tem de se sustentar". As garotas na casa estão em constante competição pelos papéis importantes e por homens ricos, mas ainda assim, como as jovens atrizes em *No teatro da vida*, sentem uma solidariedade subjacente, partilham recursos escassos e encontram meios de ajudar umas às outras, especialmente para encontrar trabalho.[38]

Os polos do mundo de *Dance* são duas Garotas do Times que se dedicam não só a estilos muito diferentes de dança, mas a modos radicalmente opostos de ser. "Decidi", Arzner disse a um amigo, "que o tema seria 'O Espírito da Arte' (Maureen O'Hara) versus a 'Empreendedora' comercial (Lucille Ball)."[39] Arzner está sendo modesta nessa apresentação de si mesma; a polaridade que ela desenvolve é realmente mais profunda do que ela parece entender. Ball representa "Bubbles", uma rainha do teatro de revista de Times Square; O'Hara é Judy, uma dançarina "séria" que só no final do filme encontra um lugar apropriado para o seu talento e seus desejos. Quando conhecemos as duas estrelas, elas estão com cartolas idênticas, saias curtas cintilantes e botas, mas elas projetam personas nitidamente conflitantes. A estratégia de Bubbles é basicamente dizer "Sim": ela se sente à vontade na tradição feminina vivamente cínica que se estende de Mistress Quickly à Moll Flanders de Defoe, a Mae West, a *Os homens preferem as loiras* e a "Anytime Annie" em *Rua 42*. (Encarnações recentes dessa personagem incluem Marg Helgenberger, em *China Beach*, a "Material Girl" de Madonna dos anos 1990 e a Samantha de Kim Cattrall em *Sex and the City*.) Ela rotineiramente estende a mão, especialmente para admiradores ricos; não espera ser amada ou apaixonar-se, mas nunca fica sozinha por muito tempo. A estratégia de Judy é dizer "Não", parecer fria e virar as costas para qualquer pessoa que se interesse de algum modo por ela. A princípio, Judy talvez pareça simplesmente assustada ou frígida, e talvez nem sequer percebamos que ela tem uma estratégia. Mas quando, cena após cena, as pessoas que ela rejeita a seguem ansiosamente por toda parte, compreendemos que há algo mais nessa personagem do que percebe o nosso olhar. Desde os primeiros tempos do cristianismo, expressar indiferença e desdém pelo mundo tem sido um dos modos primários de conquistá-lo.

Arzner não parece sentir nenhum idealismo sobre o romance, mas está cheia de idealismo sobre o trabalho e a arte. O seu senso de missão está cristalizado em Judy, que diz que ela "só quer dançar". O que ela aparentemente não quer é agradar ou divertir uma plateia: quando ela fala sobre uma plateia é como se a sua própria existência a degradasse; ela preserva a sua integridade artística dançando abstratamente, como se as pessoas não estivessem ali. No outro polo, como "Bubbles", Ball é expansiva e insinuante com a plateia. Simultaneamente, ela age de um modo sexy e parodia a sexualidade, e se diverte muito com os rapazes da plateia. Ela faz um número neo-"Anágua Heatherbloom", usando um moderno vestido de noite e um ventilador para soprá-lo para cima e para longe. Pelo modo como Arzner estrutura as suas duas heroínas, é claro que Judy é a personagem que fala por ela e o papel modelo que devemos admirar. Ai de nós, o desempenho de O'Hara é pálido; ela nem sequer começa a tornar Judy importante aos nossos olhos, assim como podemos perceber que ela importa para a diretora. Enquanto isso, Lucy enche a tela de vida transbordante e rouba o espetáculo.

Na tradição da Garota do Times, as duas heroínas são mulheres que se fizeram por si mesmas, sempre lutando para se sustentar. Partilham o desprezo pelas pessoas da "alta sociedade" — embora haja um playboy bêbado e degenerado que corteja as duas e por quem ambas se sentem mais atraídas do que gostam de admitir. A solidariedade entre as duas mulheres é a cola emocional que dá unidade ao filme. Quando Bubbles se torna a amante de um milionário e uma estrela do teatro de revista, ela se lembra das suas origens e retorna à pensão, vergada pelo peso de joias caras e um cachorro, para recrutar Judy e seu modo de dançar para o seu ato. Judy reage à ideia do teatro de revista com um desdém arrogante, mas tanto Bubbles como a dona da pensão (que não tem recebido ultimamente o aluguel) apontam que é um trabalho estável.

As duas mulheres vão trabalhar juntas, e criam um truque que forma o coração do filme. O truque é sobre a Arte, um dos temas perenes do teatro de revista, e reflete sobre como incorporar a "arte elevada" na "arte inferior". É apresentado com uma deliberação que sugere um autorretrato da diretora. O papel de Judy no espetáculo de Bubbles talvez seja a parábola de Arzner sobre a relação entre ela própria, uma diretora de filmes "B" comoventes vendidos para mulheres, e a Hollywood do sucesso de filmes "A" convencionais. Judy funciona como alguém que ergue a cortina, executando os seus passos de balé na solidão, com uma indiferença sublime para com as pessoas à sua frente. A plateia fica indócil, não só ignorante da linguagem do balé de Judy, mas também desconcertada com a sua frieza, e cada vez mais faminta de contato pessoal; então Bubbles entra impetuosamente, muito feliz por lhes dar a apreciação e o calor humano que tanto desejam. A plateia mostra ser suficientemente informada para apreciar Judy e seu papel, e o ato até atrai uma história de uma página na *Variety*, "Bubbles e sua auxiliar". Mas depois, por razões complexas de enredo, a química entre as rivais falha, e seu ato se desfaz. O vestido de Judy rasga, acessórios teatrais caem sobre ela, e o público se torna abruptamente cruel. Nessa cena, a plateia é filmada de cima e iluminada de um modo particularmente lúgubre; em termos de Hollywood, sugere a plateia do Coliseu na epopeia romana da década de 1930, gritando para que o herói seja devorado. Até então

Judy esteve simplesmente distraída (ou ao menos agiu assim — nunca sabemos realmente), mas ela não pode ignorá-los mais. Ela os enfrenta com um duro insulto articulado da diretora:

Vão em frente, podem encarar. Não tenho vergonha. Continuem. Riam! Façam valer o seu dinheiro. Ninguém vai lhes fazer mal. Sei que vocês querem que eu rasgue e tire a roupa, para que vocês possam olhar e fazer valer os seus cinquenta centavos. Cinquenta centavos pelo privilégio de olhar para uma moça de um jeito que as esposas de vocês não deixam. O que vocês acham que nós pensamos de vocês aqui em cima — vocês com seus sorrisos tolos de que suas mães teriam vergonha? E sabemos que a sensação do momento é que também aqueles vestidos a rigor venham aqui rir de nós. Nós é que riríamos de todos vocês, só que somos pagas para deixar que vocês se sentem aí, rolem os olhos e façam os seus comentários gritantemente inteligentes. Para que tudo isso? Para que vocês voltem para casa depois do espetáculo, fiquem se pavoneando diante das suas esposas e namoradas, e brinquem de ser o sexo mais forte por um minuto? Tenho certeza de que elas conhecem vocês por dentro tanto quanto nós.[40]

Esse é o momento mais emocionalmente intenso do filme. Tornou Arzner uma heroína para uma geração posterior de feministas, que compreenderam o discurso como uma diatribe contra os homens, o prazer do macho e o "olhar do macho".[41] Concordo que o discurso de Judy é um ataque poderoso, mas o objeto desse ataque é mais complexo e ambíguo do que parece ser. Olhem para esses homens (misturados com algumas poucas mulheres). O que estão fazendo para merecer o seu desdém? Exatamente o que toda plateia de massa da história sempre fez: procurando prazer, buscando diversão, querendo que as atrizes os lisonjeiem e façam com que se sintam bem. Quando Judy invoca primeiro as imagens de mãe e filho, depois de marido e mulher, ela está deixando claro que reconhece as profundas raízes emocionais da relação atriz/plateia. Mas, se é assim, então o seu insulto vai mais fundo do que ela pensa, e certamente mais fundo do que a política sexual na superfície do seu discurso. Se ela não quer nenhuma parte da díade mãe/filho, e nenhuma parte da díade marido/mulher — ou melhor, acho que deveríamos dizer a díade do amor adulto —, o que é que ela quer? E o que ela está fazendo num palco? (Ou na frente de uma câmera?) Se ela odeia o entretenimento que depende de fazer com que os espectadores se sintam à vontade, essa fúria não boicota *todo* o entretenimento, toda a cultura de massa, tudo o que é produzido ao redor de Times Square, na Broadway e em Hollywood, inclusive o filme que Arzner está produzindo nesse momento? "Sei que vocês querem que eu rasgue e tire a roupa..." Essa não é a primeira vez, nem será a última, em que uma atriz rasga e tira a roupa só para revelar um niilismo furioso por baixo.

Mas há uma complicação irônica nesse ponto, com muitas coisas influenciando-se mutuamente. Judy é turbulenta e angustiada, mas o público aplaude de forma tumultuada. Arzner está ciente de que parte da plateia em Times Square, no final da década de 1930, fica feliz em se voltar contra si mesma. Há ali uma nova plateia sofisticada: deriva da plateia de Ibsen, de Manet, de Bernard Shaw, do Armory Show, de Weill e Brecht. São homens e mulheres que se sentem explorados e entediados pela arte que é feita para que se sintam bem, mas conseguem se emocionar com a arte que os cobre de palavrões ou os trata como se não estivessem ali. Essa é a plateia para peças como *The cradle will rock* e *A ópera dos três vinténs*, e para muita poesia, pintura e música moderna, até para o jazz que está passando das bandas de swing, que fazem as pessoas se levantarem e dançarem, para psicodramas bebop de solistas solitários tocando pelas suas vidas. Arzner sabe que essa plateia modernista está lá fora, em algum lugar, e ela luta a vida inteira para atingi-la.

Arzner faz com que sintamos a fúria do niilismo da atriz. Mas ela não quer que essa fúria consuma as próprias atrizes. (E podemos ver que ela sabe da possibilidade desse efeito.) Ela dá ao filme um plano que, desconhecido para Judy, vai salvá-la e liberar a sua furiosa energia de maneiras construtivas. Arzner apresenta Ralph Bellamy como "Steve Adams", empresário de uma companhia de dança, uma espécie de figura Lincoln Kirstein que deseja produzir algo novo na dança americana. Ele diz que deseja uma forma de dança que propicie "uma interpretação da vida americana — a vida de vendedores de lojas, mecânicos, aviadores". A receita de Bellamy nos situa um tanto desajeitadamente no país da Frente Popular. E a breve cena que vemos de sua companhia em movimento, coreografada por Ernst Mazay, é uma espécie de mural móvel da Frente Popular. A força da arte com uma sensibilidade de Frente Popular sempre foi o grande horizonte, o caráter humano inclusivo, a amplitude de visão; a sua fraqueza é uma tendência a lisonjear a plateia e dar-lhe um espetáculo fácil pré-fabricado. A personagem de Bellamy é mal delineada, mas ele é inserido muito claramente no que passamos a reconhecer como o plano do filme: tudo se move para uma síntese da negatividade de Judy com a energia positiva de Steve. Ele a persegue, ela foge dele (embora saibamos que ele está produzindo exatamente a espécie de dança que ela quer fazer). Depois de intermináveis estratagemas do enredo para evitar o encontro, eles finalmente entram em contato, e o filme termina com um abraço romântico bem à moda de Hollywood. Somos gentilmente forçados a sentir que estamos presentes num grande momento histórico. A cultura americana está prestes a dar um grande salto. A arte pela arte de O'Hara e a arte para vendedores de lojas, mecânicos e aviadores de Bellamy estão prestes a convergir, e vai nascer uma nova dança. *Dance, girl, dance* expõe todas as forças artísticas e sociais que em pouco tempo vão nos trazer *Fancy free*, de Jerome Robbins e

Leonard Bernstein, *Appalachian spring*, de Aaron Copland, a coreografia de Agnes de Mille para *Oklahoma!*, de Rodgers e Hammerstein, as encarnações no palco e na tela de *Um dia em Nova York*, e o moderno New York City Ballet de George Balanchine e do pós-guerra.

Tudo isso está acontecendo em 1940, exatamente quando a América está se preparando para entrar na "Boa Guerra" contra os nazistas. A contribuição de Arzner para o esforço de guerra é uma visão utópica de uma forma de dança que vai unir e inflamar o povo americano. Mas a sua esperança é boicotada pela sua própria denúncia selvagem de toda arte que faça as pessoas se sentirem bem. Sim, talvez a nova companhia vá iluminar novos letreiros em Times Square. Mas quem pode impedir os artistas e a plateia futuros de ficarem cegos pela luz?

Uma coisa triste sobre a síntese dialética de Arzner é que ela deixa Bubbles de fora. Ball é de longe a presença humana mais forte em *Dance, girl, dance*, até o *dénouement*. Mas o plano do filme parece exigir que O'Hara seja promovida a uma posição superior à de sua companheira, de modo que Bubbles e seu espírito de revista são simplesmente rejeitados.* Tenho argumentado

---

* Na verdade, no final da década de 1930 e início dos anos 1940, Fiorello La-Guardia, o prefeito populista de Nova York, empreende uma campanha acalorada contra o teatro de revista, com apoio generoso da Igreja católica e de ONGs protestantes — frequentemente dirigida contra uma visão dos judeus como seres sujos e libidinosos — e com o apoio encoberto da Associação dos Negociantes e Proprietários da Rua 42. Na década de 1930, a cultura de massa obtinha alguma proteção da Primeira Emenda nos tribunais, de modo que um governo não podia fechar teatros só porque era ofendido pelo que eles apresentavam no palco. Mas as agências de planejamento da cidade nesse período, que "procuravam conter todas as espécies de atividade ao ar livre", inclusive galerias, músicos de rua e cafés na calçada, ajudaram a projetar formas de zoneamento imobiliário que acabaram tornando Nova York e outras cidades capazes de contornar questões constitucionais ao fechar teatros de revista em terrenos de zoneamento. Ver Senelick, "Private parts in public places", pp. 336-

que Arzner desaprova Bubbles. A literatura diz que ela se sentia confortável com Bubbles fora da tela. Mas é importante que determinemos o que ela significa quando está na tela. Bubbles não partilha absolutamente o ponto de vista da diatribe de Judy; mesmo que Judy conseguisse explicar o seu niilismo, Bubbles provavelmente não o compreenderia. Ela não vê necessidade de (nas palavras de Judy) "conhecer por dentro" os seus espectadores, porque ela não acha que eles estejam disfarçados: com ela, tanto o desejo sexual dos espectadores como o constrangimento deles a esse respeito — o que provoca o seu riso estridente — são manifestos. Ela não se sente degradada pelos seus olhares lascivos, e não se considera moralmente superior a eles. Tem um jeito de mover-se com fluência para dentro e para fora das díades mãe/filho e marido/mulher (ou amante/amante), sem ser por elas dissolvida. A realização de Ball em *Dance, girl, dance* é criar uma dinâmica chamado-e-resposta com uma plateia de massa, o que faz com que os espectadores e ela se sintam iguais, íntimos e à vontade. É uma realização não só artística como política. Confere substância à Frente Popular. Será que Times Square ou a dança na América podem viver sem isso?

O desempenho de Ball nesse filme é cultura popular e Frente Popular na sua melhor forma; por isso é triste ver Arzner deixá-la fora da sua visão da dança futura. Mas Lucy vai ter a sua vingança. Dentro de uma década estará de volta, liberada da Broadway, de Hollywood e de qualquer outro lugar, num novo meio de comunicação de massa que será uma nova encarnação e uma nova caricatura da Frente Popular, e ali — onde? — ela dançará em círculo ao redor de todo mundo.

-8, e Friedman, *Prurient Interests*, pp. 73-7, sobre a afirmação contra o teatro de revista de que a sua presença estava "depreciando a rua". A estratégia do zoneamento funcionaria de novo em Times Square no final da década de 1980.

5. A rua se divide e se desfigura

Dar um passeio ao redor de Times Square
Com uma pistola na minha mala.
Marianne Faithful, *"Times Square"*, 1983

Um modo de ver Times Square no final do século xx poderia ser o seguinte: *Aquele marujo e aquela moça se separaram.* A rua 42 Oeste, o *deuce*, tornou-se um lugar em que o marujo e seus amigos e fãs masculinos podiam se sentir mais do que nunca em casa, enquanto a moça e suas amigas passaram a sentir que ali, onde outrora haviam dançado nas capotas de táxis com Ruby Keeler, já não havia mais espaço para elas. Aqueles marujos charmosos, heróis patrióticos de 1945, astros de *Um dia em Nova York*,[1] foram eles próprios deslocados quando o Departamento de Defesa fechou o Estaleiro Naval do Brooklyn e mudou as suas grandes instalações para o Sul e para a costa do Golfo, enquanto a Autoridade Portuária fechava quase toda a parte nova-iorquina do porto. A Autoridade Portuária deslocou o seu trânsito de carga para Nova Jersey e concentrou o seu orçamento para Nova York em transações imobiliárias especulativas, notavelmente o World Trade Center, no centro da cidade.[2] Enquanto isso, a dinâmica do mercado imobiliário submeteu a Square a assaltos devastadores: ela perdeu os seus dois edifícios mais charmosos, o deslumbrante hotel neobarroco Astor e a Times Tower da virada do século, que tinham definido não só o foco ótico da Square, mas a sua identidade social. Essa é a estrutura a que a Garota do Times se agarra: ao que ela poderia se agarrar agora? Foi uma pena que, quando o Times vendeu o seu prédio para a Allied Chemical Co., nenhum de seus concorrentes teve a coragem de publicar uma manchete TIMES LIQUIDA TIMES SQUARE. (Claro, eles tinham as suas próprias propriedades e seus próprios departamentos imobiliários, sempre em busca de negócios.)[3] Os incorporadores não destruíram a torre como fizeram com o hotel. Os seus novos donos o revestiram de mármore branco. Muitos nova-iorquinos ficaram perplexos com esse novo visual. Eu gostava de dizer que era realmente um serviço de utilidade pública tornar o público moderno capaz de manter contato com seus valores bíblicos, propiciando-lhe uma experiência direta do que Jesus chamava "sepulcros caiados", símbolos monumentais de vazio interior e morte.* Sim, Times Square estava perdendo vida e plenitude. Entretanto, para a geração pós-guerra, o teatro da Broadway, a indústria central da Square, estava no seu auge criativo. Pensem em *A morte do caixeiro-viajante*, *Um bonde chamado desejo*, *Ao sul do Pacífico*, *Amor, sublime amor*, *A raisin in the sun*, *Longa jornada noite adentro*. Podia-se aprender muito sobre o rumo que a América estava tomando, e sobre o que ela estava perdendo, indo aos espetáculos e observando os sinais.

---

* Mateus 23, 27. Eu provocava risadas, mas por anos não consegui olhar para o edifício. Ainda não consigo, mas o espaço está tão envolto por cartazes hoje em dia que é difícil saber que ali havia um.

ETHEL MERMAN: A MULHER QUE PREENCHEU O CÉU

A garota nativa de Nova York, Ethel Merman, *née* Zimmerman, é uma das descendentes mais brilhantes da Garota do Times. Ela fez uma carreira na Broadway que começou na Depressão e entrou pela década de 1970. Ao contrário de muitas outras divas que usaram a Broadway como um trampolim para Hollywood, ela parece nunca ter se sentido confortável fora da rotina oito-dias--por-semana do teatro, nem tampouco em casa fora de Nova York. Isso fazia com que nova-iorquinos de carteirinha como meus pais gostassem muito dela: enquanto Nova York se tornava cada vez mais isolada e disposta para a batalha, ela era a *nossa* voz.

Merman era a estrela do primeiro espetáculo da Broadway que vi, *Bonita e letal*, a que meus pais me levaram quando fiz oito anos.[4] (Era uma matinê de domingo; mais tarde admiramos as luzes e fomos ao Lindy's.) Ela podia cantar uma canção no mais alto volume e ainda assim fazê-la soar como uma conversa casual, e tornei-me seu fã no momento em que ela abriu a boca para cantar. *Bonita e letal* tornou-se um clássico instantâneo. Foi um espetáculo universalmente amado, reproduzido em todos os meios de comunicação de massa, incessantemente reapresentado. Está sempre na lista dos melhores quando as pessoas falam sobre as dádivas da Broadway para a cultura mundial. Elas se lembram de Merman, e também de Irving Berlin, ambos trabalhando no auge de sua forma. O que se esquece na maior parte dessas conversas é algo que é sempre lembrado na minha família, o seu enredo feminista.[5]

Bonita e letal apresenta uma mulher — uma garota, realmente, pelo menos no início — que é uma grande atiradora "natural", com um talento transbordante, mas sem treinamento ou sofisticação. Os escritores Herbert e Dorothy Fields propuseram duas questões dramáticas, uma sobre a heroína, outra sobre o mundo.

O mundo reconheceria o talento dessa mulher? Ela encontraria a força e o equilíbrio internos para confrontar o mundo? Os Fields tornaram a questão mais complexa e interessante, quando fizeram com que ela se apaixonasse pelo único homem cujo talento chegava perto do dela, e quando fizeram de Frank Butler um homem — um homem típico, como dizia a minha mãe — que só conseguia amar mulheres que ele podia dominar. As questões então se tornaram: Ela se defenderia sozinha? Ele se colocaria ao seu lado, ao lado de uma mulher que ele sabia ser mais talentosa que ele próprio? E eles poderiam aprender a se amar nesses termos? Se eles não aprendessem a trabalhar juntos, dizia o enredo, o espetáculo se frustraria. Eu, e os outros garotos na plateia, também estávamos aprendendo. Uma das coisas que estávamos aprendendo era que essa peça era uma *comédia* musical, e que numa comédia, fosse qual fosse a encrenca que se desenrolasse no meio, a resposta seria Sim no final. Com a ajuda do principal financiador, Chefe Touro Sentado, e do produtor, Buffalo Bill, o herói superou a sua necessidade de estar no topo, a heroína aprendeu a confiar num homem, ele tornou-se o seu empresário e os dois se olharam nos olhos, se abraçaram e enfrentaram o mundo juntos como colegas atores no Espetáculo do Oeste Selvagem de Buffalo Bill. A última linha da peça era cantada não só por todos os atores do coro, mas também por toda a plateia de pé: "Vamos continuar com o espetáculo". Aprendi que o show business existia para *mostrar* o que significava justiça, liberdade, respeito, amor. (É difícil não dizer: aqueles eram os dias.)

Tem de ser uma homenagem ao espírito da Broadway, inclusive ao espírito receptivo da plateia da Broadway, que pessoas como os meus pais podiam reconhecer imediatamente em *Bonita e letal* uma peça sobre eles próprios. Não viam problema em misturar a Annie Oakley de Fields/Berlin/Merman nas suas vidas. Cantavam as canções, como solos e duetos, enquanto esperavam o ônibus, lavavam os pratos, nos punham na cama; adaptavam os versos dessas canções a suas intermináveis e contínuas conversas. "Doin' what comes naturally" falava sobre os dois como casal e o modo como espontaneamente se ajustavam. "My defenses are down", sobre a sua mútua resistência interna a se deixar arrebatar, e a emoção de vencer essa resistência. A infância da heroína como caipira representava as suas próprias infâncias empobrecidas (e a de Irving Berlin) "no gueto", como eles chamavam o Lower East Side. Nem meu pai nem minha mãe teriam sonhado em pegar uma arma (meu pai foi rejeitado pelo Exército por causa do estado de seu coração), mas quando Annie dizia "Sou uma moça, mas sei atirar como um homem", era óbvio para os dois que "atirar" significava "pensar". Quando Frank Butler abandona o espetáculo mais ou menos na metade, ele não tinha dito "Você é inteligente demais para mim"? Mas depois de outra hora de enredo ele aprende a viver assim. A sua luta para amar uma mulher que sabia atirar melhor do que ele simbolizava a luta de meu pai para amar uma mulher que era mais inteligente do que ele. Ele era inteligente de certo modo, e sabia disso — "conheço as ruas", gostava de dizer —, mas sempre me dizia: "A sua mãe é o cérebro da família". A coisa mais inteligente que ele já tinha feito, dizia, foi agarrá-la, mantê-la e escutar o que ela falava. (Essa era a comédia de sua vida a dois. A tragédia era que eles nunca encontraram um Buffalo Bill.)

"Anything you can do, I can do better" [Qualquer coisa que você pode fazer, eu posso fazer melhor] era um de seus duetos preferidos. Eu me esforçava para compreender as palavras, cantar junto, conhecer os dois papéis, sem cair na gargalhada. Esse era um problema, porque mesmo quando os cantores estavam se insultando — como meus alunos fariam em batalhas de rap de estilo livre meio século mais tarde —, eles também estavam rindo de si mesmos.

Qualquer coisa que você pode comprar, posso comprar mais barato,
Posso comprar qualquer coisa mais barato que você.

Eles armam um pseudoleilão e derrubam os lances um do outro. Por fim, reúnem-se numa atividade que nenhum dos dois sabe executar: assar uma torta.

Sabe assar uma torta? *Não!* Eu também não sei...

Quando cresci, aprendi que *Bonita e letal* proclamou o romance de autopromoção da América, e que expandiu e aprofundou esse romance insistindo no direito das mulheres a dele participar.[6] Mas o gênio cômico desse espetáculo residia na sua capacidade de promover a autopromoção das mulheres e, ao mesmo tempo, reconhecer que todo o empreendimento promocional era absurdo.

Entretanto, compreendi quando cresci um pouco mais, o destino daqueles que eram excluídos da atividade e a quem se negava a promoção era muito pior. Na verdade, as grandes comédias feministas pós-guerra como *Bonita e letal,* como *Um dia em Nova York,* como *A costela de Adão* e *A mulher absoluta,* haviam marcado uma falsa aurora. Quando a América da Guerra Fria deu os seus primeiros grandes saltos para a frente, uma geração de mulheres formidáveis foi deixada para trás. Por volta de 1964, quando levei para a minha mãe *A mística feminina,* ela ficou feliz com a leitura, mas disse que ela e as mulheres que tinham sido minhas professoras já a sabiam de cor. As pessoas que canonizaram *Bonita e letal* como um clássico americano conseguiram o que esses criadores de cânones sempre conseguem: perderam a noção do que era tratado no livro.

Eu estava na faculdade, quando *Gypsy* estreou (1959). Senti que o desempenho de Merman era o mais espetacular que já tinha visto. Era também uma comédia musical, mas me parecia tão sombria quanto uma comédia consegue ser. (Talvez ligada com *A ópera dos três vinténs*, que era representada Off-Broadway — podia-se até dizer que *definia* a Off-Broadway — no final da década de 1950.) Baseava-se ostensivamente nas memórias da dançarina de strip-tease e intelectual Gypsy Rose Lee. Quem ler esse livro vai encontrar uma sensibilidade inteligente, engraçada, efervescente, autoirônica, que lembra a sua amiga Anita Loos (*Os homens preferem as loiras*), e que detém inteiro controle de seu material.[7] Todos aqueles que viram a *Gypsy* de Merman se descobriram num mundo muito diferente, bem mais assustador.[8] Merman, no papel da mãe Mama Rose da heroína, apoderou-se da peça tão brutalmente quanto o capitão Ahab se apodera de *Moby Dick*. Na verdade, *Gypsy* e *Moby Dick* partilham muita coisa: a polaridade entre o capitão e a tripulação; a facilidade assustadora com que a tripulação, símbolo do "povo", é reduzida pela força a uma total passividade e submissão; a força demoníaca da personagem central, que ao longo da história afasta-se cada vez mais de rótulos como "herói" ou "vilão", aproximando-se cada vez mais de rótulos como "além do bem e do mal"; a falta de equilíbrio interior na obra, e a nossa incerteza quanto ao rumo que está tomando, até que ela siga cambaleando; a escuridão meditativa de todo o ambiente, que nos leva de volta a um país vulnerável e esfacelado que está a um mundo de distância do império do mundo em que vivemos hoje.

O mundo escuro em que essa peça nos lança força-nos a pensar de maneiras irônicas e alegóricas. Quando Merman canta "Everything's coming up roses" [Tudo está terminando em rosas], é difícil não pensar alguma coisa como "Sim, no cemitério". Todos os seus grandes números em *Gypsy* provocam — realmente exigem — esse tipo de resposta doentia. Mama Rose arruma um novo namorado, Herbie, que se encarrega de gerenciar a sua apresentação enquanto pede (em vão) a sua mão. Quando a irmã preferida e em destaque, June, foge de casa (ela se tornará a atriz June Havoc), e então todos os rapazes abandonam a apresentação, Herbie e Mama Rose estão realmente em dificuldades; mas, se eles se sentem perturbados, não nos dizem. Definem a sua nova situação num trio que dança alegre e estimulantemente "Together wherever we go". Se compreendemos o contexto humano desse número, talvez queiramos renomeá-lo para "Juntos sobre um penhasco", ou pelo menos "Uma dança à ilusão". Ainda assim, trinta anos depois de Zimmerman ter se metamorfoseado em Merman, Merman estava finalmente tendo uma oportunidade de fazer algo que aqueles que a amavam sempre souberam que ela poderia fazer: ela estava preenchendo o céu.

Quando os vários números de vaudeville da família fracassam, como sabemos que fracassarão, Rose empurra Louise para a fuga, e depois fica horrorizada por ver Louise usá-la para fugir *dela*. Quando Rose se torna Gypsy Rose, e obtém um brilhante sucesso com a revista teatral "Minsky" na rua 42, a mãe se enfurece com ela e a chama degenerada. Mas podemos ver que o que realmente incomoda Rose é a visão de sua filha *em melhor situação*, isto é, amadurecendo.

Um dos números memoráveis do espetáculo, cantado por três dançarinas de strip-tease comuns, é "You gotta have a gimmick" [Você tem de ter um truque]. O truque de Louise/Gypsy, que a promove mais do que qualquer encanto físico, é uma ironia sofisticada. Do momento em que ela sai do palco, ela fala e se move com uma autoconfiança e uma autoironia que as pessoas em geral adquirem, se é que adquirem, só depois de anos de boa terapia. De onde ela conseguiu a sua? Ao que parece, durante todos os anos em que ela costurou as roupas da irmã favorecida ela se tornou algo como a sua própria psiquiatra, aprendendo a examinar a si mesma, a sua família e o mundo. Todo o seu crescimento interior se deu abaixo da tela de radar de Mama Rose, porque nunca ocorreu à sua mãe perguntar ou observar o que ela pensava. Louise é como um satélite soviético que desenvolveu uma elaborada subcultura dissidente, mas que passa despercebida ao KGB até a primeira grande greve. A mãe a difama e tenta arrasá-la, mas ela está fortalecida pelo reconhecimento e aplauso do mundo. O seu público não a conhece tão bem — certamente não do modo primário como conhecemos Mama Rose —, mas podemos reconhecê-la, amá-la e ajudá-la a prosseguir, porque sentimos a sua luta desesperada por identidade como algo semelhante à nossa.

Merman domina o último ato, assim como dominou todo o resto. Somente então ela se vê diante de uma tarefa existencial agora bem complexa: abrir mão de seu poder. (Eu me lembro de perguntar a mim mesmo se Merman era uma atriz suficientemente poderosa para afastar-se do poder; mais tarde, eu me perguntava como poderia ter feito tal conjectura.) A cena final começa com Louise/Gypsy vestindo-se para uma festa em sua honra. Rose irrompe no quarto, de armadura completa, para atacar, assaltar e talvez desmantelar a filha. Mas então, num momento de insuportável intensidade, a filha repentinamente adulta olha dentro do olho da Medusa e não pisca. *Ela vence*! E então, do alto da sua plataforma da vitória, ela convida a mãe para ir à sua festa, e até lhe oferece seu casaco de pele. Mama aceita o casaco da filha de má vontade — ela resmunga, "fica melhor em mim" —, mas mesmo assim ela o pega e veste. Está passando por um choque de reconhecimento, reconhecimento não só da sua filha, mas de si mesma. Começa a reconhecer que Gypsy se libertou dela; que a sua liberdade tornou-se uma fonte de poder, a ponto de agora Gypsy passar a ser o poder na família, e a própria identidade de Rose ter de fazer parte, a partir daquele momento, do elenco secundário de Gypsy. O ato de abrir mão do poder dá a Rose uma percepção da vida que ela supostamente viveu para os filhos. Agora ela pode ver: "*Eu vivi para mim*". *Gypsy* começa como um musical sobre os bastidores, mas torna-se uma declaração dos direitos humanos. Afirma o direito de os filhos crescerem, de se soltarem dos pais e dos planos que os pais fizeram para eles, e de fazerem os seus próprios planos. Para Laurents e Sondheim, isso é "a vida, a liberdade e a busca da felicidade". Esses garotos podem tomar conta de seus pais. Mas os seus pais devem deixá-los agir, reconhecendo-os como adultos.*

Gypsy é uma das peças americanas mais desagradáveis. É espantoso quantas das maiores peças americanas foram representadas na Broadway numa única década — *A morte do caixeiro-viajante, Um bonde chamado desejo, Longa jornada noite adentro* — cada uma delas uma experiência penosa, de partir o coração. *Gypsy* é uma grande provação com um final feliz. O seu clímax, quando Gypsy se oferece para tomar conta de Rose e a mãe consente, é um raro momento utópico em que podemos realmente ver a tragédia se transformar em comédia. A nossa história não oferece muitos momentos desse tipo. Imaginem se pudéssemos ver o rei Lear se instalar no refúgio de uma casa de campo no

---

* Na nova encenação de Bernadette Peters, em 2003-4, ela cantava lindamente, com uma extensão de voz muito maior, tanto musical como emocionalmente, do que a de Merman. *Mas ela não preenchia o céu.* Ela não insuflava terror em todo mundo no teatro. Quando representava as cenas com outros atores, ela se projetava como um ser humano seu colega. Estava claro desde o início que a sua *Gypsy* ia ser uma comédia. Quando finalmente reconhecia a filha como adulta, não parecia que ela ficaria arrasada por esse ato de decência humana. À medida que a *Gypsy* de Peters se desenrolava, o abismo entre as duas versões crescia. Ironicamente, essa nova representação serviu para reviver uma peça muito mais atormentada e perturbadora que se desenrolava a seu lado, assombrando-a como um *dybbuk* [espírito do folclore judaico] e ameaçando destruí-la. Assim uma estrela viva com uma presença humana encantadora trouxe a presença muito mais ameaçadora de uma estrela morta de volta à vida.

reino de Cordélia; ou ver o capitão Ahab no último minuto virar o navio e retornar a Nantucket, onde podia se embebedar, experimentar novas roupas e contar histórias incríveis; ou ver o Exército Vermelho recusar-se a atirar no povo e juntar-se ao júbilo da Primavera de Praga. Ai de nós, não podemos ver nada disso. Mas Laurents, Sondheim e Merman nos trouxeram uma visão emocionante de como alguém que preenchia o céu pode aprender a partilhar a terra. É um momento teatral e político impressionante, e um momento crucial não só na história de Times Square e da Broadway, mas na da América.[9]

É adequado que a *Gypsy* de Merman coincidisse tão bem com a presidência de Kennedy. Eu a vi no inverno de 1960-1, exatamente quando os Kennedy estavam chegando ao poder. Lembro-me de ter lido, talvez na coluna da Broadway de Leonard Lyon, no velho *New York Post*, que a família Kennedy gostava muito dessa peça, reservando frequentemente um bloco de trinta ou quarenta assentos de uma sessão à tarde. Isso fazia sentido para mim. Afinal, o grande salto para a frente na história de Kennedy acontecera quando Jack e Bobby se libertaram e a seus descendentes de sua própria Mama Rose, o patriarca bilionário fascista e amigo de Hitler, Joseph K. Pessoas da minha idade, que lembram o momento Kennedy, são capazes de perceber um senso de desperdício trágico. É verdade, mas não podemos compreender realmente a tragédia, se não admiramos os Kennedy pelo seu grande salto do fascismo ao liberalismo, um salto que tornou possível, por dois minutos, experimentar a vida política americana como uma comédia.

O final da década de 1960 foram anos difíceis para Ethel Merman. Depois de ter preenchido o céu, para onde você pode ir? Que papel ela poderia representar que não fosse trivial? Alguém poderia escrever para ela uma versão musical da Broadway da *Fedra* de Racine? Ou de lady Macbeth? A mulher que se metamorfoseou de Zimmerman em Merman poderia ter se metamorfoseado em Aretha Franklin? Havia um Buffalo Bill nos bastidores que pudesse ajudá-la a crescer? Bill Graham disse certa vez que adoraria produzir uma peça de Merman no Fillmore East, mas temia que seus fãs mais ardentes jamais encontrariam o lugar. Possivelmente verdade, mas triste, porque grande parte da bravura da Broadway que Merman encarnava nasceu na Segunda Avenida iídiche. (Foi uma pena que Graham, um sobrevivente do Holocausto, que conhecia tantos tesouros enterrados da cultura americana, não tenha suprido o público com mais mapas do tesouro.)

Um dos últimos papéis de Merman foi uma reapresentação de *Bonita e letal*, no Lincoln Center, em 1966. Havia muitas camadas de ironia nesse desempenho. Eu não fui ver, mas minha mãe foi. (Minha mãe teria dado um bom dinheiro para escutar Merman ler a lista telefônica.) Ela expressava a mesma inquietação de alguns críticos: a voz de Merman e tão somente a sua presença ainda eram uma emoção, mas era como ver uma mulher com filhos crescidos voltar à escola e chegar a ser a primeira da turma. E daí, por que ela não deveria voltar para a escola?, perguntei. De que adiantava ter a Broadway, se as suas próprias estrelas não podiam renascer ali? Sim, sim, certamente, disse minha mãe; era apenas estranho. Mas o desejo de renascer da diva é uma das grandes tradições teatrais. Sarah Bernhardt no Hippodrome a teria realizado um século atrás: ela teria morrido tragicamente — os caixões estavam entre seus acessórios favoritos — e depois se levantado triunfantemente do túmulo; quem duvidava de suas mortes e ressurreições simplesmente não via o espetáculo. Sister Carrie no Cassino nos teria pressionado e incitado a acreditar nela, mas teria telegrafado suas próprias dúvidas interiores. (Claro que o seu cartaz teria eliminado a dúvida.) Judy Garland no Palace teria assinalado que o renascimento era impossível, mas ela estava vencendo, talvez pela última vez, e o seu público do final da década de 1960 a teria amado por tentar, mesmo quando reconheciam mutuamente a desesperança da esperança, e chorado com ela a sua iminente morte prematura.[10]

As pessoas falavam em 1966 sobre o quanto Ethel Merman havia mudado. Mas que dizer dos modos como a *América* havia mudado? Muitas das maiores mudanças tinham a ver com armas. Pensem nos assassinatos (mais estavam por vir); na Guerra do Vietnã e no que ela fez com as pessoas que dela participaram — "Nós tivemos de destruir Ben Tre para salvá-la";* no romantismo de Frantz Fanon sobre o assassinato como liberação interior (devore seu coração, Raskólnikov); nos Panteras Negras na primeira página, "pegando em armas"; no enorme aumento de homicídios diários, que *quadruplicou* em uma década em Nova York (e os números de muitas outras cidades eram piores). Quando *Bonita e letal* estreou na Broadway, a América estava em paz e as pessoas podiam discutir pacificamente sobre o possível significado de armas e tiroteios. Vinte anos mais tarde, era difícil ver as armas senão como máquinas de matar gente. Começando na metade da década de 1960, um mercado de heroína prosperou bem perto do *deuce*, derramando-se frequentemente pela rua. À noite, quando as pessoas saíam dos teatros e da grande Biblioteca Pública da rua 42, podia-se escutar frequentemente o que parecia um tiroteio bem perto. Eu ainda tinha muita dificuldade em acreditar que era real, mas às vezes o noticiário das onze horas mostrava os sacos com os corpos e o sangue nas ruas, e o caderno de cidades do jornal da manhã seguinte contava a história e dava nome aos bois (quando conseguiam encontrá-los). Raramente tratava-se de alguém que conhecíamos, mas não levou muito tempo para saber

---

* Frase famosa de um major do front após o bombardeio de Ben Tre, que expôs a ideia de que a morte de civis era irrelevante: era preferível destruir uma cidade inteira a permitir que ela pudesse ser útil ao inimigo. (N. E.)

que estávamos num fogo cruzado. Dentro do fogo cruzado era difícil ver as armas como acessórios teatrais cômicos, ou comprar armas de brinquedos para os nossos filhos.

Como estamos falando de Times Square, devemos poder avaliar as mudanças vendo os anúncios. Olhem para o cartaz original de *Bonita e letal* de 1946. Na verdade, é uma reprodução do programa. Retrata Ethel Merman, que está armada, mas eminentemente respeitável, uma espécie de matrona de arma na mão.

Na peça que ela está promovendo nesse cartaz, a sua personagem é desleixada, instável, um pouco assustadora, cheia de *chutzpah* e fascínio punk. Mas, a partir do programa e do cartaz, nunca se saberia: a sua personagem foi polida para o anúncio. Uma mulher que não só porta armas, mas sabe como usá-las, e tem consciência do quanto sabe, é potencialmente uma personagem perigosa; os que promovem a peça tentam neutralizar o perigo banhando a sua estrela numa aura que é sentimental como Kansas em agosto e normal como torta de mirtilo. Acima, citei a piada clássica da Broadway, contada por Oscar Levant, sobre as metamorfoses de Doris Day: "Eu a conheci antes que ela se tornasse uma virgem". Esse cartaz mostra uma Merman que se tornou uma virgem, isto é, que construiu uma inocência e pureza artificiais que ela exibe com brilho. Se ela é sexy (e muitos críticos achavam que era), é com a imagem do que o crítico de arte chama "a garota pin-up, [...] o tipo da americana saudável líder da torcida", apresentando "um sorriso aberto e amigo que revela dentes brancos perfeitos... o afetuoso símbolo sexual do bairro que os americanos conhecem e amam".[11] A Times Square do pós-guerra estava cheia de imagens gigantescas de mulheres desse tipo, frequentemente de maiô ou biquíni, vendendo soda ou cigarro, chiclete ou pasta de dente (alguém se lembra do "sorriso Ipana"?); ao longo dos anos as mercadorias subiram gradativamente na escala, em direção aos perfumes, uísque, roupas caras e carros. A Annie

Oakley de Merman em 1946 é como elas, radiante na sua integridade. Ela poderia ser um cartaz recrutando membros para as WACS [Women's Army Corps].

Mas a cultura americana na metade do século era dinâmica e cheia de contradições. Uma tese gerava uma antítese: uma abundância imposta de garotas "boas" criava um desejo difuso de "garotas más". As imagens dessas garotas — maldosas, agressivas, desmazeladas, frequentemente violentas — pressionavam para ocupar o primeiro plano. A sua sexualidade era frequentemente ambígua, mas estava perto da superfície e de ficar fora de controle. No início da década de 1950, nas pinturas expressionistas abstratas de Willem de Kooning, mulheres grosseiras com sorrisos de dentes salientes se lançaram de repente para o centro do plano do seu quadro; a sua arte nunca mais foi pura.

Thomas Hess chama essas mulheres de "ícones", vendo-as como "uma crítica intelectual e emocional violenta, em forma visual, da situação contemporânea da mulher americana, assim como é refletida na pin-up".[12] As mulheres anti-pin-up eram também apresentadas numa das formas culturais mais dinâmicas da metade do século: o *film noir*. Ali elas estavam sempre em perigo, mas também podiam ser fontes de perigo. As suas imagens incendiavam as capas de alguns dos primeiros livros de bolso da América: *Night in the city*, *The Amboy dukes*, *Knock on any door*. Lembro que ficava excitado com as imagens, mas desapontado com os textos em geral tépidos e empolados. Havia algo sobre essas mulheres, uma raiva violenta, uma promessa imensa, que os autores daqueles livros de gênero simplesmente não captavam. Para usar uma expressão do recreio dos meninos, essas garotas eram "provocadoras". Mas por quê? Alguém sabia o nome do jogo? Aqui estavam mulheres que exigiam atenção e despertavam sentimentos intensos em pessoas de ambos os sexos, mas havia um mistério sério sobre o que estavam fazendo e sobre o que estava acontecendo.

O primeiro cartaz luminoso de *Bonita e letal*, de 1966, já discutido em nosso capítulo dos "Anúncios", apresentava uma dessas mulheres icônicas abraçando a Square. O anúncio era memorável de um modo em que a própria produção não era. A presença dessa mulher revivia parte do fogo emocional no coração da peça. Retratava uma Annie Oakley que era uma "garota má", mais semelhante a uma roqueira punk do que a uma WAC. Ao mesmo tempo, lembrava-nos que a estrela dessa produção não era uma garota: ela havia representado Mama Rose: ela havia preenchido o céu; era uma mulher experimentada. Infelizmente, não consegui encontrar uma foto desse anúncio; vocês terão de imaginá-lo. Ethel Merman, com uma trajetória de carreira de mais de quarenta anos, tinha o talento de intensificar e santificar os papéis e as canções da Broadway, a ponto de fazer de si mesma a encarnação da América e transformar a Broadway no mundo. Em *Bonita e letal* ela era uma América inocente que não só queria como merecia mais poder no mundo. Em *Gypsy* ela era uma América mais do que experimentada que precisava aprender a abrir mão do poder e aprender a partilhar o poder no mundo.

O *DEUCE* TRANSBORDA: O BULEVAR SUJO

> *Ele vai sair, para o sujo bulevar...*
> *E fugir, fugir pra longe, deste sujo bulevar...*
> Lou Reed, "Dirty Blvd." (1989)

Tentei mostrar como Times Square, durante a maior parte do século XX, criou um ambiente em que as mulheres podiam ser não só objetos sexuais comerciais, mas, ao mesmo tempo e no mesmo lugar, sujeitos humanos autênticos. Mas então aconteceram coisas que estragaram o extraordinário equilíbrio interno do lugar. Num período de vinte anos, ele passou não só por empobrecimento material, mas colapso espiritual. Paradoxalmente, como acontece com frequência na história, o colapso desencadeou toda espécie de criatividade cultural — é possível senti-la na canção de Lou Reed. Mas é vital perceber que foi realmente um colapso, porque o colapso da Square de ontem pavimentou o caminho para a corporatização dourada que a envolve hoje.

Em primeiro lugar, o *deuce* "perdeu o equilíbrio" e seus negócios de sexo, que tinham sido parte da cena desde a década de 1880, passaram a florescer numa escala espetacular atraindo um público todo masculino em grande expansão. A rua 42 fora sexualmente segregada e esmagadoramente masculina desde a década de 1930,[13] mas os novos homens na rua exibiam uma nova rispidez agressiva. As mulheres na década de 1970 passaram a se sentir não só excluídas, mas diretamente ameaçadas por esse quarteirão, e depois a ameaça pareceu transbordar. Tornou-se de tal modo que, em toda a Square, uma mulher tinha de se *preparar* para estar ali.

Nas décadas de 1970 e 1980, o *Times* passou a soar cada vez mais como um tabloide ao focar histórias de horror no seu quintal. ("Um mundo subterrâneo: um quarteirão da rua 42", de John Barbanel; "Infância no inferno: crescendo em Times Square", sobre o hotel Carter, de Maureen Dowd.) Eu não duvidava de que as histórias eram em geral verdadeiras, mas sentia que a perspectiva do jornal era torcida: esquecia histórias igualmente horripilantes nos quintais de outras pessoas. (No Harlem, digamos, onde eu ensinava; no South Bronx, que durante anos, de semana a semana, estava em chamas; em L. A., onde as gangues de drogas pareciam muito mais organizadas e armadas; em cidades como Washington, Miami e Houston, que sempre foram, e ainda são, muito mais perigosas que Nova York.) No curto prazo, acho que eu estava com a razão. Mas a perspectiva do *Times*, embora torcida, também era correta. A deterioração da Square tinha um significado não só para eles, mas para as pessoas de todos os outros bairros e cidades, porque Times Square sempre fora "um banho de luz", um refúgio e uma alternativa para seus bairros e cidades.

Parte das coisas ruins que aconteceram estava numa escala tanto nacional como global. Depois do embargo de petróleo em 1973, a indústria americana quebrou; corporações gigantescas como a GM, cujos nomes haviam sempre definido a Square, diminuíram os seus perfis e apagaram seus anúncios. Imensos nichos de cartazes ficaram escuros, e abriram-se na Square espaços abertos que nunca haviam sido vistos. Algumas pessoas atribuíram um significado apocalíptico a esses buracos negros. Outros, como eu, descreveram-nos como transitórios e passageiros. Mas, realmente, quem podia saber? E ninguém podia negar que a escuridão e o vazio eram reais.

Havia mudanças óbvias e gritantes na demografia e infraestrutura do bairro. Ele ficou cheio de pobres que na geração anterior teriam trabalhado na indústria de vestuário, perto da Square no lado sul, ou nas docas, ali perto no lado oeste, e teriam vivido em projetos de residências construídas com dinheiro federal. Mas o processo que os economistas chamaram "desindustrialização" atingiu primeiro as velhas cidades.[14] O Primeiro Sintoma foi uma classe operária sem trabalho. As ruas Quarenta Oeste estavam cheias de grandes hotéis. Nas décadas de 1960 e 1970, muitos senhorios ganharam muito dinheiro do Departamento de Bem-Estar convertendo seus hotéis em edifícios com "quarto de solteiro", depósitos para a nova geração de pobres urbanos. (A metamorfose do grandioso Hotel Cafter em estilo *art déco*, que se estendia da rua 42 à rua 43 Oeste, foi especialmente sombria.) Essa era uma geração com muitos homens desempregados que passavam os dias andando por ali, e com muitos garotos que passavam a vida em ruas que não eram construídas para garotos. Lou

Reed, o mais sombrio dos roqueiros, via o mundo dos prédios de quartos de solteiro com bastante clareza.

No one here dreams of being a doctor or lawyer or anything
They dream of dealing on the dirty boulevard.

[Ninguém aqui sonha em ser médico, advogado ou qualquer coisa
Eles sonham em negociar drogas no bulevar sujo.]

Alguns desses garotos sonharam além da canção, encontraram adultos que cuidaram deles, mantiveram a vida em foco, permaneceram na escola e conseguiram entrar na faculdade. Na década de 1990, no City College of New York , cheguei a conhecer alguns ex-"garotos de hotéis"; se bem que, como alguém me disse: "*Você nunca é um ex-garoto de hotel*". Eles contavam histórias de irmãos ou amigos que se tornaram vigias ou mulas para negociantes de drogas locais, ou que foram descobertos por exploradores das várias indústrias de sexo do bulevar sujo. Esses garotos podiam se ver ganhando muito mais dinheiro que seus pais — especialmente aqueles que "pareciam inocentes". Mas depois de um ou dois anos de cerimônias de inocência com hostes de Humberts e Quiltys anônimos, os garotos podiam ser queimados ou coisa ainda pior. Um garoto com a metade da minha idade disse apostar que estivera em mais funerais do que eu, mas eu não quis saber da aposta.

Nesses anos violentos, o distrito de teatro da Broadway permaneceu desgastado, mas surpreendentemente intacto, e se incluirmos o "Theater Row" [O beco dos teatros], na rua 42 entre a 9 e a 10, além da Off- e da Off-Off Broadway, a capacidade teatral do bairro talvez tenha realmente crescido. Mas as outras formas de cultura sofreram. Quando as livrarias da Square abertas durante toda a noite se metamorfosearam em livrarias pornográficas abertas durante toda a noite, e tantos de seus lugares para teatro tarde da noite viraram lugares para espetáculos de sexo explícito, senti que as luzes estavam se apagando para mim — e não apenas para mim. Algumas daquelas livrarias pornográficas eram antigos sebos de livros e revistas, frequentemente com seus velhos proprietários, alguns dos quais eu conhecera desde a escola secundária. (Na nona série, eu fora à Square, que era então rica em sebos de livros e revistas, em busca das edições de 1938 de *Popular Mechanics*, que tinha planos para um rádio de ondas curtas que meus amigos e eu queríamos construir. Quando eles me desacataram, chamando-me de mau construtor, o que eu era de fato, lembrei a eles quem havia encontrado os planos.) A princípio, eu gostava de folhear os livros e as revistas, como sempre gostei de fazer em livrarias. Mas logo o padrão da mercadoria mudou. Tudo foi embrulhado em plástico, para impedir que se folheassem os livros e as revistas. Os clientes tinham de saber de antemão exatamente o que queriam. Os ritmos de andar por ali foram substituídos pelo ritmo da fast-food: entrar e sair. Esses clientes tendiam a ser homens de meia-idade de cabelos curtos, ternos de negócios e capas de chuva; eu achava que davam a impressão de vir de "Meadowville, Indiana". Eu me perguntava: Como é que eles sempre pareciam saber exatamente o que queriam? Se não podiam olhar, como é que sabiam? Nunca tive a coragem de perguntar. (Depois de alguns anos, a própria mercadoria mudou: os artigos impressos foram abandonados por causa da inundação de um artigo muito mais caro, os vídeos. A maioria eram vídeos que ninguém que vivesse numa família com crianças podia levar para casa. Passados mais alguns anos e os consumidores podiam ficar em casa: na década de 1990, a internet surgiu como um veículo suficientemente grande para conter enchentes de histórias pornográficas, imagens, websites, chats e blogs. Surfando na net você podia não só se entregar à sua fantasia favorita, como refiná-la e transformá-la num vício, unir-se a colegas viciados, sem sair de casa, sem nem sequer abandonar a sua cadeira.)

A discussão mais séria do *deuce* nos seus últimos anos loucos é *Times Square red, Times Square blue*, do poeta e romancista Samuel "Chip" Delany.[15] Uma parte desse livro é um relato vívido, detalhado, mas incisivamente não sensacional de como era realmente a vida sexual e social nos cinemas pornográficos da Square e nos seus bares gays. A outra parte é uma sofisticada defesa da política pública, *à la* Jane Jacobs, de que uma cidade moderna precisa dos modos de amizade e sociabilidade que foram ali nutridos. Depois de toda a santimônia hipócrita da era Giuliani, a narrativa de Delany é um sopro de ar fresco. Ele sabe como criar personagens "comuns" com quem os leitores convencionais comuns podem se identificar. Os seus homens tendem a ser de meia-idade, como ele, e a ter ocupações proletárias estáveis como despachante de táxi e operador de carro-lanchonete. O seu livro inclui retratos fotográficos de muitos deles, e suas imagens evocativas têm uma solidez icônica que lembra Edward Hopper, Walker Evans, os melhores murais da Frente Popular. O "despachante de táxi Anthony Campbell" do Terminal de Ônibus da Autoridade Portuária poderia se encaixar confortavelmente no monte Rushmore. O seu retrato poderia ser um item no livro de esboços de James Earl Jones — como é que perdemos esse espetáculo? O apelo implícito de Delany é *Deve-se prestar atenção nesse homem.* Como é que podemos ser tão cruéis a ponto de negar a um homem desses o seu direito humano ao prazer e à amizade?

Mas ninguém jamais sentiu que o problema da rua 42 fossem pessoas como ele. Todos sentiam que o problema eram garotos como os da foto na página 168, vulgares, sorrateiros, sinuosos como serpentes, vindo para cima de você, prontos a insultá-lo.

Ironicamente, o coreógrafo mais dinâmico na Broadway exatamente naquele momento, Bob Fosse (*Cabaret, Chicago, All that jazz* etc.), cultivava essa "aparência", ao mesmo tempo sexy e ameaçadora, nos seus dançarinos de ambos os sexos. Mais de uma vez, tarde da noite, ele deve ter cruzado o *deuce* e conjecturado se aqueles garotos serpenteando ao longo da rua não tinham todos saído da sua cabeça.

O outro problema, aquele que levou Marianne Faithfull a pensar em carregar uma arma na mala, era a hostilidade agressiva da rua para com as mulheres. Por vinte anos eu tive de acompanhar as minhas alunas até o terminal de ônibus ou ao metrô, e tínhamos de evitar o *deuce*. Não era apenas uma faixa de procura de parceiros masculinos: era uma faixa de procura *só* de parceiros masculinos. Delany reconhece isso tacitamente. "A nossa literatura", diz ele, referindo-se provavelmente à literatura gay masculina,

> está cheia dessas cenas só para homens, estruturadas de forma semelhante, de modo que seus encantos, sociabilidade e simpatia — se é que existem — dependem inteiramente da ausência da mulher — ou ao menos dependem de achatar "a mulher" até ela ser apenas uma imagem na tela.

Na cena que se segue, ele descreve um cinema pornográfico só para homens, onde alguns se masturbam e outros praticam felação em outros homens. Uma amiga sua ficou fascinada pela história e quis ver ela própria a cena. "O que aconteceria", pergunta ela, "se você levasse uma mulher para o local? Provavelmente todos ficariam chateados e zangados." Talvez ela temesse uma inversão de *As bacantes*, de Eurípides, em que um homem tenta entrar sorrateiramente no rito secreto das mulheres a Dioniso, mas é reconhecido como homem e despedaçado. Será que os bacantes masculinos de Times Square explodiriam contra a única mulher na casa? Certa tarde de quinta-feira, ele a leva ao Metropolitan —

não, entretanto, em Times Square, mas na rua 14 Leste. Assim, eles entram juntos, e ela faz o que faz, e os rapazes fazem o que fazem, e nada acontece. Essa é a piada, o *dénouement* cômico: N-a-d-a![16] Eles poderiam ter sido George e Elaine de *Seinfeld*. Mas Delany quer que a história signifique mais: quer que vejamos esses clientes constantes como modelos da virtude liberal tipo John Stuart Mill. (Você pode deixar suas filhas com eles!) Tenho certeza de que esse episódio aconteceu exatamente como ele o descreveu. Mas então por que deslocou a cena da rua 42 Oeste para a rua 14 Leste? Muitos dos homens que se comportavam mal no *deuce* estavam reivindicando uma rua *só para homens*. O fato de Delany mudar a cena de modo a omitir o pior equivale a ele realizar uma limpeza toda sua.

Podemos ter uma ideia do que está faltando no mapa das ruas de Delany dando uma olhada no de Bruce Benderson. Benderson é um antigo amante de Delany; foi no *deuce* que eles se conheceram. Aqui ele age como a sombra de Delany, a sua Sombra Esbelta, o seu antieu. Ele fala com entusiasmo dos "rapazes de programa cheios de heroína de Times Square"; promove uma rua que será "o território traiçoeiro e sem chão da classe baixa de hoje". No *deuce* de Benderson,

> todo mundo é um "preto". Há uma certa profundidade de carência ou desorganização em que uma pessoa meterá o pau em qualquer um ou deixará que qualquer um meta o pau nela. [...] Essa classe reprimida, descontente, superprotegida na América deseja extremos de experiência e conhecimento. Estão dominados por uma inquietação suicida. Devem ser os novos cordeiros do sacrifício. [...] Temem a violência da cidade interna, mas imitam a sua superfície.
> Meninos e meninas ambiciosos, rebelem-se! É hora de se sacrificar aos perigos da nova narrativa degenerada![17]

Se a tarde no escuro de Delany se lê como um episódio *Seinfeld* cancelado, a de Benderson parece uma representação contínua de *Cidade nua* em "Show World NY". Se Delany procura criar uma urbanidade gay estável e sofisticada, Benderson luta por uma cidade que vai quebrar a escala Richter. (Seriam Frears e Kureshi, ou Zwick e Hershkovitz, capazes de captar o drama interior desse casal? Ou seria necessário outro Shakespeare para fazer justiça à comédia de suas contradições interiores?)

Se historiadores gays como George Chauncey (em *Gay New York*) são dignos de crédito, os homens tinham empurrado o *deuce* por aquele caminho durante décadas. Provavelmente muitos sentiam que era "território" masculino, assim como os italianos em Bay Ridge e os irlandeses em South Boston haviam sentido que seus bairros eram o *seu* território: se estranhos entrassem, eram postos para fora. Note-se também que os "veados ativos" eram o estilo gay primário do *deuce*: eram tão grosseiros com as bichas quanto com as mulheres e com os homens que não queriam participar da aventura. Trabalhei a um quarteirão de distância do *deuce* por trinta anos e fui alvo de grosserias descontroladas ao longo dos anos, mas não me importava muito: cresci num bairro rude (rude para os garotos, ao menos, mais agradável para os adultos) e aprendi os golpes de que um rapaz precisa para manter o seu lugar na rua. Mas na rua 42 Oeste a segregação e a agressão sexual envolviam um espaço público que por gerações fora um oásis de integração, num bairro onde o espetáculo da multidão era a grande emoção da rua. Isso era um desastre para a cidade. Grande parte do fascínio de Times Square, da década de 1890 até a década de 1960, era a sua mina de ouro de possibilidades para as mulheres. Mas na década de 1970, quando as mulheres reais se sentiam sob uma pressão esmagadora nas ruas em torno da Square, imagens extremamente rudes de mulheres se formaram para tomar o seu lugar.

Quando falei sobre o cartaz de *Annie get your gun* de 1966, descrevi um movimento em direção a uma crescente complexidade, ambiguidade e riqueza de significados. É bastante desanimador ver o que surgiu a seguir.

Este era o lado norte do *deuce*, bem perto da galeria do metrô da Oitava Avenida. Olhem a foto com atenção e absorvam o choque. Esta é uma "redução" da mulher em tantos sentidos diferentes! Olhem para seus olhos em branco, os buracos na sua boca, o esmalte das unhas que omite o polegar, os ornamentos patéticos nos seus seios, o corpo jovem que não parece ter passado por nenhuma experiência oposto a um rosto que parece ter passado por tudo. O vazio cósmico desse rosto torna os rostos das modelos nuas de *Playboy* e *Penthouse*, e das pin-ups dos cartazes na Broadway, semelhantes aos de Rembrandt ou Vermeer. O detalhe mais desalentador aqui é a palavra "Completo": o anúncio não nos diz o que é que podemos fazer a ou com essa mulher por dez dólares, mas nos assegura que por dez dólares teremos tudo, não ficará nada de fora. Devemos chamar essa mulher de "sra. Completa"? O rei Lear tinha uma palavra para ela: "Tu és a coisa em si; o homem, sem estrutura, [...] pobre animal nu e dúbio".[18] O legado mais terrível do *deuce* é uma visão da mulher nua e sexual como "um pobre animal nu e dúbio", desprovido da aura que torna a sexualidade uma aventura humana e uma forma de transcendência. A experiência que a sra. Completa nos convida a partilhar, já passados dois terços do longo século XX, é um pesadelo de vida e morte que parece baixar a cortina sobre o andar orgulhoso, os vastos horizontes, a esperança efervescente encarnados pela Garota do Times e por Times Square, quando o século era jovem.

Eu havia pensado que a "sra. Completa" era o pior. Depois me lembrei de *Rei Lear*, quando Edgar diz que, enquanto for possível dizer "Isto é o pior", pode-se estar bastante seguro de que haverá algo ainda pior.[19] E na verdade houve algo pior — como eu pude esquecer? —, e permaneceu ali por anos, primeiro no lado leste do *deuce*, mais tarde no oeste: uma reprodução gigantesca de uma capa da revista *Hustler*. A legenda dizia algo como "Não tratemos uma mulher como um pedaço de carne". A imagem mostrava uma mulher nua, de cabeça para baixo — só era possível ver as suas pernas —, aparentemente sendo atirada de cabeça num gigantesco moedor de carne. Não havia como essa imagem me fazer sentir alguma coisa senão horror; mas a *Hustler* parecia estar dizendo: "Não é nossa, odiamos esse material, nós o estamos mostrando para que você possa rejeitá-lo; se o horroriza, ponha a culpa em todos os demais aí fora que maltratam as mulheres, mas não ponha a culpa em nós". As intenções honestas da revista lhe davam o direito de saturar de maldade as suas capas. Lá por 1980, todos os meus conhecidos já haviam visto

essa imagem. Mas eles não a descobriram em *Hustler*, que poucos intelectuais de Nova York liam. Eles a encontraram na esquina da rua 42 com a Broadway, com o seu tamanho original muitas vezes ampliado, à mesa de uma organização chamada "Mulheres Contra a Pornografia" [Women Against Pornography — WAP]. A WAP dedicava-se a fechar sex shops e a pôr na prisão os donos de revistas pornográficas. Para despertar uma fúria histérica contra seus inimigos, exibia imagens horripilantes, muito aumentadas. Afirmava que seu desejo de erradicar o mal lhe dava o direito de imbuir a Square desse mal, em visões espetaculares de tamanho gigantesco, ano após ano, "bem na sua cara". (Claro, essa era a grande tradição de Times Square; não que a WAP se importasse com isso.) A organização se especializou em marchas e demonstrações beligerantes; Times Square era a sua arena favorita. O seu lema, brilhantemente concebido, era "Recuperem a noite!". Eu simpatizava com o desejo da WAP de combater as pressões que levavam as mulheres a temer a noite urbana; eu acreditava que suas marchas e demonstrações à noite reuniam multidões, aumentavam a densidade e a segurança das ruas, e ajudavam as mulheres — e não só as mulheres — a se sentirem em casa. Mas as ambições da WAP iam muito além desse ponto. As mulheres que mantinham as mesas, que lideravam as marchas, que distribuíam seus panfletos e volantes, e que começavam a aparecer nas universidades e faculdades de direito americanas, todas pareciam acreditar que estavam lutando pela posse exclusiva da noite, e que havia apenas uma quantidade muito limitada de noite em que se podia andar. Eu sentia que todas tinham perdido contato com a verdade básica de Times Square: há bastante noite e bastante luz para todos nós.

"O OLHAR MASCULINO": IRMÃ DEFORMADA, RUA DEFORMADA

Se é possível atribuir à WAP uma metafísica e uma ontologia, elas foram desenvolvidas por um grupo de historiadores de arte e cinema na década de 1970. Exatamente quando os filmes americanos perderam a sua conexão com a experiência de "andar pelo centro da cidade", e (graças ao Sistema Rodoviário Federal) exatamente quando milhares de centros urbanos espetaculares desmoronaram formando cidades fantasmas,[20] a América e o Reino Unido experimentaram um tremendo desenvolvimento dos "estudos de filmes", arraigado no sistema da universidade pública, especialmente nas universidades mais novas, e na tecnologia extraterritorial do VCR e do DVD. Uma das primeiras grandes explosões de energia nos estudos de filmes entrou fundo na "desconstrução" de filmes clássicos e canônicos. Aconteceu que uma das correntes mais fortes na crítica feminista de filmes desenvolveu-se em torno da ideia do "olhar masculino".

A anatomia clássica do "olhar masculino" foi executada pela crítica de cinema britânica Laura Mulvey no seu ensaio de 1975, "O prazer visual e o cinema narrativo". Mulvey não inventou o conceito do "olhar masculino", mas "O prazer visual e o cinema narrativo" elevou-o a uma intensidade metafísica.[21] Até um leitor hostil como eu fica impressionado com o poder intelectual de Mulvey. Mas acho que seu ensaio entende algumas experiências humanas primárias de forma espetacularmente errada. Além disso, acho que exerceu tanta influência intelectual *por causa* do modo como entende as coisas de forma errada. Mulvey menciona casualmente que seu gênero preferido de filme é o melodrama, e depois de ler a sua teoria do "macho", é fácil saber a razão. A sua compreensão do sexo e do amor tem um páthos melodramático bem definido. Mas a palavra "melodrama" talvez seja fraca demais para abranger a sua visão do homem predador. Talvez devêssemos pensar nela como a irmã deformada e há muito esquecida dos Grimm.

Na atmosfera da contracultura do final da década de 1960 e do ambiente pós-anos 1960, Mulvey sente-se livre para soltar a sua malícia estreita. A sua linguagem é ao mesmo tempo amortecida e mortal: "Diz-se que analisar o prazer ou a beleza os destrói. Essa é a intenção deste artigo". Ela disse que queria destruir o senso de prazer e beleza de todo mundo nos filmes? Sim, foi o que ela disse: deem a essa mulher uma estrela de ouro por puro *chutzpah*! Mas isso não é grande coisa comparado com o que vem a seguir: ela quer destruir "o ego".

A satisfação e o reforço do ego que representam o ponto alto da história do cinema até o momento devem ser atacados. [O objetivo da autora é] uma negação total da desenvoltura e plenitude do filme de ficção narrativa.

Há algo de misterioso sobre essa linguagem na década de 2000. Mas era fácil encontrá-la na esquerda no final da década de 1960, quando a Nova Esquerda se desintegrou em seitas de *enragés* e *enragées* que se odiavam mutuamente, promovendo formas competitivas, mas sobrepostas, de niilismo. É uma declaração de guerra a quase todo mundo.[22] Não conheço a biografia de Mulvey, mas reconheço a sua linguagem. É a linguagem de bons garotos cheios de esperança que cresceram com a Guerra do Vietnã e aprenderam a celebrar a morte.

O tema de Mulvey é ostensivamente limitado ao cinema tipo Hollywood e a seu difundido apelo humano. Mas ela escreve de um modo dogmático, esquerdista *à la* Heidegger, apropriado para proclamações sobre a natureza do Ser. Assim, afirma ela, o sujeito que contempla é universalmente masculino. "Num mundo ordenado pelo desequilíbrio sexual, o prazer de olhar é dividido entre o macho/ativo e a fêmea/passiva". O prazer masculino essencial é a "escopofilia", uma palavra filosófica que significa algo semelhante ao prazer do olho, ao prazer de olhar. Mulvey coloca esse prazer num moedor lacaniano; ela pica o prazer e o arruma numa mistura de voyeurismo e fetichismo, sadismo e masoquismo. Não vejo nada inerentemente errado em analisar uma coisa como outra; por que outra razão Deus nos deu esses grandes cérebros? E não concordamos todos que há algo mais na vida além do visível? Mas o talento especial de Mulvey foi fazer a linguagem psicanalítica soar como insultos de pátio de escola. Ai de nós, as palavras francesas não podem ser ditas em inglês sem soar suaves e graciosas; mas "voyeur" tem sido frequentemente usado por pessoas cuja modulação da voz mostrava que desejavam poder cuspir a palavra. (Por outro lado, expressões como "escopofilia fetichista" poderiam ser cuspidas, e o eram.) A análise de Mulvey do "olhar masculino" tornou-se canônica numa nova área acadêmica, os "estudos culturais" pós-modernos. A área logo ficou lotada, e transformou-se numa rua com curvas de 180 graus. Ali você podia escutar intelectuais radicais, que até a semana anterior se orgulhavam de seus insights "transgressores", virando-se uns contra os outros nesta nova semana e insultando-se pela transgressão de querer ver.[23]

Veja-se o caso do macho arquetípico de Mulvey. Tudo o que esse sujeito faz é sinistro. Se ele olha para uma mulher, o seu olhar é "controlador". Na verdade, ele "controla os acontecimentos", "faz as coisas acontecerem", "é um representante do poder" e possui "um senso de onipotência". A "imagem [das mulheres é] continuamente roubada" por ele. De fato, o próprio ato de um homem olhar para uma mulher é em si um ato de roubo. Por que ele quer a imagem dela afinal? Só com o intuito de "ganhar controle e posse". Mas esse ciclope é burro. Não percebe que no momento em que uma mulher "se torna sua propriedade", ela "perde as suas características exteriores fascinantes [e] a sua sexualidade generalizada". Quando li pela primeira vez essa frase, sabia que já a escutara em algum lugar antes. Depois de algum tempo me lembrei de onde a encontrara: fazia parte da sabedoria eterna que os pais de tantas garotas na minha juventude na década de 1950 ainda incutiam nas suas filhas. *Não cedam*, diziam; assim que uma mulher se rende, ela está *arruinada*, é *mercadoria estragada*.

O estilo dogmático de Mulvey raramente se digna a dar exemplos. O seu único exemplo de uma estrela de cinema arruinada por ter se rendido é surpreendente: Lauren Bacall. A ruína de Bacall, presumivelmente nos braços de Humphrey Bogart, é tão clara para Mulvey que ela não parece se dar conta de que está fazendo uma interpretação controversa e portanto não vê necessidade de defendê-la ou sustentá-la. Mas na verdade a aura de Bacall na tela, tão viva hoje quanto era meio século atrás, provém de sua capacidade de encarnar o amor adulto, quando uma mulher apaixonada *não* renuncia nem à sexualidade, nem à autonomia, e *não é* lesada ou arruinada. Ela sabia como fazer parte de um casal romântico em que havia respeito mútuo e ambas as pessoas podiam vencer. Bacall, que sempre falou abertamente sobre si mesma, sentiu-se lesada por todas as espécies de coisas — pela cultura de Hollywood, pelos antissemitas, pelo álcool, pelo macarthismo —, mas jamais pelo amor. Mulvey poderia dizer que se Bacall não se sente lesada, isso apenas mostra quão lesada ela está; e que se um público de massa a ama, isso mostra quão lesados todos estão, e como eles requerem "a total negação de [sua] desenvoltura e plenitude", o que os lesaria ainda mais.

Enquanto isso, as mulheres na rua de Mulvey não olham para trás. Nem mesmo gente sábia como Bacall olha para trás: não há olhar feminino no seu roteiro. As mulheres estão aqui — na tela, no mundo — para exibir uma qualidade que ela descreve com uma palavra proto-heideggeriana: "*ser-olhada-ice*". Mas elas não podem ser olhadas de muito perto, nem mesmo pelos homens que querem roubar a sua imagem, porque logo abaixo de sua superfície vistosa está o horror: as mulheres são, na expressão mais obsedante de Mulvey (reveladora talvez de uma formação católica?), "*as portadoras da chaga sangrenta*". A chaga, diz ela, é a castração. Ela imagina as mulheres inteiramente em termos do que elas não têm, do que elas não são: as suas mulheres não querem, não fantasiam, não projetam, não se identificam, nem sequer sonham, elas apenas esperam ser-olhadas, elas parem, elas sangram.

Mulvey lembra-se obscuramente de algo que chama de "a magia do estilo de Hollywood no seu apogeu". Na verdade, essa foi a força que criou e nutriu o "Centro de Cinema da América", que prosperou por décadas em torno de Times Square. Naqueles dias, a Square era um lugar onde gerações de homens e mulheres comuns iam ao cinema juntas, e onde a cultura de massa ajudava a uni-las. Na Square, as linguagens privadas faladas por Gable e Colbert, Powell e Loy, Bogart e Bacall, Tracy e Hepburn, tornando-os capazes de ser íntimos no meio do Código Hays, transformavam-se em matérias-primas que milhões de casais comuns levavam de volta com eles pelas pontes e através dos túneis,

e usavam para criar os seus próprios códigos secretos de prazer e intimidade no meio de pais, vizinhos, chefes e filhos intrometidos. Os filmes e outros meios de comunicação de massa — para a minha mãe era o romance, para o meu pai o jazz, para minha tia Idie a dança — davam-lhes um sonho radical de música, dança e amor além dos limites do mundo social em que viviam; ao mesmo tempo, esse sonho funcionava como uma força conservadora fundamental que os ligava àquele mundo. Essa contradição e complexidade era a verdadeira "magia do estilo de Hollywood no seu apogeu". Mas Mulvey não parece compreender nada disso. A sua perspectiva estreita funciona apenas para o *deuce* da década de 1970, quando a magia se rompeu, o horizonte desabou, o olhar masculino tornou-se agressivamente obsceno, as mulheres que passavam ficavam aliviadas de não-serem-olhadas, e apenas uma imagem achatada de mulher como a da "sra. Completa" podia se sentir à vontade. Talvez o modo de apreciar Mulvey seja dizer que a sua visão sinistra do mundo era um estado de espírito perfeito para uma rua que havia desmoronado e se transformado no "bulevar sujo".

A WAP antecipou as leis "Dworkin-MacKinnon" da década de 1980, que tentaram eximir a pornografia da proteção à liberdade de expressão constante na Primeira Emenda, redefinindo-a como uma ação violenta, uma forma de estupro: não como uma fala que pudesse levar ao estupro, mas como uma ação que em si mesma *fosse* um estupro.[24] Prefigurou também as tentativas de fechar o Brooklyn Museum feitas por Giuliani na década de 1990, porque ele e seus aliados achavam parte da sua arte "indecente".[25] Sempre achei que as tentativas de policiar a cultura são sinistras e perigosas para as pessoas que elas alegam proteger. As pessoas que dizem acreditar na democracia precisam ver que ela significa deixar as pessoas tomarem as suas próprias decisões sobre o que olhar, o que ler, o que pensar, com que espetáculos se emocionar. Ainda assim, a expressão "a degradação das mulheres" não é alucinatória. Pensem na "sra. Completa"; pensem na mulher sendo atirada no moedor de carne naquela coprodução multimídia *Hustler*-WAP. Pensem na profundidade e no terror embutidos nessas imagens. O que quer que pensemos das políticas sociais que se seguiram à degradação das mulheres na Square, ficamos sem pistas e sem soluções, se não percebemos que a coisa em si era algo real; por certo tempo, a perspectiva deformada de Mulvey tinha um endereço real.

Se pudermos manter essa realidade em foco, ela pode ajudar a explicar algo que a princípio me pareceu inteiramente irracional: o medo e o ódio de uma geração de mulheres em relação à Square. Durante uns quinze anos, quase nenhuma mulher que eu conhecia andava por lá. Ao longo de um período de trinta anos, a começar em 1970, lecionei no Centro de Pós-Graduação da CUNY [City University of New York] , na rua 42 Oeste, na frente do Bryant Park, a um quarteirão da Square. As minhas aulas na pós-graduação eram sempre de tardezinha ou à noite, e na maioria das vezes terminavam depois do anoitecer. Acontecia que muitos dos meus estudantes andavam nervosos pelas ruas, e acompanhá-los aos metrôs do West Side e ao Terminal de Ônibus da Autoridade Portuária tornou-se um aspecto fascinante de meu trabalho, não mencionado na Descrição do Emprego. Se fossem mulheres, teríamos de fazer desvios elaborados para evitar a rua 42. Isso também acontecia se eu fosse com uma mulher a uma peça na Broadway ou na Off-Off-Broadway. É claro que os quarteirões dos desvios — as ruas 40 e 41, a Nona Avenida — ofereciam muita sujeira por si mesmos. Mas nenhuma daquelas ruas tinha uma *aura*, assim como a da rua 42, e nenhuma das outras fazia tantas mulheres se sentirem atacadas.

Disse acima que as mulheres tinham de se preparar para estar ali. Havia uma série de maneiras para fazer isso. A minha mãe trabalhava muito perto do *deuce*, e quando ia ao teatro ou ia comprar ingressos (isso foi muito antes da internet) ela usava a rua sem reclamar. Perguntei se ela escutava insultos dos rapazes. Ela disse que a maior parte dos insultos era em espanhol, e ela sabia o que fazer: "Eu dou um gelo neles". O seu gelo: ela conseguia caminhar por uma rua como se os homens grosseiros não só não estivessem ali, mas nem existissem. Havia outras estratégias. Uma das minhas alunas da pós-graduação me mostrou o seu soco-inglês, que ela comprara na Square e sempre usava quando andava por ali. Se um homem a chamava de "xoxotuda" e fazia sons obscenos — isso tinha acontecido várias vezes —, ela deixava "meu soco--inglês" cintilar e mandava ver uma torrente retoricamente surpreendente de insultos. "Agora eles me conhecem", disse, e exibiu os dentes brilhantes, "me respeitam. Estou preparada." Eu tinha outra aluna da pós-graduação, uma mulher bastante dura, organizadora de comunidade no Lower East Side. Certa vez mencionei um espetáculo que eu achava que poderia agradar à sua filha de dez anos. "Trazê-la aqui? Verei Times Square bombardeada antes de trazer a minha filha aqui." Isso se passou bem antes de a cidade anunciar qualquer um de seus planos gigantescos. Mas quando ouvi alguém como ela dizer uma coisa dessas fiquei certo de que "bombardeada" era o que Times Square ia ser. Um grande grupo de mulheres, que representavam coisas muito diferentes de quase todas as maneiras possíveis, passou a partilhar a crença de que a rua 42 Oeste era uma rua de uma só mão, dirigida pessoalmente contra elas. Se não percebemos a realidade desse sentimento, não compreenderemos as forças que finalmente dissiparam o *deuce*.

TAXI DRIVER: O LABIRINTO MASCULINO

Taxi driver, o filme clássico de Martin Scorsese de 1976, revela uma visão de pesadelo em que o bulevar sujo envolve todo o mundo. O filme começa dentro do táxi de Travis Bickle (Robert

De Niro). É tarde numa noite de verão, quando ele desliza por Times Square. As multidões diminuíram, mas os anúncios ainda estão iluminados, as cores se esparramam vermelhas e azuis (*à la* Minnelli), a atmosfera é melancólica mas sublime. O público sente-se confortavelmente envolto na clássica paisagem de Times Square, o mundo projetado pela primeira vez por Vincent Minnelli para *Um dia em Nova York*, da MGM. Mas então ele chega ao *deuce*, e é quase como um choque. De repente a rua salta contra ele: a cor básica torna-se amarelo berrante, os movimentos da câmera se aceleram e se tornam irregulares, a rua parece destilar gente, todos parecem quase nus, andam sinuosamente e sacodem os corpos de um modo provocador uns para os outros e também para o mundo. É um pesadelo paranoide explosivo do bulevar sujo, uma visão primária da cidade como uma ameaça, a rua como uma ameaça, a multidão como uma ameaça, o sexo como uma ameaça, as outras pessoas como uma ameaça. Ele treme de fúria. "Algum dia", diz numa voz sobreposta de narrador, "virá uma chuva real e lavará toda a escória das ruas" (7).[26]* Não compreendemos o que lhe aconteceu, mas ele se tornou muito abruptamente assustador, e temos de ficar contentes por não estarmos no seu táxi.

Essa caricatura tortuosa da saúde pública acaba por desempenhar um papel central na mente do motorista de táxi. Charles Palatine, um candidato presidencial, entra no táxi e pergunta o que o próximo presidente deve fazer. Ele responde com uma tirada:

> Bem, ele deveria limpar esta cidade. Está cheia de sujeira e escória, escória e sujeira. É como um esgoto aberto. Às vezes mal consigo aguentar.

---

* Os números entre parênteses indicam os números de página na versão publicada do roteiro de *Taxi driver*. Ver também a nota final 26, p. 357.

Em certos dias eu saio e sinto o cheiro, e depois tenho uma dor de cabeça que nunca vai embora. Precisamos de um presidente que limpe toda essa mixórdia. Puxe a descarga. (28)

A metáfora "higienista" tem uma história notória nos tempos modernos. Em 1908, na "Fundação e manifesto do futurismo", F. T. Marinetti escreveu elogios à "guerra, a única higiene do mundo". Eis a frase em que ele escreveu essa expressão: "Queremos glorificar a guerra, a única higiene do mundo — o militarismo, o patriotismo, o gesto destrutivo do anarquista, as belas Ideias que matam e o desprezo das mulheres".[27]

Marinetti escrevia depois de quase um século de paz na Europa. Esperava despertar nos jovens o desejo de ir para a guerra, e esperava uma guerra semelhante à Primeira Guerra Mundial. Os seus manifestos eram brilhantes, e a sua ideia distorcida da saúde pública estabeleceu-se imediatamente como uma das "belas Ideias que matam". Os nazistas a adotaram e foram muito, muito longe com ela. Mas não devemos ser eurocêntricos: no nosso tempo, povos em toda parte do mundo, e em todo nível de desenvolvimento, têm-se mostrado capazes de genocídio; sempre que o praticaram, essa metáfora veio em seu auxílio. Ajudou-os a executar um ato espetacular de remapeamento, estruturar o ato de matar gente como um processo de limpar o refugo sólido. Em Ruanda, em 1994, na revolta genocida contra os tutsis, um dos mais ardentes promotores do assassinato em massa como higiene era a senhora que ocupava o cargo de ministra da Saúde de Ruanda. Essa metáfora tem muito por que se responsabilizar. *Taxi driver* a coloca diretamente no mapa de Times Square.

Dirigindo pela cidade no seu táxi, De Niro espiona Betty (Cybill Shepherd), que trabalha como voluntária na campanha de Palatine. Ela se revela uma mulher de classe média da mesma geração de Travis, acessível, mas respeitável. "Como um anjo saído deste esgoto aberto", ele escreve em seu diário (13). Primeiro ele a assedia, e ela tem de chamar colegas de trabalho para se livrar dele; é claro para ela (e para todos os demais) que ele é perigoso. Mas o sorriso dela, a sua linguagem corporal, o seu tom de voz, as suas insinuações de flerte (ela o compara ao herói de uma canção de sucesso de Kris Kristofferson), tudo deixa claro que ela acha Travis muito excitante. Ela aceita sair com ele. Ele a leva para o único tipo de entretenimento que conhece: um filme pornográfico no *deuce*. Quando a tela mostra uma pilha de gente nua, Betty fica enojada, sai batendo a porta do teatro, apanha um táxi e pede que o motorista a leve embora dali, rápido. Saindo no *deuce*, ela pergunta retoricamente: "O que estou fazendo aqui?". Mas nós a vimos interagir com o motorista de táxi, e sabemos por que ela está ali: ela está ali porque a aura de perigo de Travis a excita.

O filme-dentro-do-filme, como as peças-dentro-das-peças de Shakespeare, é um dos pontos cruciais de *Taxi driver*. Pode nos dar uma ideia do que estava certo e do que estava errado na visão distópica de Laura Mulvey sobre o "olhar masculino". Mulvey, a WAP, Dworkin-MacKinnon, todo um grupo de feministas contra a pornografia das décadas de 1970 e 1980 pareciam todas imaginar homens que eram autônomos, de posse não só das mulheres, mas de seus próprios sentimentos sexuais e de uma percepção total de si mesmos, e mulheres sem autonomia, "portadoras da chaga sangrenta", que só se sentiam excitadas ou à vontade quando passivas ou colocadas no papel de vítimas. Scorsese e Schrader sugerem que a adoção masculina da pornografia brota da mais profunda confusão sexual e existencial. Quando Shepherd rejeita De Niro, ele não faz ideia do motivo: "Travis é de tal modo uma parte de seu próprio mundo", diz Schrader, "que ele não consegue compreender o mundo do outro" (30). O problema com a pornografia não é que seja violenta ou perigosa, mas é que ela isola o eu. Se Travis quer ficar íntimo de Betsy ele faz uso de um meio que irá assegurar o seu fracasso. Ao escrever no meio do Iluminismo, a primeira era dourada da pornografia, Rousseau encontrou uma imagem perfeita quando falou de livros escritos "para serem lidos com uma só mão". Ele sabia que chegar perto de outra pessoa requer duas mãos.[28] Mas isso Travis não compreende: a falta de noção é a sua qualidade mais poderosa. Schrader lhe dá um impulso mais forte: ele "quer enfiar aquela garota branca pura no teatro pornográfico escuro". Mas também nesse ponto "a sua inconsciência é completa"; ele não sabe o que faz. Shepherd, a mulher adulta no caso, parece bem mais próxima de algo semelhante a uma autonomia. Ela segue os seus impulsos de aproximar-se do perigo, mas consegue se arrancar do "dark mill" e voltar à rua.

Quando Shepherd sai caminhando, a intenção é que sintamos o seu pavor. Mas, se a explicação do pavor dada por Schrader está certa — a dialética da luz e escuridão, da inocência e sua violação —, isso não implica realmente *todo* o cinema? E não coloca todo mundo, e não apenas garotas inocentes, em perigo no escuro? Se é assim, então o perigo não vem apenas do *deuce* na sua ruína, como a rua estava nas décadas de 1970 e 1980, mas do majestoso "Centro de Cinema da América", assim como era no seu apogeu. Scorsese e Schrader poderiam concordar com isso; na verdade, eles talvez tenham nos guiado até esse ponto o tempo todo. Nesse caso, é um ponto que eles partilham com toda espécie de pessoas, não só com organizações como Mulheres Contra a Pornografia, que foi fundada em 1979, pouco depois da triunfante apresentação de *Taxi driver*, mas com o seu próprio herói, que certamente consideraria cineastas como eles "escória e sujeira". Uma das coisas mais estranhas sobre esse filme profundamente estranho é que, nas contínuas "guerras culturais" da América, os seus criadores se alistam para lutar contra si mesmos.

Logo depois de ser rejeitado por Betsy, Bickle embarca num programa de autotransformação. O seu objetivo é transformar-se numa arma letal — embora não seja claro a princípio quem vai ser o alvo. Ele compra um arsenal elaborado de revólveres e se impõe uma série extenuante de exercícios calistênicos. "É necessária uma organização total. Todo músculo deve estar retesado" (42--49). Nós o vemos tanto numa linha de tiro como na frente de seu espelho, exercitando-se para atirar rápido e fluentemente. Desde a Renascença italiana, quando os espelhos se tornaram baratos e à disposição de quase todo mundo, o encontro do sujeito com a sua imagem no espelho tem sido um símbolo poderoso de autoconsciência e crescimento emocional.* Na variação de Scorsese sobre esse tema, o herói se confronta no espelho muito dramaticamente — "Tá falando comigo?" — e depois, mais de uma vez, mata seu reflexo com um tiro. O revólver, o espelho, o desafio violento, a ideia de que falar ao herói é uma ofensa letal, e a ideia de que ele a está cometendo contra si mesmo — "Tá falando comigo?" — reuniram-se numa das imagens eternas clássicas do cinema americano.

O que desencadeia a transformação de Travis é a mulher--criança Iris (Jodie Foster), uma prostituta adolescente cuja face radiante aparece no espelho de Travis — e assim, aparece como um aspecto dele mesmo. Ela é o seu segundo "anjo do esgoto". Mas a rejeição de Travis pela adulta Betsy levou-o a um ponto em que ele acha todo sentimento sexual odioso. Ou talvez devêssemos dizer que todo o seu sentimento sexual está distorcido em fúria e ódio. Ele julga todos os homens predadores que sustentam a vida

---

* No *Fausto* de Goethe, a consciência que Gretchen tem de si mesma ao se ver no espelho marca um estágio crucial no seu crescimento interior. Ver o meu livro *Tudo que é sólido desmancha no ar* (Companhia das Letras, 2007, edição de bolso, pp. 69-76). Scorsese se apresenta no espelho retrovisor como outro dos eus do motorista, um passageiro homicida com fantasias horrivelmente vívidas de como vai matar a esposa volúvel. Claro que isso é humor negro, pois é o *personagem* que é um dos eus do diretor.

sexual de Iris — o seu proxeneta (Harvey Keitel), o seu cliente e um velho que trabalha como guarda — e, para resgatá-la da vida, condena-os à morte. O clímax é um tiroteio (sangue em close-up) muito ensaiado, intricadamente coreografado, horrivelmente sangrento, em que ele mata todos. Esses homens não conseguem acreditar que ele planeja matá-los assim sem mais nem menos, mas quando ele começa a atirar, acham pistolas e respondem atirando em Travis, de modo que quando a polícia chega, ele está ensopado de sangue, o seu e o deles. Ele sorri aos policiais, faz um gesto de atirar na sua própria cabeça ensanguentada, e desmaia. O roteiro chama essa cena de "A carnificina". Schrader diz:

> A carnificina é o momento a que Travis estava se dirigindo durante toda a sua vida, e ao qual este roteiro tem se dirigido por 85 páginas. É a liberação de toda aquela pressão acumulada; é uma realidade em si mesma. É a Segunda Vinda do psicopata. (86)

Iris volta a morar com seus pais em Pittsburgh; Travis é elogiado na imprensa como um herói. No final do filme (88 ss.) ele ainda está em Nova York e ainda dirige um táxi. Mas, na linguagem de Rechy, ele também "se formou na escola de Times Square", e está trabalhando num local muito grandioso, o Plaza, bem na frente do Central Park. Vemos as suas cicatrizes, ele parece dez anos mais velho, mas o seu semblante está pacificado agora. Ele faz troça de colegas motoristas; eles o chamam de "Matador"; ele não liga. Já não é uma granada ambulante; parece amadurecido, de fácil convívio. Será possível que, graças ao assassinato, "a grande fúria foi exterminada dentro dele"?[29] No último minuto do filme, Betsy, a representante da sexualidade adulta, entra no táxi. Eles têm um momento de Hollywood: podemos sentir a química começar a funcionar de novo. Ele diz que viu que o patrão dela (seu passageiro no passado) foi escolhido como candidato. Quem teria pensado que ele estaria tão sintonizado com o mundo a ponto de perceber? Ela diz que leu sobre ele nos jornais; ele diz "os jornais sempre exageram essas coisas", mas "passei por cima disso". Ele não quer aceitar o dinheiro dela pela corrida; ela diz que eles deveriam se ver de novo. Sabemos que ele não vai levá-la ao *deuce* da próxima vez: ele parece ter superado o mundo pornográfico, estar pronto para o verdadeiro amor. Quando ele diz "passei por cima disso", queremos acreditar que ele realmente venceu o obstáculo, que vai continuar a vencer, que juntos eles podem "fugir para longe/ deste bulevar sujo". Torcemos por ele, torcemos por eles, assim como sempre torcemos pelos astros, talvez até ainda mais. Só depois de o táxi se afastar deslizando, e quando estamos lendo os créditos contra um fundo preto, é que questionamos algumas das pressuposições por trás desse final romântico. Pessoas reais, os homens que ele matou, podem ser simplesmente excluídas da vida, assim como um diretor exclui um personagem? Um assassinato pode realmente vencer "a Segunda Vinda do psicopata" e gerar uma liberação e crescimento interior? Essas perguntas não têm respostas evidentes, mas temos de perguntá-las, porque o filme nos força a nos identificarmos com Cybill Shepherd, uma mulher adulta que realmente quer amar esse sujeito. *Taxi driver* nos leva numa viagem, cheia de momentos fascinantes, mas também de choques rudes; não nos dá a graça de um final, mas nos abandona preocupados na rua, incapazes de deixar esse bulevar sujo para trás.

Uma das ironias de *Taxi driver* provém da exploração das crianças. A mídia do final da década de 1970 estava cheia de histórias da "faixa de Minnesota", onde garotas adolescentes descendo do Greyhound de Minneapolis eram supostamente aliciadas e drogadas para se tornarem prostitutas no *deuce*. Somos levados a sentir que grande parte do dano infligido a Foster foi apresentá-la como um petisco suculento para adultos. Mas, num grande momento de Hollywood, Foster, Scorsese, Schrader e seus cine-grafistas se reuniram e deram certo. Juntos transformaram a imagem de Iris num brilhante cartaz vivo. Mesmo no meio da misoginia e desintegração social do bulevar sujo, a tradição Times Square da glorificação da mulher encontrou nova vida e triunfou mais uma vez.[30]

Essa imagem teve uma tremenda influência na moda: uma garota que talvez nem fosse ainda adolescente, mas com quem um homem podia contar para ser fluente em todos os atos sexuais imagináveis dos adultos. É fascinante e horrível, uma mistura de pornografia grosseira com arte gráfica séria e cinematografia comovente. Por anos, milhões de garotas americanas brincaram com essa aparência. Muitas delas foram minhas alunas. Quando a onda pegou, era possível vê-las em todo campus, em todo centro comercial. Mas não se viam muitas delas em Times Square. As garotas sabiam que era perigoso andar desse jeito em Times Square.

TIMES SQUARE: A NOVA NARRATIVA DEGENERADA COMO IDÍLIO

Outra garota que resolverá os seus problemas em Times Square fugindo para longe é Patsy Pearl (Trini Alvarado), heroína emocionante do filme de longa-metragem de Allan Moyle de 1980, *Times Square*. Para Patsy, entretanto, a "casa" está a uma distância que pode ser percorrida a pé; é o Upper West Side liberal e judeu. A sua mãe morreu; o pai é um incorporador imobiliário; os dois são emocionalmente mais íntimos do que uma adolescente e seu pai deveriam ser. Ele exibe um modelo plástico da "nova Times Square", que, espera, vai acabar com "esta rua proibida para menores" onde ocorre todo o filme. Patsy ama a força rebelde do punk rock, então no seu auge no final da década de 1970. (A trilha sonora emocionante do filme, com Lou Reed, Patti Smith, Ramones, Talking Heads *et al.*, ainda vende e vai sobreviver ao filme por muito mais tempo.) O punk rock a atrai para Times Square, onde ela cai sob o domínio de Nikki Marotta (Robin Johnson), que é sórdida e maliciosa e (somos levados a sentir) uma *verdadeira* punk. Patsy escreve uma canção maliciosa dedicada a seu pai. Graças a um DJ antenado Murray the K/Wolfman Jack, ela realmente consegue tocar a canção ao vivo numa rádio FM para os jovens: "Latina/ preta/ homossexual/ vagabunda/ Sua filha é tudo isso".

Patsy foge de casa e passa a morar com Nikki; elas formam um conjunto, The Sleaze Sisters, e vivem juntas num cais abandonado ao longo da margem do rio, um eco da ruína que Jon Voight e Dustin Hoffman partilharam em *Perdidos na noite*. As ruínas são belamente fotografadas, de modo que podemos ver o *deuce* em escombros como parte de toda uma órbita e uma história de desintegração social. Patsy parece estar realizando o apelo de Benderson:

> Meninos e meninas ambiciosos, rebelem-se! É hora de se sacrificar aos perigos da nova narrativa degenerada!

Mas a vida nas ruas como mostrada aqui não é tão assustadora. A intimidade de Patsy com Nikki não parece incluir sexo; na verdade, toda a rua 42 punk, como vista aqui, é tão casta quanto qualquer pequena cidade da Hollywood de Mickey Rooney/Judy Garland nos anos do Código Hays. Também as drogas estão inteiramente ausentes nesse filme. O pai de Patsy coloca a sua foto num cartaz de ônibus, implorando que volte para casa. Seguindo uma tradição de Times Square tão antiga quanto Hurstwood e Sister Carrie, as garotas profanam o cartaz de Patsy. Nenhuma das duas garotas tem uma fonte de renda, mas a pobreza não é problema para elas. Roubando comida, elas conseguem mais do que suficiente para comer. E dão um jeito de permanecerem limpas. Vestem-se com elegância, parecendo usar roupas novas em cada cena, e todo traje parece recém-saído da loja. Elas experimentam as ocupações de segunda categoria do *deuce*, limpando para-brisas e praticando trapaças de rua como o monte de três cartas, e tudo é uma grande diversão. Arranjam uma pistola carregada e fazem algumas tentativas de assaltos, mas a risada de Patsy atrapalha o trabalho. Roubam carros (todos os carros ligam instantaneamente), dirigem no lado errado da rua, dão várias batidas com os carros, mas se afastam deixando os destroços para trás, e nunca param de rir. Nikki começa a roubar aparelhos de televisão e a lançá-los dos telhados de prédios sobre a rua: milagrosamente, nunca atingem ninguém, e as pessoas parecem se divertir mais do que se preocupar com a brincadeira.

Depois que a história termina, durante a projeção dos créditos, após a câmera dar uma panorâmica na rua um título anuncia: "Filmado inteiramente em locações na cidade de Nova York". Isso deve nos certificar da autenticidade do filme. Para nosso azar, essa rua real parece tão artificial e falsa quanto qualquer área externa de um estúdio. Para mostrar que o pai de Patsy estava errado ao chamar o *deuce* de uma "rua proibida para menores", os cineastas a reconstroem como uma "rua censura livre". Não só ninguém tem relações sexuais, consome drogas, é assaltado ou surrado, mas as nossas heroínas conseguem roubar três refeições por dia (e lanches) durante seus passeios sem se preocupar. Sem falar que as pessoas dirigem no lado errado da rua, saem rindo das batidas de carro, e as pistolas carregadas não disparam. Essa visão idílica retrata o *deuce* como um reino mágico em que os adolescentes são protegidos de todas as pressões que assombram toda escola secundária americana. É o primeiro parque temático da rua 42.

JANE DICKSON: DE HARVARD SQUARE A TIMES SQUARE

Algumas reflexões sombrias e fortes sobre a Square vieram da pintora Jane Dickson, que tem trabalhado na Square desde o final da década de 1970 e que ali morou com seu marido, o cineasta Charlie Aheam, na esquina da rua 43 com a Oitava Avenida de 1981 a 1993. Os seus dois filhos, hoje em dia alunos da escola secundária, ali nasceram. A sua família vive em Tribeca agora, mas Dickson ainda tem um ateliê na rua 39 esquina com a Oitava Avenida, bem diante do terminal de ônibus. Ao longo dos anos, Dickson fez dúzias de pinturas a óleo e centenas de desenhos

283

dessa paisagem urbana.³¹ Algumas de suas melhores pinturas são cenas de rua do início e meados da década de 1980, quando ela e Aheam haviam acabado de se mudar para a Square, e ela estava examinando a vida que proliferava e fervia ao seu redor e lutando para criar um espaço para si mesma.³²

Dickson descreve a si mesma como uma "estudante de Harvard que se mudou de Harvard Square direto para Times Squa-

re".[33] As suas pinturas de rua da década de 1980 transmitem muito vividamente o choque, o repentino impacto do lugar. Elas me causaram um choque, embora eu tenha andado por ali toda a minha vida. Ela não parecia querer estar assustada, assim como eu não queria estar, mas ela também parecia querer negar o seu medo a partir do interior de um lugar que ela sabia ser assustador. Dickson tem razão em se orgulhar do senso de imediação na sua obra de Times Square. Mas ela também tem razão em sugerir que ela é mediada pelos anos em Harvard Square. O contraste das praças surge aos seus olhos não apenas num sentido sociológico de "elevado/baixo" — de fato, Harvard Square na década de 1970, cheia de garotos completamente drogados, podia se tornar bastante baixa —, mas num sentido intelectual mais antigo. Não sei o que ela estudou em Harvard, mas a sua arte mostra que ela aprendeu muito. A sua obra em Times Square é extraordinária, não só pela abertura a tradições conflitantes e contraditórias na arte moderna — realismo, expressionismo, expressionismo abstrato, pop art, *film noir* —, mas pelo impulso a tornar a sua arte uma rua em que todas podem viver.

O pintor realista mais vividamente presente na obra de Dickson é Edward Hopper, que desenvolveu uma visão clássica da moderna paisagem urbana noturna como uma metáfora da solidão cósmica, e de suas pessoas (como as pessoas na pintura "Nighthawks") como mônadas solitárias mesmo quando juntas. Dickson está em casa na órbita de Hopper: a sua baixa densidade de população, o seu foco nos vastos espaços vazios entre as pessoas, as suas figuras que se inclinam para a frente mas viram-se para longe. Mas ela também assimilou os expressionistas abstratos, que rachavam a pátina da pintura a óleo e empilhavam camadas de tinta sobre a tela, o que fazia as suas obras parecerem tão ásperas e sujas quanto a própria Square. Explorando esse veio, Dickson arrasta varinhas de óleo sobre lixa abrasiva para criar um pano de fundo de uma negritude profunda e áspera. Sobreposta à negritude, misturada com ela, embora pressionando contra ela, está a mundialmente famosa enchente de luz neon de Times Square, canonizada por uma geração de pop art.[34] O lar de Dickson são as capelas laterais da Square, onde os espaços são mais sombrios, as pessoas e as coisas mais sujas, mas ela conhece o esplendor e o ama. No seu mundo, o neon cintila mesmo quando a escuridão se fecha; a energia dialética no conflito entre os dois coloca-a no principal grupo da segunda geração da pop art. Enquanto isso, os planos verticais torcidos que definem as suas paisagens urbanas derivam do expressionismo, assim como ele evoluiu na fotografia e no cinema bem como na pintura. Georg Grosz, William Klein, Alfred Hitchcock, todos teriam gostado de suas composições vertiginosas, visualmente oblíquas, que ao mesmo tempo nos convidam a dar o mergulho e nos puxam para trás. Poderíamos dizer que desde "Lullaby of Broadway", de Busby Berkeley, o mergulho tem sido a posição-padrão de Times Square. Nessa posição, Dickson se instalou à vontade.

Duas das mais extraordinárias pinturas de Times Square de Dickson apresentam uma jovem mãe com um bebê num carrinho. A díade mãe/bebê, tão central na sentimentalidade cristã por séculos, ainda central na sentimentalidade comercial que enche os cartazes da Broadway, e inquestionavelmente uma força em muitas das vidas dos artistas contemporâneos, tem desempenhado um papel surpreendentemente pequeno na arte moderna. (À exceção de Picasso, que tenta compensar a falta de todo o resto e, claro, aquele carrinho de bebê despencando pelos degraus de Odessa no filme de Eisenstein.) Em "Gem liquors" (1983), Dickson coloca o par um pouco fora da janela, um mergulho abaixo de nós. A perspectiva os torna bem pequenos; o espaço ao seu redor é escuro e vazio, como se eles estivessem no meio de um vazio; mas os movimentos entre eles são complexos e intensos. Mesmo que não possamos dizer o que estão fazendo (A mãe está dando ao bebê uma garrafa? O bebê está expressando desconforto ou apenas esticando os braços e pernas para sentir o prazer da vida?), essa mãe e filho enchem bem o vazio.

Em "Mother and child" (1985), o par domina a tela. A segunda mãe de Dickson se parece muito com a primeira: jovem, morena, esbelta, infantil — tamanho pequeno, muito abaixo do de Dickson.[35] Não posso dizer se devemos pensar nessa mãe como a mesma mulher, ou meramente o mesmo tipo de mulher. Mas aqui, estranhamente, a mãe está com um vestido de verão, o bebê um traje para a neve: parecem estar vestidos para dois mundos diferentes. É como se a rua emitisse raios perigosos, a mãe garantiu alguma espécie de imunidade por meio do crescimento, mas o bebê ainda não a adquiriu. Todos os pais sabem como é vestir seus bebês dando-lhes mais proteção do que a si mesmos; mas aqui a diferença entre eles parece planetária. Outra coisa estranha nessa pintura é a perspectiva: mais uma vez estamos a um mergulho de distância, só que nesse caso eles parecem estar mergulhando sobre nós. Para vê-los claramente, teríamos de nos esticar no chão como serpentes ou espiar lá do subterrâneo como toupeiras. A composição *poderia* fazer sentido se imaginássemos a mãe abaixando seu bebê pela escada do metrô enquanto o observador está subindo essa escada sem ter ainda chegado à rua. Se olhamos para essa mãe por mais tempo, ela começa a parecer uma refugiada, prestes a fugir do bulevar sujo. Ela é atacada sorrateiramente por uma luz estroboscópica ofuscante e por paredes de neon e fluorescência que parecem poder esmagá-la a qualquer minuto. Se olhamos para o bebê por mais tempo, vemos a coisa mais estranha de todas: ele sobrepuja a mãe e parece demoníaco como numa caricatura. Não há meio nenhum de uma criança de tão grande sair de uma mãe tão pequena. De onde ele poderia sair, entretanto, é da imaginação: especialmente a imaginação febril de uma mulher grávida que ainda não pariu ninguém, e assim não tem uma criança real para testar as suas fantasias, mas que teme que o seu filho vá dominá-la, assim como na pintura ele domina a nós. (Ou, como em *O bebê de Rosemary*, de Roman Polanski, ele poderia nascer da imaginação do marido de uma mulher grávida.)[36] Na verdade, quando Dickson pintou essa mãe e filho na Square, ela estava vivendo nesse meio, grávida de um filho seu.[37] É como se a sua ansiedade quanto ao seu ambiente urbano se misturasse com a ansiedade quanto ao seu ambiente interior para criar uma arte luminosa. Na vida real, Dickson, Aheam e seus filhos continuaram a viver em Times Square até o início da década de 1990, e ela ainda trabalha ali hoje em dia. Na arte, a sua mãe e filho fugiram da Square, como Jodie Foster no final de *Taxi driver* e Pedro na "Dirty Blvd.", de Lou Reed, e mergulharam no subterrâneo logo além da luz explosiva e dos anúncios a desabar: qualquer caminho fora desse mundo.

ALEX KATZ, "AINDA ESTAMOS AQUI"

No meio de sua vida como uma *via dolorosa*, o *deuce* ganhou o seu último grande cartaz com uma visão das mulheres. Foi projetado pelo pintor Alex Katz para a esquina da Sétima Avenida com a rua 42, bem no coração da Square.[38] Em 1977, ele conseguiu esse espaço excelente com a ajuda do Fundo da Arte Pública; o espaço estava ali porque, nos anos da crise fiscal da cidade e do "Dane-se Nova York", as corporações americanas tinham abandonado Times Square. (Em alguns anos, corporações japonesas mais atiladas a adotariam. Sony, Fuji, Toshiba, Honda, Suntory, Canon e muitas mais criaram toda uma nova geração de anún-

cios luminosos, e deram à Square a identidade mais cabalmente global que já tivera. Mas ainda não de todo.)

O cartaz era um friso em forma de L com rostos de mulheres, de seis metros de altura, estendendo-se ao redor da esquina, bem na frente do letreiro de notícias. As mulheres eram jovens e de meia-idade, a maioria caucasiana, mas de pele escura, de estilo elegante e grave, reflexivas, tendendo a uma atitude melancólica. Se somos um pouco familiarizados com a obra de Katz, podemos reconhecer essas mulheres; eram variações sobre ícones que ele andara pintando durante cinquenta anos. Mas, agrupadas e ampliadas para o tamanho de cartaz, a sua presença assumia uma nova pungência e grandeza. Tornaram-se uma espécie de coro grego dos cidadãos, um eco dos murais de grupo da Frente Popular. Katz, nascido em 1927, membro da primeira geração da pop art, tinha idade suficiente para captar a sua conexão com a Frente Popular. Entretanto, na última parte do século XX, tanto a Frente Popular como toda a ideia de cidadania urbana haviam mergulhado em tempos difíceis. As mulheres tornaram-se uma espécie de coro grego de cidadãos, comentando com a sua presença, com a sua reserva austera, a ação humana que se passava abaixo. No lado do *bowtie*, de frente para a Broadway, as mulheres de Katz ofereciam um contraste impressionante com as outras mulheres gigantescas ao seu redor, as figuras nos anúncios comerciais da Square. Essas mulheres não estavam sorrindo, não pareciam insinuantes ou sedutoras, não estavam tentando vender nada a ninguém. Antes, eram como milhões de mulheres comuns que passavam pela Square todos os dias, sujeitas à incessante concentração da habilidade de vender. Mas com proporções gigantescas, rodeadas por uma irmandade de seu próprio tamanho, elas tinham os recursos para sobreviver ao capitalismo de consumo multimídia que, em Times Square mais do que em qualquer outro lugar, abrasa todo mundo — lembrem-se de Dickson, "Estamos todos correndo ao redor numa excitação constante" — e que parece irresistível para todos nós. As mulheres no lado do *deuce*, olhando do alto para a rua 42, estavam ali de um modo diferente. Elas olhavam do alto para uma rua masculinizada onde apenas mulheres achatadas, "destituídas", como a sra. Completa podiam se sentir à vontade — se é que havia mulheres reais como ela — e onde todas as outras mulheres se sentiam afortunadas se passavam despercebidas e ignoradas. Mas as mulheres de Katz, de seu poleiro no céu, diziam ao *deuce*: ainda somos humanas, e ainda estamos aqui.

6. O novo milênio: vivendo conforme o acordado

Você desejou para si mesma um Galahad de Scarsdale,
Do tipo que toma café da manhã em Brooks Brothers...
Sky Masterson para Sarah Brown, *Eles e elas*

UMA DÉCADA DE ACORDOS

No meu primeiro texto sobre Times Square, escrito para o *Village Voice* uma década atrás, escolhi a maravilhosa canção de Ed Kleban "What I did for love", de *A chorus line*, como uma metáfora para o que eu achava que a cidade tinha de fazer:

A cidade deve lutar como louca para conseguir os melhores acordos que puder, mas deve negociar. E pessoas como nós devemos abandonar nossa pretensão de pureza e virtude imaculada e unir as nossas mentes para viver conforme os acordos, porque se amamos Times Square — o que tem de ser um amor bem diferente do amor que devotamos ao Central Park — acordos com luzes brilhantes é o que queremos. E se você não acredita em fazer acordos, Times Square não tem absolutamente nenhuma razão de ser.[1]

Foram necessários anos para que se montassem os acordos espetaculares finalmente materializados na Times Square de hoje. Escrevendo sobre Hollywood anos atrás, Joan Didion disse que "o acordo" era a verdadeira forma de arte. Isso é igualmente verdade no mundo das transações imobiliárias de Nova York — exceto que ser um nova-iorquino significa ter de passar a vida inteira *dentro* do acordado.

Seja o que for que Times Square ainda possa ser, está sempre apinhada de gente, e os anos 1990, a década dos acordos, empilharam um novo congestionamento de ironias. Uma das mais extraordinárias foi a torrente de invectivas que saíam da prefeitura contra o sexo na rua, a compasso com as transações mais espalhafatosas entre os nossos incorporadores e os nossos políticos. O resultado foi um grande grupo do que a imprensa dos negócios chamava "gastos tributários fora do orçamento", abatimentos públicos e secretos de impostos, doações e subsídios, um tesouro privado inflado pelo qual o público teria de pagar. Sabíamos que bilhões de dólares estavam fluindo por correntes subterrâneas, mas também sabíamos, porque a nossa imprensa não pressionava, que nunca veríamos mais do que a ponta do iceberg. A cidade agia como se estivesse implorando que os incorporadores e as corporações entrassem no jogo, exatamente quando eles estavam se derramando sobre a cidade, entrando como uma avalanche porque no início da década de 1990 o investimento em Times Square havia se tornado uma operação espetacularmente lucrativa.[2]

Os opositores do plano podiam dizer muitas coisas. Para nosso azar, muito do que realmente disseram era bastante tolo, por exemplo, que ele representava uma "invasão" da cidade por "estranhos" (Disney, Viacom, Bertelsmann, Reuters, Madame Tussaud's etc.). Nunca descobri que mágica estranha conseguiu transformar os supercosmopolitas de nossa cidade, sempre ansiosos por celebrar Nova York como uma "cidade do mundo", num bando de Babbits orgulhosos de seu provincianismo, indignados com o fato de que alguém de fora da cidade quisesse vir para cá. Parecia também distração dos críticos não perceber todos os rapazes locais na multidão, todos os Tisches, Dursts, Rudins, Eichners, Kleins, Newhouses, Ratners e Milsteins pressionando e avançando para entrar no Dark Mill com aquele outro bando de rapazes locais, os Koches, os Cuomos e os Giulianis.

Um grupo de pessoas atingido pelas ironias da década foram as mulheres de meia-idade dinâmicas, educadas, inteligentes, que chegaram então às mais altas posições da administração pública e privada, e que contribuíram muito para fazer avançar os planos da Autoridade de Desenvolvimento da rua 42. Tama Starr, presidente da grande empresa de anúncios Artkraft Strauss, concede-lhes um crédito especial. "Não posso deixar de pensar", disse ela em 1998,

> que a sensação de brilho e segurança que agora impregna a Square tem muito a ver com o fato de seu destino estar nas mãos de mulheres durante todas as duas décadas de 1980 e 1990. Pela primeira vez as mulheres estavam saindo dos cartazes e das telas de cinema para entrarem na ação, [...] mulheres de poder e capacidade estavam de repente por toda parte.[3]

Starr quer dizer que Times Square se tornou um lugar melhor porque as mulheres ganharam o poder de lhe dar forma e moldá-la. Mas ela também postula uma antítese entre as mulheres reais que pressionam pela realização do plano e as mulheres imaginárias que estrelam os filmes e adornam os anúncios. A imagem proposta por Starr das mulheres descendo dos anúncios e telas e "entrando na ação" é instigante e original. (Posso imaginá-la filmada por Buñuel.) Mas por que as mulheres, para entrar em "ação", teriam de renunciar ao brilho e fascínio que fizeram delas as estrelas de anúncios e filmes por cem anos? Essa criadora de anúncios realmente pensa que arrancar as mulheres dos anúncios tornaria a Square brilhante e segura?

As favoritas especiais de Starr são um trio de mulheres a quem os repórteres em meados da década de 1990 chamavam "as Três Bruxas": Cora Cahan, da Fundação da Nova Rua 42; Rebecca Robertson, chefe do Projeto Estadual de Desenvolvimento da Rua 42; e Gretchen Dykstra, do Distrito de Fomento dos Negócios [Business Improvement District — BID] de Times Square. Lembro-me dessas três em audiências e entrevistas coletivas à imprensa; elas funcionavam bem juntas e às vezes acabavam as frases umas das outras. Todas se apresentavam com uma altivez implacável, como formandas da escola de charme político Christine Whitman. Aqui estão elas em 1996.[4]

Elas exibiam uma fúria virtuosa do tipo WAP contra a exploração das mulheres pelos negócios de sexo em Times Square, mas também sabiam como usar a linguagem corporal para se apresentar como belezas clássicas de Times Square. Olhem para elas juntas, a imagem poderia até nos lembrar de *Sex and the City*. Em vez de descer dos anúncios para entrar em ação, elas se esforçaram para erguer mais e (assim pensavam) melhores cartazes, mesmo quando lutavam para pôr abaixo os anúncios. A sua santa padroeira era Sarah Brown de *Eles e elas*, uma beleza da Broadway que desejava "pegar uma picareta e rasgar a Broadway de ponta a ponta".

Na metade dos anos 1990, Robertson, chefe da Corporação do Desenvolvimento da Rua 42, contratou o projetista Tibor Kalman, criador do anúncio COLORS, abordado no capítulo 1, e o arquiteto Robert Stern para criar uma série de visões ousadas e sexy do que poderia ser a nova Square. Esses desenhos funcionaram realmente como propaganda para o "Plano Provisório", desenvolvido no final da década de 1980 e ratificado pela Comissão de Planejamento da Cidade em 1993. Kalman imaginou algo como a Virgin Records Store na esquina clássica da rua 42 com a Broadway, um estúdio de MTV ao vivo erguendo-se logo acima, e enormes anúncios promovendo as duas lojas. O texto de Robertson, que acompanhava os desenhos de Kalman, era intitulado "A rua que pertence a todo mundo" e promovia o plano como uma tentativa de modelar a Square como

> uma meca para o entretenimento popular, um gerador de mitologia urbana, um lugar onde a competição sem peias pelo público e pelo reconhecimento resultaria numa rua principal vibrante, ruidosa e imprevisível cheia de atrações modernas [...][5]

Em 1996, Robertson ofereceu uma versão um pouquinho diferente para o *Times*, uma versão que evocava o clássico lema de "8 milhões de histórias na cidade nua".

> Quando acabarmos, teremos sessenta histórias diferentes na rua 42, discutindo, lutando pelo produto e pelo espaço de propaganda. Vai haver conflitos. A ideia é transformá-la num lugar de histórias, que provém de todo aquele mercantilismo crasso.[6]

Em *Times Square Roulette*, Lynne Sagalyn descreve esse novo plano como "uma mudança de direção dramática nos valores [...] dos negócios das corporações para a cultura popular".[7] A sua linguagem dramática reflete o entusiasmo dos tempos: um sentimento difundido de que, por fim, "Santo Deus, eles entenderam!". Eu suspeitava que a cidade atraiçoaria ou arrebentaria o plano, mas me emocionava com o fato de que houvesse um "plano" para trair ou arrebentar, que o governo da nossa cidade havia realmente desenvolvido uma visão atraente e complexa do que a Square poderia ser.

Eu me preocupava: planejadores movidos por uma fúria WAP contra o mal poderiam criar ou sustentar uma "rua que pertence a todo mundo"? Alguns episódios que significavam pouco em si mesmos podiam assinalar motivos de preocupação. Para a temporada de feriados em dezembro de 1997, um grupo dos direitos dos animais planejou cobrir a Square com um imenso cartaz que mostrava a atriz loira Pamela Anderson Lee completamente nua sobre um tapete, atestando que ela "preferia não usar absolutamente nada a usar peles". Esse ataque melindroso às peles já aparecera na revista *The New Yorker* e no *Sunday Times Magazine*. Muitos leitores fizeram pouco da sua estratégia, familiar na propaganda americana, de tentar mobilizar o nosso erotismo a serviço de um novo modelo de puritanismo. A propaganda era mais tola que sexy; talvez a palavra correta fosse "burlesca". Mas a Corporação de Desenvolvimento Urbano [Urban Development Corporation — UDC] e o BID a proibiram, dizendo que era "demasiado picante para Times Square".[8] Logo encontrou um lugar na maliciosa, indecente, espalhafatosa, berrante rua 57, perto de lugares quentes como a Art Students' League e o Carnegie Hall. Ora, você poderia dizer que essa história era puro palavreado vazio. O importante é que os curadores da nova Times Square tinham acabado de proclamar uma visão expansiva e liberadora para Times Square — "A rua que pertence a todo mundo" — e levaram cerca de dois minutos para abafar a sua visão e pavimentá-la com um paternalismo conformista. Ou talvez devêssemos dizer maternalismo conformista, respeitando o dito de Tama Starr de que "as mulheres de poder e capacidade estão por toda parte" e o "destino da Square [estava] nas mãos das mulheres" agora.* Se ao menos o grande Charles Ludlan (falecido em 1987) tivesse sobrevivido à epidemia de aids, toda essa história poderia ter sido encenada pelo Teatro do Ridículo, com Ludlan desempenhando todos os papéis femininos e Everett Quinton como o Prefeito Casanova de

---

* *Signs and wonders*, p. 265. Revelação plena: eu próprio estou num dos arquivos "inapropriados" de Robertson. No verão de 1999, apareci num programa de entrevistas da MSNBC com ela e o crítico Paul Goldberger, para discutir o passado e o futuro de Times Square. Ela disse: "Não era maravilhoso ver a rua 42 como um lugar para famílias com suas crianças?". Eu falei de meus pais e disse que era também muito bom que Nova York tivesse um lugar onde os adultos podiam se afastar de suas crianças. Quando mencionei o vestido vermelho de minha mãe, tive a impressão de que seus olhos se estreitaram. Mais tarde, quando falei da evolução das sex shops, ela quis saber se eu já havia estado nesses lugares. Respondi que sim, que não falaria a respeito se não tivesse estado nessas lojas, e ela perguntou — não sei ao certo a quem a pergunta foi dirigida — "Por que se permite que um homem desses apareça na televisão?". A princípio fiquei lisonjeado por ela me achar suficientemente importante para ser banido da TV; depois compreendi que ela devia falar desse jeito com todos os rapazes.

Nova York tendo o seu momento de estrela como Savonarola. Então poderíamos ter dado boas risadas.

As Três Bruxas se dispersaram (apenas Cahan permaneceu perto da Square), mas a sua política de demonologia está viva e bem forte. Antes que todo mundo esqueça, quero sagrar Robertson, Dykstra e Cahan como autênticas Garotas do Times, estirando suas pernas de seda sobre a Broadway, trabalhando a noite inteira para destruir Times Square a fim de salvá-la. A sua avó, a Garota do Times primeva, teria admirado a sua energia e seriedade e o seu verdadeiro amor pela Square. Mas a vovó não era mais aberta, mais disposta a se arriscar, a inclinar-se para mais longe?

À medida que a década de 1990 avançava, havia coisas maiores com que se preocupar. A cidade tinha esperado induzir escritórios de advocacia e investimento bancário de Wall Street a mudar-se para a Square, mas, apesar de contratos de subsídio atraentes, deparou-se com indiferença. Na primeira parte da década, a sua visão tornou a focalizar a mídia de primeira classe e os conglomerados de entretenimento. Disney, Bertelsmann, Condé Nast, Viacom/MTV e Reuters iam construir grandes prédios na rua 42 e na Broadway, bem no coração da Square. A cidade oferecia variações de zoneamento que dava aos construtores o poder de exceder em muito o limite legal de altura e volume. Não havia nada inerentemente errado com essa forma de negociação. Mas muitos detalhes eram secretos, e muitas vezes a cidade parecia atuar como um agente dos incorporadores em vez de como um advogado do público. Por exemplo, o contrato original para o prédio da Reuters havia requerido duas escadas rolantes, uma amenidade mínima mas substancial, junto de uma imensa entrada subterrânea na esquina da rua 42 com a Broadway. Mas aí, quando a família Rudin perguntou se tinham de construir realmente as escadas rolantes, a Autoridade de Transporte Metropolitano [Metropolitan Transportation Authority — MTA], de forma abrupta (e secreta) mudou de ideia e disse que não, não tinham de providenciar a amenidade no final das contas.* Alguns itens adicionais mais secretos continuaram a vazar, mantendo os favoritos da cidade livres de qualquer risco, forçando o público a engolir críticas abusivas. O coração das pessoas afundou: a nova Times Square seria "a rua que pertence a todo mundo" ou o vestíbulo de uma comunidade encarcerada?

No final da década de 1990, caiu uma espécie de véu, e todo o local pareceu tornar-se um enorme canteiro de obras. Como seria a nova Times Square? Passaram-se vários anos sem que ninguém pudesse dar essa resposta. Em fevereiro de 1997 fui o orador programático numa conferência da Escola de Arquitetura de Columbia sobre a Square e seu futuro. O estado de espírito dominante era uma nostalgia sombria, embora pessoas diferentes na conferência sentissem saudades de diferentes eras douradas — os anos 1900, "a Era do Jazz", os anos 1930, "a Guerra", o *film noir* dos anos 1950, os anos gay 1970 pré-aids etc. etc. Disse na conferência que "o discurso da nostalgia" era o produto típico da Square. Tornara-se um meio de dar às pessoas o crédito de cidadãos, como *echt* nova-iorquinos, pessoas que eram realmente sérias, que realmente gostavam do lugar, e não apenas aproveitadores ou diletantes que passavam por ali. Falei que a nostalgia era um meio de não estar ali agora, fiz gracejos complicados com as ironias culturais da nostalgia, e provoquei o riso das pessoas.[9] Foi só mais tarde que compreendi que, tanto quanto qualquer

---

*Ver *Times Square Roulette*, pp. 398 ss., 546. A idéia dos Rudin era: se não tinham de construir escadas rolantes na esquina, então podiam alugar a esquina para um banco (lucros extra-astronômicos, impostos cancelados), mudar a sua entrada subterrânea para um ponto menos acessível e menos atraente no lado de seu prédio, e desviar as multidões para uma outra entrada pela qual não eram responsáveis. Foi o próprio inspetor geral da MTA quem trouxe essa história a público, apavorado que a agência havia fraudado tanto o público como a si mesma.

pessimista apocalíptico na casa, eu temia o pior. Fazendo mala-
barismos frenéticos com as ideias como um artista na véspera de
Ano-Novo, eu lutava para encontrar um meio que nos permitisse
rir do pavor que todos sentíamos.[10]

O BULEVAR ARRUMADO

No geral, tudo se revelou bem menos ruim do que temíamos.
O novo "ambiente construído" da Square é uma combinação de
modelos e planos radicalmente contraditórios. O primeiro modelo pertence ao horrível "Rockfeller Center South" do início da
década de 1980. Possui quatro arranha-céus gigantescos bem no
centro, os prédios da Condé Nast, da Reuters, da Ernst & Young
e a Times Square Tower. O segundo, misturado com o primeiro,
é a "rua que pertence a todo mundo" de Robertson-Kalman no
início da década de 1990. Ai de nós, essa rua vibrante existe principalmente na orla da Square, e não onde devia estar, no seu coração. Mas a Square tem muitas orlas.

Há alguns edifícios realmente bons na nova Times Square. Os melhores edifícios são os mais antigos, e eles são teatros
ao vivo e cheios de vida: o New Amsterdam, outrora a casa de
Ziegfeld Follies, agora o carro-chefe da Disney; o neobarroco New
Victory, ora um excelente teatro para crianças, cosmopolita e de
vanguarda. Eles mantêm as multidões dos teatros fluindo e trans-
bordando no coração da Square. Os melhores edifícios modernos
são pequenos, como o New 42 Street Rehearsal Studios, cuja
iluminação delicada torna indistinto o limite entre o prédio e o
anúncio. Os grandes edifícios novos são mais arrogantes do que
aqueles que substituíram, mas nenhum deles chega a ser tão ruim
quanto os arranha-céus realmente terríveis que estragaram o coração da Square uma geração atrás (um Astor Plaza, destruidor do

encantador Astor Hotel; o Marriott Marquis Hotel que destruiu o Automat e o Helen Hayes; os quarteirões de pedras gigantescas no alto da Sexta Avenida), ou as quatro tumbas egípcias gigantescas projetadas por Philip Johnson para o incorporador George Klein na década de 1980, parte de um imenso e abortivo plano de transformar Times Square no "Rockfeller Center South". (Eu o chamava "Albert Speer Plaza"; ainda lembro com afeto as audiências e as demonstrações que impediram a sua construção.)[11] Os piores dentre os novos edifícios são medíocres, não monstruosos, e são orientados para o sistema de ruas, em vez de serem, como os edifícios Astor e Marriott, atirados contra esse sistema. Quando penso no nível apavorante dos grandes edifícios construídos durante a minha vida, a mediocridade da nova Times Square parece progresso. Algumas das novas linhas e planos são surpreendentemente graciosos e delicados. O Condé Nast Building e o Westin Hotel foram projetados para que sua aparência fosse dinâmica e original a partir dos ângulos em que são vistos com mais frequência, mas inteiramente sem graça quando mirados de qualquer outro lugar. Durante o dia, a luz solar se reflete de maneiras extraordinárias nos vidros dos arranha-céus, e o conjunto total parece muito mais emocionante do que poderíamos esperar.

Em qualquer dia ao acaso há pessoas com muitos uniformes de cores diferentes — NYSD, UDC, BID e mais, além das pessoas com uniformes policiais variados, o NYPD, o DEA, a Polícia Militar dos Estados Unidos, as "Unidades Hércules", os policiais da cidade com metralhadoras e armadura corporal leve, e uma ampla variedade de guardas de segurança da rua, dos prédios e das corporações — trabalhando para guardar a limpeza e a ordem da Square. Eu frequentemente me sinto farto desses uniformes, excluído e ameaçado por eles. Mas tenho idade suficiente para lembrar dos tempos quando era impossível encontrar algum uniforme na Square. Certo fim de tarde no *deuce*, em abril de 1980, vi um homem abrir o crânio de outro homem com um porrete que parecia um acessório de *Os Flintstones*. O homem apagou como uma luz e esguichou sangue por toda a rua, da qual todo mundo desapareceu num instante. Gritei "Socorro!" e me vi totalmente sozinho. Não consegui encontrar um policial, ninguém nas lojas por perto me deixava chamar a polícia e o cara continuava sangrando. Aos poucos o gerente de um dos cinemas pornográficos saiu com seu walkie-talkie (era muito antes dos telefones celulares), e num minuto veio uma ambulância e levou o homem embora. Não acho que ele tenha parado de sangrar, mas se eles não cobrem a cabeça isso significa que o homem ainda está vivo, certo? Vou aceitar os uniformes, obrigado, desde que saibam como manter vivas as pessoas na rua.

Graças ao progresso gráfico computadorizado, os melhores dos novos anúncios e o conjunto total de anúncios estão mais emocionantes do que nunca.[12] O anúncio que mais atraiu a atenção no final da década de 1990 foi o torreão eletrônico do anúncio da NASDAQ, na fachada norte do Condé Nast Building. A princípio aquele anúncio era um museu de arte cinética, com uma surpreendente variedade de formas, cores, texturas e padrões de movimento. A minha tia Idie teria adorado: podia fluir sobre as pessoas, elas podiam se embriagar. Mas, quando o valor declarado da NASDAQ afundou, os seus gráficos românticos abruptamente desapareceram. Quando o boom de Clinton se tornou memória, o anúncio decaiu para um quadro de avisos demasiado grande, desajeitado, os seus gráficos ousados sendo amados e lamentados principalmente por pessoas que tinham pouco amor por seus valores de mercado.

O seu eclipse chamou a atenção para outro ícone capitalista cujo desenho tornava-o menos dependente dos altos e baixos da história: o gigantesco anúncio da Morgan Stanley na esquina noroeste da Square, envolvendo a sede da empresa no número 1585 da Broadway. James Traub o descreve como um espetáculo só de números em movimento perpétuo: "três faixas de informações de ações", preços na Bolsa de Valores de Nova York, na NASDAQ e no Dow, "correndo pela fachada em velocidades diferentes, [flanqueados por] mapas cilíndricos de doze metros de altura, mostrando o fuso horário dos escritórios da Morgan Stanley por todo o mundo". Traub diz que o anúncio "faz afirmações essenciais sobre a empresa: que negocia informações, e não apenas dinheiro; que é um centro de manobras na economia global; que atua no momento; e que é [...] uma marca tanto para Morgan Stanley como para Times Square". Tama Starr, dona da empresa que o construiu, aponta os seus cantos curvos, "uma ilusão de ótica projetada para dar a impressão de que as informações estão saindo do edifício, passando pela frente, e depois entrando de volta no edifício para tornarem a ser processadas, como se fosse um processo de manufatura".[13] Continuará a fluir quer os tempos sejam bons ou ruins, um espetáculo antes clássico que romântico, imune às explosões de sucesso e fracasso dos tempos. Ironicamente, as suas ilusões de ótica embutidas vão realçar a sua capacidade de nos dizer a verdade — mas também a sua capacidade de nos desorientar. Traub saboreia a ironia de que no início tantos executivos de Morgan Stanley aparentemente não queriam estar em Nova York, não queriam se estabelecer numa parte proeminente da cidade, e não queriam ter um anúncio espetacular. A empresa triunfou a despeito de si mesma.

O novo anúncio mais romântico na Square é o modelo de meia escala do Concorde, o jato supersônico britânico-francês, instalado no topo da Times Square Brewery, bem no coração da Square, em 1996.[14] O Concorde sempre havia apresentado problemas técnicos e ambientais, e suas tarifas abusivas pareciam projetadas para fazer com que todo mundo se sentisse parte de uma subclasse excluída. Mas tratava-se de uma das formas mais gloriosas já criadas pelo design moderno, olhar para a aeronave era sempre uma emoção, e na Square era um encaixe perfeito. A tridimensionalidade do avião fazia com que ele parecesse "real" de um modo que não se encontrava em outros anúncios na Square. Nunca teve muito espaço, e sua localização desajeitada criava ironias: se alguém se aproximava pelo leste, cruzando a rua 42, havia uma tela de vídeo com uma imagem do avião que bloqueava o próprio avião. Estava montado no topo de um dos poucos edifícios baixos ainda existentes na Square, e sabíamos que era apenas uma questão de tempo até que o modelo fosse expulso para a construção de um novo arranha-céu. O que ninguém imaginava era que a indústria de turismo mundial fosse ainda mais volátil do que a indústria imobiliária de Nova York, e que mesmo antes que Boston Properties tivesse uma chance de arrancar o modelo do telhado, uma British Airways perto da bancarrota arrancaria o próprio objeto, o Concorde, do céu. Viver em Nova York sempre dá às pessoas uma chance de ver em close-up como o capitalismo destrói as coisas mais maravilhosas que cria.

Um caso ainda mais extraordinário desse processo é o destino do letreiro eletrônico que transmite a divulgação de notícias. O letreiro original da Square lampejava notícias recentes, que cruzavam a estrutura triangular da antiga Times Tower: tornava a divulgação das notícias parte do edifício. Ele tornou-se imediatamente uma parte integrante da experiência de estar ali: você parava, lia e refletia. ("Enquanto isso...") Era uma propaganda maravilhosa para o *Times*, dizendo-nos que, mesmo no meio da fantasmagoria carnavalesca da Square, podíamos confiar que o jornal nos manteria em contato com o que estava acontecendo no mundo real. O seu poder eletrônico não sugeria que os jornais estavam sendo suplantados pela "nova mídia", mas que esse jornal tinha recursos suficientes para fazer o que fosse necessário para manter o público informado. Esse letreiro de notícias foi um dos pontos de destaque da "América de papel", a América que existia para que se escrevesse a seu respeito, para que Jack Kerouac a celebrasse em *On the road — Pé na estrada*.[15] O abandono do primeiro letreiro pelo *Times* é uma parábola de sua traição em relação à Square como espaço humano. Ele ainda corre velozmente, a sua tecnologia secular classicamente barata e adequada. Mas o programa, agora patrocinado pela Dow Jones, consiste principalmente em cotações de ações e resultados de jogos. O anúncio funciona maravilhosamente como uma caricatura do que era. Para pessoas com idade suficiente para lembrar, é um para-raios para a fúria.

À luz do vazio que o *Times* deixou há uma geração, a mídia eletrônica começou finalmente a fazer suas reivindicações. A ABC agora produz *Good Morning America* ao vivo, na torre comercial do número 1500 da Broadway, entre as ruas 43 e 44. No final da década de 1990, criou um letreiro de notícias próprio, que corre ao longo da marquise do edifício. O mais extraordinário a respeito da marquise é que, contra um fundo de formas e vazios angulares, ela é ousada, romanticamente curva. As pessoas com câmeras compactas adoram ser fotografadas, e fotografar os companheiros, contra o fundo dessa curva. A sua forma sugere uma montanha-russa virada de lado; evoca e reforça a pretensão perene da Square a ser carnavalesca. Há uma gigantesca tela de vídeo logo acima da marquise curva, projetada para ilustrar as notícias que correm no letreiro. Tanto os textos como as imagens da ABC tendem ao superficial e ao medonho: destroços depois de bombas, sangue saturando as ruas em vermelho neon. A estrutura de montanha-russa de seu anúncio sugere um mundo cheio de saltos e mergulhos surpreendentes, mas que pode ser finalmente contido para que tudo possa voltar ao ponto em que começou, e uma vida cheia de pavor ainda pode ser um parque de diversões.

Um dos primeiros grupos a se ajustar confortavelmente na nova Times Square foi o de adolescentes. Estão por todo o lugar, mas suas maiores multidões se concentram na calçada na frente (realmente embaixo) do estúdio de produção da MTV, no lado oeste da Broadway entra a 44 e a 45. A maior atração contínua é um programa chamado *TRL*, "Total Request Live", irradiado nos dias da semana às cinco da tarde. O formato é que "observadores" desçam lá de cima, examinem a multidão na rua, e escolham um casal para "ir lá para o alto", onde podem se tornar uma pequena parte da ação do dia; se eles parecem ou soam ótimos, alguém em algum lugar, além de seus pais e amigos, ficará sabendo. Os valores da produção da MTV fundem exibição sexual, habilidade de vender (ou melhor, habilidade de fazer propaganda de si mesmo) e espetáculo, de um modo que se harmoniza com algumas das tradições mais antigas da Square. Esses garotos podiam estar fazendo testes para o elenco das antigas *Rua 42* e *A chorus line*. Qualquer um deles poderia ser a Garota do Times ou o Cantor de Jazz de amanhã. Muitos adultos mostram desdém e gostariam de acabar com tudo. Mas eles vão precisar de um saco de lixo bastante grande, marcado "cultura popular" ou "sonhos americanos" ou "vida urbana". Alguns adultos estão seguros de que podem viver sem todo esse jazz. Outros pensarão duas vezes, exatamente o que os adultos devem fazer.

Quase nenhum desses garotos vai entrar no ar, exceto como parte da multidão, o que parece significar muito para bastante gente. Se ficam por ali bastante tempo, alguns podem conseguir aparecer como extras numa das revistas produzidas pela Condé Nast — *Vogue, Vanity Fair, GQ, Self, Allure*. Como essas publicações estavam centralizadas na Square, foram todas levadas a explorar o que o pessoal da publicidade chama "o quintal". Não se pode manter a MTV no ar por muito tempo sem ver uma perspectiva dramática do "lado de fora", e o lado de fora da MTV é Times

Square. Os planejadores que imaginaram a nova Square como um centro para produção de mídia, e não apenas para consumo e espetáculo, estavam cientes de algo real. A realidade da produção na Square não só gera muitos novos empregos, mas uma vitalidade e fascínio peculiares. Tem sido assim desde a vinda do *The New York Times* há um século.

Uma das virtudes do espetáculo atual é a sua capacidade não só de conter, mas de alimentar protestos contra si próprio. Em 2001, o *The New York Times* publicou uma história de Neil Strauss sobre um protesto de um só homem contra a MTV, em nome de Tupac Shakur, um rapper que morrera jovem:

> Adam Gassman, um adolescente de catorze anos de Queens, estava no meio de um grupo ruidoso de garotas adolescentes rebeldes no lado de fora dos estúdios da MTV em Times Square, como ele faz quase todos os dias depois da escola. Quando as colegiais imploraram aos produtores que as deixassem entrar nos estúdios para a gravação do "Total Request Live" daquele dia, Adam ficou olhando macambúzio. Na sua mão estava um grande cartaz branco com duas palavras rabiscadas desleixadamente com um marcador de tinta preta: TUPAC VIVE.[16]

Essa história é mais complexa do que parece. Adam Gassman parece um grande garoto: é impressionante a capacidade de um adolescente de catorze anos de criar uma demonstração de um só homem que fosse inteligível para o *Times* há quatro anos; o que ele está criando hoje em dia? Mas talvez seja prematuro para o *Times* adotar a sua imagem da realidade, uma realidade dividida num "grupo ruidoso de garotas adolescentes rebeldes" que cobrem todo o pavimento, abanam para as pessoas nos estúdios lá em cima e estão doidas para serem convidadas a entrar e se exibir, em oposição a um rapaz solitário, honesto e de vanguarda que se mantém sozinho, rabisca uma mensagem com desleixo, e não entraria nem que a MTV lhe pagasse. O *Times* é irônico sobre as garotas, mas não é um pouco cedo para rejeitar garotos que muitas vezes nem chegaram à escola secundária? E esse menino brilhante não é parte dessa geração? Como toda vanguarda na história, ele não partilha o seu desejo de exposição e publicidade? Talvez também, considerando a linha de fogo em que se colocou, ele até queira conhecer garotas! Para os meninos e as meninas, que procuram publicidade ou um encontro mútuo, a nova Times Square parece o lugar ideal.

Quanto a Tupac, a sua morte prematura foi trágica. O seu assassinato em 1998 ainda não foi explicado. Mas devemos pensar nele como mais heroico ou mais autêntico *porque* está morto? Era assim que as pessoas falavam sobre James Dean e sobre Charlie "Bird" Parker (rabiscavam BIRD VIVE no metrô) quando eu tinha catorze anos. O rap de Pac era intenso e poderoso, bem como o seu desempenho em filmes (ver *Juice*), mas ele era extravagantemente teatral, mestre em criar o espetáculo, e muito dependente da MTV, que o manteve em rotação pesada muito depois de sua morte e o gravou em platina lá do outro lado do túmulo. Na realidade, Neil Strauss poderia ter obtido essas informações com aquele "grupo ruidoso de garotas adolescentes rebeldes", se tivesse se dado ao trabalho de falar com elas. Se tivesse perguntado, isso poderia tê-lo ajudado a confirmar a ideia da sua história: *Não chorem pela nova Times Square*; a sua mistura de brinquedos, eletrônica, camisetas, grupos de amigos, membros de demonstrações, espectadores e repórteres está criando um lugar fértil, um lugar em que "todos os garotos se dão bem".

Um bom número de adultos também está se dando bem ali. Harvey Pekar é um escritor no final dos seus sessenta anos, que passou a vida em Cleveland. Cresceu pobre, rodeado de judeus pobres, conseguiu uma bolsa de estudo para Wayne State, mas abandonou-a, vadiou por algum tempo, por fim encontrou um emprego no serviço público como funcionário no hospital local para veteranos de guerra. Durante os trinta anos seguintes ele se agarrou a esse emprego para ganhar a vida. Desde 1976 tem usado sua pequena poupança para publicar *American Splendor*, uma "revista de quadrinhos *samizdat* para adultos" inspirada em sua vida cotidiana em Cleveland. Ele tem trabalhado com vários ilustradores, os mais conhecidos sendo Robert Crumb e Joe Sacco. Logo ficou claro que ele era brilhante e sabia escrever de um modo que evoca George Gissing, Sherwood Anderson, James Farrell, o primeiro Hemingway, o primeiro Malamud, Doris Lessing. Grande parte de sua melhor escrita segue a tradição "underground" russa, intensa, zangada e às vezes paranoicamente subjetiva, mas também muito visual e — os seus muitos ilustradores mostram isso vividamente — entranhada em ambientes urbanos concretos.[17] Desde o início da década de 1980, os fãs têm considerado a sua obra cinemática, e as pessoas na indústria do cinema têm tentado juntar dinheiro para filmá-la, mas ninguém jamais conseguiu obter a soma necessária; foram tomados financiamentos a prazo determinado, mas eles se esgotaram. Na década de 1990, a indústria das histórias em quadrinhos desabou, e Pekar passou não por um, mas por dois episódios de câncer. Ano após ano, *American Splendor* desenrolou as múltiplas formas de angústia, pavor e fúria que impulsionavam e esmagavam a sua vida. Enquanto isso, ele havia de algum modo aprendido um pouco, e agarrava-se a pessoas na sua meia-idade de um modo como não havia feito na sua juventude; a sua esposa e sua filha adolescente o ajudaram a vencer as dificuldades. E exatamente quando ele já estava farto de pensar a respeito, a sua sorte no cinema mudou. Não só a Good Machine produziu e a Miramax distribuiu o filme *Anti-herói americano*, não só ele veio a ser um filme maravilhoso, com belos desempenhos de Paul Giamatti e Hope Davis, mas o filme e ele foram reconhecidos pelo mundo: um prêmio em Sundance, outro em Cannes, um Oscar especial, e de repente havia pessoas pelo mundo todo loucas para escutar o que Harvey tinha a dizer.

Esse é o contexto, no seu livro mais recente, *Our movie year*,[18] no qual vemos Harvey com sua mulher, Joyce, e a filha deles, Danielle, caminhando no lado leste do *deuce*, com o imenso anúncio MADAME TUSSAUD às suas costas. Gary Dumm, um dos velhos ilustradores de Harvey, faz com que ele pareça muito limpo, como ele sempre foi (o Harvey de Robert Crumb é muito mais sujo). É também possível uma sugestão de que ele é agora uma Figura Histórica, como as figuras de cera no museu de Madame Tussaud. Toda a família Pekar de Dumm sorri doce e francamente, como um casal de "Meadowville" na cidade. Os sorrisos dos pais

são cansados (conheço esses sorrisos), o sorriso da filha puro resplendor. Harvey pergunta à filha de qual estátua gostou mais; ela diz Frida Kahlo. "Por quê?" "Porque ela é artista... e além disso, Joyce me disse para gostar dela." A sua família pode experimentar a arte, brincar com a história, examinar a cena. Podem ser felizes por estarem ali. A nova Times Square é o pote de ouro no fim de seu abismo. Olhem! Eles venceram.

As pessoas que passaram a vida perto do fio da navalha talvez fiquem alegres por estarem finalmente limpas. Mas o passado sempre cobra o seu preço, e Nova York hoje está cheia de pessoas, principalmente pessoas muito respeitáveis, reclamando que a nova Times Square está limpa *demais*: não é vulgar, não é malcuidada, não é suja, como nos velhos bons tempos. Desconfio bastante do discurso da nostalgia, inclusive do meu próprio. E acho que as luzes explosivas e as multidões multiculturais da Square atual são tão quentes e sexy quanto quaisquer outras que já conheci, se ao menos as pessoas fizessem o esforço de sair de si mesmas para olhar e sentir. Então como é que há tantas pessoas ali que não fazem esse esforço? É um mau sinal, mas um sinal do quê? Deve-se prestar atenção, mas como? Não é destruindo o lugar em que estamos. Já estivemos nessa estrada antes, "The road to nowhere", como cantavam os Talking Heads.[19] Há muito lugar nenhum em Times Square no momento. Mas talvez, se conseguirmos fazer com que as pessoas se sintam de novo boas e sujas, elas verão em que lugar maravilhoso estão.

Uma das pessoas que mais tem contribuído para *schmeer* [lambuzar] Times Square é Dave Chappelle, um jovem comediante de esquetes negro com um show semanal de meia hora no canal de TV Comedy Central. No ano passado ele apresentou um número que fazia um emprego elaborado da Square como um receptáculo e um condensador. Explorava as suas pessoas, as suas multidões, a sua paisagem urbana e o seu poder bruto de gerar a comédia vulgar.[20] Depois de ver Chappelle elaborar Times Square é mais difícil reclamar que o lugar se tornou demasiado gentil.

A rotina começa com Chappelle dirigindo-se ao público de um estúdio e informando que passa grande parte da sua vida em quartos de hotel solitários masturbando-se. Algumas pessoas dão umas risadinhas, mas o público fica quieto, sem saber como aceitar o que ouve. Depois ele diz que se excita pensando em corpos de mulheres, e especialmente nos "seus seios, seus peitos". Os seios femininos são belos, não é mesmo? Então por que ele não poderia pensar neles? É claro que ele está se excitando ao por fim confessar seu desejo em público. Ele adora o verão, porque as mulheres "põem-nos pra fora, em desfile" (no outono elas têm de "empacotá-los e escondê-los"). Ele adoraria expressar o seu amor pelos seios das mulheres de uma forma mais franca e direta, mas se dá conta de que provavelmente as coisas que gostaria de dizer vão cobri-los de vulgaridade. Nesse ponto o público do estúdio parece relaxar e (como mostra a câmera) as mulheres começam a rir tanto quanto os homens. Somos levados a inferir que essas mulheres apreciam ser reconhecidas como seres humanos, e que ficariam felizes ao escutar elogios sexuais, se ao menos eles não as fizessem se sentir pedaços de carne. Se os homens num espaço público podem expressar desejo de maneiras que tratem as mulheres com respeito, muitas mulheres ficarão felizes em brincar. Sentimos que tudo isso é razoável demais, estamos sendo preparados, mas é difícil perceber para quê. Faz sentido no contexto de uma terapia de grupo ou de um curso de educação para adultos sobre homens e mulheres no "espaço público" ou na "sociedade civil", mas não conseguimos imaginar qual vai ser afinal a piada.

A câmera então corta para o espaço público, para Times Square num dia fragrante de verão. Chappelle diz, com uma voz de narrador solene, que a solução que "nós" arquitetamos é dar prêmios para os melhores "peitos de Nova York". O prêmio é uma grande fita azul, um círculo com uma cauda, que lembra feiras estaduais ou o Selo de Aprovação da Boa Dona de Casa, mas com a inscrição PEITOS DE NOVA YORK. Quem concede os prêmios é "Lyle", um apresentador de televisão que carrega um microfone, com um chapéu de feltro que contrasta com a sua camisa esporte havaiana. Lyle pertence à nova Times Square, o centro de produção de TV com estúdios logo ali em cima. Ele é representado por Chappelle, mas parece ter metade da inteligência do homem que falava conosco há minutos. Ele caminha ao redor da Square, repetindo incessantemente o seu mantra, "Peitos de Nova York", e passa a impressão de ser, como é frequente entre o pessoal da televisão, um idiota insinuante. Aborda uma grande série de mulheres, nenhuma realmente charmosa, mas todas exibindo os seios na maneira como as mulheres os mostram nas roupas de verão comuns. Elas são jovens e velhas, negras, brancas e amarelas, a maioria americanas da gema, mas algumas falam com sotaques europeus ou asiáticos. Algumas das mulheres olham surpresas sem compreender, outras se viram e saem correndo, mas a maioria é amável e aceita o seu prêmio com um sorriso. Uma velha da Europa oriental com dentes estragados olha para baixo e pergunta: "Estes?". Mas ela sorri, achando divertido que esses americanos parecem gostar deles. Uma garota de vinte e poucos anos grita: "Sabe que este homem é o meu pai?". Lyle, mostrando pela primeira vez que tem inteligência, comenta cavalheirescamente: "Bem, senhor, sua genética é espetacular".

Aos poucos começamos a perceber que essa história é séria. O caminhar aparentemente aleatório de Lyle tem desenrolado uma ideia. "Peitos de Nova York": as mulheres espalhando sua vida e energia ao redor de Times Square estão *vivendo para a cidade*. Podemos desfrutar os corpos das mulheres sem desrespeito, se as ungimos como supercidadãs de Nova York. Compreendemos então que estamos no meio de um mural vivo de uma nova

Frente Popular. As mulheres, mal e pouco representadas na arte da Frente Popular original, estão finalmente obtendo a adoração que merecem. Ao serem glorificadas — "lado a lado, eles são glorificados" — estão também conseguindo respeito na rua. E a rua está igualmente obtendo respeito: a nova Times Square é o microcosmo de um mundo muito mais diverso e multicultural do que a velha Frente Popular podia conceber. O lúbrico Chappelle não vai nos deixar esquecer as possibilidades indecentes: ele quer agarrar, apertar e transar com todo esse mundo de mulheres. Mas ele faz com que vejamos que *é* um mundo inteiro. Quando seu herói se desloca dos quartos de hotel para os estúdios de TV a fim de "viver" Times Square, ele evolui da masturbação para uma relação sexual com pessoas reais e passa por uma metamorfose, de um adolescente lúbrico a um cidadão do mundo. Chappelle, na tradição de Whitman, concebe Nova York como uma cidade do mundo e o sexo como metafísica além de biologia, um modo de o homem moderno transcender o seu isolamento e mesclar-se nesse mundo.

Se os dois grandes elementos da Square são as pessoas e as luzes, ambos parecem excelentes hoje em dia. As multidões ali são hoje maiores e mais vibrantes do que nunca. Aparecem em mais cores e línguas diferentes. É difícil encontrar uma hora em que, quarteirões e quarteirões ao redor, todo o bairro não esteja apinhado de gente. Mas por que não? Por que outra razão existem as cidades em primeiro lugar? O meu maior problema é tentar classificar as pessoas, descobrir quem são. Quando eu tinha uns doze anos, meu pai e eu tínhamos um jogo Times Square: escolhíamos um bando de gente e procurávamos adivinhar para onde estavam indo — Teatro? Cinema? Um clube de jazz? Um hotel — qual? Um restaurante — de que tipo? Um fliperama? Então nós os seguíamos, não de muito perto, cinco quarteirões era o nosso limite. Eu me espantava com o número de vezes em que conseguíamos adivinhar certo. ("Está vendo, filhinho", ele disse na primeira vez em que acertei, "você conhece a rua.") Meu pai também me disse antes de morrer que "a roupa esportiva vai conquistar o mundo"; o fato que tornou mais difícil o nosso jogo hoje em dia. Claro, isso pode tornar o jogo mais emocionante, como Dave Chappelle compreende tão bem. Esse jogo é apenas um subproduto da arte urbana primeva de andar pelas ruas, e Times Square é um dos lugares mais deliciosos para praticá-la. A força que Rem Koolhaas, um quarto de século atrás, chamava "Manhattanismo, ou A cultura da congestão"[21] está viva e bem de vida por ali. Quem quer que sejam essas pessoas, nas suas roupas esportivas, com os seus seios, elas estão realizando a visão de democracia urbana da Motown na década de 1960. *Não importa o que você vista/ Desde que esteja lá.*

Numa tarde quente de junho de 2004, quando meu livro se aproximava de seu final, decidi dar uma última volta pela Square, para conferir os detalhes. Estava emocionante na área. As mulheres nas ruas — estilistas, agentes de viagem, operadoras cinematográficas, dançarinas, turistas, estudantes ou modelos com porta-fólios, damas que almoçavam — deixavam tudo à mostra. Estavam vestidas com ternos cor de púrpura desenhados por estilistas, vestidos pretos com bainhas enviesadas e decotes fundos, jeans artificialmente rasgados, camisetas de múltiplas camadas, botas de combate vermelhas (em junho? *Ui!* pensei com a voz da minha mãe), saltos de doze centímetros, sandálias de dedo lilases, quinhentos matizes diferentes de pele, unhas e cabelos; pareciam artificiosas, imaginativas, altamente individualizadas, maravilhosas. Como as mulheres parisienses descritas nas *Cartas persas* de Montesquieu, elas eram um grandioso espetáculo em si mesmas. Por outro lado, as mulheres nos anúncios acima, fazendo propaganda de roupas esportivas, maquiagem e perfume, e promovendo peças de teatro e filmes, eram maciçamente pálidas. Pareciam tentativas de reinventar as gigantescas pin-ups nos acampamentos militares da década de 1950. Uma evidência de que qualquer um dos donos dos outros cartazes tinha um horizonte mais largo? Todas essas mulheres pareciam ter a mesma pele rosa clara, cabelos loiros, uma pose frontal e sorrisos vazios. Dreiser em 1900 falava dos "anúncios luminosos" em Times Square; nos anúncios de hoje, a luz foi apagada. As imagens dessas mulheres apresentavam matronas mesmo quando eram jovens, "brancas" mesmo quando eram negras; o seu projeto parecia ser vender alguma coisa não expressando nada. Esses cartazes sugerem a roupa feminina na praça Vermelha de Brezhnev, e deixam claro por que o Muro de Berlim tinha de cair. Mesmo quando uma mulher num dos anúncios estava nua, como a modelo negra que fazia propaganda da Rocawear na esquina da rua 47 Oeste com a Broadway, ela conseguia parecer impecável e impermeavelmente vestida. Ironicamente, os números fluindo em curvas no anúncio da Morgan Stanley são mais semelhantes a mulheres vivas do que as máscaras mortuárias que passam por mulheres nesses anúncios de luz apagada na Broadway.

A aura era tão estranha! Eu podia sentir a abertura e a verve nas mulheres reais no chão, junto com um encolhimento e desvitalização misteriosos nos anúncios das mulheres no ar. Esse contraste entre o chão e o ar, entre as ruas da Square e os seus anúncios, parece um símbolo adequado do que aconteceu com a América no nosso novo milênio. O feminismo americano teve um sucesso verdadeiro ao tornar milhões de mulheres capazes de dirigir as suas vidas e lutar para controlar o seu futuro no chão. Entretanto, depois de trinta anos de feminismo, a nossa vida moral coletiva está nas mãos dos velhos da direita cristã, que trabalham horas extras para apagar a luz interior das mulheres e impeli-las de volta ao passado. Dizem que a Clear Channel Company de Dallas, um dos maiores conglomerados de mídia da América, e um dos patrocinadores mais proeminentes da direita cristã, é quem mais possui espaço para cartazes na Times Square de nossos dias. Eles querem tornar a Square quadrada?* Se é o que desejam, a sua ação não está funcionando. A vida transbordante no chão atesta que os caretas tão poderosos em nossa mídia de massa ainda não descobriram um meio de matar a rua.

Naquele dia em junho, meu último dia de campo, havia apenas duas imagens humanas acima do chão que emitiam vida real. Uma era um cartaz muito grande, visível desde longe, no velho prédio da Garota do Times, Times Square Um. O anúncio promovia uma luta de boxe entre um certo Vitali Klitschenko e um certo Corrie Sanders, pelo "Campeonato Mundial de Peso Pesado", a ser transmitida pelo canal de lutas da HBO. Eles me levaram de volta aos anos em que havia um ginásio de esportes de três andares na rua 42 entre a Sexta e a Sétima avenidas, bem acima de Tad's Steak House. O ginásio mantinha as janelas abertas no calor, e eu podia ver (e ouvir) os caras socando os sacos enquanto me dirigia para casa depois de meus seminários na CUNY, ou ficava pela rua na frente do antigo escritório de meu pai (o Busch Terminal Building, rua 42 Oeste, 130) falando sobre Platão e Marx. Aquele ginásio era um vestígio do mundo do velho Garden, na 49 com a Oitava Avenida, o Garden de *A morte passou por perto* e *Corpo e alma*. O mundo do boxe é hoje muito mais fragmentado do que naquela época, de modo que qualquer reivindicação do título de campeão será reconhecida por alguns e negada por outros. O que

---

* Pouco depois que escrevi isso, conheci uma funcionária do Clear Channel que admitiu o que chamei de Estilo Brezhnev, mas pôs a culpa na incessante censura intrusiva do BID, e insistiu que sua empresa estava "lutando para ir além dos limites estabelecidos". Bem, veremos.

é mais extraordinário sobre o anúncio é a completa sordidez desses pugilistas, a sua barba por fazer, os seus olhares agressivamente grosseiros. Esses caras poderiam ser a atração principal na antiga *Police Gazette*; ou podiam ser viajantes no tempo saindo do *deuce* de uma ou duas décadas atrás. Não é preciso ter interesse pelo boxe (eu não tenho) para saudar um par de faces que parecem felizes em ter uma aparência "ruim", num ambiente cheio de imagens gigantescas de pessoas que parecem agressivamente "boas". E o anúncio faz uma grata reivindicação em seu próprio nome: QUE COMECE A PRÓXIMA ERA. O conteúdo manifesto desse anúncio é provavelmente: "Que a nossa associação de boxe — e a nossa rede a cabo — seja reconhecida acima de todo o resto". Mas o seu conteúdo latente, legível para qualquer um que ame Times Square, é mais ou menos o seguinte: *Que a ruindade seja reconhecida junto com a bondade como parte da vida essencial de Times Square, para que a Square possa voltar a ser o que sabemos que sempre foi, um* chupah *para o casamento do céu e do inferno*.

O segundo anúncio era a imagem de uma moça com um sorriso radiante, mas misterioso. É realmente um sorriso? Talvez um início de sorriso, uma sugestão de que "eu sorriria para você, se pudesse". Ao lado da imagem está a legenda "HAVE WE 'MET'?".* Na verdade, ela é uma moça da década de 1660 ou início de 1670 pintada pelo artista holandês Johannes Vermeer. O seu retrato, "Estudo de uma jovem", pode ser visto nas paredes do Metropolitan Museum of Art, o Met, para o qual o anúncio faz propaganda.[22] O Met a colocou ali por um ano, de junho de 2003 a junho de 2004, como uma espécie de estudante interna ou visitante. Ela é uma das várias moças misteriosas de Vermeer de quem ninguém sabe nada. Pintada contra um fundo de puro negro, com

---

* Jogo de palavras com o verbo *met* ["Já nos encontramos?"] e a sigla pela qual os nova-iorquinos se referem ao Metropolitan Museum of Art de Nova York — MET. (N. E.)

uma emanação tênue de luz por trás de sua cabeça, ela evoca as pinturas católicas devotas de Maria e dos santos. Na verdade, Vermeer cresceu protestante, mas converteu-se ao catolicismo, e passou a maior parte de sua vida como um outsider católico numa Delft protestante. Muitas pessoas que amam o seu trabalho (inclusive eu) acreditam que ele cria uma aura de santidade suprema em pessoas comuns completamente anônimas, sobretudo em mulheres ocupadas com as tarefas domésticas humildes de todos os dias. Esse é o tema do maravilhoso romance de Tracy Chevalier de 1999, *Moça com um brinco de pérola*.[23] Chevalier imagina a "Moça" como Griet, uma criada que codifica as cores dos legumes enquanto os corta, para o encanto de Vermeer. O nome que Chevalier lhe confere conecta-a com Gretchen, heroína do *Fausto* de Goethe, o arquétipo moderno de uma moça de classe baixa com um desejo e capacidade de crescimento espiritual.[24] A dignidade e

a profundidade dessas moças comuns, e de muitas outras figuras suas, torna Vermeer um autêntico herói do feminismo, e também, é preciso ser dito, da democracia. E igualmente um herói de Times Square: a Garota do Times é uma de suas filhas.

A pintura da "Moça" foi reproduzida como a principal propaganda para o filme, lançado em 2003,[25] em que ela é belamente representada por Scarlett Johansson. As modelos de "Moça" e de "Estudo" têm características diferentes: as suas cabeças e pescoços são torneados de forma diferente e elas estão vestidas de modo diverso, mas é fácil confundi-las — como fiz a princípio, e como fizeram muitos visitantes de Times Square — por causa de uma aura que partilham: uma ânsia juvenil de vida combinada com um embaraço e vulnerabilidade juvenil, uma força de sentimento com uma incerteza quanto ao que ela sente, uma confiança de que é inesquecível ao lado de uma falta de clareza sobre quem ela realmente é.[26]

Tenho usado a palavra "aura" a respeito dessa moça. Escutei essa palavra pela primeira vez na História da Arte para principiantes, quando era usada para explicar como Giotto, nas suas cenas de multidão, fazia algumas das pessoas na multidão terem uma importância infinitamente maior do que o resto. A ideia foi conceituada por Walter Benjamin no seu ensaio de 1936, "A obra de arte na época de sua reprodutibilidade técnica".[27] Na maior parte do ensaio, Benjamin a usava para descrever algo que na sua opinião todas as pessoas modernas estavam perdendo ou tinham perdido. A "aura" de uma obra de arte, dizia ele, estava ligada ao seu caráter único. Mas a arte moderna estava se movendo cada vez mais para obras, como as fotografias e os filmes, que eram infinitamente reproduzíveis. Quando uma cultura "substitui uma existência única por uma pluralidade de cópias", dizia ele, a aura da arte é perdida. Mas é realmente assim? Olhem para essa imagem da moça de Vermeer na rua 42 Oeste. Numa rua saturada de imagens, todas projetadas para apresentar seus argumentos de vendas que são simples, superficiais e abrasivamente espalhafatosos, essa garota parece uma visitante de outro planeta, um planeta onde as pessoas são contidas, complexas, ambivalentes, profundas. Ela pode estar vendendo alguma coisa — em Times Square, quem não está? —, mas não é óbvio o que ela está vendendo. Num contexto em que novos produtos e imagens, bem como novos argumentos de vendas, são jogados na cara das pessoas como a safra de shows da Broadway e canções populares de cada temporada, podemos vê-la como uma figura com uma história — mesmo que não saibamos qual é a sua história. Ela é uma reprodução, mas única *no contexto de Times Square*. Isso deve nos dizer que uma aura não é criada pelo caráter único da tela ou pedra, mas pelo caráter único do espaço e lugar. Essa "jovem" não obtém a sua aura do fato de ser *geworfen* [lançada] dentro de Times Square? Benjamin atribuiria a sua aura ao "culto da lembrança dos seres amados, ausentes ou mortos". Para mim, no seu contexto espacial e social pleno, ela parece muito *viva*. Ela parece a encarnação mais recente da Garota do Times, como uma prova de que, apesar de tudo, eles não conseguiram matar a deusa da rua. Verdade, a deusa parece estar insistindo para que a levemos para longe de tudo isso, fugir-fugir-fugir-fugir desse bulevar limpo. E o Met está ao alcance de um percurso rápido de metrô. Mas ainda assim, aonde quer que ela nos leve, a Square sempre será o lugar onde nos reunimos. Como disse Humphrey Bogart a Ingrid Bergman em *Casablanca*, que eles sempre teriam Paris, assim nós e a moça de Vermeer sempre teremos Times Square.

O único perigo real para a jovem de Vermeer era um perigo também experimentado por muitos nova-iorquinos vivos. O seu espaço não era controlado ou estabilizado, e ela podia perder o seu contrato de arrendamento. Na tarde de 24 de junho de 2004, quando fui procurá-la, fiquei surpreso ao descobrir que tinha desaparecido.[28] No seu lugar estava um imenso cartaz anunciando a nova versão de *Rua 42*. As figuras no cartaz eram umas coristas de rostos sorridentes, todas garotas nos seus vinte anos, notáveis na sua limpeza e na sua vacuidade. Na realidade, pareciam encarnações limpas da "sra. Completa". Onde é que encontravam faces tão inexpressivas? Os seres humanos precisam fazer um trabalho em si mesmos — ou então precisam "que o trabalho seja feito", como dizem no show business sobre a cirurgia cosmética — para conseguir uma aparência dessas. Imaginei os testes de admissão para esse cartaz, uma caricatura dos testes de admissão que animam o show: as garotas em cima do palco esforçando-se para parecerem vazias, enquanto nos assentos homens fumando charutos gritam: "Esvaziem essas faces! Em branco! Relaxadas e vazias!". Visualizei as faces lacrimosas de todas as garotas rejeitadas porque suas faces mostravam alguma coisa. Isso me deixou irado. Perguntei a mim mesmo, esses caras realmente pensam que podem vender alguma coisa não expressando nada? Acham que as pessoas vão pagar muito dinheiro e andar com dificuldade pelas multidões da rua 42 para ver uma peça de teatro que vai deixá-las vazias? É esse o último significado de "show business"? Uma atividade que nada mostra? Parecia uma piada digna de *Os produtores*. Então compreendi que mesmo que houvesse alguma verdade nessa linha de pensamento, eu estava fazendo algo que critiquei em muitas outras pessoas por fazerem com Times Square: usando a nostalgia para tirar toda a vida do presente. Mesmo que, vamos dizer que eu tenha razão, as atuais produções culturais de massa não sejam "nada", ainda assim as pessoas que as veem e escutam farão exatamente o que tenho feito durante toda a minha vida, exatamente o que meus pais faziam no metrô voltando para o Bronx, exatamente o que meus filhos fazem quando se lembram de canções e frases de filmes nas suas próprias maneiras engraçadas. Eles colocarão o seu algo naquele nada, e então, da fusão de algo com nada, criarão alguma coisa nova.

Epílogo
A Reuters e eu

O meu devaneio sobre algo e nada estava acontecendo na frente do número Três de Times Square, o Reuters Building, o enorme novo prédio de escritórios na esquina da Broadway com a rua 42. O meu lugar era rico em história de Times Square. O Times Square Theater e a Playland Arcade ficavam mais ou menos onde eu estava. O Mural das Mulheres de Alex Katz ficava bem acima de mim, o cartaz de paz de John e Yoko ("A GUERRA TERMINA, se você quiser") ficava bem no meu norte. O "Plano Provisório" de Times Square, adotado pelo Conselho da Cidade no final da década de 1980 e em funcionamento até meados da década de 1990, proporcionou ocupações comerciais agradáveis às multidões ao longo de toda a área; assim, uma filial de Ferrara's Italian Coffee Shop estabeleceu-se na esquina sul e o Ellen's Stardust Diner fixou-se na norte. Mas a expansão econômica do final da década de 1990 no mandato de Clinton colocou o mercado imobiliário privado numa posição de poder acabar com o popular Plano Provisório. Onde havia lojas e anúncios, imensos edifícios de escritórios avultam hoje em dia. A seus proprietários foi outorgado o direito de escolher que lojas teriam no andar térreo, e quase todos escolheram não ter nenhuma. A Reuters alugou a sua esquina do lado sul para o Banco J. P. Morgan, que providenciou um globo de aço esculpido. Os acordos de desenvolvimento urbano deram aos incorporadores globais enormes incentivos fiscais para construir esses edifícios. A Reuters América Holdings recebeu o maior de todos os lances, 26 milhões de dólares, para construir este edifício.[1]

De qualquer modo, estava ali parado e fazendo algo que tenho feito muitas vezes nos últimos anos: traçando esboços e tomando notas sobre as pessoas e os anúncios. Quando estava anotando os detalhes do anúncio DEIXE A NOVA ERA COMEÇAR, fui rudemente perturbado por um homem com um colete de plástico marcado SEGURANÇA, um negro de uns quarenta anos, que me disse que eu não tinha permissão para ficar parado na frente do edifício. Fiquei confuso: *O quê?* Observei que havia três homens parados na frente do edifício, todos homens grandes de meia-idade com ternos marrons falando em telefones celulares. Perguntei, eles também estavam proibidos de ficar na frente do edifício? O guarda deu de ombros e me olhou com tristeza: por que eu estava dificultando o seu trabalho? Disse que estava escrevendo um livro sobre Times Square e tomando notas sobre o que havia por ali; onde devia fazê-lo senão aqui, no coração da Square? Ele claramente não estava preparado para encontros desse tipo. Primeiro, sugeriu: "na rua". Como observei o tráfego do meio-dia passando veloz, ele pareceu abandonar essa ideia. Apontou para o que parecia um pilar usado por operários de construção e disse que eu podia ficar encostado no pilar ou parado atrás dele; respondi que ali não seria capaz de ver as coisas cuja presença estava tentando registrar. Novamente ele deu de ombros e pareceu triste. Olhe, ele tinha as suas ordens; se eu não saísse, eu seria "retirado à força".

Agora eu estava realmente zangado. *A Reuters achava que era a dona da rua?* Eu estava fazendo tempestade num copo d'água?

Talvez fosse apenas um dia sem movimento, e o guarda, um subalterno, sentia que para manter o seu emprego tinha de convencer seus superiores de que sabia lidar com estranhos como eu — um velho gordo de barba, de camiseta e shorts, com um caderno de notas vermelho. Talvez fosse a síndrome de "Alice's Restaurant" em ação, quando uma grande capacidade de combate ao crime se defronta com pequenos delitos e os policiais ficam doidos para fazer alguma coisa? Ou talvez Michael Moore tenha mudado o jogo, de modo que, onde quer que forças de segurança se reúnam, homens gordos são perigosos? De qualquer modo, esse guarda não estava numa patrulha de rotina: havia saído do edifício especificamente para me abordar; tinha um telefone celular preso no seu cinto, e ele andara claramente falando com alguém. Essa situação destila ironia. Por um lado, a Reuters, o serviço de notícias britânico, é provavelmente o mais livre do mundo, oferecendo uma imagem da realidade que é provavelmente mais incisiva e geralmente mais acurada do que a de qualquer um de seus concorrentes americanos. (Criou uma excelente série sobre a demonstração de massa anti-GOP que ocorreu a apenas alguns quarteirões desse edifício, em 29 de agosto de 2004.)[2] Por outro lado, naquele momento estava agindo exatamente como os muitos regimes despóticos que cobre tão bem ao redor do mundo, regimes aos quais os britânicos se sentem tão superiores, regimes que negam que seu povo seja um público e que as ruas de suas cidades sejam espaço público. A cidade de Nova York havia oferecido isenção de impostos à Disney, à Virgin, à MTV e por fim à Reuters, no contexto do que Lynne Sagalyn chama "uma mudança de direção dramática nos valores, das corporações à cultura popular". Mas uma parte muito grande de nossa cultura popular atual é organizada pelos conglomerados da mídia, que são tão desconfiados e hostis em relação às pessoas quanto os conglomerados do aço, os conglomerados das bebidas alcoólicas, os conglomerados dos cereais, os conglomerados dos carros! Alguns de seus produtos são emocionantes e humanamente liberadores. O fato de que dependem de nossas fantasias e sonhos para ganhar dinheiro não tem contribuído muito para nos tornar, a eles e a nós, humanamente mais próximos.

Eu me senti péssimo, ainda me sinto, por ter deixado isso para lá. Que tipo de cidadão era eu? Deveria ter permanecido no lugar em sinal de protesto, ter forçado um confronto, ter sido preso — eu me pergunto por que me prenderiam, por vadiar? Por conduta desordeira? Por perturbar a paz com a minha presença? Eu poderia ter passado uma noite desagradável, mas teria falado no tribunal pela liberdade da cidade; minha esposa teria chamado pessoas que conhecemos na imprensa, e algumas delas teriam visto algo suficientemente alarmante para publicar no jornal. Mas era o aniversário de dez anos de meu filho Danny. Na realidade, eu estava na Square naquele dia para lhe comprar presentes: um CD do Eminem, uma camiseta da MTV Times Square. A sua festa há muito planejada começaria em uma hora na cidade alta. Não havia como lhe explicar a minha ausência: ainda não. Segui adiante — o guarda disse "Obrigado" —, entrei no metrô e voltei para casa. Se eu fosse um cidadão sério, como eu gostava de pensar que sou, eu protestaria num outro dia. O Reuters Building tem um volume e peso de castelo, de modo que eu podia estar seguro de que haveria muitos outros dias.

O que tornou Times Square especial por um século é que, numa medida extraordinária, ela realmente pertencia a *todo mundo*. Envolvia o mundo inteiro no seu espetáculo de luzes brilhantes, dava a todos uma emoção, era uma viagem que todo mundo podia experimentar. Os velhos espetáculos se foram, mas as pessoas na rua parecem ter vida e energia para criar novos — inclusive grandes ou pequenas demonstrações ("Tupac vive") de que as coisas andam erradas. Mas as pessoas parecem ótimas, e as luzes parecem ótimas, por isso que seja assim, até o dia em que uma dessas corporações globais me atingiu e disse que eu não tenho permissão de ficar parado na rua na esquina da 42 com a Broadway.

De onde esses caras tiraram a ideia de que eles possuem a rua? Quantas mais das novas corporações gigantescas da Square partilham essa crença? E como elas a adquiriram? Quando Disney chegou ao *deuce* na metade da década de 1990, algumas pessoas disseram que estava transformando Times Square num de seus parques temáticos privados. Eu e muitas outras pessoas dissemos que isso era tolice, porque nas calçadas de Nova York, ao contrário do interior da Disneylândia (e de todos os outros parques temáticos), *eles não controlavam o espaço*. Mas talvez alguém no governo da cidade tenha dado aos grandes empresários um sinal, ou pelo menos uma sugestão, para não se preocuparem. Teria sido o prefeito Giuliani, que se orgulhava de ser fotografado assinando os documentos que trouxeram os empresários para a cidade? Não, isso parece conspiração demais. O mais provável é que tenha sido um mal-entendido. Os conglomerados de primeira categoria simplesmente tomam como natural que suas rendas líquidas tamanho gigante lhes dão o direito de controlar o espaço ao seu redor.* Quando eles assinaram o contrato de sua inclusão na Square, ninguém quis complicar a festa explicando

---

*A percepção das corporações de que têm direito ao espaço estende-se também ao espaço *imaginativo*. Quando os realizadores do filme *O Homem-Aranha* criaram imagens digitais de Times Square que divergiam da realidade presente, alguns donos de cartazes e edifícios entraram com uma ação contra eles por "retratar Times Square como uma mistura fictícia e real de Times Square". Afirmavam que "alterar os cartazes nos filmes violava as marcas e importava em transgressão" e que "seu principal espaço em Times Square se torna menos valioso se não podem garantir aos clientes direitos exclusivos tanto dentro como fora da tela". Por sorte, o juiz federal Richard Owen considerou a ação improcedente, dizendo que "as alterações digitais [num filme] são discurso livre protegido" com "a proteção da Primeira Emenda". Contra a objeção das

que a vida cotidiana de Nova York depende da prática simples mas complexa de partilhar o espaço. O governo de nossa cidade vai lhes explicar agora? A mensagem aparecerá no letreiro de notícias ou no anúncio do Morgan Stanley? Eu detestaria esperar essa mensagem. Muito provavelmente, as pessoas que se importam com as nossas ruas, os nossos espaços e a nossa cidade terão de dar sinais, fazer barulho e encontrar meios de fazê-la circular por si próprios.

Ao terminar, há duas ideias que precisamos assinalar. A primeira grande ideia, que remonta ao início do Iluminismo, é que *o direito à cidade é um direito humano básico*. A segunda grande ideia, que flui da primeira, é *o direito a ser parte do espetáculo da cidade*. Esse espetáculo é tão antigo e tão moderno quanto a própria cidade. A maioria das formas do espetáculo da cidade é

---

empresas aos raios laser e às filmagens digitais da Square, o juiz observou: "Raios de luz ricocheteiam em três edifícios do autor da ação dia e noite na cidade que nunca dorme" (CNET News.com, "SPIDER-MAN" CAN ALTER TIMES SQUARE, história de Lisa Bowman, 5 de agosto de 2002). Esse caso, que poderia ser chamado "Senhorios versus raios de luz", sugere um desejo subjacente de um "realismo capitalista", uma espécie de caricatura do "realismo socialista" que asfixiou a cultura soviética durante a maior parte da vida da União Soviética. (Lembrem Marx, em *O 18 Brumário de Luís Bonaparte.* "Na primeira vez como tragédia, na segunda como farsa.")

Talvez se consiga alguma ajuda surpresa do *The New York Times*. Em 23 de setembro de 2004, o jornal publicou uma história proeminente e altamente crítica do redator sênior David Dunlap sobre as barricadas de concreto na frente da nova sede do Morgan Stanley no número 1585 da Broadway. Dunlap as chama de "um cercado proibitivo semelhante a um curral, [...] uma das ocupações mais agressivas do espaço público em nome da segurança privada". A sua história inclui uma grande fotografia que mostra um guarda da segurança privada, bem parecido com o que encontrei na Reuters (os dois são negros nos seus quarenta anos), no ato de afastar o fotógrafo fazendo um sinal com a mão. Numa perspectiva surpreendentemente surrealista, a mão intimidativa do guarda parece gigantesca. O *Times* parece estar pensando duas vezes sobre a nova Times Square. Nunca é tarde demais!

simultaneamente destinada a provocar uma emoção nos seus espectadores e a reduzi-los à docilidade. Isso era verdade para os circos romanos lamentados pelo poeta Juvenal no primeiro século, e para os Comícios Monstros de Nuremberg que tipificaram os horrores do século XX. Deve acontecer aqui? Durante todos os seus "cem anos de espetáculo", Times Square sempre foi um lugar que desperta as pessoas e faz com que elas se sintam vivas, mais vivas do que devem ser. Apresenta a cidade moderna no seu momento mais expansivo e intenso. Confere às pessoas ideias, novas ideias sobre como olhar e como se mover, ideias sobre ser livres, ser elas mesmas e estar umas com as outras. Ando contando histórias sobre como a Square tem incitado e inspirado todas as espécies de homens e mulheres a tomar atitudes inesperadas, a comprometer-se ativamente com a cidade, a misturar a sua subjetividade no centro urbano e mudar o lugar enquanto mudam a si mesmos. Às vezes isso tem esmagado o eu ("Vou cair fora disto"), mas às vezes tem gerado alegria e triunfo criativo ("o meu nome nas luzes elétricas"). Há outras histórias que eu poderia ter contado, e ainda outras que não posso contar; há gerações inteiras de histórias esperando para ser vividas. Se as pessoas querem uma oportunidade de vivê-las, devem obter uma base na rua. Devem compreender que têm mais poder hoje do que o Hurstwood em desagregação possuía há um século. Se elas querem estar aqui e agora, não podem ser forçadas a sair do lugar. As pessoas mais quadradas e mais sóbrias que hoje amam Times Square talvez tenham de fazer, com toda a seriedade, o que aqueles Irmãos Marx do Rap, os Beastie Boys, disseram ao seu público da MTV que eles teriam de fazer em 1986: "*Você tem de lutar pelo seu direito à festa*".[3] Não importa em que consista essa luta, ela talvez seja a única maneira em que podemos traduzir a ideia iluminista do "direito à cidade" para a Times Square do século XXI.

Notas

NOTA DO AUTOR: NOVA GAROTA NA CIDADE [PP. 11-14]

1. Encontrei o que parecia ser uma edição original nos arquivos do museu em 1999. Não consegui encontrá-la quando a procurei novamente no verão de 2004. Mas está reproduzida em *Columbia historical portrait of New York*, editado por John Kouwenhoven (1953); Harper/Icon Editions, 1972, p. 409.

2. "Gabey's comin'", de Betty Comden e Adolph Green, da versão teatral de 1944 de *On the town*. Texto no *The New York musicals of Comden and Green* (Applause, 1997), pp. 13 ss. "I'm still here", letra e música de Stephen Sondheim para *Follies*, que estreou na Broadway em 1971. Ver Merle Secret, *Stephen Sondheim: a life*, Knopf, 1998, pp. 294 ss.

PREFÁCIO: CEM ANOS DE ESPETÁCULO [PP. 15-37]

1. Rem Koolhaas, *Delirious New York: a retroactive manifesto for Manhattan*, Oxford University Press, 1978, p. 7.

2. Montesquieu, *The Persian letters* (1721), cartas 58, 63, 88. [*Cartas persas*, trad. de Renato Janine Ribeiro, São Paulo, Pauliceia, 1991.] Há mais de trinta anos, escrevi sobre essa obra maravilhosa e pouco apreciada no meu primeiro livro, *The politics of authenticity*, Atheneum, 1970, 1972, capítulo 1. Mais recentemente, relacionei-a de maneira explícita à Times Square, no artigo "The

marriage of heaven and hell", *Harvard Design Magazine*, inverno/primavera de 1998, pp. 23-5.

3. William Blake, "The marriage of heaven and hell", in Alfred Kazin (ed.), *The portable Blake*, Viking, 1946, 1968, pp. 252-5.

4. Charles Baudelaire, "Crowds", n° 12 in *The Parisian Prowler*, tradução por Edward Kaplan de *Le Spleen de Paris, petites poèmes en prose*, University of Geórgia Press, 1989, pp. 21-2. Baudelaire e a multidão moderna são discutidos no meu livro *Tudo o que é sólido desmancha no ar*, Companhia das Letras, 2007, edição de bolso, capítulo 3, "Modernismo nas ruas".

5. A tradução mais recente é de Harvey Mansfield e Delba Winthrop (University of Chicago, 2001). "Individualism" está na Parte II, capítulo 2, pp. 485-8. Embora eu não tenha em alta conta a insensibilidade de Tocqueville aos espaços públicos democráticos, a minha visão da mídia de massa de Times Square deve muito à sua interpretação da imprensa americana: vide "Freedom of the press", I, 3, pp. 172-80, e "The relationship between associations and newspapers", II, 6, pp. 493-5.

6. *A chorus line*, um espetáculo sem estrelas, que estreou em 1975 e teve mais de 6 mil apresentações.

7. Frankie Lymon and The Teenagers, "I want you to be my girl", de Herman Santiago, Gee Records, 1956.

8. *Sister Carrie*, Introdução de Alfred Kazin, Penguin, 1994, capítulos 49, pp. 476-8; e 50, pp. 493-4. É de conhecimento público que a versão de 1900 de *Sister Carrie* foi censurada por muitas mãos, inclusive a do próprio Dreiser. Essa edição da Penguin de 1994 é baseada na edição crítica da Universidade da Pensilvânia de 1981, que é a versão mais próxima do texto sem expurgos que jamais veremos.

9. *42nd Street*, roteiro, edição e introdução de Rocco Fumento, University of Wisconsin Press, 1980, p. 182.

10. "42nd Street", canção, de Al Dubin e Harry Warren, 1932.

11. A monografia de Jim Hoberman para o British Film Institute, *42nd Street*, London, BFI Film Classics, 1995, esclarece o insight e a sensibilidade em relação ao New Deal no filme. Infelizmente para nós, essas qualidades estão totalmente ausentes na nova versão teatral de *Rua 42* no início da década de 2000.

12. Reproduzido em *New York, 1954-55*, de William Klein (1955; Dewi Lewis, 1995), pp. 212-3. Esse volume maravilhoso tem ao menos dois outros títulos: o seu título original, *New York is good & good for you in New York*, e *William Klein's trance witness revels*.

13. "Dancing in the street", de Ivy Jo Hunter, William Stevenson e Marvin Gaye, Motown Records, 1963.

14. Edward Dimdenberg, *Film noir and the spaces of modernity*, Harvard University Press, 2004, pp. 138 ss., compreende que Times Square é uma das estrelas desse filme e oferece uma leitura brilhante de sua paisagem urbana.

15. Ver sobretudo Kenneth Jackson, *Crabgrass frontier: the suburbanization of the United States*, Oxford University Press, 1985, e Bruce Springsteen, "My Hometown", *Born in the USA*, Columbia Records, 1984.

16. Colson Whitehead, *The colossus of New York: a city in thirteen parts*, Doubleday, 2003, p. 9.

17. Ver Stevie Wonder, "Living for the City", *Intervisions*, Tamla/Motown, 1973.

18. Devo essa formulação ao marxista existencial Henri Lefebvre (1901-91). O seu ensaio de 1967, "Le droit à la ville", foi traduzido por Christian Hubert e reimpresso em Joan Ockman e Edward Eigen (eds.), *Architecture Culture 1943--1968*, Columbia/Rizzoli, 1993, pp. 427-36.

19. Beastie Boys, "Fight for your right", *Licensed to ill*, Columbia Records, 1986.

1. LUZES SEMPRE ACESAS [PP. 39-59]

1. Ver David Nye, *Electrifying America: social meanings of a new technology*, MIT, 1992, capítulo 2, "The great white way", pp. 29 ss., e Tama Starr e Edward Hayman, *Signs and wonders: the spectacular marketing of America*, Doubleday/Currency, 1998, "America's great white ways", pp. 50 ss. Starr é herdeira e CEO de Artkraft Strauss, o maior fabricante de anúncios de Times Square.

2. Ver Starr e Hayman, *Signs and wonders*, pp. 653-64; e Guy Gilmartin, "Times Square", em seu *Shaping the city: New York and the Municipal Art Society*, Clarkson-Potter, 1995, pp. 443-4.

3. *Signs and wonders*, capítulo 5, "War and peace", apresenta bons detalhes do pano de fundo sobre os dois anúncios.

4. A identidade do uniforme flutuou com os anos. Em pontos diferentes da guerra, ele era um soldado, um marinheiro, um aviador, um fuzileiro naval. *Signs and wonders*, pp. 141 ss.

5. Cf. Jonas Barrish, *The anti-theatrical prejudice*, University of California, 1976.

6. *Signs and wonders*, p. 164.

7. Isaac Bashevis Singer, "The third one", in *A crown of feathers* (1973; Crown, 1974), p. 210. Traduzido pelo autor e Laurie Colwin.

8. Essas e outras dificuldades são sugeridas por vários colaboradores de

TIBOR: Tibor Kalman, perverse optimist, editado por Peter Hall e Michael Bierut, Princeton Architectural Press, 1998. O anúncio COLORS de 1992-3 é reproduzido nas pp. 240 ss. Esse volume também contém cerca de quinze páginas do trabalho de Kalman sobre Times Square, pp. 228 ss., e uma seleção de cerca de oitenta páginas de COLORS, pp. 240-320.

9. Frank Rich, crítico teatral decano do *Times*, conforme citado por Hal Prince in Kantor e Maslon, *Broadway: the American musical*, pp. 368 ss. Sobre a imagem central de *A chorus line*, ver pp. 340 ss.

2. BROADWAY, AMOR E ROUBO [PP. 60-86]

1. No estudo clássico de Constance Rourke *American humor: a study of national character*, 1931, NYRB Classics, 2002, os comediantes pintados de negro são centrais para o humor e o caráter americano, assunto que deu origem a muitos livros fascinantes. Ver, por exemplo: Robert Toll, *Blacking up: the minstrel show in nineteenth-century America*, Oxford University Press, 1974; Eric Lott, *Love and theft: black minstrelsy and the American working class*, Oxford University Press, 1993; Wesley Brown, *Darktown strutters*, Cane Hill, 1994. Outros trabalhos excelentes continuam a aparecer, destacando-se o de Margo Jefferson na nota 3.

2. Jim Hoberman, "The show biz messiah", in *Vulgar modernism: writing on movies and other media*, Temple University Press, 1991, pp. 64-8. Hoberman tem outro trabalho excelente, "On *The jazz singer*", em *Entertaining America: Jews, movies, and broadcasting*, Princeton University Press, 2003. Esse volume, o catálogo de um show que estreou no Museu Judaico de Nova York em 2003, possui uma seção provocadora e visualmente forte sobre *O cantor de jazz*. Inclui um ensaio esplêndido de Mark Slobin, "Putting blackface in its place", e uma cronologia elaborada das muitas encarnações de Jolson e de *O cantor de jazz* até 1998. Hoberman suprime outro forte candidato a ser "o primeiro superastro do mundo": Charles Chaplin.

3. De um ensaio sobre o humor que Williams escreveu em 1918 para a revista *American*. Citado in Margo Jefferson, "Blackface master echoes in Hip-Hop", *The New York Times*, 12 de outubro de 2004. O itálico é meu.

4. *The jazz singer*, roteiro de Alfred Cohn, editado com muitos apêndices escritos por Robert Carringer, University of Wisconsin Film Center, 1979.

5. Um dos seguidores mais criativos de Freud a desenvolver o conceito de egoidentidade, Erikson tinha seus próprios problemas de identidade. Em 1975, na *New York Times Book Review*, censurei-o por encobrir a sua identidade judaica. Na linguagem da cultura da década de 1970, isso foi traduzido como "*revelar*

Erikson como judeu". Esse episódio é discutido com habilidade por Lawrence Friedman em *Identity's architect: a biography of Erik H. Erikson*, Harvard University Press, 1999.

6. Michael Alexander, *Jazz Age Jews*, Princeton University Press, 2001, p. 1. O itálico é meu.

7. Ibid. p. 164. Alexander chama isso de "uma teologia do exílio" que nasce da contradição básica na vida judaica, "uma aliança comunal com Deus e um exílio comunal" (pp. 180 ss.).

8. William Blake, "For the sexes: the gates of Paradise" (1793, 1818), em Alfred Kazin (ed.), *The portable Blake*, Viking, 1946, 1968, p. 268.

9. Mas ele nunca teria tolerado acusações como as feitas por meu falecido e querido amigo Mike Rogin no seu livro *Blackface, white noise: Jewish immigrants in the Hollywood melting pot*, University of Califórnia Press, 1996, de que não só *O cantor de jazz*, mas virtualmente toda a cultura popular criada pelos judeus é uma gigantesca imitação barata dos negros. Rogin foi uma das maiores inteligências da minha geração, mas esse último trabalho está além do esperado.

10. História incluída como apêndice do roteiro, *The jazz singer*, p. 167.

11. Oscar Handlin, *The uprooted: the epic story of the great migration that made the American people*, Grosset & Dunlap, 1951. Sobre reflexões mais complexas a respeito desse tema, ver John Higham, *Strangers in the land: patterns of American nativism, 1860-1925* (1955; Atheneum, 1963). Para abordagens mais recentes, ver Nancy Foner, *From Ellis Island to JFK: New York's two great waves of immigration*, Russell Sage/Yale University Press, 2000, e Gary Gerstle, *American crucible: race and nation in the twentieth century*, Princeton University Press, 2002.

12. "Trans-National America" é reproduzido in Randolph Bourne, *War and the intellectuals: collected essays, 1915-1919*, editado por Carl Resek, Harper Torchbooks, 1964, pp. 107-23.

13. *Jazz Age Jews*, p. 161, e capítulo 17, "The Jews on Tin Pan Alley".

14. *Chronicles, Volume One*, Simon & Schuster, 2004. Revelação: uma primeira forma desse ensaio apareceu em *Dissent*, verão de 2002, com o título "Love and theft: from Jack Robin to Bob Dylan".

3. UM OLHO HUMANO [PP. 87-170]

1. A foto de Jorgensen também pode ser encontrada em formato de quebra-cabeça ampliado do The History Channel.

2. Uma versão reduzida desse artigo pode ser encontrada na internet, sob "Alfred Eisenstaedt". Encontrei uma cópia integral, com segmentos de filmes, no arquivo "Eisenstaedt" do ICP, o International Center of Photography.

3. O professor de história Mike Wallace (CUNY; Gotham Center for New York City Studies) me ajudou a esboçar esse mapeamento.

4. Sobre a década de 1970, ver William Kornblum et al., *West 42nd Street study*, "The Bright Lights Zone", CUNY, 1978, pp. 22-5, "The street is largely male territory". Sobre a de 1930, ver *The WPA Guide to New York City* (1939; Pantheon, 1982), pp. 167-81, a respeito da dilapidação e da sordidez global do bairro.

5. George Chauncey, *Gay New York: gender, urban culture, and the making of the gay male world, 1890-1940*, Basic Books, 1994, pp. 191 ss., pp. 421 ss.

6. Sobre "a praga urbana" como um problema americano geral, especialmente depois da Segunda Guerra Mundial, ver Robert Beauregard, *Voices of decline: the postwar fate of American cities*, Blackwell, 1993.

7. In Lynne Sagalyn, *Times Square Roulette*, MIT, 2001, p. 46.

8. In Jane Livingston, *The New York School of Photographs, 1936-1963*, Stewart, Tabori e Chang, 1992, pp. 142, 268.

9. William Klein, *New York, 1954-55*, Dewi Lewis, 1995, pp. 162-3. Esse livro foi publicado primeiro em Paris, em 1956, com o título (inglês) de *Life is good & good for you in New York!*

10. *The New York Times*, 1957, foto de Neal Boenzi. Ilustração no artigo de Richard Shepherd, "It was the pits. It'll be missed", *Times*, 14 de abril de 1996, uma das melhores coisas já escritas sobre a rua 42.

11. In Geoffrey O'Brien, *The Times Square story*, Norton, 1998.

12. Mark Eliot, em *Down 42nd Street: sex, money, culture and politics at the crossroads of the world*, Warner Books, 2001, pp. 98-102, 296, oferece uma avaliação da cinemateca da rua 42 muito mais generosa que a minha. Não discordamos realmente sobre o que estava se passando no *deuce*, mas ele parece ter uma capacidade, que me falta, de se nutrir de ambientes exclusivamente masculinos.

13. Sobre a história e fenomenologia da bicha, ver Chauncey, *Gay New York*, especialmente capítulos 2 e 4, e John Loughery, *The other side of silence: men's lives and gay identities, a 20th century history*, Holt, 1998. O estilo "bicha" e o estilo "bofe" eram nitidamente diferentes na rua, mas muitos homens gays em diferentes épocas adotaram os dois.

Tennessee Williams, durante grande parte da sua vida, parece ter sido o modelo do veado envolvido em encontros violentos. A sua escrita surpreende pela franqueza. Em suas *Memoirs*, de 1975, ele "recordava passar por Times Square com Donald Windham no início da década de 1940, onde dava 'cantadas muito abruptas e grosseiras [em grupos de marinheiros ou pessoal das Forças Armadas] expressas de forma tão rude que é um milagre que não me matassem na hora. [...] Eles me fitavam espantados, explodiam em risadas, amontoavam-se para uma breve conferência e depois frequentemente aceitavam a solicitação'". Em outubro de 1940, ele escreveu a Windham do Missouri, onde visitava a sua família: "Tenho de bancar o careta [heterossexual] por aqui, e ando excitável como um coelho, assim, enfileire algumas daquelas mercadorias da rua 42 para mim, quando eu voltar". Citado em *Gay New York*, p. 421.

14. Shepherd, em "It was the pits", sobre a rua 42 durante a guerra: "A rua estava ruidosa com soldados, fuzileiros navais e marinheiros que ainda não tinham encontrado namoradas para levar a passear ao redor de Central Park Lake". Em *Down 42nd Street*, Eliot destaca o pessoal das Forças Armadas (mais os veteranos) como os principais clientes dos mercados sexuais mais nervosos da rua 42.

15. Velho Oligarca, "The Constitution of Athens", traduzido por Henry Dalkyns, in Donald Kagan (ed.), *Sources in Greek political thought*, Free Press, 1965, pp. 99-110. Quando cito esse panfleto, às vezes altero a sintaxe de Dalkyns por motivo de clareza.

16. Faço uso da tradução de Robert Fagles, Viking, 1990.

17. A fórmula de Beth Genné para a versão americana desse arquétipo é "o menino da casa ao lado". Ver o seu brilhante artigo, "'Freedom incarnate': Jerome Robbins, Gene Kelly, and the dancing sailor as an icon of American values in World War Two", *Dance Chronicle* nº 24.1 (2001), p. 94.

18. A passagem de Simone de Beauvoir, de sua memória *The prime of life*, tradução de Peter Green, Londres, Penguin, 1962, é citada por Genné na epígrafe de "Freedom incarnate", p. 83. Vale observar que "os jovens americanos despreocupados" de Beauvoir eram quase certamente soldados do Terceiro Exército do general Patton. Genné parece fundir soldados com marinheiros, e segui a sua estratégia aqui, embora grande parte da velha e nova literatura sobre soldados e marinheiros estabeleça uma oposição polar entre eles.

19. "Onde há autoridade não há liberdade", panfleto anônimo, 1921, em apoio ao levante dos marinheiros. Em Paul Avrich (ed.), *The anarchists in the Russian Revolution*, Cornell, 1973, p. 162.

20. "Sailors", em Paul Goodman, *Collected stories*, volume 3, *The facts of life: stories, 1940-1949*, editado por Taylor Stoehr, Black Sparrow, 1979, pp. 65-73.

21. Richard Meyer, "Profile: Paul Cadmus", em *Art Journal*, outono de 1998. A história escandalosa é também bem relatada por Jonathan Weinberg, "Cruising with Paul Cadmus", *Art in America*, novembro de 1992.

22. "The work of art in the age of mechanical reproduction", 1936, traduzido por Harry Zohn na antologia de Benjamin, *Illuminations*, editada por Hannah Arendt, Schocken, 1969, pp. 217-51. ["A obra de arte na época de sua reprodutibilidade técnica", trad. de Sérgio Paulo Rouanet, em Benjamin, Walter. *Obras escolhidas. I — Magia e técnica, arte e política*. São Paulo, Brasiliense, 1985, pp. 165-96.]

23. "Sailors", em *The facts of life*, pp. 65-73. Depois da morte de Goodman, em 1972, o seu executor testamentário literário, Taylor Stoehr, descobriu "Sailors" entre os seus bens e incorporou-o na sua edição das *Collected stories* de Goodman.

24. O *Cartas persas* (1721), de Montesquieu, é o primeiro grande livro sobre a rua moderna. Eu o discuto em *The politics of autenticity*. Sobre Baudelaire, Dostoiévski e Jacobs, ver o meu *Tudo que é sólido desmancha no ar*.

25. Tobi Tobias, "Bringing back Robbins' 'Fancy'", *Dance Magazine*, janeiro de 1980, p. 76. O texto evocativo e investigador foi escrito para coincidir com uma nova representação teatral pelo New York City Ballet.

26. Citado in Greg Lawrence, *Dance with demons*, Putnam's, 2001, p. 68.

27. *Democracy in America*, volume 12, II, "In what spirit Americans cultivate the arts".

28. O roteiro de *Fancy free* está em *Balanchine's complete stories of the great ballets*, 1954, p. 139. Os números em parênteses que aparecem nas próximas páginas são tirados dessa coletânea.

29. Robbins a Tobias, p. 71. O seu princípio para formar o elenco, que o teria levado a Johnny Kriza e Harold Lang, a Muriel Bentley e Janet Reed, era escolher "os meus melhores amigos" e "a minha equipe da casa".

30. *Dance with demons*, p. 58.

31. As memórias de Gilford e Kate Mostel, *170 years of show business*, Random House, 1978, oferecem um retrato vívido da vida em tempos de lista negra e de como as suas e outras famílias arroladas nessa lista sobreviveram.

32. Conversa telefônica, 23 de agosto de 2003. Osato citada em *Dance with demons*, p. 76. Madeline Lee Gilford diz que Osato era amplamente considerada "a mais bela mulher de Nova York".

33. Esse foi o veredicto de Charles Perrier e dos arquivistas do setor de dança da biblioteca de artes cênicas do Lincoln Center, onde os imensos arquivos Robbins estão depositados. Entretanto, no verão de 2003, a biblioteca ainda estava a meio da tarefa de processar o seu material sobre Robbins, e os bibliotecários admitiam que ainda poderia aparecer de tudo.

34. O livro também inclui roteiros de *Wonderful town* e *Bells are ringing*. Abaixo vou me referir a esse livro como "Comden & Green". O Times Square Ballet pode ser encontrado ali, I, 11, pp. 56-8. Ver também a principal dança do Ato Dois, o "Dream Coney Island ballet", II, 2, pp. 76-83.

35. Comden & Green, I, 3, p. 14.

36. Comden & Green, I, 11, 56-8. Note também a principal dança do Ato Dois, o "Dream Coney Island ballet", II, 2, pp. 76-83.

37. De seu livro de memórias de 1980, *Distant dances*, citado em *Dance with demons*, p. 76.

38. Comden & Green, I, 4, p. 18.

39. Comden & Green, I, 8, pp. 41-3.

40. Molly Haskell, em *From reverence to rape: the treatment of women in the movies*, 1973; 2ª edição, 1992, escreve brilhantemente sobre esse gênero, cujas ambiguidades têm inspirado muita crítica feminista.

41. Comden & Green, I, 11, p. 55.

42. *On the town*, I, 4, p. 21. Mitchell Cohen me explicou o papel de Brunhilde em *The ring* numa conversa telefônica (8 de novembro de 2003).

43. Kelly e Sinatra tinham representado marinheiros dançarinos juntos em *Anchors Aweigh*, MGM, 1944, o mesmo ano da versão teatral de *Um dia em Nova York*. Não acho que Munshin tenha trabalhado com nenhum dos dois em separado, mas ele trabalhou com ambos em *Take me out to the ball game*, de Busby Berkeley, também em 1949.

44. James Sanders, em *Celluloid skyline: New York and the movies*, Knopf, 2001, 2003, Parte 3, especialmente p. 332, descreve os ferozes conflitos internos enfrentados pelos estúdios de Hollywood, antes que fosse permitida a "filmagem no local", ao ar livre, que distinguiu *Um dia em Nova York*. Contava-se que J. J. Cohn, gerente de produção da MGM, teria mandado um telegrama: "UMA ÁRVORE É UMA ÁRVORE. UMA PEDRA É UMA PEDRA. FILME NO GRIFFITH PARK [de Los Angeles]". Vários outros filmes pós-guerra filmados em Nova York, inclusive *Farrapo humano*, *A casa da rua 92* e *Cidade nua* partilharam o tremendo sucesso de *Um dia em Nova York*, e isso, argumenta Sanders, restabeleceu Nova York como uma força permanente no cinema de Hollywood.

45. Nietzsche, *Thus spoke Zarathustra*, traduzido por Walter Kaufmann em *The portable Nietzsche*, 1954; Penguin, 1989, IV, 10, pp. 387-90.

46. Ironicamente, Jules Dassin, diretor do maior filme policial do pós-guerra, *Cidade nua* (1948), seria outra vítima da lista negra, por uma política muito semelhante à de Kelly. Mas Dassin foi capaz de construir uma nova carreira na França.

47. Ver especialmente Paul Fussell, *The Great War and modern memory*, Oxford, 1975, 2000.

48. "Bart, o general", dirigido por David Silverman, escrito por John Swartzwelder, apresentado pela primeira vez em 4 de fevereiro de 1990. Incluído no DVD *Os Simpsons: a primeira temporada completa*, Twentieth Century-Fox Home Entertainment, 2001.

49. As únicas pessoas que podiam plausivelmente confirmar o horror niilista no âmago até da nossa "Boa Guerra" eram as pessoas que realmente estiveram *lá*. É por isso que o romance de Joseph Heller de 1961, *Ardil-22*, é tão convincente, e que a comédia de Heller nos atrai tão eficazmente para a tragédia.

Morris Dickstein explica isso bem em *Gates of Eden: American culture in the sixties*, 1977; Penguin, 1989, capítulo 4, "Black humor and history".

50. Esse é um coro de "The cure at Troy", a versão de Heaney para a tragédia de Sófocles, *Filoctetes*. Foi reproduzido no final de 1989, pouco depois de o muro ter sido derrubado, na página Op-Ed [com artigos que expressam a opinião de seus autores] do *The New York Times*.

51. *Liz Phair*, Capitol, 2003. O meu filho Danny, olhando as fotos, perguntou: "Esta moça dança num bar?". (Eu disse: "Não, mas ela gostaria que você achasse que ela dança num bar".)

52. *Sex and the City* tem vários websites elaborados, que contêm resumos do enredo (de uma qualidade não muito boa, devo dizer) e fotos de todos os programas desde o início da série, com salas de chat que focalizam cada ação e cada personagem, além de um questionário (íntimo, se não profundo): "Qual das mulheres combina com você?". A ação que discuto vem do "Episódio 67: Içar âncoras", dirigido por Charles McDougall, escrito por Michael Patrick King.

53. Isso é tirado de um ensaio de 1844, "Private property and communism", escrito durante a sua lua de mel em Paris, mas só publicado na década de 1920. Traduzido por Martin Millligan, em Robert Tucker (ed.), *Marx-Engels reader*, Norton, 1978, p. 87.

4. A GAROTA DO TIMES E SUAS FILHAS [PP. 171-236]

1. Pierre Loti, "Electri-City, New York in the Golden Age of Signage", in *CASABELLA* (Milão) 673/674, 1999/2000, número em inglês sobre "Architecture USA: Forms of Spectacle", editado por Nicholas Adams e Joan Ockman, p. 50.

2. *On liberty* (1859), capítulo 3, "Of individuality as one of the elements of well-being", in Alan Ryan (ed.), *Mill: texts and commentaries*, Norton, 1997, p. 83. No século XX, isso passou a ser referido como "experimentos de vida".

3. Aline Bernstein, *An actor's daughter*, Knopf, 1941, pp. 126-7.

4. Susan Glenn, *Female spectacle*, nota para a ilustração 26. Arnond Fields e Mark Fields, *From the Bowery to Broadway: Lew Fields and the roots of American popular theater*, introdução de Helen Hayes, Oxford University Press, 1993; e Lewis Erenberg, *Steppin' Out: New York nightlife and the transformation of American culture, 1870-1930*, University of Chicago Press, 1981, especialmente capítulo 3, apresentam o desabrochar gradual desse arquétipo feminino.

5. Ver Brooks Atkinson, *Broadway*, Macmillan, 1970, capítulos 1-9; o ensaio de Erenberg, "Impresarios of Broadway nightlife", em William Taylor (ed.), *Inventing Times Square: commerce and culture of the crossroads of the world*, Rus-

sell Sage Foundation, 1991, pp. 158-77; David Nye, *Electrifying America: social meanings of a new technology, 1880-1940*, especialmente o capítulo 2, "The great white way", MIT Press, 1990; David Nasaw, "Cities of light, landscapes of pleasure", in David Ward e Oliver Zunz (eds.), *The landscape of modernity: New York City, 1900-1940*, Johns Hopkins, 1992, pp. 273-86; Clifton Hood, *722 miles: the building of the subways and how they transformed New York*, Simon & Schuster, 1993, especialmente pp. 102-8; sobre os anúncios da Square, Tama Starr e Edward Hayman, *Signs and wonders*, Doubleday/Currency, 1998.

6. Richard Harding Davis, "Broadway", em *The great streets of the world* (1892). Citado in David Nasaw, "Cities of light, landscapes of pleasure", em *The landscapes of modernity*, p. 275.

7. Ver Erenberg, *Steppin' Out*, pp. 62-4, sobre esse dualismo.

8. Gilfoyle, *City of Eros*, p. 248. Lawrence Senelick, no seu ensaio "Private parts in public places", dá uma descrição convincente da Lei Raines e suas consequências não intencionais. *Inventing Times Square*, p. 331.

9. Citado em Erenberg, p. 77.

10. Erenberg, "Impresarios of Broadway nightlife", in *Inventing Times Square*, p. 158; cf. Gilfoyle, *City of Eros*, capítulos 10-11.

11. *Philosophy of right*, editado e traduzido por T. M. Knox, Oxford University Press, 1940, p. 286, nota ao parágrafo 273.

12. O primeiro vislumbre da Broadway experimentado por Carrie, em *Sister Carrie*, capítulo 34, p. 323.

13. Esse tema é desenvolvido no artigo de David Nasaw "Cities of light...", citado na nota 5, e no seu livro *Going out: the rise and fall of public amusements*, Basic Books, 1993. Nasaw chama esse bairro "um novo tipo de espaço público".

14. *Sister Carrie*, publicado pela Doubleday em 1900, passou na censura por muitas mãos, inclusive as de Dreiser. O que temos mais próximo de um texto sem cortes, baseado numa cópia do manuscrito de Dreiser feito com a sua própria letra só foi publicado recentemente pela University of Pennsylvania Press, em 1981, como parte de uma edição crítica completa de Dreiser. Foi reimpresso pela Penguin (1994), com uma bela introdução de Alfred Kazin. Essa é a edição que vou citar aqui: os números em parênteses designam capítulo e página. A Edição Crítica Norton (2ª edição, 1991) reconhece o projeto da Pennsylvania e apresenta um pano de fundo histórico e um comentário crítico. Entretanto — perversamente, assim me parece —, conserva o texto muito censurado de 1900. (Inclui, é verdade, onze páginas do material censurado num apêndice.)

15. *Newspaper days: an autobiography*, editado com notas e comentário histórico de T. D. Nostwich, Black Sparrow, 2000, p. 578. Esse livro foi publicado pela primeira vez, numa versão censurada, pela Boni & Liveright, em 1922, com

o título de *A book about myself*. A edição que tenho utilizado segue a versão da University of Pennsylvania de 1981, que, como acontece com *Carrie*, é a mais aproximada que temos de um texto completo.

16. Atkinson, *Broadway*, 11, pp. 101-4.

17. Gustave Flaubert, *Madame Bovary*, capítulo 8, traduzido por Francis Steegmuller, Modern Library, 1957, p. 58. Vale notar que a primeira tradutora inglesa de *Madame Bovary* foi Eleanor Marx Aveling, filha de Karl Marx.

18. Gabriel García Márquez, *One hundred years of solitude* (1967), traduzido por Gregory Rabassa (1970; Avon, 1973), p. 51.

19. W. A. Swanberg, *Dreiser*, Scribner, 1965, pp. 88-9. O nome de Dresser estava na canção, e ele ganhou muito dinheiro, mas Dreiser era a fonte do verso. Essa história é contada com riqueza de detalhes na biografia do jovem Dreiser escrita por Richard Lingeman, *At the gates of the city: Theodore Dreiser, 1871-1907*, Putnam, 1986, pp. 178-83. Seria possível argumentar que a florescente tradição americana da country music, com mais de um século de existência e ainda florescendo hoje em dia, inicia-se com esse verso.

20. Guy Debord, *Society of the spectacle* (1967), traduzido com uma arte gráfica espetacular por Freddy Perlman, Black & Red, Detroit, 1970.

21. Esse é um tema central em muitas colaborações para a maravilhosa coletânea de William Taylor em *Inventing Times Square: commerce and culture at the crossroads of the world*, Russell Sage Foundation, 1991. Ver especialmente o ensaio do próprio Taylor, "Broadway: the place that words built".

22. *New York, New York* de Morand foi publicado por Henry Holt em 1930, mas claramente escrito antes do *Crash* de 1929. As seleções são reproduzidas na deliciosa coletânea de Philip Lopate *Writing New York: a literary anthology*, Washington Square / Pocket Books, 1998, pp. 515-7.

23. O título de Corbusier era "*Vers une architecture*". Mas a sua arquitetura ideal tornou-se "nova" na tradução inglesa de 1927, *Toward a new architecture*, de Frederich Etchells, Praeger, 1959.

24. *Gypsy*, nova edição, Frog Ltd., 1999, pp. 254-5.

25. Sobre os números de Atkinson, ver *Broadway*, p. 287. Números um pouco diferentes, mas semelhantes são oferecidos na seção "Entertainment and commerce" de *Inventing Times Square*.

26. Margaret Knapp, em *Inventing Times Square*, p. 128.

27. Edna Ferber e George S. Kaufman, *Stage door*, em John Gassner (ed.), *Twenty best plays of the Modern American Theater*, Crown, s. d., pp. 819-68.

28. Ver Leslie Cabarga, *The Fleischer story*, Nostalgia Press, 1976, especialmente o capítulo 3; Amelia Holberg, "Betty Boop, Yiddish film star", em *American Jewish History* 87.4 (dezembro de 1999), pp. 292-312. O Museu Judaico de

Nova York incluiu uma apresentação pequena, mas encantadora, de Boop no seu espetáculo de 2003, *Entertaining America: Jews, movies, and broadcasting*. O seu catálogo, citado no capítulo 2, nota 2, contém uma versão abreviada do artigo de Holberg (pp. 164 ss.), com ilustrações deliciosas. Ver também o recente livro de Paul Buhle, *From the Lower East Side to Hollywood: Jews in American popular culture*, Verso, 2004, pp. 76 ss.

29. Essa ideia é apresentada explicitamente no filme em várias ocasiões. O tema da obra — a necessidade de trabalho, o medo de estar desempregado — é enfatizado com muita força por J. Hoberman na sua monografia do British Film Institute, *42nd Street*, Londres, bfi Publishing, 1993.

30. Morris Dickstein encontrou essa informação para mim na *Film encyclopedia* britânica (1982). Outros livros absolutamente não a listam.

31. Isso é retificado na edição de bolso de 1955 de *Guys and dolls*.

32. *Great American love stories*, editado e introduzido por Lucy Rosenthal, Little Brown, 1992.

33. As pessoas têm aludido com frequência a agentes do Pentágono, Office of Strategic Services (oss) e cia, ativos na Broadway do pós-guerra, mas não acho que alguém tenha explorado essa sobreposição de papéis com profundidade. Um item fascinante: Richard Bissell, autor de *Um pijama para dois*, representou o papel principal de "americano tranquilo" no Vietnã. Ver Robert Scheer, *How the United States got involved in Vietnam*, Santa Barbara, Center for the Study of Democratic Institutions, 1965.

34. *Guys and dolls*, em Eric Bentley (ed.), *The modern theatre*, Anchor, 1956, volume 4, *From the American drama*, 1.2, p. 304.

35. *Rua 42* e muitos outros são descritos encantadoramente e ilustrados exuberantemente em James Sanders, *Celluloid skyline: New York and the movies*, Knopf, 2003.

36. Esse filme, que me foi apresentado por Shellie Sclan, foi escrito por Tess Slesinger e seu marido Frank Davis, adaptado de uma história de Vicky Baum, e distribuído em 1940 pela rko. Está disponível somente em dvd importado (Turner Home Entertainment, 2007).

37. Mostrado na exposição "Crossroads of desire: a Times Square Centennial", curadoria de Max Page, realizada em dezembro de 2004 na Galeria axa no Equitable Building, patrocinado pela Times Square Alliance. Essa exposição foi programada pela New-York Historical Society, mas cancelada no início de 2004, quando a Sociedade transformou-se abruptamente num parque temático da direita.

38. Quando a existência do teatro de revista foi ameaçada no final da década de 1930, um dos modos como a indústria lutou para sobreviver foi enfa-

tizar a quantidade de trabalho honesto implicado na sua produção, e os custos sociais de lançar centenas de assalariados no desemprego. Andrea Friedman, *Prurient interests: gender, democracy, and obscenity in New York City, 1909-1945*, Columbia, 2000, pp. 86-9, 222. Ver também Judith Mayne, *Directed by Dorothy Arzner*, Indiana University Press, 1994. Mayne insiste na continuidade do tema "trabalho" em toda a carreira de Arzner.

39. Citado em Mayne, *Arzner*, p. 75.

40. Ibid., p. 145.

41. Esse é um dos temas centrais de Mayne. Diz-se que foi introduzido no discurso feminista por Laura Mulvey, teórica do cinema britânico, num artigo de 1974, "Visual pleasure and narrative cinema". Foi reimpresso na coletânea de Mulvey, *Visual and other pleasures*, Indiana, 1989, pp. 14-26. Discutirei Mulvey mais adiante, no contexto da década de 1970.

5. A RUA SE DIVIDE E SE DESFIGURA [PP. 237-91]

1. Ver no capítulo 3 o comentário sobre as encarnações altamente diversas de *Um dia em Nova York*.

2. Sobre a Autoridade Portuária, Eric Darton, *Divided we stand: a biography of the World Trade Center*, Basic Books, 1999, especialmente os capítulos 2-3.

3. Boas fotografias dos prédios perdidos podem ser vistas in Nathan Silver, *Lost New York*, 1967; Schocken, 1971. Sobre a Times Tower, pp. 170 ss.; sobre o Astor, p. 225. Leiam e chorem.

4. *Bonita e letal* estreou na Broadway em maio de 1946 e foi apresentada por mais de três anos. Era uma produção de Rodgers e Hammerstein, mas todas as canções eram de Irving Berlin. O competidor e amante de Annie, Frank Butler, que finalmente se torna seu marido e empresário, era representado por Ray Middleton, o produtor, Buffalo Bill, por Frank Morgan. Ver Gerald Boardman, *American musical theatre: a chronicle*, 1978; 2ª edição, Oxford, 1992, pp. 552-3, 649.

5. Por exemplo, James Traub dá um relato entusiástico da peça no seu recente livro sobre Times Square, *The devil's playground*, Random House, 2004, pp. 106 ss., mas não se encontra nenhum vestígio de feminismo.

6. Susan Glenn, em *Female spectacle*, capítulo 1, delineia "O Efeito Bernhardt" como uma característica central da cultura americana da virada do século. Sobre a associação de Bernhardt com Barnum, pp. 25 ss.

7. *Gypsy: memoirs of America's most celebrated stripper*, de Gypsy Lee Rose (1957), com um posfácio de seu filho Erik Lee Preminger (Frog, 1999).

8. *Gypsy* estreou na Broadway em maio de 1959 e foi representada quase

por dois anos. Arthur Laurents escreveu o livro, Stephen Sondheim os versos; Robbins fez a coreografia — a equipe de *Amor, sublime amor*, menos Leonard Bernstein; Karen Moore representou a jovem Gypsy, Jack Klugman o namorado/empresário. David Merrick e Leland Hayward coproduziram. Boardman, *American musical theatre*, pp. 611-3. O filme *Amor, sublime amor*, com Rosalind Russell, Natalie Wood e Karl Malden, estreou em 1962.

9. Ethan Morden, em *Coming up roses: the Broadway musical in the 1950s*, Oxford, 1992, argumenta que, tanto em *Gypsy* como em *Amor, sublime amor*, "o musical finalmente renuncia a ser membro das artes populares" e aprende a "*confrontar* o seu público". Ele explica: "O pop nos afirma, a arte nos questiona", e *Gypsy* é arte autêntica. Morden, que viu centenas de musicais, considera o desempenho de Merman em *Gypsy* o maior da história do musical (pp. 248-51).

10. William Goldman, no seu brilhante livro *The Season: a candid look at Broadway*, 1969; Limelight, 1984, capítulo 1, dá uma descrição vívida de um desempenho de Garland no Palace na "temporada" de 1967-8. Ele cita "piadas sobre como a expressão JUDY TOMA UMA OVERDOSE é montada em tipo de manchete permanente no *Daily News*" (p. 7). Garland morreu de uma dessas overdoses em 1969, o ano em que saiu o livro de Goldman.

11. Thomas Hess, "Pinup and icon", in Hess e Linda Nochlin (eds.), *Woman as sex object*, Newsweek, 1972, pp. 222-37.

12. Ibid., p. 230.

13. Isso é defendido por George Chauncey em *Gay New York*, e elaborado no capítulo 3.

14. O estudo clássico é Barry Bluestone e Bennett Harrison, *The deindustrialization of America: plant closings, community abandonment, and the dismantling of basic industry*, Basic Books, 1974.

15. *Times Square red, Times Square blue*, New York University Press, 1999, p. 9. O livro de Delany é parte de uma abundante literatura gay masculina que focaliza Times Square. Entre os seus destaques estão *City of night*, de Rechy, 1963; o romance *Perdidos na noite*, de James Leo Herlihy, 1965, que inspirou o filme de John Schlesinger, de 1969; Benjamin Schaefer (ed.), *The Herbert Huncke reader*, prefácio de William Burrows, Morrow, 1997; John Fergus Ryan, *Watching*, Rosset/Morgan, 1997; Bruce Benderson, *User*, Plume, 1995 e "Toward the new degenerate narrative", 2004. O livro mais notório nessa tradição talvez seja o romance de Paul Rogers, *Saul's book*, 1983; Penguin, 1984, que deve ser lido com a coda de Guy Trebay, "Dead man's bluff: Writer Slain by his 'son'", *The Village Voice*, 22 de janeiro de 1985.

16. Essa história é contada em *Red/Blue*, pp. 25-31.

17. "Toward the new degenerate narrative", panfleto, março de 2004.

18. *King Lear*, Ato III, Cena 4, vv. 25-31. [Tradução de Barbara Heliodora, *Tragédias e comédias sombrias*, Rio de Janeiro, Nova Aguilar, 2006, p. 883.]

19. Ato IV, Cena I, 28: "não é o pior/ enquanto pudermos dizer/ 'isto é o pior'". [Tradução de Barbara Heliodora, ibid., p. 900.]

20. Sobre a experiência imediata, ver *A última sessão de cinema*, romance de Larry McMurtry, 1968, filme de Peter Bogdanovich, 1971, e "My Hometown", canção de Bruce Springsteen, 1980. Sobre a dinâmica global e das ondas longas, ver sobretudo Kenneth Jackson, *Crabgrass frontier: the suburbanization of the United States*, Oxford, 1985. Sobre o elo entre as mudanças na cultura de massa e as mudanças na vida urbana em geral, o melhor livro é David Nasaw, *Going out: the rise and fall of urban public entertainment*, Basic Books, 1993. Ironicamente, Nova York, mais do que qualquer outra cidade americana, conservou o seu clássico centro e sua textura de uma "cidade em que se pode caminhar". Era, e ainda é, ultramoderna no céu, mas relativamente conservadora na terra.

21. "Visual pleasure and narrative cinema" apareceu primeiro em Londres em 1975, na britânica *Screen*. Está disponível hoje, com algumas modificações e acréscimos, na coletânea de Mulvey, *Visual and other pleasures*, University of Indiana Press, 1989.

22. *The sixties: years of hope, days of rage*, de Todd Gitlin, Bantam, 1987, ainda é o melhor livro sobre a metamorfose da esperança para a fúria. Gitlin, presidente da Students for a Democratic Society (SDS) nos seus primeiros e esperançosos anos, vivenciou o pesadelo e conseguiu sair na outra extremidade do túnel. Ver seu capítulo 17, "The implosion", especialmente suas últimas seções, "We have to create chaos" e "Death culture".

23. Muitos estudos críticos feministas, como o clássico de Molly Haskell, *From reverence to rape*, 1973; Penguin, 1978; Wendy Lesser, *His other half: men looking at women through art*, Harvard, 1991; Jeanine Basinger, *A woman's view: how Hollywood spoke to women, 1930-1960*, Wesleyan, 1993; e Maria DiBattista, *Fast talking dames*, Yale, 2001, oferecem visões de filmes em que as mulheres são subjugadas mas não aniquiladas, e em que elas mantêm a capacidade de retribuir o olhar e retrucar. Ver também "The fantasy of erotic domination", de Jessica Benjamin, sendo provável que apareça em Ann Snitow, Christine Stansell e Sharon Thompson (eds.), *Powers of desire: the politics of sexuality*, Monthly Review Press, 1983. Ver também o panfleto *Caught looking: feminism, pornography & censorship*, FACT Book Committee, 1986, com ensaios de Snitow, Ellen Willis, Carole Vance, Paula Webster, Kate Ellis, Pat Califia et al., e páginas de espetacular pornografia.

24. Essas leis foram aprovadas em Minneapolis e Indianápolis, mas consideradas inconstitucionais por motivos da Primeira Emenda pelos tribunais de

apelação e do distrito federal, e finalmente pela Suprema Corte: ver *American Booksellers' Association v. Hudnut* (1984). A melhor discussão das leis e do caso é o inteligente e polêmico *Defending pornography: free speech, sex, and the fight for women's rights*, de Nadine Strossen, Anchor, 1996, pp. 73-82. Ver também o ensaio de Martha Nussbaum, "Objectification", de 1995, reimpresso na sua coletânea *Sex and social justice*, Oxford, 1999, pp. 223-39.

25. *Art in America*, dezembro de 1999, contém muito material sobre esse episódio deprimente, inclusive um pequeno texto meu, "From tombs to agoras: museums in the age of Giuliani".

26. *Taxi driver*, roteiro de Paul Schrader, Faber &Faber, 1990, p. 7.

27. Traduzido por Eugen Weber, reimpresso in Irving Howe (ed.), *Literary modernism*, Fawcett Premier, 1967, pp. 169-70.

28. Essa expressão ocorre na primeira página das *Confissões* de Rousseau, quando ele diz que o seu livro, embora contenha cenas íntimas, não é um livro para ser lido com uma só mão. A maioria dos leitores concordará, mas alguns não.

29. *King Lear*, Ato IV, Cena 7, 78 ss. MÉDICO: "Console-se, boa dama: a grande fúria/ Está morta dentro dele".

30. Deve ser observado que as cenas "Iris" de *Taxi driver* são realmente filmadas no Lower East Side. Mas o herói não faz distinções sutis. A sua cidade está dividida entre bairros "ruins", para os quais o *deuce* estabelece o arquétipo, e bairros "bons", como a Quinta Avenida, perto do Plaza, onde termina o filme.

31. Sobre Dickson em Times Square, ver os catálogos: "Life under neon", Moore College of Art and Design, Filadélfia, 1989; "Peep Land", Illinois State University, 1994; "Paradise Alley", Whitney Museum of American Art at Philip Morris, 1996.

32. O filme de Aheam do final da década de 1980, *Doin' time in Times Square*, merece reconhecimento nesse ponto. Ele está vendo quase o mesmo mundo que Dickson vê — na verdade, da mesma janela — mas com uma sensibilidade inteiramente diferente.

33. Carta para mim, 16 de novembro de 1997. Movido pela exposição de Dickson no Whitney em 1996, procurei o seu nome na lista telefônica de Manhattan e telefonei para perguntar sobre a sua história. Vim a saber que ela é casada com Aheam, a quem eu conhecera anos antes no South Bronx. Ela me enviou amavelmente cópias do material citado aqui. Depois de tantos anos, fico feliz por ter encontrado um meio de falar sobre isso.

34. Da primeira geração dos artistas pop, James Rosenquist começou sua carreira como pintor de cartazes em Times Square. A trajetória de Dickson atualiza a sua tradição: no início dos anos 1980, ela trabalhou no "Spectacolor board", um cartaz computadorizado na extremidade norte da antiga Times To-

wer. Por vários anos, esse cartaz teve financiamento público e administradores artistas, e gerou muitos designs emocionantes.

35. Um retrato de Dickson feito por Aheam aparece em *Peepland*, p. 39.

36. *O bebê de Rosemary* (1968), escrito e dirigido por Polanski, adaptado de um romance de Ira Levin.

37. Conversa telefônica com Aheam, 6 de fevereiro de 2004.

38. Ver Thomas Hess na revista *New York*, 6 de outubro de 1977. Há muita literatura sobre Katz (Sandler et al.), mas não fui capaz de encontrar nada mais sobre esse mural agora destruído, que sempre me pareceu uma das mais impressionantes de suas obras. Nem consigo descobrir precisamente quando é que ele foi destruído.

6. O NOVO MILÊNIO [PP. 292-323]

1. "Signs Square", *The Village Voice*, 18 de julho de 1995.

2. Ada Louise Huxtale, no seu belo ensaio "Re-inventing Times Square: 1990", conceituou os roubos e situou-os entre as longas ondas da história comercial da Square. Na coletânea de William Taylor *Inventing Times Square: commerce and culture at the crossroads of the world*, Russell Sage Foundation, 1990, pp. 356 ss. Essa coletânea ainda é provavelmente o melhor livro de um único volume sobre a Square.

3. *Signs and wonders*, p. 265.

4. *The New York Times*, 21 de junho de 1996.

5. Os desenhos de Kalman e o texto de Robertson são reproduzidos em *TIBOR*, pp. 228-33.

6. *Times*, 21 de junho de 1996.

7. *Times Square Roulette: reinventing the city icon*, MIT, 2001, p. 243. Cf. Alexander Reichl, *Reconstructing Times Square: politics & culture in urban development*, University Press of Kansas, 1999, que conta uma história semelhante de uma perspectiva muito mais cética e cínica.

8. *Times*, 7 de janeiro de 1998.

9. Partes da minha palestra estão reimpressas em *Dissent*, outono de 1997, como "Signs of the Times", outras partes em *Harvard/Design Magazine*, inverno/primavera de 1998, como "The Marriage of Heaven and Hell". Essa *HDM* também inclui excelentes trabalhos apresentados em conferências de Michael Sorkin e Andreas Huyssen, e fotos da década de 1970 de Michael Ackerman que são dinamite pura. Sagalyn cita o meu artigo, p. 457.

10. O encantador filme de Richard Sandler *The Gods of Times Square* en-

trevista pregadores apocalípticos de várias religiões, frequentemente incertos, enquanto o trabalho de demolição continua, de modo que os edifícios reais desaparecem no lapso de tempo entre uma profecia de destruição e outra.

11. Essas torres monstruosas são discutidas in Sagalyn, *Roulette*, Parte II, capítulo 6, "Troubled execution". Os modelos são retratados nas lâminas 9-10.

12. Ver *Signs and wonders*, capítulos 8 e 10, sobre as novas tecnologias dos anúncios.

13. *The Devil's playground*, pp. 259-62; *Signs and wonders*, pp. 288 ss. Starr escreve na sua prosa entusiástica que "não é um anúncio. É uma manifestação de pura inteligência". Sagalyn, em *Roulette*, lembra-nos que o modelo para o anúncio da Morgan foi o muito menor e movido a computador "National Debt Clock", da família Durst, cujos números, um total global e uma média por família, mudavam a cada nanossegundo.

14. *Signs and wonders*, pp. 292-301, contém uma narrativa comovente, com imagens entre 144 e 145.

15. *On the road* (1957), Penguin, 1976, pp. 106 ss. "Foi neste lugar que nasceu a América de papel." Ver a primeira epígrafe deste livro, página 7.

16. *Times*, 11 de abril de 2001.

17. Escrevi uma avaliação entusiástica de sua obra há muitos anos: "Harvey Pekar, underground man", *Village Voice*, agosto de 1982.

18. *American Splendor: our movie year*, Ballantine, 2004, p. 97. Desenhos de Gary Dumm. Esse título se opõe a seu livro *American Splendor: our cancer year*, Four Walls Eight Windows, 1994. É a sua maneira de dizer "Ainda estou aqui".

19. Talking Heads, "Road to nowhere", *Little creatures*, Sire Records, 1985.

20. *Chappelle's uncensored show*, 1ª temporada, Paramount DVD, 2004, episódio 4. Agradecimentos especiais ao meu filho Elijah Tax-Berman, que me apresentou Chappelle e seu mundo.

21. Esse é o tema central de seu livro clássico *Delirious New York: a retroactive manifesto for Manhattan* (1978).

22. Ela pode ser encontrada no segundo andar, no Departamento de Pinturas Europeias. Está no Guia Oficial do Museu (2ª edição, 1994; Abrams, 2002), Pinturas Europeias, nº 90, e no seu website. Ver também o catálogo da grande exposição da National Gallery de 1996, *Johannes Vermeer*, National Gallery of Art /Royal Cabinet of Paintings, Washington/Haia, 1996, p. 75, que oferece uma discussão interessante dos dados escassos sobre a vida de Vermeer.

23. *Girl with a pearl earring*, Plume Books, 2001.

24. O meu livro *Tudo que é sólido desmancha no ar* começa com uma leitura de *Fausto*, "A tragédia do desenvolvimento", e salienta o autodesenvolvimento de Gretchen. Esse tema, ausente em virtualmente todas as leituras literárias de Goethe, é central nas óperas *Fausto* de Berlioz e Gounod.

25. Lançado em 2003, dirigido por Anand Tucker e Peter Webber.

26. O Guia do museu dá destaque à semelhança das duas pinturas, e afirma que os eruditos acreditam que ambas foram feitas no final da década de 1660 (p. 215).

27. Reproduzido em Walter Benjamin, *Illuminations*, Schocken, 1969, traduzido por Harry Zohn, introdução de Hannah Arendt, pp. 217-51. "Aura" está principalmente em pp. 220-6.

28. Na verdade, o Met havia perdido o lugar do anúncio: ele permaneceu de junho de 2003 a (mas evidentemente não durante) junho de 2004.

EPÍLOGO: A REUTERS E EU [PP. 324-330]

1. Sobre os números, ver Sagalyn, *Roulette*, pp. 436-7. Quaisquer que forem os números, esses pacotes são montados de um modo em que há sempre muito — muito custo público, muito benefício privado — que não veremos.

2. "Huge anti-Bush march hits NY on eve of Convention", de Grant Mc-Cool et al. Essa história circulou amplamente na internet, no serviço <moderator@portside.org>. (Revelação: minha família estava lá.)

3. Beastie Boys, "Fight for your right", *Licensed to ill*, Columbia Records, 1986.

Agradecimentos

Este livro germinou por um longo tempo. Quando é que realmente começou? Uma versão de seu início está marcada num brilhante sábado de outono no início da década de 1950, quando meu pai e eu conseguimos a nossa visita pessoal ao Times Building por meio do amigo de meu pai, Meyer Berger, o grande repórter local do *The New York Times*. Ele nos mostrou as salas da redação, as salas de conferências, os livros de tarefas, os mapas do mundo, o telégrafo, o arquivo das informações. Vimos editores que estavam ocupados editando; reconheci alguns de seus nomes; eles acenaram com a mão e me deram algumas provas descartadas. Berger e meu pai falavam entre si num iídiche áspero, um quilômetro por minuto, mas ele passava a um inglês preciso e cortês para me explicar algumas coisas. A nossa visita terminou no porão, onde vimos as espantosas prensas gigantescas em ação e os jornais de domingo sendo carregados nos caminhões. Era como estar dentro de um castelo num conto de fadas. Foi uma das grandes emoções da minha vida. O meu pai devia ter contado a Berger que eu escrevia editoriais para o jornal da minha escola (HS 117, Bronx), porque, quando perguntei como poderia lhe retribuir a visita, ele disse: "Continue escrevendo, não pare". Acrescentou: "Não esqueça *eles*", e os dois partilharam uma praga em iídiche e um riso amargo. Mais tarde, perguntei a meu pai quem eram *eles*, e ele disse algo nesta linha — foi assim que falou: "Meyer escreve sobre as pessoas na rua, mas ele não consegue escrever sobre as pessoas que *possuem* a rua". Essa história parece um início grandioso, não só para este livro, mas para toda a minha vida de escritor. Entretanto, nos cinquenta anos seguintes, eu a esqueci; só tornei a lembrar quando este livro já estava terminado. Será que realmente aconteceu? Eu a imaginei? As únicas duas pessoas que poderiam saber estão mortas há muito tempo. Mas sei que o meu conhecimento muito detalhado do interior do Times Building vem de algum lugar, e sei que no funeral de meu pai, poucos anos mais tarde, Meyer Berger estava presente.

Eis outro início, e para esse as testemunhas estão vivas. Corte para quarenta anos mais tarde, uma noite quente de domingo perto da meia-noite, junho de 1995. A minha esposa, Shellie, e eu estávamos na cama, quase dormindo, quando o telefone tocou. Era o nosso amigo Bob Christgau, o editor-executivo de *The Village Voice*. A cidade estava prestes a assinar uma série de contratos de bilhões de dólares com uma série de beemontes e leviatãs da mídia mundial — Disney, Bertelsmann, Condé Nast, Reuters, Viacom/HBO — para uma série de gigantescos prédios de escritórios que mudariam radicalmente a natureza da rua 42 e de Times Square. O *Voice* estava fazendo uma seção especial sobre a Square, sobre o mundo que estava desaparecendo; já tinha vários artigos grandes quase prontos para publicação. A única coisa que não tinham, disse Bob, era uma introdução histórica sobre a Square, explicando o que significou para os nova-iorquinos e para o mundo no passado, e qual é a sua importância agora. Eu poderia escrever sobre isso em três semanas? Eu não estava muito desperto. O meu primeiro pensamento foi sobre todas as outras coisas que tinha prometido escrever, mas não parecia conseguir entregar. "Obrigado, mas não, obrigado", disse eu. A minha esposa me cutucou: "O que foi?". Eu disse que Bob queria algo sobre Times Square; que ela não se preocupasse, eu tinha dito não. Cheguei mais perto do sono, mas ela deu um pulo, bem acordada. "Você disse Times Square? *Idiota!* Esta é a sua grande chance! Agora você pode *reunir as coisas* — sexo, bens imóveis, os filmes, seus pais, o metrô, os anúncios e a rua —, toda a matéria que você sempre diz que quer fazer. E você vai ficar dormindo deixando passar essa oportunidade?" Então acordei. Pensei que "dormir deixando passar a minha grande chance" era uma frase perfeita. "Vamos, você tem de lhe telefonar neste instante!" Passava da meia-noite, mas telefonei. Bob riu: disse que tinha imaginado que eu lhe telefonaria de volta, era um encaixe tão perfeito. Esses caras sabem mais sobre mim do que eu sei sobre mim mesmo? Por que não? Três semanas mais tarde, o meu primeiro artigo sobre Times Square foi publicado — "Signs Square", *Village Voice*, 21 de julho de 1995 — e eu estava na estrada. Não compreendo por que foi uma estrada tão longa de lá para cá. Você poderia dizer que fiz muitas paradas locais; poderia ter feito mais. Mas estou aqui agora.

Tive muita companhia e muita ajuda para chegar até aqui. Se tentasse classificar todas as maneiras como as pessoas me ensinaram, frequentemente sem intenção, a lista poderia devorar este livro. (Poderia ser outro livro; será talvez algum dia.) Em vez disso, aqui está uma grande lista não de todo alfabética. A maioria das pessoas nesta lista saberá imediatamente por que está nela, e espero que fique contente. Algumas pessoas ficarão surpresas; espero que a sua surpresa seja agradável. Umas poucas estão mortas, como o próprio Meyer Berger. (Algumas ficaram de fora devido à minha distração, que aumenta com a idade; espero que elas me perdoem.) Então eis a lista: Charlie Ahearn, Arnie Birenbaum, Georges Borchardt, Ric Burns, Bob Christgau, Emily Coates, Jerry Cohen, Thomas Cripps, Jane Dickson, Morris Dickstein, Jason Epstein, Susan Fainstein, Vojiaslava Filipoevic, Madeleine Lee Gilford, Todd Gitlin, Beryl Goldberg, Richard Goldstein, Jim Hoberman, Anne Hollander, Irving Howe (†), Allan Jacobs, Jonathan Jao, Irene Javors, Deborah Jowitt, Tibor Kalman (†), Jeremy Kalmanovsky, Elizabeth Kendall, Stuart Klawans, Bill Kornblum, John Leonard, Lorraine Mortimer, Victor Navasky, Joan Ockman, Max Page, Charles Perrier, Simone Plastrik (†), Trude Pollock, Shelley Rice, Mel Rosenthal, Andrea Simon, Ilene Smith, Mike Sorkin, Judith Stein, Taylor Stoehr, Gary Stone, Manny Tobier (†), Camilo Vergara, Mike Wallace, Michael Walzer e Sharon Zukin. A minha família, pequena mas unida, os mortos e os vivos, recebe uma lista própria: meus pais, Murray e Betty Berman; a minha tia Ida Gordon; a minha irmã Diane Berman, e seu marido, John Gerson; a minha prima Marilyn Gordon; os meus filhos, Elijah Tax-Berman e Danny Berman; e meus sogros, Marvin e Debbie Sclan.

Outro grupo que merece uma lista são as instituições que mediaram a minha vida. A maioria delas são escolas: o City College of New York (CCNY), onde leciono desde o governo Johnson, e o Centro de Pós-Graduação da City University of New York (CUNY), onde estou desde o governo Nixon; a Harvard Graduate School of Design e a New School University, onde fui professor no reinado de Bush I, e o CCNY School of Architecture, onde tenho dado aulas durante o reinado de Bush II; Columbia, Princeton, NYU, Rutgers e Berkeley, onde apresentei as primeiras versões de grande parte deste livro; a Professional Children's School, onde minha esposa ensina literatura, e onde falei com jovens dançarinos, atores e músicos sobre o meu trabalho a respeito de Jerome Robbins; PS 75, Manhattan, "The Emily Dickinson School", em que meu filho Danny acaba de se formar, e onde ele e nós passamos seis anos radiantes. Uma das instituições é uma biblioteca, a Lincoln Center Library for the Performing Arts, especialmente o seu setor de dança e o seu imenso Arquivo Robbins. Outra é um museu, o Museu da Cidade de Nova York. Há também um periódico, a revista socialista democrática *Dissent*, na qual trabalho como editor há mais de vinte anos, e na qual grande parte deste livro foi publicado. Outra instituição é uma cidade, Nova York, onde o metrô funciona a noite toda, e onde um homem pode telefonar para um enorme círculo de pessoas, inclusive desconhecidos, fazer as perguntas mais complexas sobre a arte e a vida, e receber respostas imediatas e sérias. (Muitos desses telefonemas estão registrados neste livro nas notas ao pé da página e nas notas finais.) Todas essas instituições estão cheias de pessoas inteligentes, imaginativas, vibrantes que me ajudaram bem mais do que pensam.

Reservei o melhor para o fim: a minha "dama de fala rápida", a minha querida mulher, Shellie. O seu amor, amizade, entusiasmo, poder intelectual, talento crítico, conhecimento das artes dramáticas e musicais e do show biz contribuíram muito para me ajudar, como ela disse naquela noite fatal, a *reunir as coisas*: reunir a cultura e a política, reunir o passado de Nova York e o seu presente, reunir a minha vida adulta e a de criança, reunir a minha busca intelectual de verdades profundas e o meu amor primitivo pelas luzes brilhantes. Quando eu podia escrever, ela foi a minha leitora ideal; quando eu não podia, ela foi a minha parceira de diálogo, ajudando-me a ver aonde eu queria chegar, para que eu pudesse começar de novo. Dedico este livro a ela. Que Times Square simbolize os nossos anos juntos: um banho de luz.

Nova York, julho de 2005

Créditos das ilustrações

12   Cartão-postal "Garota do Times" (1903, Museum of the City of New York)

25   Times Square (por volta da década de 1890)

27   Casino (por volta da década de 1880, Old York Library)

31   "Véspera de Ano-Novo de 1955" (© William Klein)

40   Broadway e rua 44 (por volta da década de 1920, Museum of the City of New York)

55   Anúncio da Benetton para a revista *Colors* (início da década de 1990)

62   Al Jolson em *O cantor de jazz* (Wisconsin Center for Film and Theater Research)

82   Times Square, visão noturna (por volta da década de 1930, Museum of the City of New York; Coleção Samuel H. Gottscho, 88.1.5.88)

90   "Enfermeira e marinheiro" (© Alfred Eisenstaedt/Getty Images)

114   De *Fancy free* (© Hulton-Deutsch Collection/Corbis/LatinStock)

259   "Rua 42 Oeste" (1984, Andreas Feininger; Museum of the City of New York, 90.40.10)

263   "Sétima Avenida" (1975, Andreas Feininger; Museum of the City of New York, 90.40.32)

269   "Mulheres Contra a Violência" (© Beryl Goldberg Photography)

283   *Hotel Girl* (pintura de Jane Dickson; cortesia da artista)

284   *Peep Show* (pintura de Jane Dickson; cortesia da artista)

289   Rua 42 Oeste (1979, Andreas Feininger; Museum of the City of New York, 90.40.12, doação do fotógrafo)

295 "As três bruxas": Cora Cahan, Rebecca Robertson e Gretchen Dykstra (Chang W. Lee/The New York Times/Redux)

311 De *American Splendor: our movie year* (© 2003 de Harvey Pekar [história] e Gary Dumm [arte]; cortesia de Harvey Pekar)

320 Cartaz da campanha "Have we met?" do Metropolitan Museum of Art, em Times Square, com o *Estudo de uma jovem*, de Vermeer (© The Metropolitan Museum of Art)

Índice remissivo

Abbott, George, 132

Administração do Progresso das Obras Públicas [Public Works Progress Administration — PWPA], 110

Agora você é um homem (filme), 48-50

Ahab, capitão, 87, 105, 243, 247

Aheam, Charlie, 283, 284, 288

Aleichem, Sholem: "Tevye and his daughters", 76

Alemanha: marinheiros na, 105; nazista, 107, 235, 274; Segunda Guerra Mundial, 135, 139, 235

Alexander, Michael: *Jazz Age Jews*, 67

Alibi Club, 111

Allure, 307

alta cultura, 132, 134; *versus* baixa cultura, 134, 204, 233, 285

Alvarado, Trini, 280

Amalgamated, 205

Amboy dukes, The (livro), 251

American Airlines Theater, 216

Amor, sublime amor (musical), 116, 120, 127

Anderson, Pamela, 297

animais, grupos dos direitos dos, 297

Anti-herói americano (filme), 310

anúncios: Bond, 45, 46, 91, 124; *Bonita e letal*, 53, 249, 251, 261; Camel, 45-7; *Colors*, 54-5, 57-8; Concorde, 304; da década de 1960, 51, 53; de 1990-2005, 54-5, 57-8, 296-7, 303-4, 306, 317, 319, 321, 323; deterioração das décadas de 1970 e 1980, 254; elétricos, 177; Heatherbloom, 42, 44; história dos (em Times Square), 39-58; *Hustler*, 262; japoneses, 137, 288; letreiro de notícias, 290; Morgan Stanley, 303-4, 317; Mural das Mulheres de Alex Katz, 288-90; NASDAQ, 303; Nedick's, 205; *Sister Carrie*, 194, 195; Virgin, 154, 169-70

"Anything you can do, I can do better" (canção), 241

Ao sul do Pacífico (musical), 217, 238

Appalachian spring (dança), 107, 235

Armstrong, Louis, 193, 212

arquitetura, 65, 175, 177; de 1990-2005, 294, 296-7, 299-301, 303, 325-6, 328, 330; final do século XX, 238; "Rockfeller Center South", 301-2; *ver também* arranha-céus; *edifícios específicos*, 39

arranha-céus, 29, 30, 65, 143, 176, 199, 213, 301-2, 305; de 1990-2005, 301, 325-6, 328, 330

Art Students' League, 298

Artkraft Strauss, 45, 294

Arzner, Dorothy, 132, 216, 227-36

Ashby, Hal, 145, 151

Astaire, Fred, 109, 204, 219, 228

Astor, hotel, 32, 92, 99, 177, 238, 301-2

ataques terroristas de 11/9 *ver* Onze de Setembro, ataques terroristas de

Atkinson, Brooks, 185, 206

atrizes, 96, 174, 178, 181, 192, 229, 232, 234; Ethel Merman, 34, 239-40, 243-52

Aurora (filme), 200, 201

Autoridade de Desenvolvimento da rua, 42, 294, 296

Autoridade Portuária, 237, 257

Bacall, Lauren, 186, 268-9

Balanchine, George, 235

Ball, Lucille, 131, 229-30, 235, 236

Balzac, Honoré de, 16, 22, 195; *Ilusões perdidas*, 195

Barbanel, Josh: "Um mundo subterrâneo: um quarteirão da rua 42", 253

Barco das ilusões, O (musical), 197

Battles, John, 135

Baudelaire, Charles, 15-7, 114, 176, 223; "Multidões", 15

"Be my baby" (canção), 85

Beastie Boys, 37, 330

Beauvoir, Simone de, 87, 106, 161

Bebê de Rosemary, O (filme), 288

Beckett, Samuel: *Esperando Godot*, 147

Bellamy, Ralph, 234

Benderson, Bruce, 259-60, 281

Benjamin, Walter: "A obra de arte na era de sua reprodutibilidade técnica", 321

Bennett, Michael, 19

Bentley, Muriel, 117, 120-1, 126, 158, 225

Berg, Gertrude, 76

Berger, Meyer, 22

Bergman, Ingrid, 322

Berkeley, Busby, 34, 129, 216-7, 286; filmes da série *Gold diggers* [*Cavadoras de ouro*], 216-7, 219, 220

Berlin, Irving, 65, 75, 197, 239

Berlin, Isaiah, 77

Berman, Betty, 15, 20

Bernhardt, Sarah, 96, 193, 248

Bernstein, Aline, 174

Bernstein, Leonard, 113, 128, 132, 136, 137, 140-1, 235

Bertelsmann, 294, 299

Besserer, Eugenie, 76

Betty Boop, desenhos animados de, 35, 117, 175, 198, 211, 213

Bíblia, 33, 84, 183, 222

biblioteca de artes cênicas do Lincoln Center, 115

Biblioteca Pública de Nova York, 48, 249

BID (Times Square Business Improvement District), 295, 298, 302, 318

Bildungsroman, 48, 49, 61, 77

Billy Budd, 104, 106

Blair, Betty, 144

Blake, William, 16-7, 60; "For the sexes: the gates of Paradise", 60; "O matrimônio do céu e do inferno", 17

"Blue skies" (canção), 75

Bogart, Humphrey, 23, 268-9, 322

Bond, anúncio, 33, 45, 52, 91

Bonde chamado desejo, Um (peça de teatro), 238, 246

Bonita e letal (musical), 239-40, 242, 248, 250, 252; cartaz, 53, 250-1, 261; enredo feminista, 239-42

bordéis, 94, 151, 179

Bourne, Randolph: "Trans-National America", 81

Bowery, 26, 189, 191

bowtie, 48, 90-100, 172, 290

boxe, 85, 318-9

Brecht, Bertolt, 233

Brice, Fanny, 197

Brill Building, 72, 85, 197

Broadway, 11, 13, 22, 25-6, 33, 39, 41, 48, 50, 52, 54, 59-60, 65-9, 75, 77-80, 85, 92, 94, 96, 99-100, 114, 117, 124, 129, 135, 137, 143-4, 162, 164, 172, 174-5, 177-9, 183-5, 187, 189-92, 196-9, 202-4, 206-7, 209, 211, 216-7, 220-1, 223, 226-7, 233, 236, 239-40, 243, 246-9, 252, 255, 257, 261, 263, 271, 296, 299, 304, 306-7, 317, 322, 324, 328-9; cultura da, 64, 66; de 1990-2005, 301; década da Depressão, 202, 204-5, 207-9, 216; meados do final do século XX, 238-9, 241-2, 244, 245, 247-9, 251,

290; pós-guerra, 223, 238, 250; *ver também bowtie*; teatro

Bronx, 19, 20-1, 31, 53, 59, 75, 177, 186, 253, 323

Brooklyn, 21, 73, 94, 141, 152, 177, 270

Brooklyn Museum: controvérsia da arte indecente nos anos 1990 no, 270

Brooklyn, Estaleiro Naval do, 94, 128, 237

Brooklyn, ponte do, 141

Browder, Earl, 125

Burns, Ric, 88

Burrows, Abe, 170, 220, 222-5; *Eles e elas*, 220-7; testemunho na HUAC, 224

Bush, George H. W. (pai), 111

Bush, George W., 166

cabarés, 177, 180-1, 183

Cadmus, Paul, 103, 107-11, 166; *The fleet's in!*, 107-11, 166

Cahan, Cora, 295, 299

Calloway, Cab, 212

Camel, anúncio de, 45-7, 52

Canon, 138, 288

Cantando na chuva (filme), 144

Cantor de jazz, O (filme), 60-1, 63-5, 67-8, 70, 72-4, 77-8, 80-1, 83, 136, 197; polarização "A Rua" versus "A Casa", 64; solo *Kol Nidrei*, 73-4, 77; tema mãe-filho, 74

Cantor, Eddie, 65

"cara preta", 62-4, 67-8, 70-1, 74

Carnegie Hall, 132-5, 298

Carter, hotel, 253

Cartier-Bresson, Henri, 114

Casablanca (filme), 23, 322

Cather, Wila: The song of the lark, 184

359

Cattrall, Kim, 229
celebridade, 27, 130, 193, 195; cultura da, 130
cenas primárias, 59
Central Park, 141, 278, 292
"Chapel of love" (canção), 85
Chaplin, Charlie, 81, 176, 193
Chappelle, Dave, 312-6
Charles, Ray, 78
Chauncey, George: *Gay New York*, 95
Cheever, John: WPA Guide to New York City, 201, 203-4
Chevalier, Tracy: *Moça com um brinco de pérola*, 320
Chinatown, 141
Chorus line, A (musical), 19, 59, 175, 184, 292, 307
Cidade do México, 41
cidades medievais, 96
cigarros, 32, 45, 47, 52, 109, 166, 250
Classified (filme), 171, 198
Clear Channel Company, 318
Clemente, Roberto, 32
Clinton, Bill, 162, 303, 324
Cohn, Alfred, 71
Colors, revista, 35, 54; anúncio, 54-5, 57-8
Columbia University, 48, 185, 300
Comden, Betty, 103, 128-30, 132, 134, 136, 161; *Um dia em Nova York*, 128-39
comédia, 67, 80-1, 93, 109, 161, 175-6, 184, 197, 209, 240-1, 243, 246-7, 260, 313; de Dave Chappelle, 313, 314, 316
Comissão de Planejamento da Cidade, 296
Como agarrar um milionário (filme), 185

comunismo, 77, 107, 125-7, 205
Concorde, anúncio do, 304-5
Condé Nast, 299, 307
Condé Nast Building, 175, 301, 303
Coney Island, 52-3, 142
Cooke, Sam, 78
Copland, Aaron, 235
Coppola, Francis Ford, 48-50; *Agora você é um homem*, 48
Corbusier, Le, 200
corporatização, 253, 293-4, 299-300, 325-6, 328, 330
Costela de Adão, A (filme), 242
Crane, Stephen: *Maggie: a girl of the streets* (*A story of New York*), 189
Croner, Ted, 97
Crowe, Cameron: *Vanilla sky*, 34
Cruise, Tom, 34
Crumb, Robert, 310-1
cubismo, 41
cultura de massa, 43, 58, 71, 80-1, 110, 134, 180, 192, 195, 203, 209, 233, 235, 269

dança, 29, 33, 59, 88, 92, 96, 106, 115, 118-9, 121, 123-4, 126, 128-9, 132, 136-7, 140, 147, 152, 165-6, 168, 219, 227-9, 234-6, 244, 270; *Dance, girl, dance*, 227-8, 230-2, 234-5; *Fancy free*, 113-6, 118-9, 121-2, 124-5, 128, 139; marinheiros na, 112, 114-6, 118-9, 121-2, 124-5, 128-32, 134-5, 137, 139-41, 143-4; salões de dança, 177, 180-1; *Um dia em Nova York*, 128-32, 134-5, 137, 139-41, 143-4
Dance, girl, dance, 132, 175, 216, 227-8, 234-6
"Dancing in the street" (canção), 32

Davis, Hope, 310
Davis, Richard Harding, 178
Day, Doris, 154, 170, 250
De Mille, Agnes, 235
De Niro, Robert, 273-5
Debord, Guy, 196
Defoe, Daniel: *Moll Flanders*, 229
Delany, Samuel "Chip", 202, 257-60; *Times Square red, Times Square blue*, 202, 257-60
democracia, 18, 32, 35, 93, 100, 102, 104, 117, 122, 135-6, 141, 147, 152-3, 174, 184, 206, 270, 316, 321; marinheiros e a, 100-5
Dempsey, Jack, 84-6
Dempsey's, restaurante, 86
Departamento de Bem-Estar, 254
Depressão, 20, 95, 110, 193, 201, 206-7, 213, 214, 216-7, 221-2, 227, 239; filmes *Gold diggers* [*Cavadoras de ouro*], 216-20, 229; literatura, 220-1; mulheres, 201, 204-5, 207-9; quadrinhos de Betty Boop, 210-4; teatro, 201, 204-5, 207-9, 216
desenhos animados, 210-4; Betty Boop, 210-4
"desindustrialização", 254
deuce, 35, 48, 94, 95, 100, 172, 216, 249, 253, 258-62, 271-3, 275-6, 279, 282, 290-1, 303, 311, 328; bares e cinemas gay, 257-60; de 1990-2005, 319; meados do final do século xx, 237-8, 252-3, 255-6, 258-60, 262, 270-1, 281, 288-90; negócios de sexo, 253, 255-6, 258-60, 262, 296; *Taxi driver* e, 272, 274
Dewey, John, 81
Dia em Nova York, Um ver *Um dia em Nova York*

"Diamonds are a girl's best friend" (canção), 185
Dickens, Charles, 192, 194; *Hard times* [*Tempos difíceis*], 175
Dickinson, Emily, 80
Dickson, Jane, 35, 211, 283, 285-8, 290; "Gem liquors", 286; "Mother and child", 287
Didion, Joan, 293
Disney, 210-2, 228, 294, 299, 301, 326, 328
Dockstader, Lew, 67
Doctorow, E. L.: *Ragtime*, 186
"Don't be cruel" (canção), 85
Donen, Stanley, 140
Dostoiévski, Fiódor, 114, 218
Douglas, Ann: *Terrible honesty: mongrel Manhattan in the 1920s*, 65
Dow Jones, 306
Dowd, Maureen: "Infância no inferno: crescendo em Times Square", 253
Dreiser, Theodore, 25-6, 34, 164, 182, 184, 186-7, 189-92, 194-6, 200, 317; *Newspaper days*, 184; *Sister Carrie*, 25, 27, 35, 39, 130, 174, 176, 182-4, 186, 190, 194, 281; *Uma tragédia americana*, 200
Dresser, Paul, 184, 196
drogas, 23-4, 48, 56, 211, 253, 255, 281-2
Dubin, Al, 28
Dumm, Gary, 311
Dunlap, David, 329
Dykstra, Gretchen, 295, 299
Dylan, Bob, 63-4, 72, 83; *Crônicas — Volume Um*, 83; *Love and theft*, 63

East River, 138, 189
edifícios de escritórios: arquitetura, 177, 197, 324

Eisenstaedt, Alfred, 45, 88-90, 92-3, 100, 103, 107, 115-6, 124, 138, 144, 152, 157, 161, 167; foto do marinheiro beijando a enfermeira, 44, 88, 90-2, 94, 107, 115, 124, 138, 144, 161

Eisenstein, Sergei, 103, 286

Eles e elas, 50, 175, 220, 223, 227, 292, 296; versão cinematográfica, 223-5, 227; versão teatral, 50, 175, 220-1, 223

eletrificação, 173, 177, 183, 194, 199

Eminem, 113, 193, 327

Empire State Building, 141

entretenimento, 15, 18-9, 62, 65, 95-6, 173, 179, 193, 233, 275; dos anos 1990, 296, 299; eletrônico, 193; indústria de, 136, 144, 183, 299

Era do Jazz, 69, 71, 82, 109, 300

Era Dourada, 12, 182, 187

Erenberg, Lewis, 180

Erikson, Erik, 68

Ernst & Young, 301

escravidão, 70, 104

espelho, 277

Esquire, 111

"estudos culturais", 267

estupro, 270

"Eu Amo Nova York", campanha, 210

Eurípides: *As bacantes*, 258

Evans, Walker, 257

Everybody's Magazine, 78

expressionismo abstrato, 117, 251, 285

Faithfull, Marianne, 258

Fancy free (balé), 109, 115, 118-20, 122, 124, 126-9, 139, 145, 158, 160, 234

fascismo, 107, 136, 138, 206, 217-8, 247

Faulkner, William, 70

feminismo: em *Bonita e letal*, 239, 241-2; *versus* pornografia, 270, 275

Ferber, Edna, 197, 208, 210

Feuer, Cy, 225

Fields, Herbert e Dorothy, 239-40

film noir, 32, 251, 285, 300

filmes: *A última missão*, 145-7, 149-50, 152; *Agora você é um homem*, 48-50; *Aurora*, 200; censura, 214; conceito do "olhar masculino" e, 264, 266-7, 269-71, 275; *Dance, girl, dance*, 227-8, 230-2, 234-5; de 1990-2005, 309-10, 328; década da Depressão, 213-4, 216-7, 219-20, 227-8, 230-2, 234-5; *Eles e elas*, 222-7; "estudos de filmes", 265; filmes *Gold diggers* [*Cavadoras de ouro*], 216-20, 229; indústria, 207; lista negra de Hollywood, 126, 128, 144, 226; marinheiros em, 108, 139-52; meados do final do século xx, 272-81; mudança de sexo de Times Square e, 97; *No teatro da vida*, 207, 208; *O cantor de jazz*, 60-85, 135, 196-7, 200, 214; *Taxi driver*, 97, 272-80; *Times Square*, 280-1; *Um dia em Nova York*, 139-44, 273

Fleet Week [Semana da Frota], 35

Fleischer Brothers Animation Studio, 211

Florodora (musical), 184

Florodora, garotas de, 131, 184-6, 198

folclórica, música, 85

Follies (musical), 59

Ford, Gerald: discurso "Dane-se Nova York", 227

Fosse, Bob, 257

Foster, Jodie, 277, 279-80, 288

fotografia, 11, 18, 30, 106; da década de 1940, 88, 90-2, 94; foto de Eisenstaedt do marinheiro beijando a enfermeira, 44, 88, 90-2, 94, 107, 115, 124, 138, 144, 161; marinheiros na, 45, 88, 90, 91-2, 94, 100, 106-7, 115, 137, 143, 161; os garotos de William Klein, 30

Frankfurt, Escola de, 200, 209

Franklin, Aretha, 78, 248

Frente Popular, 89, 91, 107, 116, 124-5, 127, 132, 136, 139, 144, 206, 234, 236, 257, 290, 315

Friedan, Betty: *A mística feminina*, 242

Fuji, 288

Fundação da Nova Rua 42, 295

Fundo da Arte Pública, 288

Gable, Clark, 269

García Márquez, 194

Garfield, John, 193

Garland, Judy, 195, 248, 281

"Garota do Times", tradição da, 13-4, 171, 174-6, 208, 211, 217, 220, 227, 230, 238-9, 262, 307, 318, 321-2

Garrett, Betty, 140

Gaye, Marvin, 78

Gaynor, Janet, 200

Gershwin, irmãos, 65, 72, 210

Giamatti, Paul, 310

Gilford, Jack, 124

Gilford, Madeleine Lee, 124

Giotto, 321

Giuliani, Rudy, 93, 190, 257, 294, 328; controvérsia da arte indecente, 270

Glenn, Susan: *Female spectacle*, 175, 184, 218

GM, 254

Godard, Jean-Luc, 169

Goethe, Johann Wolfgang von: *Fausto*, 277, 320

Gold diggers [*Cavadoras de ouro*], filmes, 175, 216-7, 219-20, 229

Gold diggers of 1935 [*Cavadoras de ouro de 1935*] (filme), 217-20

Goldberg, Molly, 76, 77

Goldberger, Paul, 298

Good Morning America (programa de TV), 306

Goodman, Benny, 72

Goodman, Paul, 103, 106, 111; "Sailors", 111-2, 149, 150

Gordon, Ida, 23

GQ, 307

Graham, Bill, 248

Grand Street, 202

Grécia Antiga, 93, 102; democracia, 102

Green, Adolph, 103, 128; *Um dia em Nova York*, 128-32, 134-5, 137, 139

Green, Al, 78

Greenwich Village, 83

Griffith, D. W., 81

Grosz, Georg, 286

Gude, O. J., 43

Guerra do Golfo, 159

Guerra do Vietnã, 57, 140, 145-9, 152-3, 159, 163, 249, 266

Guerra Fria, 107, 126-7, 144-5, 205, 225-6, 242

Guia do Projeto dos Escritores Federais para Nova York, 201

Guthrie, Woody, 157, 193

Gypsy (musical), 66, 242-7, 252

Hamlisch, Marvin, 19

Hammond, John, 86

Harlem, 31, 65, 70, 179, 253
Harrison, Ray, 135
Harvard Square, 283-5
Hatters, 205
Hays Office, 213
Heaney, Seamus, 157
Heatherbloom, anúncio de, 42, 44
Hegel, Georg Wilhelm Friedrich, 76, 172, 181
Heidegger, Martin, 266
Helen Hayes Theater, 302
Helgenberger, Marg, 229
"Hello sailor" (canção), 98, 154, 164, 168
Hepburn, Katherine, 208, 269
Hess, Thomas, 251
"higiene", metáfora da, 274
Hiroshima, 135
History of New York (documentário), 88
Hitchcock, Alfred, 286
Hitler, Adolf, 46, 47, 70, 93, 216, 247
Hoffman, Dustin, 281
Holiday, Billie, 193
Hollywood, 109, 144, 154, 200, 202-3, 209-10, 216, 226, 231, 233-4, 236, 239, 266, 268-70, 278, 280-1, 293; década da Depressão, 216-7, 219-20, 231-2, 234-5; lista negra, 126, 128, 144, 226; ver também filmes
Holocausto, 52, 248
Homem-Aranha, O (filme), 328
Homens preferem as loiras, Os (filme), 185, 229
Homero: Ilíada, 102, 148
homicídio, 185, 249
homossexualidade, 98, 99, 100, 281; bares e cinemas gays, 257-60
Honda, 288

Hopper, Edward, 211, 257, 285; "Nighthawks", 285
Horn & Hardart Automat, 52, 205
hotéis, 21, 179-80, 254, 255; convertidos para SROs [Single Room Occupancy], 254
"Hound dog" (canção), 85
Howard Johnson's, 205
Howe (Irving) e Libo (Kenneth): World of our fathers, 65
Hustler, 262-3, 271
Huxley, Aldous, 200

Ian, Janis: "Society's child", 85
Ibsen, Henrik, 233
identidade, 15, 134; das mulheres da década de 1970, 134; questões em Um dia em Nova York, 131-9
ILG [sindicato das confecções femininas], 205
Iluminismo, 16, 18, 117, 276, 329
imigrantes, 18, 63, 66, 71, 81, 135, 177, 212, 214
imóveis: de 1990-2005, 293-4, 296-7, 299-301, 303, 324-6, 328, 330; mercado do final do século XX, 238, 293-4, 296-7, 299-300, 324; zoneamento, 235-6, 299
impostos, subsídios de (dos anos 1990), 293, 300, 326
individualismo, 18
Inglaterra, 326; marinheiros na, 103-4
internet, 90, 256, 271
Intrepid, USS, 94, 165
Iraque, invasão americana de 2003, 166

Jacobs, Jane, 114, 257
James, Henry, 164, 221
Japão, 88, 135, 138-9, 211; anúncios

em Times Square, 137, 288; Segunda Guerra Mundial, 135, 139
Jazz Age Jews, 67
Jessel, George, 78
"Jogadores do Cassino", 186
Johansson, Scarlett, 321
Johnson, Philip, 302
Johnson, Robin, 281
Jolson, Al, 34, 60-8, 71, 73-4, 78, 82-4, 193, 196-7; em *O cantor de jazz*, 61, 63-4, 66-8, 70-2, 74-6, 78-9, 81-2, 84-5
Joplin, Janis, 195
Jorgensen, Victor, 89, 91
jornais, 206; tiras de quadrinhos, 211
judeus, 22, 46, 63-4, 69-73, 81, 84, 125, 135-6, 196-7, 226, 235, 309; da década de 1920, 63-4, 66-8, 70-2, 74-6, 78-9, 81-2, 84, 196; no show business, 135, 197, 225; oração *Kol Nidrei*, 72, 74, 77
Juvenal, 330

Kafka, Franz, 145
Kalman, Tibor, 35, 54, 57, 296, 301; anúncio *Colors*, 54-5, 57-8
Kane, Carol, 151
Katz, Alex, 288, 290-1, 324; Mural das Mulheres, 324
Kaufman, George, 208, 210, 225
Kazan, Elia, 126-7
Keats, John, 68, 79
Keeler, Ruby, 27-9, 96, 237
Keitel, Harvey, 278
Kelly, Gene, 103, 140, 142, 144; em *Um dia em Nova York*, 140, 142-4; na lista negra de Hollywood, 143-4
Kennedy, John F., 247
Kennedy, Joseph, 247

Kennedy, Robert, 247
Kennedy, Rose, 247
Kerouac, Jack: *On the road — Pé na estrada*, 100, 306
Kerr, Deborah, 223
Kidd, Michael, 224-5
King, Martin Luther, 78
Kirstein, Lincoln, 234
Kleban, Ed, 292
Klein, Calvin, 35
Klein, George, 302
Klein, William, 30, 97, 286
Knock on any door (livro), 251
Koch, Ed, 294
Kol Nidrei, oração: em O cantor de jazz, 72, 77
Koolhaas, Rem, 16, 316
Kooning, Willem de, 251
Kronstadt, 104-6
Kubrick, Stanley: *A morte passou por perto*, 32-4, 85

LaGuardia, Fiorello, 88, 235
Las Vegas, 41
latinos, 31
Lauper, Cyndi: "Girls just wanna have fun", 214
Lee, Gypsy Rose, 53, 204, 243-4
Leigh, Douglas, 45
Lennon, John, 193
Lepkoff, Rebecca, 97
letreiro de notícias, 50, 290, 306, 329
Levy, Lou, 84
Life, revista, 45, 88, 93, 156; "Quem é o marinheiro beijoqueiro?", 89
Lincoln Center, 115-6, 248
Lippmann, Walter, 180, 200
literatura: década da Depressão, 220-1; marinheiros na, 103, 105, 112;

"Sailors" (Goodman), 111-3, 122, 145, 149, 151; *Sister Carrie* (Dreiser), 182, 183, 186-8, 190-2, 194-5; "The idyl of miss Sarah Brown" (Runyon), 220-1

Loesser, Frank, 220-3, 225

"Lonely avenue" (canção), 85

Longa jornada noite adentro (peça de teatro), 238, 246

Longacre Square, 11, 174, 176

Loos, Anita, 243

Los Angeles, 41

Loti, Pierre, 171, 198

Lott, Eric: *Love and theft: black minstrelsy and the American working class*, 63

Lower East Side, 64-5, 78, 141, 173, 186, 241, 272

Loy, Myrna, 269

Lubitsch, Ernst, 79

"Luck be a baby" (canção), 223

Ludlan, Charles, 298

"Lullaby of Broadway" (canção), 217-8, 286

luz, 198, 199; letreiros luminosos, 27, 96, 153, 177, 183

Lymon, Frankie, 19

Lyon, Leonard, 247

macarthismo, 115, 126, 224-5, 268

Macy's, 130, 208-9

Madame Tussaud's, 294

Madison Square Garden, 85

Madonna: "Material girl", 214, 229

mães, 76

"Mammy" (canção), 62, 80

Manet, Edouard, 12, 180, 233

Mankiewicz, Joseph, 225

Marinetti, F. T.: "Fundação e manifesto do futurismo", 274

Marinha, EUA, 89, 94, 110-2, 149-50, 165

marinheiros: democracia e, 99, 101-3, 105; em filmes, 109, 139-41, 143-4, 146-7, 149-50, 152; Fleet Week [Semana da Frota], 35; história de (em Times Square), 87-169; na dança, 113-6, 118-9, 121-2, 124-5, 128-32, 134-5, 137-41, 143-4; na fotografia, 45, 88, 90-2, 94, 100, 106-7, 115, 137, 143, 161; na literatura, 104, 105, 112; na música, 154, 157-60; na pintura, 107-8, 110-1, 165; na televisão, 154-6, 161-2, 164-6, 168-9; no teatro, 109, 128-32, 134-5, 137, 139; romance dos no século XX, 105, 107-8, 110-2; sexo e, 94-5, 97-9, 107-8, 110-2, 119, 161-2, 164-6, 168-9

Marriott Marquis Hotel, 302

Martha and the Vandellas, 32

Martin, Ernie, 225

Martin, John, 117

Marty (filme), 145

Marx, Karl, 84, 163, 209, 318, 329-30

Maxine Elliott's Theatre, 96, 183

Mayfield, Curtis, 78

Mazay, Ernst, 234

McLuhan, Marshall, 200

McNichols, Dorothy, 137

meados do final do século XX: Times Square em, 237-290

Melodia da Broadway (musical), 129

Melville, Herman, 103-5; *Benito Cereno*, 104; *Billy Budd*, 104, 106; *Moby Dick*, 87, 105, 243

menestréis, shows de [comediantes pintados de preto], 61-2, 67-8

mercado de ações: anúncios, 304

Merman, Ethel, 34, 239, 241-2, 244-5, 247-9, 251; em *Bonita e letal*, 239, 241-2, 248-9, 251; em *Gypsy*, 243-5, 247, 252

metáfora da sombra, 69

metrô, 11, 15, 19-20, 23, 31, 62, 79-80, 82, 108, 128, 130, 133, 141, 143, 169, 177, 190, 214, 258, 261, 287, 309, 322-3, 327

Metropolitan Museum of Art, 319

Metropolitan Opera House, 114, 118, 179, 183

Meyer, Richard, 110

MGM, 132, 139, 273

mídia de massa, 131, 194-5, 206, 235, 269, 318; estúdios de Times Square, 307

mídia eletrônica, 305-7

Mill, John Stuart, 77, 173; *Sobre a liberdade*, 173

Miller, Ann, 140

Miller, Arthur, 127

Minnelli, Vincente, 273

"Minnie the moocher" (canção), 212, 214

"Miss Metrô", promoção, 130

Mitsubishi, 138

Moça com um brinco de pérola (romance), 320

moda, 42-3, 98, 280; blusa de marinheiro, 108

Monroe, Marilyn, 195

Montesquieu: *Cartas persas*, 16, 316

Moore, Michael, 326

Morand, Paul, 198-200

Moreno, Rita, 32

Morgan (J. P.) Bank, 325

Morgan Stanley, 303-4, 317, 329

Morley, Christopher: histórias *Kitty Foyle*, 198

Morte do caixeiro-viajante, A (peça de teatro), 238, 246

Morte passou por perto, A (filme), 32, 34, 318

Motown, 316

Moyle, Allan, 280

MTA, 299, 300

MTV, 296, 299, 307-9, 326-7, 330; estúdio em Times Square, 307

Mulher absoluta, A (filme), 242

mulheres: atrizes, 174, 181-3, 186-95, 229-32, 234-5, 237-9, 241-2, 244-5, 247-9, 251; da década de 1920, 196-201; *Dance, girl, dance*, 227-35; década da Depressão, 201, 204-5, 207-9, 211-2, 214, 216-7, 219-21, 227-8, 230-2, 234-5; *Eles e Elas*, 222-7; *film noir*, 251; filmes *Gold Diggers* [*Cavadoras de Ouro*], 216-7, 219-20, 229; garotas Florodora, 184, 186, 198; história das (em Times Square), 171-2, 174-5, 177-8, 180-3, 186-8, 190-2, 194-5, 197-9, 201, 204-5, 207-9, 211-2, 214, 216-7, 219-21, 223-5, 227-8, 230-2, 234-5; imagens das mulheres em meados do século XX, 250-1; medo de Times Square, 271; Mural das Mulheres de Alex Katz, 288-90; nas pinturas de Willem de Kooning, 251; *No teatro da vida*, 207-9; "olhar masculino" e, 264, 266-7, 269-71, 275; operárias, 173, 174-5, 177-8, 180-3, 186-8, 190-2, 194-5, 197; persona de Betty Boop, 211-2, 214; *pin-ups*, 251; sexo e, 179-81, 250-2, 261-2, 264, 266-7, 269-70, 313; *Sister Carrie*, 182-3, 186-8, 190-2, 194-5; *Taxi Driver*,

272-8, 280; tradição da "Garota do Times", 13-4, 171, 174-6, 208, 211, 217, 220, 227, 230, 238-9, 262, 307, 318, 321, 322; tradição feminina cínica, 229; "Três Bruxas", 295-9; WAP, 263, 264, 270-1, 275-6, 296-7

Mulvey, Laura, 265-71, 275; "O prazer visual e o cinema narrativo", 265-7, 269

Mumford, Lewis, 180

Munshin, Jules, 140, 142

Murnau, F. W.: *Aurora*, 200-1

Muro de Berlim, queda do, 159, 317

Museu de Arte Moderna, 54

música, 106, 197, 212; folk, 85; "Hello sailor" (Liz Phair), 98, 154, 159, 164, 168; marinheiros na, 154, 157-9; *O cantor de jazz* e, 60-1, 63-4, 66-8, 70-2, 74-6, 78-9, 81-2, 84-5; pop, 86, 106, 157, 196; punk rock, 281; rap, 309; rhythm and blues, 78; shows de menestréis negros [comediantes pintados de preto], 61, 63-4, 66-8, 70; *ver também canções específicas*

"My Yiddishe mama" (canção), 76

Nascimento de uma nação (filme), 71, 81

NASDAQ, anúncio, 303

Nedick's, 205

negros, 61, 63-4, 66-8, 70, 137; cultura sulista, 70; música negra urbana, 78; racismo contra os, 70, 137; shows de menestréis, 61, 63-4, 66-8, 70

Nesbit, Evelyn, 185-6

New 42 Street Rehearsal Studios, 301

New Amsterdam Theater, 13, 202, 301

New Deal, 28, 110

New Victory Theater, 301

New York City Ballet, 235

New York musicals of Comden and Green, The (livro), 128

New York Post, 247

New York Times, The, 86, 117, 308, 329

New Yorker, The, 297

Nicholson, Jack, 145-6, 149-52

Nietzsche, Friedrich Wilhelm, 144, 170

Night in the city (livro), 251

Nixon, Richard, 59, 148

No teatro da vida, 175, 207-10, 227, 229; versão cinematográfica, 207-8, 227; versão teatral, 207-9

Noivo neurótico, noiva nervosa (filme), 210

North River Docks, 94

novo milênio, Times Square no, 292-4, 296-7, 299-301, 303-4, 306-8, 310-1, 313-4, 316-7, 319, 321, 323

Nyro, Laura, 72

O'Brien, Geoffrey: *Times Square story*, 98

O'Hara, Maureen, 229-30, 234-5

O'Neill, Eugene, 174

Oklahoma! (musical), 235

"olhar masculino", conceito de, 264-5, 267, 270, 275

Onze de Setembro, ataques terroristas de, 148

Ópera dos três vinténs, A, 233, 243

operárias: década da Depressão, 201, 204-5, 207-9, 211-2, 214, 216-7, 219-21, 227-8, 230-2, 234-5; quadrinhos de Betty Boop, 210-4; *Sister Carrie*, 182-3, 186-8, 190-2, 194-5 oração *Kol Nidrei* ver *Kol Nidrei*, oração

Osato, Sono: em *Um dia em Nova York*, 129-32, 134-5, 137

Oscar Levant, 250

Palace Theatre, 52

Panasonic, 138

Paramount Building, 197

Paramount Studios, 212

Paris, 12, 17, 87, 108, 147, 154, 163, 180, 322; *café-concerts*, 180

Parker, Dorothy, 65

Parker, Sarah Jessica, 161

Pearl Harbour, 111, 113

Pekar, Harvey, 309-11; *American Splendor*, 310; *Our movie year*, 311

Penthouse, 261

Perdidos na noite (filme), 97, 281

Peters, Bernadette: em *Gypsy*, 246

Phair, Liz, 98, 103, 140, 154, 157-9, 161, 163-4; *Exile in Guyville*, 158, 163; "Fuck and run", 158; "Hello sailor", 98, 154, 159, 164, 168

Piaf, Edith, 117, 193

Picasso, Pablo, 110, 286

pintura, 106, 251, 320; as mulheres de Willem de Kooning, 251; de Vermeer, 319, 321; marinheiros na, 107-8, 110-1, 165; meados do final do século xx, 283, 285-7, 289-90; Mural das Mulheres de Alex Katz, 288-90; pinturas de rua de Jane Dickson, 283, 285-7, 290; *The fleet's in!*, de Paul Cadmus, 107, 166

pin-ups, 250-1, 261, 317

Plano Provisório, 296, 324

Playboy, 261

Polanski, Roman, 288

polícia, 142, 302, 303

política: e os acordos imobiliários da década de 1990, 293

Pomus, Doc, 72

pop art, 285-6, 290

pornografia, 270, 275-6, 280; cinemas pornográficos, 258-60; internet, 256; leis "Dworkin-MacKinnon", 270; livrarias pornográficas, 48, 256; *Taxi driver* e, 275, 277-8, 280; WAP *versus*, 263, 270, 275, 296

Powell, Adam Clayton, 179

Powell, Dick, 27, 219

Presley, Elvis, 193

Price, Richard, 72

Primeira Emenda, 235, 270, 328

Primeira Guerra Mundial, 44, 65, 81, 148, 197, 274

Produtores, Os (musical), 323

prostituição, 18, 179-80; adolescência e, 277-8

quadrinhos, história em, 52, 81, 111, 211, 310; Betty Boop, 210-2, 214; de Harvey Pekar, 309-11

Quaid, Randy, 145-6, 147, 149-52

Quanto mais quente melhor (filme), 111

Queens, 177, 308

Quinton, Everett, 298

racismo, 70, 137

rádio, 206

Raines, Lei (1905), 180

Raisin in the sun, A (peça de teatro), 238

Raphaelson, Samson, 74, 78-9; "The day of atonement", 78

realismo, 41, 69, 80, 85, 130, 223, 285, 329

realismo mágico, 69, 80, 130, 223

Rechy, John: *City of night*, 39, 51

Redding, Otis, 165

Reed, Janet, 119, 123

Reed, Lou, 60, 252-3, 281, 288; "Dirty Blvd.", 252, 288

"Renascença do Harlem", 65, 70

Renoir, 108

Republic Theater, 202, 204

restaurantes, 85, 94, 99, 169, 177, 180, 183, 190, 197, 202, 205; década da Depressão, 205

Reuters, 294, 299, 301, 324-7, 329

Reuters Building, 324, 327

revistas, 206, 307; pornográficas, 263

Revolução Francesa, 16, 17

Revolução Russa, 104

Riverside Park, 108

Robbins, Jerome, 34, 103, 113-6, 118-30, 136-40, 145, 152, 170, 234; *Fancy free*, 113-28, 139; formação judaica, 136; *Um dia em Nova York*, 132, 136-7, 139

Robertson, Rebecca, 295-6, 298-9, 301

Robinson, Jackie, 137

Rockfeller Center, 141

"Rockfeller Center South", 301-2

Roda da fortuna, A (filme), 175, 204

Rodgers e Hammerstein, 235

Rodman, Hugh, 110

Rogers, Ginger, 198

romantismo, 16-7, 103, 249

Roosevelt, Franklin D., 28, 111, 157, 216, 228

Roosevelt, Henry Latrobe, 110

Rose, Billy, 197

Rosenblatt, Josef/Yossele, 67

Rousseau, Jean-Jacques: *A nova Heloísa*, 117

Rua 42, 94-5, 97-9, 177, 204; de 1990-2005, 301; masculinização, 95-9; meados do final do século xx, 237-8, 253, 255-6, 258-60, 262, 271, 281, 288-90; ver também *deuce*

Rua 42 (musical), 96, 129, 175, 183, 216, 219, 226, 229, 323

Rubin, Rick, 72

Rudin, família, 299-300

Runyon, Damon, 220-4; "The idyl of miss Sarah Brown", 220-1

Rússia, marinheiros na, 104

Ryskind, Morrie, 208

Sacco, Joe, 310

Sagalyn, Lynne: *Times Square Roulette*, 297, 300

salões de dança, 177, 180-1

Samsung, 138

saúde pública, 273-4

Schlesinger, John, 97

Scorsese, Martin, 35, 97, 202, 275-7, 280; *Taxi Driver*, 272-5, 277-8, 280

Segunda Guerra Mundial, 40, 44, 59, 85, 88, 92, 94, 96, 107, 119, 124, 127, 132, 138, 149, 152, 155-6, 159, 162, 217, 222; fim da, 88, 90-2, 94, 139, 152; *Um dia em Nova York* e, 132, 134-5, 137, 139

Seinfeld (série de tv), 259, 260

Self, 307

Senelick, Lawrence: *Inventing Times Square*, 179, 202

Serge, Victor: *Memórias de um revolucionário*, 104

Seurat, 108

Sex and the City (série de tv), 35, 103, 154, 162, 169-70, 229, 296; episódio do marinheiro, 161-9 sexo: conceito de "olhar masculino", 264, 266-7, 269-71, 273, 275; em *Taxi Driver*, 275, 277-8, 280; homossexualidade, 98-9, 100, 257-60, 281; marinheiros e, 94-5, 97-9, 107-8, 110-2, 119, 161-2, 164-6, 168-9; mudança de sexo de Times Square, 95-9; mulheres e, 179-81, 250-2, 261-2, 264, 266-7, 269-70, 313; negócios de, 253, 255-6, 258-60, 262, 296; pornografia, 48, 256, 258-60, 263-4, 270, 275-8, 280, 296-7; prostituição, 18, 179-80, 277-8; tradição da "Garota do Times", 13-4, 171, 174-6, 208, 211, 217, 220, 227, 230, 238-9, 262, 307, 318, 321-2

Shakespeare, William: *Rei Lear*, 48, 246, 262

Shaw, Artie, 72, 88

Shaw, Bernard, 187, 223, 233; *Major Barbara*, 223

Shaw, Winifred, 220

Shepherd, Cybill, 274-6, 279

Shubert Brothers, 67

"Sidewalks of New York, The" (canção), 66

Silverman, Sime, 197

Simon, Paul, 45

Simpsons, Os (série animada de TV), 103, 154-7; episódio "Bart, o General", 155

Sinatra, Frank, 139-40, 142

Sindicato de ladrões (filme), 127

sindicatos, 205, 206

Sinfonia de Paris (filme), 144

Singer, Isaac Bashevis: "O terceiro", 52

Sistema Rodoviário Federal, 40, 264

Sister Carrie (Dreiser), 25, 27, 35, 39, 174, 176, 182-3, 186-8, 190-5; anúncio, 194-5

Smalls, Biggie, 193

Smith, Oliver, 129, 132

socialismo, 205

"Society's child" (canção), 85

Sócrates, 102

"solitário no topo", tema, 195

Sondheim, Stephen, 14, 59, 246-7

Sony, 138, 288

Spector, Phil, 72

Springsteen, Bruce, 193

Stálin, Joseph, 105, 107, 126

"Stand by me" (canção), 85

Staples, Mavis, 78

Starbuck's, 105

Starr, Tama, 34, 294, 298, 304

Stern, Robert, 296

Strauss, Neil, 308-9

Street, Julian: *Welcome to New York*, 181

Sullivan, Margaret, 208

Sunday Times Magazine, 297

Sunjata, Daniel, 164

Suntory, 138, 288

Talking Heads, 281, 312

Taxi Driver (filme), 97, 202, 272-6, 279; "metáfora da higiene", 274; temas sexuais, 275, 277-8, 280

teatro, 59, 94-5, 99, 106, 197; atrizes, 181-3, 186-8, 190-2, 194-5, 229-32, 234-5, 237-9, 241-2, 244-5, 247-9, 251; *Bonita e letal*, 239, 241-2, 248-9, 251; de 1900-2005, 301; década da Depressão, 201, 204-5, 207-9, 216; *Eles e Elas*, 222-5, 227; eletrificado, 171-2, 177, 183; Ethel

Merman no, 239, 241-2, 244-5, 247-9, 251; fotos de teatros, 97; *Gypsy*, 242, 244-5, 247; meados do final do século xx, 238-9, 241-2, 244-5, 247-9, 251; musicais de marinheiros, 109, 128-32, 134-5, 137, 139; *No teatro da vida*, 207--9; pensões teatrais, 174, 178, 227, 231; pós-guerra, 222-3, 238, 249; rebaixado a casas de teatro de revista, 202, 204; shows de menestréis [comediantes pintados de preto], 61, 63-4, 66-8, 70; *Um dia em Nova York*, 128-39; wpa Guide sobre o, 202, 204; zoneamento, 235

teatro de revista, 33, 132, 203-4, 228-9, 231, 236; *Dance, girl, dance*, 227-8, 230-2, 234-5; questões de zoneamento, 235; teatros rebaixados a, 203-4

televisão, 106, 145, 153-4, 184, 282, 298, 314; Dave Chappelle na, 312-6; estúdios em Times Square, 307; marinheiros na, 154-6, 161-9; *Os Simpsons*, 153-6; *Sex and the City*, 161-9

"Tell Me, Pretty Maiden" (canção), 184

"Terceiro, O" (Singer), 52, 53

Thackeray, William Makepeace: *Vanity Fair*, 194

Thaw, Harry, 185-6

Thompson, Kay: *Eloise*, 109

Time, revista, 90

Times Building, 13, 199, 227

Times Square (filme), 280

"Times Square Ballet, The" (dança), 128-9

Times Tower, 11, 15, 49, 175, 238, 305

Tin Pan Alley, 81, 85, 197

Tobias, Tobi, 114-5

Tocqueville, Alexis de, 18, 117, 131; *Democracia na América*, 18

Toshiba, 138, 288

"Total Request Live" (programa de tv), 307-8

Towne, Robert, 145, 151

Tracy, Spencer, 269

Traub, James, 304

Tucker, Sophie, 63, 65

Tupac, Shakur, 193, 308

turismo, 201, 305; romance do, 201

udc [Urban Development Corporation], 298, 302

Última missão, A (filme), 35, 145-9

Um dia em Nova York, 35, 99, 109, 127, 129, 134-41, 143-5, 147, 151-2, 160-2, 164, 167, 237; questões de identidade e raça, 131-2, 134-5, 137, 139; versão cinematográfica, 139-41, 143-4, 273; versão teatral, 99, 109, 128-32, 134-5, 137, 139

União Soviética, 104, 105, 107, 135, 329

Union Square, 205

United Colors of Benetton, 54, 57

uso (United Service Organizations), 94, 99, 164

Valens, Ritchie, 32

Vanilla sky (filme), 34

Vanity Fair, 307

Variety, 67, 197, 231

vaudeville, 65, 94, 109, 142, 197, 202, 204, 244

Veiller, Anthony, 208

Velho Oligarca, 101, 103

Vera-Ellen, 139, 140, 143

Vermeer, Johannes, 261, 319-22; "Estudo de uma Jovem", 319

vestuário, indústria do, 44, 99, 205, 254

Viacom, 294, 299

Vietnã *ver* Guerra do Vietnã

Village Voice, 292

violência, 63, 121, 166, 172, 260

Violinista no telhado, Um (musical), 76, 120, 127

Virgin Records, 154, 296, 326

VIRGIN, anúncio, 154, 169

Vogue, 307

Voight, Jon, 281

"Walk On By" (canção), 85

Walker, Nancy, 130, 136

WAP (Mulheres Contra Pornografia), 263-4, 270-1, 275-6, 296-7

Warhol, Andy, 130

Warren, Harry, 28

"We gotta get out of this place" (canção), 85

Weill, Kurt, 233

West, Mae, 175, 229

West, Nathanael: *O dia do gafanhoto*, 203

Westin Hotel, 302

Wharton, Edith, 221

"What I Did for Love" (canção), 292

"What right has he on Broadway" (canção), 190

White, Stanford, 185-6

Whitehead, Colson, 35

Whitman, Walt, 73, 295, 315

Wilder, Billy, 142

Williams, Bert, 63-4

Winchell, Walter, 197

Wolfe, Thomas, 174

Wonder, Stevie, 78

Woolf, Virginia: *Um teto todo seu*, 77

World Trade Center, 238; ataques terroristas de Onze de Setembro, 148

WPA *Guide to New York City*, 202, 204

"You Gotta Have a Gimmick" (canção), 244

Young, Otis, 145-52

Ziegfeld Follies, 60, 63, 96, 202-3, 301

Ziegfeld, Florenz, 13

Zola, Emile: *Naná*, 180, 195

zoneamento, 235-6, 299; da década de 1990, 299

ESTA OBRA FOI COMPOSTA PELO GRUPO DE CRIAÇÃO EM MINION E
IMPRESSA PELA GEOGRÁFICA EM OFSETE SOBRE PAPEL PÓLEN SOFT
DA SUZANO PAPEL E CELULOSE PARA A EDITORA SCHWARCZ
EM JUNHO DE 2009